문명
국가
대학

문명
국가
대학

간양甘陽 지음
송인재 옮김

글항아리

차례

상편 중국의 길

중편 제2차 사상해방

하편 **대학**

개혁개방의 길로 들어선 후 40년 동안 중국에서는 각종 사상의 논쟁과 대립이 끊임없이 벌어졌습니다. 지난 세기와 이번 세기가 교차하는 시기에 중국 사상계의 각종 논쟁은 대체로 이른바 신좌파, 자유파, 보수파라는 3대 유파의 논쟁으로 정리되었습니다. 현대사회에 보편적으로 출현한 사조로 표현하면 사회주의, 자유주의, 보수주의 간의 논쟁이라고도 할 수 있습니다. 『문명 국가 대학』은 일반적으로 보수파와 신좌파의 결합, 또는 일종의 보수주의와 사회주의의 결합 방향을 보여준다고 평가되고 있습니다. 저는 세 사조의 관계에 대한 생각을 이 책 「사회주의, 보수주의, 자유주의」 장에서 밝혔습니다. 세 사조의 공존이라는 아이디어는 미국의 사회학자 대니얼 벨이 제시한 것입니다. 그에게 보수주의는 서양의 문화 전통에서의 문화 보수주의를 말합니다. 그에 비해 저는 중국 자신의 문화 전통, 특히 유교가 뼈대가 된 보수주의에 주목합니다. 그리고 개혁개방이 심화되는 시기에는 사회주의의 이념과 가치를 먼저 굳건히 해야 자유의 이념과 가치가 진정으로 실현된다고 봅니다. 만약 중국에서 사회주의를 버린다면 중국에서 자유란 소수의 자유, 부자의 자유, 기업주의 자유이지 최대 다수 노동자의 자유가 아닐 가능성이 높기 때문입니다. 또한 중국 문명의 자주성을 결여한다면 중국의 자유는 매판주의, 반식민주의, 자기 노예화의 다른 이름이 될 것입니다. 이런 이유로 저는 중국에서는 먼저 사회주의 전통과 고전 문명의 전통의 토대를 굳건히 세워야 자유주의가 진정으로 발전할 수 있다고 생각합니다. 이것이 제가 세 사조의 순위를 사회주의, 보수주의, 자유주의로 설정하는 이유입니다.

이 책을 한국어로 번역해서 한국 독자들에게 선보인 송인재 교수에게 감사의 마음을 전합니다. 이 책이 중국과 한국 양국의 사상과 학술 교류에 공헌할 수 있기를 기대합니다.

2023년 8월 6일
베이징 칭화대학에서
간양

'민족-국가'에서 '문명-국가'로

從民族國家走向文明國家

문　21세기 중국이 직면한 중심 문제와 20세기 중국의 중심 문제는 대체로 같습니까? 아니면 다른 점이 있습니까?

답　다른 점이 있습니다. 20세기 중국의 중심 문제는 근대적 '민족-국가nation-state' 건설이었습니다. 그러나 21세기 중국의 중심 문제는 '민족-국가' 논리를 뛰어넘어 중국을 '문명-국가civilization-state'로 재건하기 위해 자각적으로 나아가는 것입니다. 사실상 중국 문제를 진지하게 연구하는 많은 연구자는 중국이 서양에서 통상 말하는 이른바 '민족-국가'가 아니라 '문명-국가'일 뿐이라고 말합니다. 중국이라

이 인터뷰는 『21세기경제보도21世紀經濟報道』 2003년 12월 27일 자에 축약본이 실렸고 『서성書城』 2004년 제2호에 전문이 실렸다.

는 '국가'가 수천 년의 중후한 역사를 지닌 거대한 '문명'이기도 하다는 이유에서입니다. 이에 따라 서양 정치학계에 가장 널리 퍼진 현대 중국에 관한 견해는 '국가로 위장한 문명'입니다. 수많은 사람에게 중국의 거대한 '문명'은 중국이 근대적 '국가'를 건설하는 데 분명히 거대한 부담으로 비칩니다. 이는 거의 20세기 중국인의 주된 관점이기도 했습니다. 그러나 우리는 오늘날 다음과 같은 사실을 강조해야 합니다. 21세기 중국인은 반드시 20세기에 형성된 갖가지 편견을 철저히 깨뜨려서 21세기까지 이어지지 않도록 해야 합니다. 저는 21세기 중국이 반드시 "중국의 '역사문명'은 중국적 '근대국가'의 최대 자원이다. 21세기 중국이 얼마나 큰 구도를 창출할 수 있느냐는 상당 부분 중국인이 자각적으로 중국적 '근대국가'를 중국의 유구한 '역사문명'의 동력 안에 둘 수 있는지에 달려 있다"라는 새로운 관념을 수립해야 한다고 봅니다.

서양의 사상가 조지프 레븐슨의 명저 『유교 중국과 근대적 운명Confucian China and Its Modern Fates』은 20세기의 전형적 관점, 즉 중국의 '문명'이 중국이 '근대국가'를 수립하는 데 커다란 부담이자 장애라는 견해를 대표합니다. 레븐슨은 20세기 중국의 역정歷程이 사실상 '문명-국가'에서 '민족-국가'로 변신하는 과정 또는 중국 자체의 용어로는 '천하'에서 '국가'로 변모해야만 했던 과정이라고 봅니다. 이른바 '천하'는 지리적 공간 차원의 개념이 아니라 역사문명 차원의 개념입니다. 이것은 중국이 고전 시대에 형성한 생활양식과 문화적 이상을 최고라고 여기는 중국인이 예로부터 가져온 문화사상적 형태를 의미합니다. 그러나 근대 이래 중국인은 서양 열강의 침략을 받아 '천하' 관념을 버리고 '종족과 국가의 보호'를 가장 절박한 중심 문제로 삼아야만 했습니다.

레븐슨의 지적은 상당히 정확합니다. 그는 근대 중국 민족주의의 가장 근본적 특징이 바로 중국의 고전 문명을 아주 격렬하게 비판하고 배척하는 것이었다고 말합니다. 그에 따르면, 근대 중국 민족주의자의 주된 관심사는 근대적 '민족-국가'를 건설하는 것이었습니다. 그런데 중국의 문명 전통, 즉 '천하' 관념은 근대적 '국가'를 건설하는 데 장애물이었습니다. 따라서 중국을 근대국가로 건설하려면 중국의 문명 전통과 철저히 결별해야 했습니다. 20세기 이후 중국인이 중국의 문명 전통을 지속적으로 세차게 배격한 운동과 오늘날 중국인이 여전히 널리 지니고 있는 강렬한 반전통적 정서는 사실상 근대 중국 민족주의의 산물입니다. 그 원동력은 바로 중국을 근대적 '민족-국가'로 건설해야 한다는 초조함에 있었습니다.

레븐슨 등의 이런 관점은 사실상 모두 100여 년 전에 출판된 량치차오의 명저 『신민설新民說』의 기본 관점에서 유래했습니다. 중국은 지금껏 "천하만 있는 줄 알고 국가가 있다는 것은 모른다", 따라서 중국인은 '국가 의식'이 없기 때문에 근대 서양인이 보유하고 있는 강렬한 민족주의와 애국주의가 없다, 이것이 량치차오의 기본 관점입니다. 그는 20세기를 서양의 '민족제국주의'가 중국을 나누어 먹은 시대로 규정하고 이렇게 말했습니다. "따라서 오늘날 열강의 민족제국주의에 저항해서 대참사를 피하고 목숨을 부지하려면 우리가 우리의 민족주의 대책을 실행하는 것이 유일한 대안이다. 중국에서 민족주의를 실행하려면 백성을 새롭게 하는 것, 즉 신민新民 말고는 다른 도리가 없다." 이런 량치차오의 '중국 민족주의'는 분명 서양에서 근대성이 수립된 이후의 민족주의 사조와 '민족-국가' 건설의 길과 상당히 일치합니다. 이 둘은 모두 '계몽운동'의 새로운 사상과 도덕으로 '새로운 국민'을 만들려고 힘썼습니다. 따라서 중국을 '근대국가'로 만들려면 이런 '새로운 국민'과 '근대적 민족'이 중국에서 '조상 대대로 내려오는 법도'를 어기더라도 괜찮았습니다. 이와 관련해서 캉유웨이는 "조상의 법도는 조상의 땅을 다스린다. 오늘날 조상의 땅을 지킬 수 없게 되었으니 조상의 법도가 어떻게 있겠는가?"라고 말했습니다.

그런데 한 가지 유념할 점이 있습니다. 바로 량치차오나 캉유웨이 또는 20세기 중국의 다른 사상가들은 실제로 근대 서양의 민족주의 노선을 채택한 '민족-국가'의 길을 급선무라고 생각했지만 이것이 중국 근대국가 건설의 장기적 비전은 아니라고 생각했다는 사실입니다. 이 때문에 그들의 견해는 레븐슨의 견해와 다릅니다. 량치차오는 『신민설』을 발표한 지 10년이 지난 뒤 저 유명한 「『대중화』발간사大中華發刊詞」와 「중국과 튀르키예의 차이中國與土耳其之異」 등을 발표했습니다. 이 글들의 요지는 '대중화문명-국가'라는 발상입니다. 그가 이 글들에서 논한 '국가'는 모두 근대 민족주의 운동에서 말한 '민족-국가' 개념이 아니라 바로 '문명-국가'라는 의미의 국가 개념이었습니다. 따라서 이런 '문명-국가'의 토대는 량치차오가 말한 '국성國

性'인데, 이는 사실상 '문명성'입니다. 그는 이렇게 말했습니다.

> 국성은 귀로 듣거나 눈으로 볼 수 없다. 그 구체적인 모습을 어렴
> 풋하게나마 꼽아보자면 언어, 문자, 사상, 종교, 습속이라 할 수
> 있다. 이것에서 예문禮文과 법률이 파생되고 이것이 있어서 온 나
> 라 사람이 덕과 사랑과 기술과 지혜를 소통하고 서로를 깨우친
> 다. 이것이 있어서 온 나라 사람이 정감과 애욕으로 이어져서 서
> 로 가까워지며 돕는다. 이것은 아주 어렵게 만들어지고 일단 만
> 들어지면 쉽게 사라지지 않는다.

바로 여기서 량치차오는 중국이 '근대국가'를 건설할 때 가장 근
본이 되는 토대가 바로 중국이 예전에 '문명-국가'로서 형성한 '국성'
임을 강조합니다. "언어, 문자, 사상, 종교, 습속"을 중심으로 발현되는
'국성'은 결코 '신민' 운동의 산물이 아니라 근대 '신민' 운동의 전제이
자 의지처입니다. 달리 말하면, 중국 '근대국가' 건설의 장기적 비전
은 바로 량치차오 등이 말한 웅대한 중국이 '문명-국가'로서 갖고 있
는 특유의 '국성'을 발휘하는 것입니다. 그렇지 않으면 중국은 튀르키
예와 같은 나라처럼 근대로 전환하는 도중에 자신의 '국성'을 잃어버
려서 사실상 문명이 다시 살아나지 않고 위축되거나 죽어버릴 것입
니다. 저는 량치차오의 '신민설'이 20세기 중국의 주류 경향을 대변
한다면 「『대중화』 발간사」 등에서 제기한 '대중화문명-국가'라는 발
상은 21세기 중국 사상의 출발점이 되어야 한다고 생각합니다.

문 선생님은 얼마 전에 발표한 「화인華人대학 이념 90년」[1]에서 후스가 90년 전에 쓴 「비유학편非留學篇」을 특별히 추천하셨고, 지금도 마찬가지로 량치차오가 90년 전에 쓴 「『대중화』 발간사」 등을 따로 언급하셨습니다. 그런데 이 90년 전의 사상들은 21세기 지구화 시대에 너무 뒤떨어진 것은 아닐는지요?

답 정반대입니다. 21세기는 지구화가 날로 가속화되는 시대이기 때문에 량치차오 등이 견지한 '대중화문명-국가'라는 발상이 오히려 오늘날 새로운 현실성 혹은 절박성을 보여줍니다. 량치차오 등의 '문명-국가'라는 관점은 냉전이 종식된 후 서양 학계의 새뮤얼 헌팅턴 등이 제기한 '다문명 질서' 문제를 일찍부터 예견했다고 보아도 무방합니다.

　　헌팅턴은 21세기의 모든 국가에 닥칠 공통 문제는 "이 국가의 '근대적 국가 형태'가 각자 고유의 '문명 모체'와 신화성을 갖는가" "고유의 문명 모체에 뿌리박고 있는가"라고 말했습니다. 그는 어떤 근대 '국가'가 고유의 '문명 모체'에 뿌리박지 못한 채 갖가지 방법으로 자신의 문명 모체와 관계를 끊어버리고 '개종'을 시도해 자신의 것이 아닌 '다른 문명 모체'에 진입하려 한다면 그 '국가'는 필연적으로 '자아분열 국가Torn Country'가 될 것이고 앞날이 아마도 서글플 것이라고 했습니다. 그의 이런 견해는 사실상 당시 량치차오가 제기한 이른

1　『독서讀書』 2003년 제9호에 실렸다. 이 책에도 수록되어 있다.

바 '국성', 즉 '문명성'에 착안한 것입니다. 량치차오는 모든 국가에 '국성', 즉 깊이 있고 두터운 문명적 잠재력이 있다고 생각하지 않았습니다. 그와 정반대로 어떤 국가는 '본래 국성이 없고' 어떤 국가는 '국성이 미성숙'하다고 보았습니다. 그리고 이런 국가들도 근대로 진입할 수는 있지만 본래 갖고 있던 고유 문명의 멸망, 다시 말하면 문명의 의미에서 '망국'을 대가로 치르고 근대로 진입한다고 했습니다. 고유 문명이 죽었기 때문에 이런 국가들은 '다른 것으로 새로 태어나고 싶어도 그럴 수 없다'는 문제에 직면하게 됩니다. 헌팅턴이 말한 '자아분열 국가'는 바로 이런 뜻입니다. 그는 튀르키예를 '자아분열 국가'의 가장 전형적인 사례로 들었습니다. 량치차오도 당시에 튀르키예를 '다른 것으로 새로 태어나고자 했으나 할 수 없었던' 나라로 거듭 거론하면서 중국의 교훈으로 삼았습니다. 다른 점이 있다면, 량치차오는 당시에 튀르키예의 길이 아직 완전히 종결되지 않았을 때 이미 '다른 것으로 새로 태어나고 싶어도 그럴 수 없는' 튀르키예의 운명을 예견한 반면 헌팅턴은 20세기 말에 튀르키예가 '자아분열 국가'의 곤경에 빠진 것을 목격하고 그 실패의 교훈을 결산했다는 것입니다. 우리는 튀르키예의 길을 눈여겨보아야 합니다. 오늘날 중국의 적지 않은 이른바 지식인들이 걸핏하면 자신도 모르게 중국이 튀르키예의 길을 가야 한다고 주장하기 때문입니다.

튀르키예는 근본적으로 유럽, 아시아, 아프리카 세 대륙에 걸쳐 있던 오스만튀르크 제국이 와해된 이후의 산물이고 정통 이슬람 문명에 속해 있었습니다. 그러나 근대로 전환하는 시기에 튀르키예는 큰 결심을 했습니다. 바로 이슬람 문명과 철저히 관계를 단절하고 이른바 '서양 문명'의 일부가 되려고 했던 것입니다. 1920년대부터 근대 튀르키예의 국부 케말 파샤는 정치 실력자의 절대 권력에 본인의 빼어난 정치적 수완을 더해 튀르키예의 서양화를 추진했습니다. 정치와 법률 영역에 서양의 제도를 전면적으로 도입한 것은 물론이고 특히 종교, 사상, 문화, 교육, 습속 등 일상 영역에서 이슬람 전통이 튀르키예 사회에 끼친 영향을 철저히 뿌리 뽑았습니다. (이슬람교를 상징한다는 이유로) 튀르키예의 전통 모자를 착용하는 것을 금지하고 여성의 히잡 착용도 반대했습니다. 그러나 헌팅턴이 지적했듯이, 가장 중요한 개혁은 아랍 문자의 사용을 금지하고 로마자로 튀르키예어를 표기하라고 규정한 것입니다. 문자 개혁이 결정적인 이유는 향후에 교육받는 튀르키예의 신세대가 사실상 전통적인 고전 문헌을 더 이상 읽을 수 없을 뿐만 아니라 문화적으로 철저히 대가 끊기는 결과를 초래했기 때문입니다. 튀르키예는 외교 면에서 전면적으로 서양 국가를 추종했습니다. 1952년에 '북대서양조약기구' 회원국이 되었는데, 1955년 반둥회의에서는 비서양국가와 비동맹국가로부터 집단적으로 비판받았습니다. 게다가 이슬람권으로부터는 신성모독 국가라고 비난받았습니다.

'케말주의'로 유명한 튀르키예의 개혁은 초창기에 크게 성공을 거둔 듯했습니다. 마치 환골탈태해서 서양세계로 녹아든 것만 같았습니다. 그러나 튀르키예의 비극은 바로 여기에 있습니다. 이 모든 것은 튀르키예인만의 환상과 희망사항에 불과했던 것입니다. 튀르키예인이 스스로를 어떤 식으로 거세하고 개종하더라도 서양국가와 서양 사람들은 튀르키예를 '서양국가'라고 생각해본 적이 없기 때문입니다. 서양에서 주목한 것은 단지 튀르키예가 지정학적 의미에서 갖는 중요한 전략적 위치뿐이었습니다. 이는 튀르키예가 유럽공동체에 가입을 신청했을 때 가장 두드러졌습니다. 튀르키예는 일찍이 1987년 유럽공동체에 정식으로 가입을 신청했습니다. 하지만 유럽공동체는 심의가 빨리 완료되지는 않을 것이라고 통보했습니다. 그 후 유럽공동체는 오스트리아, 핀란드, 스웨덴, 노르웨이의 가입을 승인했습니다. 동시에 폴란드, 헝가리, 체코, 발트 3국 등 전 바르샤바조약기구 소속 국가들도 받아들이기 시작했습니다. 하지만 유럽공동체에 가입하려는 강렬한 열망에도 튀르키예에 대한 심의는 계속 뒤로 밀렸습니다. 튀르키예인은 결국 유럽인이 튀르키예를 한 번도 서양 문명의 일부라고 여긴 적이 없음을 통렬하게 깨달았습니다. 이에 1990년대에 튀르키예 대통령은 아주 굴욕적으로 말했습니다. "튀르키예가 '유럽공동체의 성원'이 될 수 없는 유일하고도 진정한 이유는 사실 바로 '우리'는 무슬림이고 '그들', 즉 유럽인은 기독교도이기 때문이다." 그러나 유럽공동체는 이 점을 분명히 말하려 하지 않고 늘 핑계만 댔습니다. "튀르키예는 경제가 좋지 않다" "튀르키예의 인권 상황이 좋지 않다"라는 식이었습니다. 헌팅턴은 본래 자신이 가진 문명적 속성을 인정하지 않고 다른 문명에 끼어들고 싶어하지만 받아들여질 수 없는 이런 굴욕적인 상태에서는 필연적으로 민족 전체가 문명적으로나 정신적으로 귀속감이 없는 극단적인 절망에 빠질 수 있다고 말했습니다.

유럽공동체에 대한 가입 신청이 좌절되자 튀르키예는 1990년대 초 소련이 해체된 이후 중앙아시아의 신생국가와 관계를 발전시키려 합니다. 특히 아제르바이잔과 튀르크어를 쓰는 카자흐스탄, 우즈베키스탄, 투르크메니스탄, 키르기스스탄 등 네 나라와의 관계에 정성을 들였습니다. 실제로 튀르크어를 사용하는 각국 공동체의 정치적 맹주가 될 꿈에 부풀어 있었습니다. 그러나 이러한 꿈은 튀르키예의 '튀르크성'과 '이슬람성'을 부각했고 튀르키예가 본래부터 서양국가가 아니라 이슬람-튀르크 국가임을 더욱 드러냈습니다. 이에 오히려 튀르키예 내부에서 본래부터 상당히 강렬했던 이슬람 부흥운동이 더욱 드세졌습니다. 헌팅턴이 지적했듯이, 1990년대 이후 튀르키예의 주류 여론과 생활양식은 모두 점점 이슬람화됐습니다. 이슬람 사원, 이슬람 학교, 이슬람 신문·라디오·텔레비전, 이슬람 서적·카세트테이프·CD 등이 대규모로 증가했습니다. 이슬람 여성은 더욱 공공연하게 튀르키예의 세속 법령을 무시하며 히잡을 두르고 가두시위를 벌였고 선거에 참여했습니다. 더 중요한 것은 이슬람주의 정당이 1990년대부터 거대 주류 정당이 되었다는 사실입니다. 이 정당은 1996년에 튀르키예 연합정부에서 집권당의 일원이 되었고, 2003년 국회의원 선거에서는 이슬람주의 정당인 '정의개발당AKP'이 높은 득표율로 승리하고 550석 중 360석 이상의 압도적 다수를 차지했습니다. 이에 이슬람주의 정당이 단독으로 집권할 수 있는 새로운 정치구도가 형성되었습니다. 비록 총선에서 승리한 후 집권당은 곧바로 튀르키예가 앞으로 계속 '북대서양조약기구' 회원 자격을 유지할 것이라고 서양국가를 안심시키고 유럽연합에 가입시켜줄 것을 계속 요구했지만, 서양국가들은 당연히 과거를 잊지 않았습니다. 이 이슬람주의 정당의 지도자 레제프 에르도안은 1994년 이스탄불 시장으로 처음 당선된 뒤 "유럽연합 가입 반대, 북대서양조약기구 탈퇴 지지"라는 정치 구호를 공개적으로 내세웠고, "세계 15억 이슬람인이 지금 튀르키예 인민이 일어서기를 기다리고 있다. 일어서자!"라고 목소리를 높였습니다. 사실 최근 10여 년 동안 이슬람의 부흥과 이슬람주의 정당의 정치세력화 및 집권은 튀르키예가 '케말주의 개혁' 이후 형성한 세속적 정치체제에 강하게 도전하고 그것을 약화시켰습니다.

그러나 튀르키예는 서양에도 녹아들 수 없었고 자국의 입지를 진정으로 세울 수도 없었기 때문에 곤란한 지경에 처해 있습니다. 한편으로 이슬람의 부흥과 이슬람주의 정당의 정치세력화는 서양국가가 튀르키예를 더욱 불신하고 '우리와 다른 부류'라는 생각을 더 강하게 갖게 했습니다. 다른 한편으로 이슬람주의 정당은 집권은 했지만 자신의 길을 제대로 갈 수 없었습니다. 튀르키예의 진정한 정치권력은 친서방 군부에 있어서 이슬람주의 정당이 고개를 들면 튀르키예 군부가 필연적으로 서양의 지지 아래 압력을 가하며 정치에 직접 간섭하기 때문입니다. 튀르키예의 전략적 위치는 아주 요긴합니다. 서양국가, 특히 미국은 튀르키예가 진정으로 서양의 통제에서 벗어나는 것을 절대 허락하지 않습니다. 달리 말하면, 튀르키예에 대한 서양국가의 입장은 사실상 튀르키예를 서양의 일원으로 인정할 수도 없고 서양에서 벗어나게 할 수도 없다는 것입니다. 그래서 튀르키예는 어떻게 서양화를 해도 여전히 서양이 아니고 동시에 어떻게 이슬람 문명을 부흥해도 여전히 자기 억압적 태도를 취하게 됩니다. 튀르키예는 앞으로도 오랫동안 '자아분열' 상태에 처해 있을 것이고 헤어나기 어려울 것이라 예상할 수 있습니다.

여기서 자연스럽게 튀르키예의 길에 대한 천팡정 교수의 연구가 떠오릅니다. 천 교수는 튀르키예의 길을 이해하려 하는 편입니다. 천 교수는 아마 연구를 시작할 때 튀르키예의 길을 중국이 현대화로 가는 길의 본보기로 삼을 수 있다고 생각했던 것 같습니다. 튀르키예가 가장 철저한 전통의 폐기, 가장 철저한 서양화의 길을 대표하기 때문입니다. 그러나 결국 천 교수도 튀르키예의 길이 결과적으로 자아분열 사회로 귀결된다는 것을 깨달았습니다. 결론에서 천 교수는 이렇게 말합니다.

이슬람 전통과 국가의 세속주의 간의 깊은 사회적 모순 때문에 최근 60년 동안 튀르키예는 늘 정신적 긴장 상태에 처해 있었고, 더 나아가 튀르키예인은 약간 정신분열적인 민족이 되었다. 달리 말하면 케말 파샤는 '정상적' 근대국가의 반열에 어깨를 나란히 할 수 있는 국가를 창조했지만 튀르키예는 영혼 깊은 곳에서 우울하고 슬퍼졌다. 앞으로도 지난날의 빛을 회복할 전망은 보이지 않는다.

이에 따라 천 교수는 서슴없이 묻습니다. 케말 파샤의 길이 성공했다고 쳐도 그것은 '정확한' 길이었을까? 이런 근대화 노선은 "튀르키예를 역사, 전통, 종교에 시달리지 않게 했지만 동시에 문화와 영혼의 측면에서 튀르키예인의 생기를 질식시킨 것 같기도 하다". 이 길은 동경할 만한 가치가 있을까?

문 분명 아주 좋은 질문입니다. 깊이 생각할 가치도 있습니다. 그런데 과연 근대화를 위해 '영혼 깊은 곳에서 우울하고 슬픈' 불행한 상태를 초래한 것을 어떻게 해석해야 할까요?

답 튀르키예의 길은 '자기 거세식 근대화 노선'이라고 할 수 있습니다. 진융의 무협소설에서 명교 교주가 최고의 무공을 수련하기 위해서 가장 먼저 자신의 생식기를 잘라내면서 "이 문파의 무공 심법은 우선 자기 거세를 하는 것이다"라고 말한 것처럼요. 사실 수많은 근대화 이론은 모두 이런 '자기 거세식 근대화' 이론입니다. 근대화라는 무공을 수련하려면 먼저 자신이 가진 문화 전통의 뿌리를 잘라버려야 하며, 튀르키예는 이 분야에서 가장 철저했을 뿐입니다. 그러나 한 사람이 자신의 생식기를 잘라낸다면 무공을 수련한들 살아 있는 것이 무슨 의미가 있을까요? 저는 예전에 아이자이아 벌린이 개인의 자유와 '집단 귀속감' 둘 다를 궁극적인 가치로 본 관점을 수차례 인용했습니다. 지금도 튀르키예의 근대화 노선이 튀르키예인에게 즐거움을 주지 못하고 도리어 '영혼 깊은 곳에서 우울함과 슬픔'을 초래한 이유를 이 관점에 따라 해석할 수 있을 것 같습니다. 그 원인은 바로 튀르키예의 이러한 '자기 거세식 근대화 노선'이 튀르키예인의 '집단 귀속감'을 만족시키지 못했고 오히려 자신의 생명의 원천인 생식기를 잘라내듯이 이런 귀속감을 잘라버렸기 때문입니다. 그러니 어떻게 행복할 수 있겠습니까? 여기서 벌린의 자전적인 글「내 생활의 세 가지 구성요소」에서 서술한 관점을 인용해보겠습니다.

> 비록 나는 오랫동안 개인의 자유를 변호해왔지만 몇몇 사람처럼 개인의 자유라는 이름으로 어떤 특정한 민족, 집단, 문화, 전통, 언어에 속해 있음을 부정하라는 유혹을 받아본 적은 없다. (…) 자연적 유대를 거절하는 것은 분명 숭고하지만 잘못된 길로 들어서게 된다. 사람들이 고독에 불만을 품는다는 것은 누구도 그들이 무슨 말을 하는지 이해하지 못한다는 것을 뜻한다. 왜냐하면 이해된다는 것은 공동의 역사, 공동의 정감, 공동의 언어, 공동의 생각, 긴밀한 교류의 가능성을 함께 나누는 것, 간단히 말해서 공동의 생활양식을 함께 누리는 것을 의미하기 때문이다. 이것은 인간의 기본 조건이다. 이것을 부인하는 것은 위험한 오류다.

튀르키예의 개혁이 개인의 자유를 촉진했는지는 잠시 제쳐두겠습니다. 그러나 튀르키예의 근대 지도자들은 튀르키예인에게 자신의 역사를 잘라버리고 자신을 유럽인과 서양인으로 보라고 요구했습니다. 이는 공연히 튀르키예인의 내면적 곤혹만을 초래했을 뿐입니다.

튀르키예인과 유럽인은 "공동의 역사, 공동의 정감, 공동의 언어, 공동의 생각"을 공유할 수 없었기 때문에 유럽인과 "긴밀한 교류의 가능성"을 형성할 수도 없었습니다. 그와 정반대로 유럽인과 서양인의 공동체에서 튀르키예인은 단지 '고독'만을 느낄 수 있었고 "아무도 내가 무슨 말을 하는지 이해하지 못한다"라고 느낄 뿐이었습니다. 이런 집단적 고독감과 타인에게 이해받지 못한다는 극도의 절망감 때문에 자연히 튀르키예인은 '영혼 깊은 곳에서 우울함과 슬픔'을 느낄 수밖에 없었습니다. 결론적으로, 유럽과 서양이라는 공동체는 결코 튀르키예인의 공동체가 아니고 튀르키예인은 그 공동체에서 귀속감을 찾을 수 없었습니다. 튀르키예가 유럽과 서양의 선도 국가가 되고 모든 유럽인과 서양인이 튀르키예어를 쓰며 더 나아가 이슬람교로 개종해야만 튀르키예인은 자연스럽게 '영혼 깊은 곳에서 즐거움'을 느낄 것입니다. 그러나 그렇게 된다면 서양인은 '영혼 깊은 곳에서 극도의 우울함과 슬픔'을 느낄 것입니다.

문 헌팅턴이 말한 '자아분열 국가'는 비서양국가가 근대화할 때 나타나는 비교적 보편적인 문제인가요? 서양국가에는 '자아분열'이라는 문제가 없습니까?

답 꼭 그렇지만은 않습니다. 헌팅턴은 오스트레일리아를 서양국가가 아시아 문명에 편입하려 했던 사례로 들었습니다. 오스트레일리아의 폴 키팅 총리는 오스트레일리아가 '아시아에 편입'하고 영연방에서 분리되어야 한다고 주장했는데, 이 주장은 오스트레일리아에서 가장 논쟁적인 문제가 되었습니다. 그러나 헌팅턴은 키팅 등의 '탈구입아脫歐入亞'라는 관점이 동아시아의 경제 번영권에 급하게 편입하기 위해 자신의 문명 귀속감을 무시했다고 지적합니다.

헌팅턴의 관점은 이렇습니다. "비서양국가가 '문명 개종'을 통해 서양 문명에 끼어들려는 것이나 서양국가가 '문명 개종'을 통해 아시아 문명에 끼어들려는 것은 이론적으로는 가능하지만 실질적으로는 거의 불가능하다. 이것은 서양 학자들이 '상상'하기만 하면 바로 '상상의 공동체'를 만들 수 있다고 한 것과도 다르다. 이런 '문명 개종'이 가능하려면 세 가지 조건을 충족해야 하며 하나라도 부족하면 안 된다. 만약 세 가지 조건 중 어느 하나라도 충족되지 않는다면 '자아 분열 국가'로 변할 수 있다. 이 세 가지 조건은 다음과 같다. 첫째, 해당 국가의 엘리트가 고도의 합의를 도출해서 '문명 개종'을 해야 한다. 둘째, 해당 국가의 국민이 적어도 '개종'을 반대하지 않아야 한다. 셋째, 대상이 되는 문명 공동체가 인가하고 수용해야 한다. 오스트레일리아의 '탈구입아'는 이 세 가지 조건 중 하나도 충족하지 못한다. 우선, 오스트레일리아의 엘리트 계층은 합의를 도출하지 못했고 이 문제로 분열하고 논쟁이 끊이지 않았다. 둘째, 오스트레일리아의 국민도 마찬가지로 이에 대한 의견이 극명하게 갈렸다. 셋째, 아시아 각국도 보편적으로 오스트레일리아가 아시아 국가임을 인정하지 않았다. 인도네시아에 따르면, 오스트레일리아가 아시아 사회에 녹아들 수 있는지는 가장 먼저 오스트레일리아의 정부와 국민이 아시아의 문화와 사회를 높은 수준으로 이해하는가에 달려 있다. 말레이시아에서는 분명하게 오스트레일리아는 아시아 국가가 아니라 유럽 국가라며 동아시아경제포럼의 회원국이 될 수 없다고 했다." 따라서 헌팅턴은 이렇게 말합니다. "오스트레일리아는 사실상 두 가지 중 하나를 선택할 수밖에 없다. '탈구입아'라는 관점을 버리고 스스로 서양국가라는 문명 정체성으로 돌아갈 것인가, 아니면 '자아분열 국가'가 될 것인가."

거꾸로, 비서양국가가 '문명 개종'을 통해 서양 문명에 끼어들려는 상황에 대해서 헌팅턴은 튀르키예가 세 가지 조건 중 두 가지를 갖추었다고 봅니다. "첫째, 튀르키예의 엘리트 계층은 케말 시대에 '문명 개종'에 대한 고도의 합의에 도달했다. 둘째, 튀르키예 국민은 상당 기간 적어도 강하게 반대하지 않았다." 그러나 문제는 튀르키예가 세 번째 조건을 갖추지 않았다는 것입니다. 바로 서양국가에서 보편적으로 튀르키예를 서양국가라고 인정하지 않은 것입니다. 튀르키예에 대한 서양국가의 이런 '문명적 거절'은 필연적으로 튀르키예의 엘리트 계층과 국민의 자존심을 크게 훼손했습니다. 그래서 이미 형성했던 엘리트 계층의 합의와 국민의 승낙이 점차 와해되고 튀르키예는 전형적인 '자아분열 국가'로 변해버립니다.

비서양국가가 '문명 개종'을 통해 서양 문명에 편입하려 했던 또 다른 주요 사례는 당연히 러시아입니다. 러시아는 튀르키예와 마찬가지로 서양 문명에 속한 적이 없고 비잔틴 제국과 그리스정교에 속했습니다. 그러나 표트르 대제 때부터 러시아는 유럽 문명의 일원이 될 계획을 세웁니다. 그리고 소련의 개혁 시대에는 미하일 고르바초프가 더욱 친밀한 관계를 맺으려 하면서 이렇게 말합니다. "우리는 유럽인이다. 옛 러시아와 유럽은 똑같이 기독교를 믿었기 때문이다." 그러나 헌팅턴이 보기에 이것은 순전히 혼자만의 짝사랑이고 결국 창피만 당할 수밖에 없었습니다. 공연히 러시아를 '자아분열 국가'로 만들었던 것입니다. '유럽'이라는 개념은 본래 비잔틴 제국을 배제하는 것을 우선으로 합니다. 그리고 서양의 기독교도 그리스정교를 제외하는 것을 첫째로 합니다. 사실상 러시아가 서양 문명에 끼어들려고 했을 때 처한 곤경은 튀르키예보다 훨씬 큽니다. '문명 개종'의 세 가지 조건 중 러시아는 어느 하나도 갖추지 못했기 때문입니다. 우선, 러시아의 엘리트 계층에서 '서양파'는 줄곧 소수였고 이들은 '슬라브파'를 압도할 수 없었습니다. 사실상 러시아 작가 중 서양에서 유명한 사람들도 주로 슬라브주의를 강하게 주장했습니다. 19세기의 도스토옙스키에서 현대의 솔제니친까지 그렇습니다. 다음으로, 러시아 국민은 서양을 동경하지만 역사적으로 형성된 '대러시아주의'라는 자부심 때문에 모든 면에서 서양을 으뜸으로 삼는 것을 받아들일 수 없었습니다. 마지막으로, 가장 중요한 점은 서양이 절대로 러시아를 서양의 일부라고 보지 않고 항상 서양의 '타자'라고 생각한다는 것입니다. 따라서 북대서양조약기구가 아무리 동쪽으로 확장한다고 해도 러시아까지 이를 수는 없습니다. 러시아까지 포함한다면 북대서양조약기구는 그 의미를 잃을 것입니다. 그리고 유럽연합이 어느 정도 확장한다고 해도 마찬가지로 러시아를 품을 수는 없습니다. 한

마디로, 서양의 눈에 러시아는 영원히 러시아이지 서양이 아닙니다. 러시아에 대한 서양의 이런 '문명적 거절'은 자연히 러시아인이 '반反 서양' 심리를 갖도록 자극합니다.

문 선생님은 헌팅턴을 높이 평가하시는 것 같습니다. 중국 지식계에서 헌팅턴의 관점을 강하게 비판하는 것과는 다릅니다. 지금 선생님은 량치차오가 90년 전에 말한 '국성'으로 헌팅턴의 '문명론'을 검증합니다. 다소 놀라운 일이 아닐 수 없습니다.

답 개인적으로 냉전이 종식된 후 서양 사상계는 잘하는 것이 거의 없어서 거론할 필요도 없다고 봅니다. 대부분 20세기의 낡은 사유에서 벗어나지 못했습니다. 특히 하나의 역설에 주목해도 좋습니다. 서양 자유주의자와 좌파는 한쪽에서 항상 '서양 중심론'을 비판하는 도덕적 틀을 제시하지만 다른 한쪽에서 여전히 '서양 중심론'에서 헤어나지 못합니다. 존 롤스의『만민법』, 프랜시스 후쿠야마의『역사의 종말』부터 좌파라 불리는 위르겐 하버마스의『탈민족시대의 구도』, 급진 좌파의 걸작이라 불리는 안토니오 네그리의『제국』등까지 모두 가장 정통적인 서양 중심론을 따릅니다. 그들은 사실상 비서양 문명의 문제에 관심이 없습니다. 저는 제가 공부한 시카고대학의 교수님들이 대부분 서양 보수주의 사상가였다는 것이 매우 다행이라고 생각합니다. 이 보수주의 사상가들은 물론 모두 서양 중심론자들입니다. 그러나 그들은 보통 옛 문명을 '경외'하는 마음을 갖고 있으며 항상 다른 문명 간의 깊은 차이를 배우기를 진심으로 원합니다. 그들은 결코 서양 자유주의자나 좌파처럼 문명의 원천이 이미 의미를 잃었으며 앞으로 인류가 전 세계의 '보편 문명'으로 융합하리라고 순진하게 믿지 않습니다. 헌팅턴은 『문명의 충돌The Clash of Civilizations and the Remaking of World Order』에서 서양 보수주의의 관점에 근거해서 서양 자유주의와 좌파 학계의 각종 '서양화 보편 문명'의 환상에 반박합니다. 그리고 대규모의 비서양 문명들이 의미를 잃지 않았으며 21세기에 근대 이래 서양 문명이 세계를 지배한 국면을 바꿀 강한 힘이 있을 것이라는 점을 두드러지게 강조합니다. 따라서 헌팅턴은 21세기의 전 세계는 '서양 문명의 보편적 세계'가 아니라 '다문명 공존의 세계'일 것이라고 봅니다. 이러한 세계 질서에서는 문명 충돌의 가능성이 있습니다. 충돌이 악화되는 것을 어떻게 피하느냐는 서로 다른 문명의 공동 노력에 달려 있습니다. 이에 대해 헌팅턴과 같은 서양 보수주의 사상가는 자유주의자와 좌파보다 더 비서양 문명의 잠재력과 도전에 주목할 수 있습니다. 그리고 비서양 문명, 특히 중국과 러시아 같은 문명이 서양의 문명 패권에 기꺼이 몸을 숙이고 따르지 않으리라는 강한 의지를 바로 볼 수 있습니다. 저는 헌팅턴의 『문명의 충돌』이 냉전이 종식된 후 보기 드문 역사적 감각과 혜안을 갖추고 21세기적 사유로 진입한 저작이라고 생각합니다.

헌팅턴은 비서양국가의 근대화 노선을 세 유형으로 나눌 수 있다고 말합니다. 첫 번째 유형의 국가는 근대화가 반드시 철저한 서양화여야 한다고 생각합니다. 이는 바로 튀르키예의 '케말주의' 서양화 노선입니다. 그 결과는 '자아분열 국가'입니다. 두 번째 유형의 국가는 서양화에 반대하려면 반드시 근대화에 반대해야 한다고 주장합니다. 이는 주로 이슬람 근본주의 국가의 태도입니다. 세 번째 유형의 국가는 헌팅턴도 가장 성공한 국가라고 봅니다. 즉, 근대화를 추구하지만 서양화를 거절한 경우입니다. 헌팅턴은 이 유형의 근대화 노선에 동아시아 국가가 해당된다고 생각합니다(이슬람 국가도 1870~1920년에 이런 노선을 시도했지만 모두 성공하지 못했습니다).

헌팅턴은 근대화를 추구하지만 서양화를 거절하고 비교적 성공한 국가의 근대화 과정을 보통 두 단계로 나눌 수 있다고 보았습니다. 즉, 개혁의 첫 번째 단계 또는 초기 단계에 근대화 과정은 동시에 서양화를 추진하는 과정입니다. 이는 개혁의 초기 단계에는 서양을 학습해야 하기 때문입니다. 그러나 개혁의 두 번째 단계 또는 비교적 성숙한 단계에 이 국가들은 근대화 과정이 진전할수록 종종 '탈서양화'와 '고유문화indigenous culture' 부흥의 길을 걷습니다. 이런 경향은 두 가지 상반된 원인에서 촉발됩니다. 우선, 근대화 첫 단계의 결과 사회의 경제·군사·정치적 실력이 향상되고 종합 국력이 부단히 커져서 이 사회가 자신의 문명에 더 강한 자신감과 자부심을 갖는 현상이 두드러집니다. 따라서 고유문화를 더욱 긍정적으로 바라봅니다. 이런 자기 긍정의 입장에서 필연적으로 서양으로부터 더욱 독립적이고 자주적으로 바뀌고 서양의 통제에서 벗어나기를 원합니다. 그래서 '탈서양화'의 경향을 취합니다. 그러나 다른 한편으로 근대화 과정은 동시에 소외와 아노미의 과정도 수반합니다. 근대화 과정이 급격해질수록 소외와 아노미 현상도 더욱 심해집니다. 또한 근대화의 부작용이 날로 뚜렷해질수록 전통적 유대와 사회관계가 약해지고 사회가 급격히 분화됩니다. 이 모든 것이 개인의 초조함과 정체성의 위기를 초래합니다. 헌팅턴은 전환의 시대에 비서양국가가 이처럼 초조해지고 정체성의 위기에 처하면 '탈서양화'와 고유문화를 긍정하는 경향이 형성된다고 말합니다. 또한 부분적으로 대중과 새로운 권력 이익집단 사이의 긴장과 충돌도 드러납니다. 새로운 권력 이익집단은 종종 이런 사회적 초조함과 정체성 위기의 정당성을 부정하기 때문에 고유문화 자체를 무시하고 진일보한 서양화를 주장합니다. 따라서 대중과 새로운 권력 이익집단의 긴장과 충돌은 항상 '탈서양화'를 할 것인가에 대한 의견 충돌로 드러납니다.

이런 상황에서는 이론적으로 두 가지 가능성이 생겨납니다. 하나는 새로운 권력 이익집단이 사회의 정치·경제와 여론 자원을 독점하고 사회의 '탈서양화' 경향을 압도하는 것입니다. 이러면 이 국가의 근대화 노선은 점차 튀르키예식 '케말주의' 서양화 노선으로 향하고 그 결과 '자아분열 국가'가 됩니다. 다른 하나는 앞서 말한 근대화의 부정적 효과가 촉진한 두 가지 '탈서양화' 경향이 점진적으로 합류하는 것입니다. 달리 말하면 근대화의 긍정적 효과가 이끌어낸 고유문화에 대한 자신감이 새로운 세대의 엘리트층이 생성되는 것을 촉진하고 이들이 고유문화를 강하게 긍정하고 '탈서양화'하는 경향을 보이면서(서양 학계에서 말하는 '2세대 엘리트의 본토화 현상') 대중의 '탈서양화' 경향과 합류하는 것입니다. 이렇게 되면 이 국가는 강한 의

지로 '근대화이지만 서양화는 아닌' 길을 걷게 됩니다.

문 말하자면 중국은 지금 근대화의 첫 번째 단계에서 두 번째 단계로 넘어가는 시기라고 말할 수 있을까요?

답 21세기 초 몇 년 동안은 확실히 헌팅턴이 말한 근대화의 두 번째 단계라고 할 수 있는 이유가 있다고 봅니다. 예를 들면, 최근 몇 년 동안 중국인이 가장 격렬하게 논쟁한 문제는 종종 '미국'과 관련이 있었다는 점에 주목할 필요가 있습니다. 본래 미국은 미국이고 중국은 중국입니다. 중국인이 미국의 일로 싸울 필요는 없습니다. 그러나 이런 논쟁이 벌어진 이유는 먼저 일부 중국 지식인이 중국이 모든 문제에서 미국의 입장에 서야 하고 미국과 일치해야 한다고 강하게 바라고 주장했기 때문입니다. 그들은 미국이 우는 문제에 울어야 하고 미국이 웃는 문제에 웃어야 하며 심지어 미국이 조급해하는 것에 조급해하고 미국이 원하는 대로 원해야 한다고 주장합니다. 즉, 미국인이 되지는 못해도 적어도 어떻게 하면 '하룻밤 미국인'이 될지는 상상할 수 있다는 것입니다. 그러나 이런 경향과 주장은 최근 중국 사회에 더욱 커다란 반감과 반발을 불러일으켰습니다. 그래서 많은 사람이 격렬한 논쟁을 벌였습니다. 이런 논쟁의 실질적인 문제는 사실 '문명 정체성'의 문제입니다. 즉, 중국이 중국화해야 하는가, 아니면 미국화해야 하는가입니다. 중국이 자신의 입장과 이익을 추구해야 하는가, 아니면 미국의 입장이 곧 중국의 입장이요 미국의 이익이 곧 중국의 이익인가 하는 문제입니다. '미국화'를 주장하는 사람은 사실 중국이 튀르키예의 길을 가야 한다고 주장하는 것과 같습니다. 그들은 무엇이 튀르키예의 길인지 알지 못하고 그 길이 '자아분열 국가'를 초래할 뿐이라는 사실도 모릅니다. 반면 '중국화'를 주장하는 사람은 '근대화이지만 서양화는 아닌' 길을 주장하는 것입니다.

문 선생님은 이 '문명 정체성' 논쟁에서 어느 쪽이 중국 사회의 주류가 될 것이라고 보십니까?

답 저는 중국이 '근대화이지만 서양화는 아닌' 길을 선택할 수 있다고 믿습니다. 중국은 일반적인 작은 국가가 아닙니다. 중국에는 유구한 문명사가 있기에 '문명적 욕망'을 지닌 대국, 자신의 '문명적 이익'을 가진 대국이 되었습니다. 따라서 중국인은 튀르키예와 같은 삼류 국가가 되는 데 만족할 수 없고 서양의 부속물이 되는 것에도 만족할 수 없습니다. 그 밖에 마오쩌둥 시대에 사실상 상당히 오만불손한 중국 인민이 생겨났음을 지적하지 않을 수 없습니다. 그들은 모든 면에서 서양 말을 들어야 하는 중국을 받아들일 수 없었습니다. 동시에 우리는 실제로 서양 학계에서 말하는 '2세대 엘리트의 본토화 현상'이 이미 중국에서 출현하기 시작했음에 주목해야 합니다. 현재 30세 전후의 신세대 지식인 엘리트들은 사상과 지식, 경향 등 모든 측면에서 그들의 스승 세대와 아주 다릅니다. 그들은 중국 문명에 대해 상당히 긍정적이고 진지한 태도를 지니고 있습니다. 중국 고전에 대해서도 강한 흥미를 보입니다. 앞으로 중국의 문명 전통을 제멋대로 무시하는 사람들은 신세대 지식인 엘리트들에게 문화적으로 얄팍하고 교양이 없다고 비칠 것입니다. 이 모든 것은 21세기 중국이 민족-국가에서 문명-국가로 향하도록 촉진할 것입니다.

문 선생님은 마치 21세기 중국의 주된 임무가 근대국가를 지속적으로 건설하는 것뿐 아니라 동시에 반드시 문화 혹은 문명적 '복고'를 하는 것이라고 말씀하시는 것 같습니다.

답 완전히 정확합니다. 그러나 첸중수가 「복고를 논하다論復古」에서 지적했듯이 이른바 '복고'는 중국에서 줄곧 오해되어왔습니다. 중국인은 종종 '복고 자체가 바로 혁신이자 혁명'임을 이해하지 못하기 때문입니다. 말하자면 "모든 성공적 문학 혁명은 모두 어느 정도는 복고, 즉 고대를 밀어내고 또 다른 고대를 올려놓는 것"입니다. 동시에 "만약 민족의 보수성, 역사적 연속성을 살피지 않고 새롭고 색다른 사상이나 작풍을 들여온다면 이런 혁명은 그리 성공할 수 없습니다".

2003년 12월

상편

중국의 길

中國道路

사회주의, 보수주의, 자유주의:

중국의 소프트파워에 대해서

社會主義保守主義自由主義: 關於中國的軟實力

문 선생님은 2003년 본지(『21세기경제보도』)와의 인터뷰에서 '민족-국가'에서 '문명-국가'로 나아가기 위해 중국의 문명적 원천 위에 현대 중국을 세워야 한다고 주장하셨습니다. 2004년 특별판 인터뷰에서는 한 걸음 더 나아가 새로운 시기의 '통삼통通三統'을 제시하면서 중국의 세 가지 전통을 융합해서 중국인의 역사문화적 정체성을 구축하자고 주장하셨습니다. 이런 생각은 최근 많이 논의되는 '중국의 소프트파워'와 관계가 있습니까?

답 저는 먼저 이 점을 강조하고 싶습니다. 지구화 시대에 중국의 소프트파워를 거론하려면 중국의 특수성에만 주목해서는 안 되고 인류 사회의 공통성에도 착안할 필요가 있습니다. 다시 말해, 진정으로 유효한 소프트파워는 항상 보편적 가치로서 의의를 지닙니다. 이는 어떤 특정 국가의 가치 성향에 그치지 않고 다른 나라 사람들에게도 인정받을 수 있는 것입니다. 따라서 중국의 소프트파워를 논하기 전에 우리는 먼저 현대사회가 공통적으로 갖고 있는 보편적 특징을 더 깊이 인식할 필요가 있습니다. 그것에 근거해서 중국의 소프트

이 인터뷰는 『21세기경제보도21世紀經濟報道』 2005년 12월 26일 자에 실렸다.

파워를 생각하고 발전시켜야 합니다. 현재 중국은 아주 복잡한 현대 사회가 되었습니다. 그러나 '현대사회'라는 커다란 문제를 충분히 연구하지 못하고 있으며 그것에 대한 이해도 매우 편파적입니다. 그래서 우리는 본래 가지고 있던 수많은 긍정적 가치 자원을 정확히 이해할 수 없습니다.

문　선생님이 말하는 문제들은 사회학의 임무라고 생각합니다.

답　맞습니다. 저는 중국이 앞으로 사회학을 대대적으로 연구해야 한다고 봅니다. 특히 사회학 이론에 대한 연구가 중요합니다. 최근 10여 년간 중국에서는 경제학이 모든 것을 압도했습니다. 그러나 경제학은 현대 사회과학의 일부에 불과합니다. 오로지 경제학의 시각으로만 현대사회를 이해한다면 부분으로 전체를 판단할 수 있습니다. 더 나아가 현실과 큰 편차가 존재할 수 있습니다. 우리는 사실상 이미 이런 부정적 결과를 목격했습니다. 2005년 중국 사회에서 가장 두드러진 현상은 경제학자들에 대한 보편적인 불만과 비판입니다. 경제학자들에 대한 수많은 비판이 공정하다고만은 할 수 없지만 이런 현상이 등장한 것은 우연이 아니라 대부분 필연입니다. 그것은 단순히 경제학적 분석에만 의존해서는 현대사회의 복잡성을 파악할 수 없음을 실제로 증명합니다. 오늘날 주요 화제인 '소프트파워'에 대한 경제학자의 대답은 비교적 제한적일 수 있습니다. 사회학자, 인류학자, 문화학자, 역사학자, 인문지리학자, 철학자 등의 공헌이 더 많이 필요하지요. 따라서 긍정적 의미에서 보면 경제학에 대한 비판 현상은 중국의 '단순한 경제학 시대'가 이미 끝나고 중국이 발전하면서 '사회학의 시대'가 도래하고 있으며 '전체 인문사회과학의 시대'의 도래가 임박하고 있음을 의미합니다.

문 현대사회의 복잡성을 이해하는 데 사회학은 어떤 관점을 제공할 수 있습니까?

답 최근 20~30년 동안 서양 사회학은 아주 심각하게 쇠퇴했습니다. 사회과학의 선두였던 예전의 지위를 이미 잃어버렸습니다. 현재 사회학의 일부는 경제학의 부속물이 되었고 다른 일부는 포스트모더니즘 문학 이론의 부속물이 되었습니다. 사회과학 전체의 상황은 솔직히 말해서 아주 좋지 않습니다. 저는 중국의 사회학, 그리고 중국의 인문사회과학 전체가 발전하려면 단순히 이론을 접목한다는 시각에만 의존해서는 안 된다는 점을 강조하고 싶습니다. 그렇게 하지 않으면 자칫 서양에서 유행하는 과제를 우리의 중요한 과제로 삼을 수 있습니다. 예를 들면, 서양 학문의 거의 모든 분과에서 가장 많이 다루고 있는 주제는 바로 성, 인종, 동성연애, 그리고 아동학대입니다. 그러나 이러한 주제는 결코 중국에서 가장 중요한 문제가 아닙니다. 중국의 인문사회과학에서는 반드시 중국에서 가장 중요하고 큰 문제를 자주적으로 연구해야 합니다. 그 문제란 바로 '어떻게 하면 중국을 좀더 좋은 사회로 만들 수 있을까' '어떻게 하면 질이 낮고 악성적인 현대사회를 비껴갈 수 있을까'입니다. 중국의 인문사회과학은 반드시 거대한 역사적 시야와 거시적 안목을 가져야 합니다. 사소한 문제로 기본 방향과 주도적 문제를 흐려서는 안 됩니다. 서양 학문을 볼 때 오늘날 유행하는 주제만을 보아서는 안 되고 16, 17세기부터 현대사회가 출현하고 형성된 역사적 과정 전체를 깊이 들여다볼 필요가 있습니다. 이 400~500년 내내 서양은 전쟁, 혁명, 내란, 혼란 등을 겪었습니다. 중국은 지금 아주 짧은 시간 동안 서양이 500년 가까이 경험한 모든 문제를 겪고 있습니다. 따라서 현대사회를 긴 역사적 시야 속에서 이해해야 합니다. 서양이 이 500년 동안의 여정을 거치는 동안 어떤 요소가 열악한 근대성을 초래했는지, 어떤 노력이 비교적 양질의 현대사회를 형성했는지 하는 문제를 상세히 고찰해야 합니다.

문 이 문제에 대한 선생님의 기본 관점을 간단히 설명해주십시오.

답 제 개인적인 관점은 이렇습니다. 단순히 자본주의와 시장 메커니즘만을 강조한다면 질이 낮고 악성적인 현대사회만 초래할 뿐입니다. 사회주의와 보수주의로 자본주의와 시장을 제약하고 균형을 맞추어야 비교적 양질의 현대사회를 만들 수 있습니다. 따라서 서양의 시장 메커니즘에 대해 연구함과 동시에 서양의 사회주의와 보수주의 전통에 대해서도 반드시 깊이 연구할 필요가 있습니다.

문 사회주의와 보수주의를 연구해야 한다는 말씀이십니까?

답 맞습니다. 서양의 사회주의와 보수주의 전통이 서양 현대사회의 긍정적 발전을 촉진한 핵심 요소이고 그것이 없다면 자본주의도 살아남을 수 없기 때문입니다. 실제로 서양의 한 원로 사회학자가 이런 견해를 표명했습니다. 세 가지 기본 요소, 즉 사회주의, 자유주의, 보수주의가 서로 견제와 균형을 이룰 때 현대사회가 이상적 모습을 띠게 된다는 것입니다. 미국의 원로 사회학자 대니얼 벨이 이런 견해를 제시했습니다. 그는 유명한 저서『자본주의의 문화적 모순The Cultural Contradictions of Capitalism』에서 현대사회를 이상적으로 운영하기 위해서는 "경제 영역에서는 사회주의, 정치 영역에서는 자유주의, 문화 영역에서는 보수주의"에 기반을 두어야 한다고 주장합니다. 이런 견해는 사실상 서양의 원로 학자들 사이에서 상당히 보편적입니다. 예를 들면, 폴란드 정치철학자 레셰크 코와코프스키는 대니얼 벨과 완전히 같은 견해를 제시했습니다. 그의 철학적 입장은 이렇습니다.

현대사회는 상호 모순되고 충돌하는 수많은 요소로 구성되어 있다. 이상적인 현대사회에서는 어떤 한 요소나 가치가 다른 요소와 가치를 억압하도록 주장할 수 없고 여러 가지 요소와 가치가 서로 균형을 이루고 견제하는 구도를 최대한 형성해야 한다.

문 그러나 일반적으로 미국에는 사회주의가 없다고 생각하지 않습니까?

답 그건 잘못된 생각이며 용어의 이면을 보지 못한 측면이 있습니다. 저의 은사님이자 미국의 또 다른 원로 사회학자 에드워드 실스는 한 유명한 글에서 미국 자유주의의 이중성을 논했습니다. 그는 미국에는 유럽과 같은 사회주의 정당이 없지만 사회주의가 미국 자유주의의 이름 아래 발전되었다고 주장합니다. 그리고 프랭클린 루스벨트가 시작한 '뉴딜New Deal 자유주의'가 주로 유럽 사회주의의 요소를 다량 채택하고 있다고 지적합니다. 예를 들면, 루스벨트 시기 이전에는 노동운동과 노동조합이 불법이었습니다. 그러나 뉴딜 자유주의는 노동운동과 노동조합의 합법화를 촉진했을 뿐 아니라 그 자체가 미국의 노동자와 노동조합을 집권의 가장 주된 사회적 토대로 삼고 있습니다. 따라서 미국 내부에서 루스벨트와 뉴딜 자유주의를 반대하는 사람은 루스벨트가 사회주의를 하려 한다고 내내 비판했습니다. 뉴딜 자유주의의 본질은 국가와 사회의 힘으로 자본을 절약하고 시장을 조절하며 사회의 빈부 격차와 과도한 불평등을 피하는 것이었기 때문이지요. 우리는 용어에 오도되어서는 안 됩니다. 20세기 중국을 돌아보면 사실상 쑨원의 삼민주의三民主義뿐 아니라 1940년대 중국의 자유주의 지식인도 자유주의를 논할 때 경제 영역에서는 사회주의의 길을 가야 한다고 강조했습니다. 20세기 중국인이 보편적으로 사회주의의 길을 선택한 것은 우연이 아니었고 더군다나 잘못된 것도 아닙니다. 이것은 아주 정확한 선택이었습니다.

문　선생님은 오늘날 사회주의 전통을 새롭게 연구해야 한다고 말씀하시는 것 같습니다.

답　맞습니다. 특히 우리가 가장 먼저 검토해야 할 점은 해방 이후 사회주의에 대한 우리의 이해가 극좌 사상으로 왜곡되어 사회주의를 매우 편협하게 보았다는 것입니다. 예를 들면, 우리는 아직도 프랑스 좌파 정당의 이름을 '프랑스 사회당'으로 번역합니다만 사실 그 정당의 이름은 명백히 '프랑스 사회주의당'입니다. 영국 노동당은 당 강령에서 스스로 사회주의 정당임을 분명히 밝히고 있습니다. 이 유럽 정당들은 모두 유럽 사회주의의 전통에 속한 정당입니다. 그러나 우리는 지난날 이러한 유럽 국가의 실천을 사회주의의 실천으로 인정하지 않았고 사실상 우리 자신의 사회주의에 대한 이해를 제한했습니다. 지금 이 점을 다시 검토해야 합니다. 예를 들면, 현재 회자되고 있는 사회복지, 노동 보장 등의 개념은 서양에서는 사회주의 전통에 속하는 것이지 자본주의 자체에서 나온 것이 아닙니다. 벨은 이렇게 지적합니다. "경제 영역에서 반드시 사회주의를 견지해야 한다"라는 말의 가장 기본적인 함의는 바로 현대사회가 경제정책의 우선순위를 정할 때 반드시 '공동체'의 가치를 개인의 가치보다 먼저 보장해야 하며 사회의 각종 자원으로 반드시 '사회적 최저수요social minimum'를 충족시킴으로써 모두가 스스로 품위를 유지하는 생활을 누리고 공동체의 일원이 되도록 해야 한다는 것입니다. 따라서 사회주의는 "노동자 우선의 고용제도, 시장 위기에 대비한 안전보장, 그리고 충분한 의료 환경과 질병 예방조치"를 의미합니다.

문 하지만 유럽의 복지사회는 최근 몇 년 동안 위기에 처하지 않았습니까?

답 그렇습니다. 최근 20여 년간 서양에서는 소위 신자유주의, 즉 경제적 방임주의가 주류가 되어 서양 자본주의를 포함한 전 세계에 큰 충격을 주고 있습니다. 그러나 우리가 동시에 생각해야 할 점이 있습니다. 미국이든 영국이든 독일이든 프랑스든 그들 본래의 사회복지와 노동 보장 체제는 결코 없어지거나 박탈되지 않았습니다. 동시에 덧붙이고 싶은 점이 있습니다. 지난 25년간 중국 개혁의 거대한 성과는 단순히 시장 메커니즘과 해외 자본을 도입한 결과만으로 이해할 수 없습니다. 그와 반대로 중국의 기존 사회주의적 복지와 사회보장 메커니즘, 예를 들면 저렴한 주거, 의료, 교육, 퇴직금 등의 제도가 대중의 '사회적 최저수요'를 크게 보호했습니다. 그러나 최근 대중의 불안은 날로 뚜렷해지고 널리 퍼지고 있습니다. 그 원인은 바로 최근의 수많은 선전과 조치가 갈수록 '사회적 최저수요'라는 사회주의 원칙을 무시한 데 있습니다. 우리는 지금 국유기업 개혁, 의료 개혁, 교육 개혁의 교훈을 진지하게 재검토해야 합니다.

문 선생님은 중국이 반드시 사회주의 원칙을 고수한 채 개혁해야 한다고 보시는 것인가요?

답　저는 중국뿐 아니라 전 세계의 모든 지역에서 사회주의 이념과 가치를 새롭게 제기할 필요가 있다고 봅니다. 사회주의는 보편적인 가치이지만 국가마다 각기 다른 모습을 보일 수 있습니다. 그러나 보편적 기본 이념이자 가치관입니다. 그것은 대다수 일반 노동자의 권리와 권익을 보호해야 한다는 것을 의미합니다. 전 세계는 사회주의 이념과 가치관으로 현재의 경제적 세계화를 조절하고 관리해야 합니다. 그렇지 않으면 경제적 세계화 과정은 소수 대자본가와 초국적 기업에만 유리해질 뿐이고 전 세계의 일반 대중에게는 이롭지 않으며 더 나아가 해로울 수 있습니다. 최근 20년 동안 서양국가를 비롯한 세계 각국에서는 모두 빈부 격차가 날로 커지는 현상이 일어나고 있습니다. 중국 사회에서 현재 나타나고 있는 대중의 불안감도 실은 전 세계의 보편적인 현상입니다. 이상적 세계화를 다시 생각하는 것이 바로 세계 공통의 대과제입니다. 중국은 사회주의 국가로서 사회주의 전통을 적극적으로 연구하는 동시에 전 세계 각국의 사회주의 정당 및 단체와 교류하고 협력해야 하며, 세계화 시대에 사회주의 이념과 실천 문제를 논의하는 데 함께 힘을 기울여야 합니다.

문　벨이 제기한 세 가지 요소 중 중국에는 자유주의가 더 필요한 것 아닌가요? 선생님이 1989년에 『독서讀書』에 발표한 「자유의 이념自由的理念」은 중국에서 최초로 자유주의를 거론한 글로 공인되고 있습니다. 그러나 많은 사람이 1990년대 이후 선생님이 자유주의를 버렸다고 생각합니다. 선생님은 지금도 본인이 자유주의자라고 생각하십니까?

답   저는 중국 학자들이 자신이 무엇이라고 내세우는 악습을 버리고 이런 주의니 저런 주의니 하는 용어 싸움에 빠지지 않는 편이 가장 좋다고 생각합니다. 그 대신 현대사회의 복잡한 구조와 메커니즘, 그리고 현재 세계화 시대의 불평등한 발전과 사회질서 문제를 연구하는 것이 중요합니다. 벨이 제기한 세 가지 요소의 순서는 '사회주의, 자유주의, 보수주의'입니다. 이 순서는 나름대로 타당성을 갖고 있습니다. 고도의 시장화와 자본의 독점 체제 아래에서 사회주의 이념을 먼저 견지하지 않는다면 이른바 자유는 곧 소수의 자유, 부자의 자유, 사장의 자유가 될 가능성이 높습니다. 이것은 제가 1997년에 발표한 「자유주의: 평민의 것인가? 귀족의 것인가?自由主義: 平民的還是貴族的」라는 글에서 제기한 문제입니다. 자유는 현대사회에서 가장 기본적인 가치입니다. 말하자면 모든 사람은 자유주의자이고 적어도 자신의 자유를 원합니다. 그러나 자유는 동시에 현대사회에서 아주 곤란한 문제이기도 합니다. 바로 모든 공민의 자유와 권리, 특히 절대다수인 보통 사람의 자유와 권리를 지켜야 하기 때문입니다. 중국은 공민의 개인적 자유와 권리를 보장한다는 면에서는 갈 길이 멉니다. 저는 가까운 시기에 특히 두 문제를 해결해야 한다고 생각합니다. 첫째, 현재 전국인민대표대회의 대표 인원 배정에서 농촌 인구를 심각하게 차별하는 문제입니다. 농민은 96만 명당 대표 한 사람을, 도시민은 26만 명당 대표 한 사람을 선출합니다. 농민의 수가 도시민의 네 배입니다. 이런 배정은 다음 전국인민대표대회에서 수정해서 농민과 도시민의 선거권과 피선거권을 보장해야 합니다. 둘째, 현재 아직 촌村급 차원에 머물러 있는 선거를 현縣급 차원으로 끌어올리는 방안을 강구하고 실험을 통해 실천 경험을 모색해야 합니다.

문   그래서 선생님은 벨이 제기한 사회주의, 자유주의, 보수주의의 순서에 동의하십니까?

답   아닙니다. 현재 제가 개인적으로 생각하는 순서는 사회주의, 보수주의, 자유주의입니다. 벨의 문화 보수주의는 자연히 서양인이 자신의 문화 전통을 존중해야 한다고 강조합니다. 저의 문화 보수주의는 자연히 중국인이 자신의 문화 전통을 존중해야 한다고 강조합니다. 이것은 바로 유가儒家를 근간으로 한 중국 고전 문명의 정신과 가치입니다. 중국에서는 먼저 사회주의 이념과 가치를 고수해야만 자유의 이념과 가치가 진정으로 수립될 수 있다고 생각합니다. 저는 점점 더 그렇게 여기고 있습니다. 만약 사회주의를 버린다면 중국에서의 자유는 소수의 자유, 부자의 자유, 기업주의 자유가 될 뿐 절대다수 노동자의 자유가 될 수 없습니다. 동시에 중국 문명의 자주성을 고수하는 것을 전제로 해야만 중국에서 자유가 진정으로 뿌리내릴 수 있습니다. 그렇지 않다면 자유란 것은 매판주의, 반식민주의, 자기 노예화의 다른 이름에 불과하게 될 가능성이 큽니다. 한마디로, 중국은 반드시 중국 현대 사회주의 전통과 중국 고전 문명의 전통을 고수해야만 그 토대 위에서 자유주의를 진정으로 발전시킬 수 있습니다. 이것이 바로 지금 제가 순서를 사회주의, 보수주의, 자유주의로 두는 이유입니다.

문　왜 순서가 문화적 보수주의, 경제적 사회주의, 정치적 자유주의가 아닌지요? 선생님의 생각에 따르면 중국 문명 전통의 우선성을 특별히 강조해야 할 것 같은데요?

답　중국 고전 문명의 이념과 가치는 사회주의 정치제도로 지탱해야 하고, 이런 근거 없이 존재할 수는 없습니다. 중국의 문명적 가치는 종전에는 중국의 전통적 사회정치제도로 지탱됐습니다. 전통적 사회질서는 청말에 이미 와해되었습니다. 현재 중국 고전 문명의 이념과 가치는 중국 현대 사회주의 제도로 지탱하고 보호해야 합니다. 동시에 중국 현대 사회주의의 전통이 반제국주의와 반식민주의의 전통이자 중국 문명의 자주성의 전통임을 분명히 해야 합니다. 저는 중국이 사회주의를 버린다면 반식민지로 전락할 수밖에 없고 근본적으로 중국 고전 문명의 전통도 보존할 수 없다고 생각합니다. 따라서 현재의 조건에서 중국 사회주의의 전통을 고수하는 것은 중국 고전 문명의 전통을 지켜내는 전제이자 선결 조건입니다.

　　이제 좀 전에 제기하신 소프트파워와 관련된 질문에 정면으로 답하겠습니다. 우선, 소프트파워는 반드시 보편적 가치를 지녀야 합니다. 사회주의와 문화 보수주의는 모두 보편적 가치입니다. 그러나 나라마다 그 내용은 다릅니다. 무엇이 중국의 소프트파워인가? 저의 대답은 이렇습니다. 중국의 고전 문명 전통과 중국의 현대 사회주의 전통이 중국 소프트파워의 가장 기본적인 자원입니다. 소프트파워라는 것은 원한다고 가질 수 있는 것이 아니고 만들고 싶다고 마음대로 억지로 만들 수 있는 것도 아닙니다. 우선 자신에게 무엇이 있고 어떤 전통이 있는지를 살펴보아야 합니다. 이 점을 명확히 할 필요가 있습니다. 따라서 중국의 소프트파워를 말하려면 먼저 우리 중국에는 자신의 것, 자신의 전통으로 무엇이 있는지를 스스로 물어야 합니다. 답은 아주 명확합니다. 첫째, 우리에게는 유가가 주가 되고 '유불도儒佛道가 상호 보완'하는 중국 고전 문명 전통이 있습니다. 둘째, 우리에게는 현대에 형성한 중국 사회주의 전통이 있습니다. 그러나 지금은 다음의 문제를 안고 있습니다. 우선, 최근 100년 동안 우리는 스스로 중국 고전 문명 전통을 끊임없이 부정하거나 폄하하고 사악한 것으로 몰기까지 했습니다. 다음으로, 최근에는 또 상당히 강하게 중국 사회주의 전통을 완전히 부정하는 경향이 생겼습니다. 그러나 중국의 고전 문명을 부정하고 중국의 사회주의 전통을 부정한다면 중국에는 무엇이 있습니까? 무엇으로 중국의 소프트파워를 말할 수 있을까요? 이 두 가지 전통을 부정한다면 중국 땅에는 자연히 미국의 소프트파워, 일본의 소프트파워, 한국의 소프트파워만 있고 중국의 소프트파워는 존재하지 않게 됩니다.

문 그래서 선생님 말씀은 중국의 소프트파워 자원이 주로 중국적 고전 문명 전통과 중국적 사회주의 전통이라는 뜻인가요?

답　간략히 개괄한다면 중국의 소프트파워는 '유가사회주의'라고 말할 수 있습니다. 사실, '중화인민공화국'의 함의는 바로 '유가사회주의공화국'이어야 합니다. 우선, 중화의 의미는 바로 중화문명이며 그 줄기는 유가가 주가 되어 도가와 불교, 기타 문화적 요소를 포용하는 것입니다. 다음으로, '인민공화국'의 의미는 이 공화국이 자본의 공화국이 아니라 노동자와 농민, 그리고 기타 노동자가 주체가 된 전체 인민의 공화국이라는 것입니다. 이는 사회주의 공화국을 말합니다. 따라서 중화인민공화국은 사실상 유가사회주의공화국입니다. 중국의 소프트파워를 발전시키려면 '유가사회주의'의 깊은 뜻을 더욱 깊이 발굴해야 합니다. 이것이 우리 시대의 최대 과제입니다.

2005년 12월

세 가지 전통의 융합과
중화문명의 부흥

三種傳統的融會與中華文明復興

세 가지 중국 전통의 융합

문 2003년 본지의 '중국 세기' 연말 특집 인터뷰에서 선생님은 20세기 중국의 중심 문제는 '민족-국가'를 건설하는 것이었지만 21세기 중국의 중심 문제는 '민족-국가' 논리를 뛰어넘어 중국을 '문명-국가'로 재건하는 것이라고 말씀하셨습니다. 이어서 2004년 본지의 연말 특집에서는 중국과 중화문명이 부흥하려면 복잡한 전근대 전통과 근현대 전통을 어떻게 대해야 하는지 질문하려 합니다. 현대 중국이 이런 사회적 노력을 하면 중화문명은 어떤 구조적 모습을 보여줄까요?

답 제 생각은 아직 명확하지 않습니다. 현재 시점에서 중국 사회에는 세 가지 전통의 힘이 강합니다. 특히 두드러지는 것은 다음과 같습니다. 첫 번째는 유가 전통입니다. 우리는 인仁과 의義로 이 전통의 정수를 개괄할 수 있습니다. 두 번째는 마오쩌둥 시대에 형성된 평등과 참여의 전통입니다. 세 번째는 개혁개방 이후에 형성된 시장경제

이 인터뷰는 『21세기경제보도21世紀經濟報道』 2004년 12월 29일 자에 실렸다.

에 대한 신념과 자유를 추구하는 전통입니다. 중화문명의 미래는 세 가지 전통이 서로 충돌하면서 합의점을 찾고 어우러지는 모습일 가능성이 큽니다.

이 세 가지 전통은 한편으로는 융합하면서 다른 한편으로는 서로 간의 긴장도 존재합니다. 예를 들면, 올해 경제학자 랑셴핑 사건에서 우리는 마오쩌둥 시대의 평등과 개혁개방 이후에 형성된 자유 전통의 강한 긴장과 충돌을 똑똑히 보았습니다.

중국인의 머릿속에는 예로부터 이것 아니면 저것이라는 정형화된 사유가 있습니다. 한편으로 중국 사회의 빈부 격차가 확대되면서 일군의 대중 사이에서는 부자를 증오하는 심리가 아주 강하게 생겨났습니다. 물론 이런 심리에도 도덕적 정당성은 있지만 부자를 증오하는 심리 자체가 가치 지향으로 변한다면 그것은 분명 중국의 경제개혁을 지속하기 어렵게 하는 곤란한 상황을 조성할 것입니다. 인터넷에서 볼 수 있는 랑셴핑 사건에 관한 몇몇 발언에서는 마오쩌둥 시대의 평등 전통에 대한 그리움을 볼 수 있습니다. 이런 그리움은 결국 개혁개방 이후에 형성된 자유 전통에 대한 부정으로 변할 수 있습니다.

다른 한편으로 부자를 옹호하는 몇몇 경제학자는 평등의 가치 성향을 완전히 부정하고 대중의 목소리를 폭도의 으르렁댐이라고 간주합니다. 이는 평등 전통을 무시하는 행위입니다. 사실, 어느 한쪽도 다른 한쪽을 완전히 압도해서는 안 됩니다. 우리는 마오쩌둥 시대로 돌아가서도 안 되고 평등에 대한 대중의 기대를 완전히 무시해서도 안 됩니다. 저는 이 세 전통 사이에 네가 살고 내가 산다거나 이것 아니면 저것이라는 식의 관계는 존재하지 않는다고 봅니다. 좀더 장기적인 관점에서 보면 이 세 가지 전통은 긴장을 유지하는 가운데 점점 융합할 것입니다.

세계라는 더욱 큰 범위에서 보면, 자유와 평등의 긴장은 보편적으로 존재합니다. 프랑스 대혁명 이후 형성된 자유, 민주, 평등의 관념 사이에는 항상 충돌이 있었습니다. 미국에서도 자유와 평등 사이의 충돌이 사회생활에서 줄곧 가장 큰 긴장이었습니다. 따라서 긴장의 존재는 필연적이고 충돌도 불가피합니다. 그러나 충돌하는 모든 당사자가 상대방을 압도하고 상대방의 입을 막으려고 한다면 이런 상황은 바로 비정상이 됩니다.

저는 이런 충돌의 당사자들이 모두 뒤로 한 걸음 물러서서 타협하면서 다시 한 걸음 내디딜 것을 모색하고 이 세 가지 전통을 모두 발현하도록 해야 한다고 생각합니다. 우리는 세 가지 전통의 타당성을 다시 생각할 필요가 있습니다. 세 가지 전통은 모두 긍정할 만한 가치와 정당성을 지니고 있습니다. 단순하게 하나의 전통으로 다른 하나의 전통을 뒤집으려고 해서는 안 됩니다. 마치 5·4운동을 벌인 지식인이 전통문화를 부정하려 했고 개혁개방 시기에는 마오쩌둥 시대의 평등을 부정하려 했던 것처럼 말입니다. 세 가지 전통 사이의 긴장은 늘 존재할 수 있습니다. 이러한 갈등이 현실 속에서 끊임없이 재통합되고 재조정되면서 중화문명의 미래에 대한 윤곽을 그릴 수 있을 것입니다.

교육으로 유가 문화를 신장하는 문제

문 전통 문명을 언급할 때 우리는 항상 세계적 범위에서 이슬람 문명, 기독교 문명, 중화문명 등 각종 문명 사이의 충돌과 대화를 말합니다. 그렇다면 중화문명은 문명 대화의 내재적 맥락 속에서 어떻게 부흥해야 할까요?

답 이 세 가지 대표적 문명은 분명히 각자 특색을 지니고 있습니다. 저 개인은 유가와 도가의 상호 보완을 즐겨 말하는 편이지 유가 문화로 중국 문화의 문명 형태를 묘사하지는 않습니다. 유가와 도가의 상호 보완은 아주 강력합니다. 중국의 전통문화는 포용성이 아주 강하고 배척성을 띠지 않기 때문입니다. 그러나 다른 종교는 배척성이 강합니다. 한 종교를 믿으면 다른 종교를 믿을 수 없다는 것입니다. 동시에 확장성도 강합니다. 예를 들면, 미국에서는 최근 몇 년 동안 기독교의 팽창 추세가 아주 뚜렷했습니다. 종교 세력이 급격히 확장하는 동안 많은 미국인은 이것이 미국 헌정憲政의 토대인 정교 분리에 영향을 미칠까 두려워했습니다. 동시에 종교의 이런 확장성에는 압박성도 있습니다. 미국에서 만일 당신이 기독교도가 아니라면, 특히 이슬람교도라면 커다란 압박을 느낄 것입니다. 남아메리카의 과테말라는 예전에는 가톨릭이 주요 종교였는데 최근에는 개신교가 부흥하여 성행합니다. 이 사례들은 모두 기독교의 강한 확장성을 말해줍니다.

사실 세계화가 진행될수록 모든 문명은 확장하려는 경향을 띱니다. 중화문명은 침략성과 압박성이 비교적 적습니다. 이런 면은 바로 중화문명이 존속하는 데 강점이면서 확장하는 데는 약점입니다. 유가는 기독교나 이슬람교와 비교해볼 때 예배당이나 종교의식이 없습니다. 따라서 많은 사람은 유가를 종교로 보지 않습니다. 유가의 전파 방식은 주로 학교와 가정을 통한 교육입니다.

조직화의 측면에서 유가는 기독교나 이슬람교와 경쟁할 방법이 없습니다. 이 두 종교는 확장을 지향할 뿐 아니라 확장 수단도 있고 조직화 정도도 매우 강합니다. 그러나 유가는 전파되는 데 좀더 어려운 입장입니다. 과거시험 제도가 붕괴된 후 유가는 제도적으로 보장받지 못하게 되었고 일반인의 일상생활 속에서만 완강하게 존재할 뿐입니다.

저는 유가 문화의 확장은 교육을 통해 해결해야 한다고 생각합니다. 저는 이후의 세계가 다원적인 공존의 세계가 될 것이기 때문에 하나의 문명이 전 세계를 통치하지는 못할 것이라고 믿습니다. 이런 상황에서 포용적인 유가의 우월성이 발휘될 것입니다.

문 그렇다면 교육은 중화문명을 부흥하는 데 어떤 역할을 할까요?

답 유가 문화는 주로 정신적 차원의 문제에 관여합니다. 유가가 국가를 관리하는 방법을 제시한다고 말할 수는 없습니다. 천하를 다스리는 데는 유가를 사용하지 않고 천하를 지키는 데만 유가를 사용합니다. 유가가 해결하는 것은 인간 마음의 문제입니다. 인간의 마음은 선善을 지향합니다. 선은 바로 가장 기본적인 사람됨의 준칙입니다. 중화문명의 부흥은 경제발전만으로는 부족합니다. 정신적 차원의 문제도 반드시 해결해야 합니다.

구체적으로, 저는 앞으로 국가에서 간부를 뽑을 때 평가 항목에 중국 전통문화도 포함해야 한다고 생각합니다. 사서오경을 능숙하게 읽어야 한다는 말은 아닙니다. 많이 읽을 필요는 없지만 약간은 읽어야 한다고 생각합니다. 제가 알기로 푸쓰녠이 총장이던 시절 대만대학에서는 『맹자』가 1학년 필수과목이었습니다. "내가 나의 호연지기를 기르면서" 『맹자』를 읽는다면 정신적 충동이 생길 것입니다. 세상에 우뚝 선 대장부가 되려고 할 때 『맹자』를 읽어본 것과 그렇지 않은 것은 크게 다릅니다. 또한 장재가 말한 "천지를 위해 마음을 세우고, 생민生民을 위해 명命을 세우며, 지난날의 성인을 위해 끊어진 학문을 잇고, 만세萬世를 위해 태평을 연다"라는 책임감 강한 기백도 있습니다. 이처럼 사람됨의 올바른 기풍은 도구적인 교육이 가르칠 수 있는 것이 아닙니다. 이런 인문교육과 도덕교육 제도는 마련할 수 있습니다. 대학 1학년생이면 『맹자』의 불변의 도리를 읽을 수 있습니다. 고등교육을 받은 중국인으로서 대학을 졸업할 때까지 『맹자』와 『당시 삼백수』를 읽지 않는다는 것은 정말로 말도 안 됩니다.

제 말은 하나의 전통으로 다른 전통을 바꾸어야 한다는 뜻이 아닙니다. 부단히 적응하고 정리해야 한다는 뜻입니다. 학교에서 배우는 도구적인 지식으로는 사람됨의 도리를 알 수 없습니다. 그것은 반드시 인문교육을 통해서 이루어집니다. 저는 인심人心 교육의 부재를 상당히 걱정하고 있습니다.

국가 제도의 정신적 토대

문 　중국 전통 문명은 주로 교육의 제도화를 통해 계승되어왔습니다. 혹시 인심 따로 제도 따로인 국면이 출현할 가능성은 없을까요?

답 　최근 몇 년 동안 중국은 발전했습니다. 그것은 바로 시장경제에도 규범이 필요함을 모두가 인정했다는 의미입니다. 이 규범에 대한 책임은 마땅히 국가가 져야 한다는 점에 대해서 공감대를 형성했다고 볼 수 있습니다. 여기서 평등의 전통이 발현되었습니다.

　　그렇다면 평등 원칙을 뒷받침하는 것은 무엇일까요? 바로 인仁과 애愛입니다. 모두의 윤리 공동체에 함께 관심을 갖지 않는다면 우리가 평등을 요구해서 무엇하겠습니까? 이런 평등의 토대는 권리상의 평등에만 그치지 않습니다. 역사문화 공동체에서의 평등에도 있습니다. 우리는 이런 평등을 전 세계로 확산할 수 없습니다. 왜냐하면 평등 개념이 전 세계에 통용되기는 하지만 우리에게는 이런 공평 개념을 세계로 확산할 이유가 없고 가능하지도 않기 때문입니다. 우리에게는 역사문화 공동체가 선천적으로 형성되어 있는데 상대방의 관심은 시간, 장소, 범위의 제한 안에 있기 때문입니다.

경제학에서는 사람들이 자신에게만 관심을 가지면 됩니다. 다음 세대에 관심을 가질 필요가 없는 것입니다. 이런 이론에서는 인류가 왜 생존할 수 있었는지를 도출해낼 수 없습니다. 인류가 생존하려면 사람마다 다른 사람들에게 책임을 져야 하고 모든 세대는 다음 세대에 책임을 져야 합니다. 이것이 바로 자유주의 최대의 골칫거리이자 가장 해결하기 어려운 문제입니다. 어떻게 해결할까요? 각기 다른 사람들이 연계되어 있음을 가정해봅시다. 이런 연계는 헌법에 나온 것이 아닙니다. 서양에서는 이런 연계가 종교에서 나옵니다. 제가 보기에 중국에서 이런 연계는 유가의 인과 애에서 나왔습니다. 공자와 맹자의 사상에 아주 잘 구현되어 있습니다.

현재 많은 사람의 사상적 혼란은 경제학적 이성적 인간이라는 가정에서 생겨난 인식론적 착오에서 왔습니다. 이성적 인간이라는 가설은 경제 분석의 가정이지 가치판단이 아닙니다. 그것은 하나의 분석 원칙이지 도덕 원칙이 아닙니다. 경제학의 최대 병폐는 도구적인 것과 규범적인 것을 한데 섞어놓고 말하는 것입니다. 사람은 완전히 이기적일 수 없기 때문에 이성적 인간이라는 가설은 경제 생활을 부각함에 따라 만들어진 이론적 가설입니다. 우리는 바로 유가 전통의 인애와 마오쩌둥 시대의 평등 전통으로 이성적 인간 가설을 제약해서 균형을 이루어야 합니다. 인애와 평등을 희생시켜서 이성적 인간 가설에 길을 터주어서는 안 됩니다.

결국 우리는 역사문명 공동체 문제, 즉 문명-국가의 문제로 돌아왔습니다. 그것은 제도 차원에서만이 아니라 정신 차원에서 실현되어야 합니다. 역사문명 공동체에는 토대가 있습니다. 우리는 중국이 어떻게 변화하고 중화문명이 어떻게 변화하고 발전할 것인지를 논할 때 반드시 세 가지 전통, 그리고 그 사이의 충돌과 융합을 논해야 합니다.

세 가지 전통은 형성되고 조화를 이루는 과정에 있기 때문에 늘 긴장이 존재할 수 있습니다. 이것은 문제가 되지 않습니다. 문제는 한쪽이 상대방을 아주 강하게 배척하고 소멸시키는 추세입니다. 저는 결국 세 가지 전통이 타협적으로 공존할 것이라 생각합니다. 이를 가볍게 부정해서는 안 되며 하나의 전통으로 다른 전통을 쉽게 부정해서도 안 될 것입니다.

물론 현재 평등의 문제는 다소 심각합니다. 중국 사회에 거대한 빈부 격차가 존재함을 부정할 수 있는 사람은 거의 없습니다. 농민의 생존적 곤경 역시 많은 사람이 우려합니다. 이것이 바로 마오쩌둥 시대에 형성된 평등과 참여―정치적·경제적 참여가 포함된―의 전통을 부릅니다. 저의 개인적 성향은 인민 쪽에 기울어져 있습니다. 현재 이 집단이 상대적으로 약세이기 때문입니다. 우리는 오랫동안 세 가지 전통 사이의 긴장이 장기적으로 존재하는 시스템을 구축해야 합니다. 여기서 세 가지 전통이 긴장 속에서 조화를 이루도록 하고 그 속에서 중국의 현대 제도와 전통문화의 결합점을 찾으며 문명과 자각의 역사 공동체를 세워야 합니다.

현재 중국인의 마음속에는 헌정 국가에 대한 공감이 이미 형성되어 있습니다. 동시에 중화문명을 부흥하자는 요구 역시 갈수록 뚜렷해지고 있습니다. 이것은 중국 사회 모든 계층의 바람입니다. 이 바람을 실현하려면 세 가지 전통이 없어서는 안 됩니다. 또한 이 세 가지 전통을 다시금 인식하고 해석해야만 합니다.

중국의 길:
30년과 60년

中國道路: 三十年與六十年

2009년은 중화인민공화국 건국 60주년이다. 옛말로 치면 신중국이 건설된 지 한 갑자가 된 것이다. 나는 오늘 신중국 60년 전체의 역정을 통해 중국의 개혁을 새롭게 인식할 필요가 있다고 생각한다. 지금까지처럼 개혁 담론을 더 이상 1979년 이후의 가까운 30년에만 국한해서는 안 된다. 개혁 담론을 '포스트 79'에만 국한하는 것은 신중국의 전기 30년(1949~1979)과 그 후 30년(1979~2007)의 역사적 연속성을 인위적으로 끊어버리는 것이다. 그뿐만이 아니다. 이런 담론은 걸핏하면 두 시기를 대립시키는 경향을 품고 있다. 마치 이전의 30년을 전면 부정해야만 그 후 30년 개혁의 성공을 해석할 수 있을 것 같은 인상을 준다. 다른 한편으로 최근 몇 년 동안에는 또 다른 담론이 점점 힘을 얻고 있다. 그것은 바로 현재 개혁에서 발생한 갖가지 문제를 비판할 때 신중국의 전기 30년으로 후기 30년을 부정하는 것이다. 최근 중국 사회 내부의 여러 논쟁은 이미 신중국 전기 30년과 후기 30년의 관계 문제를 과도하게 부각했다. 이는 사실상 우리가 공화국 60년의 전체 역사를 반드시 새롭고 전체적인 시야에서 서술해야 함을 일깨워준다.

원문은 『독서讀書』 2007년 제6호에 실렸다.

신개혁 공감대의 형성

나는 개인적으로 어떤 시각에서든 전기 30년과 후기 30년을 완전히 대립시킨다면 모두 무언가를 잃고 편파적이 되며 공화국이 60년 동안 걸어온 전체 과정을 제대로 해석하기 어렵다고 생각한다. 우선 현재 중국 사회에 빈부 격차와 사회 불공정의 문제가 얼마나 존재하든 간에 여전히 중국의 개혁이 얻어낸 거대한 성과는 전대미문이며 후대에도 보기 힘들 것이라는 점을 반드시 유념해야 한다. 세계은행의 최근 데이터는 지난 25년 동안의 전 세계 탈빈곤 성과 중 67퍼센트가 중국 덕분임을 보여준다. 중국의 경제성장으로 인해 4억 인구가 빈곤에서 벗어났기 때문이다. 이런 거대한 성과를 섣불리 부정해서는 안 된다. 그 밖에 나는 중국의 농민과 노동자의 생활 상황에 다소간 문제가 있다고 해도 그들이 극심한 고통 속에서 살고 있는 것처럼 말하는 것은 사실과 부합하지 않는다는 점도 강조하고 싶다. 말하자면, 개혁 이후 중국의 절대다수 서민의 생활은 모두 실질적으로 눈에 띄게 향상되었다. 중국은 역사적으로 오랫동안 해결할 수 없었던 '굶주림' 문제를 거의 해결했다. 이것은 대부분 사실이다.

　1990년대 이후 빈부 격차가 날로 커지고 이에 따라 사회 불공정 문제가 오늘날 중국의 최대 문제가 되었음에는 의심의 여지가 없다. 그러나 이 문제에서도 나는 최근 개혁에 관한 갖가지 논쟁은 사실상 결코 '개혁 공감대의 파열'이 아니라 그 반대로 '신개혁 공감대의 형성'임을 지적하고 싶다. 이런 '신개혁 공감대'는 바로 중국의 개혁이 '사회 공평에 더욱 주목'하고 더 이상 일방적으로 '효율 우선'을 추구하지 말라고 강력히 요구하고, 개혁의 결과가 '공동 부유'여야지 '소수가 먼저 부유해지는 것'이 아니어야 한다고 요청하며, 개혁이 더욱 명확히 '사람 본위'여야지 더 이상 GDP 성장을 맹목적으로 추구해서는 안 된다고 이야기한다. 이런 '신개혁 공감대'는 이미 오늘날 중국에서 가장 강한 공공 여론이 되었다. 또한 최근 몇 년간 중국 정부의 개혁 방침의 중대한 조정과 방향 전환도 재촉했다. '사회주의 조화사회 건설'이라는 기본 강령이 제시된 것은 이런 맥락에서였다. 2005년 말 중국공산당 16기 5중 전회는 「국민경제와 사회발전 제11차 5개년 계획에 관한 건의」를 통과시켰다. 여기서는 중국의 개혁이 "사회 공평에 더욱 관심을 갖고 전체 인민이 개혁 발전의 성과를 함께 누리게" 해야 함을 두드러지게 강조했다. 물론 이런 신개혁 공감대는 각종 기득권 집단의 제지를 받을 수 있다. 그러나 우리는 이런 '신개혁 공감대'를 공개적으로 정면에서 반대하려는 사람이 거의 없다는 점을 보아야 한다. 달리 말하면, '신개혁 공감대'에 대한 여론의 위력을 과소평가할 수 없다. 이런 공감대는 현재 적어도 이익집단을 일정하게 제약하는 역할을 하고 있다.

신개혁 공감대와 오늘날 중국의 세 가지 전통

앞에서 말한 '신개혁 공감대'는 사실상 공화국 60년 전체 역사가 종합적으로 효과를 발휘해서 차츰차츰 형성되었다. 즉, '신개혁 공감대'는 우선 공화국의 전기 30년과 후기 30년 역사의 긴장을 완화하는 경향을 띤다. 더 나아가 '신개혁 공감대'는 오늘날 중국의 세 가지 전통이 상호작용한 결과라고 볼 수 있다.

내가 최근 몇 년 동안 지적한 대로, 우리는 현재 중국에서 세 가지 전통을 볼 수 있다. 하나는 개혁 28년 동안 형성된 전통이다. 시간은 비록 짧지만 개혁개방 이후 형성된 많은 관념과 용어는 모두 사람들의 마음속 깊이 새겨져서 중국인의 일상 용어의 일부분으로 녹아들어가면서 거의 하나의 전통을 형성했다. 이 전통은 기본적으로 '시장'을 중심으로 확장되었는데, 오늘날 우리가 익숙하게 알고 있는 자유, 권리 등의 개념이 여기에 해당한다. 또 다른 전통은 바로 공화국이 건국된 이후 마오쩌둥 시대에 형성되었다. 이 전통은 바로 평등과 정의를 추구하는 전통이고, 주된 특징은 평등을 강조하는 것이다. 이 전통은 1990년대 중·후반 이후 날로 강하게 모습을 드러냈다. 마오쩌둥 시대의 평등 전통이 오늘날 중국인의 생활 속에서 강력한 전통이 되었음을 부인하는 사람은 이제 없다. 마지막으로는 당연히 중국 문명이 수천 년 동안 형성해온 문명 전통, 즉 이른바 중국의 전통문화 또는 유가 전통이 있다. 간략히 말하면 이것은 중국인의 일상생활에서 주로 인정人情과 향정鄕情, 그리고 가족관계를 중시하는 것으로 드러난다.

중국의 길: 유가사회주의공화국

중국의 개혁 공감대는 중국 사회의 기본적인 국가적 상황, 즉 세 가지 전통을 떠나서는 성립할 수 없다. 따라서 '신개혁 공감대'가 성립하려면 반드시 세 가지 전통 각각의 정당성을 동시에 인정하고 세 가지 전통이 서로를 견제하고 보완하는 구도를 점차 형성해야 한다.

이를테면, 현재의 '신개혁 공감대'는 세 가지 전통의 시너지 효과를 보여주기 시작했다. 우선, '조화사회'라는 개념이 중국의 유가 전통에 뿌리를 두었다는 점은 의심할 바 없다. 이것은 이전에 강조하던 서양 전통의 '계급투쟁' 개념과는 근본적으로 다르다. 둘째, '조화사회'의 실질적 목표, 즉 '공동 부유'는 바로 마오쩌둥 시대의 사회주의 전통에서 핵심적으로 추구한 것이다. 그러나 셋째, '공동 부유'라는 목표는 여전히 개혁 이후 형성된 시장 기제의 완성노를 한층 높임으로써 실현될 수 있다. 이 세 가지 전통의 힘을 모으는 과정에는 긴장이 가득할 것이다. 그러나 긴장이 어느 정도이든 간에 중국의 '신개혁 공감대'는 반드시 이상의 세 가지 전통을 동시에 아우르고 융합할 것이다. 어떤 한 가지 전통을 결코 배척할 수 없음은 분명하다.

길게 보아서, 중국에서 지금 형성되고 있는 '신개혁 공감대'가 건전하게 발전한다면 '중국의 길'이 갖는 진정한 성격이 점차 드러날 것이다. 그것은 바로 중국의 개혁이 추구하는 목표가 결코 미국과 같은 자본주의 사회를 만들려는 것이 아니라 '유가사회주의공화국'에 도달하려는 것이라는 점이다. 나는 얼마 전 '중화인민공화국'의 함의가 사실상 '유가사회주의공화국'이라고 말했다. 말하자면 첫째, '중화'의 의미는 바로 중화문명이고 그 주된 골격은 유가가 주가 되어 도가, 불교 그리고 다른 문화적 요소를 포용하는 것이다. 둘째, '인민공화국'의 의미는 이 공화국이 자본주의 공화국이 아니라 노동자, 농민, 기타 노동 대중이 주체가 되는 인민 전체의 공화국이라는 것이다. 이는 중국이 바로 사회주의 공화국임을 분명히 한다. 따라서 중화인민공화국은 사실상 '유가사회주의공화국'이다. 중국의 개혁이 갖는 가장 깊은 뜻은 바로 '유가사회주의공화국'의 깊은 함의를 발굴하려는 데 있다. 이것이 21세기 중국의 최대 과제가 될 것이다.

공화국 60년의 재인식

공화국의 전기 30년과 후기 30년은 당연히 근본적으로 다르다. 결정적으로 덩샤오핑 시대에 계급투쟁 중심에서 경제건설 중심으로 전환했다는 점에서 그렇다. 그러나 우리는 이러한 전환만으로 중국 개혁의 성공을 보증하기에는 부족하다는 점을 짚고 넘어가야만 한다. 왜냐하면 소련과 동구권은 일찍부터 계급투쟁을 버리고 일제히 경제건설로 전환했지만 그들의 경제개혁은 성공할 수 없었기 때문이다. 왜 중국은 계급투쟁에서 경제개혁으로 전환한 뒤 더 크게 성공했고 소련과 동구권의 경제개혁은 성공하지 못한 채 오히려 사회가 전반적으로 해체되었을까? 사실상 이 문제는 제대로 해석된 적이 없다.

조금만 기억을 거슬러 올라가 1990년대 초를 떠올려보면 서양의 언론계와 학술계에서 중국의 경제개혁을 좋게 보는 사람은 거의 없었다. 이유는 간단하다. 그들은 중국도 동일하게 중앙계획경제체제였으므로 소련과 동구권의 경제개혁이 성공하지 못한다면 중국도 성공할 수 없으리라고 생각했다. 소련의 산업화와 현대화 수준은 어떻게 보면 중국보다 크게 앞서지 않았는가? 그들의 농촌 인구는 중국보다 훨씬 적고, 그들의 공장장과 매니저의 교육 수준과 기본 자질은 중국보다 크게 높았다. 1978년에 중국의 공장장과 매니저의 평균 교육 기간은 9~11년이었다. 9년은 중졸이고 11년은 고등학교 학업을 마치지 못한 수준이다. 그러나 당시 소련의 공장장과 매니저는 모두가 적어도 대졸 이상이었다. 특히 소련과 동구권에는 중국처럼 대약진이 없었고 '문화대혁명'도 없었다. 그들의 경제개혁은 지속되지 않는데 왜 중국의 경제개혁이 오히려 더 큰 성공을 거두었을까?

사실 이 문제에 대해서는 다음과 같은 하나의 해석만 가능하다. 덩샤오핑 개혁이 성공할 수 있었던 비결은 바로 마오쩌둥 시대에서 찾을 수 있다. 특히 결정적으로 마오쩌둥이 중국이 건국된 이후 중앙계획경제를 건설하려던 노력을 파괴한 데 있다. 조지프 슘페터의 표현을 빌리자면, 마오쩌둥 시대는 사실상 '창조적 파괴'의 과정이었다. 마오쩌둥의 대약진과 문화대혁명은 분명 당시 중국을 크게 파괴했다. 그러나 이런 파괴는 동시에 일종의 '창조적 파괴'였다. 이것은 바로 중국이 소련식 계획경제로 향하는 것을 파괴하고 중국의 경제체제가 개혁 이전에 소련식 중앙계획경제체제가 되지 못하게 만들었다. 이 때문에 덩샤오핑 시대의 경제개혁의 토대를 닦을 수 있었다.

마오쩌둥의 창조적 파괴가 덩샤오핑 개혁의 토대를 마련했다

마오쩌둥이 '파괴'를 했다는 것은 모든 사람이 아는 사실이다. 1958년 대약진 시기에 마오쩌둥은 중국 공장 88퍼센트의 관리권 전부를 중앙부처와 위원회 관할로 넘겼다. 그리고 각급 지방정부에 공장을 관리할 권한을 넘겨주고 재산권과 기업권을 모두 지방에 주었다. 각급 성과 지역뿐 아니라 각급 현에도 각자의 산업을 스스로 일구도록 했다. 이것이 바로 마오쩌둥의 이른바 "참새는 비록 작아도 오장五臟을 모두 갖추었다"라는 주장이다. 그는 현마다 알아서 공업을 발전시키라고 주문했다. 1961년에 모든 경제권이 다시 중앙으로 회수되었지만, 마오쩌둥은 1964년부터 다시 경제권을 지방으로 내려보내고 '허군공화虛君共和'(입헌군주제)를 해야 한다고 주장하면서 모든 중앙 관할을 반대했다. "지방에서 중앙의 기업을 모조리 재편해서 가지고 가라, 사람도 말도 모조리 베이징에서 나가게 하라"라는 당시 마오쩌둥이 한 말은 아주 유명하다. 그리고 문화대혁명, 즉 1968년까지는 근본적으로 계획이 없었다. 나라 전체에 국민경제계획이 없었다는 것이다. 이는 아주 불가사의한 일이다. 대약진에서 문화대혁명까지 마오쩌둥은 사실상 중국이 당시 수립하려고 했던 중앙계획경제를 거의 무너뜨려버렸다.

사람들은 모두 이 사실을 안다. 그러나 마오쩌둥 시대의 이 일련의 조치들이 바로 그 후 덩샤오핑의 경제계획에 근본적 토대를 닦았다고 생각하는 사람은 거의 없다. 그래서 여기서 나는 전 미국 국무부 부차관보 수전 셔크의 저서『중국 경제개혁의 정치적 논리The Political Logic of Economic Reform in China』를 인용하려고 한다. 셔크는 중국 경제개혁의 이러한 '정치적 논리'가 서양의 논리에는 맞지 않고 소련 고르바초프의 개혁이 서양의 논리에 더 맞다고 보았다. 문제는 왜 서양의 논리에 맞는 소련의 개혁이 성공하지 않고 도리어 중국의 개혁으로 인해 경제가 고도로 성장했는가다. 그녀는 다음과 같은 관점을 내놓았다. 중국의 개혁과 소련의 개혁의 근본적 차이는 바로 중국의 개혁이 사실상 마오쩌둥 시대에 터전을 닦은 '분권화decentraliza-tion'의 궤도에서 진행되었고 이것은 소련이 흉내 낼 수 없는 것이다. 가장 근본적인 한 가지는 바로 마오쩌둥의 대약진과 문화대혁명이 중국에서 중앙계획경제가 진정으로 수립되지 않도록 했다는 것이다. 마오쩌둥은 중국이 중앙계획경제를 수립하려는 작업을 부단히 해체했다. 그래서 중국은 사실상 개혁 이전에 소련과 같은 의미의 중앙계획경제체제가 아니었다. 이 미국인 학자는 마오쩌둥의 분권화가 없었다면, 즉 중국이 소련처럼 완결된 중앙계획경제체제를 수립했더라면 중국의 개혁이 소련과 동구권의 개혁과 어떤 차이가 있을 것이라고 상상할 이유가 없다고 생각했다.

셔크는 중국의 계획성이 가장 높았던 때 중앙정부가 생산과 분배를 통제할 수 있는 상품은 600여 종이 안 되었지만 소련은

1500종에 달했다고 지적한다. 달리 말하면, 소련의 체제는 모든 경제활동이 중앙정부의 통제와 관할 아래 있었고 중앙계획의 밖에서는 거의 경제활동이 없었지만 이와 반대로 중국의 경제체제는 다차원적이고 지역화·지방화되었다. 중국의 개혁이 실시되기 바로 전에는 중국 국영기업의 단 3퍼센트만이 직접 중앙정부의 조정을 받았고 나머지 기업은 각급 지방정부의 관리를 받았으며 그 이윤도 다수가 지방정부에 귀속되었다. 이런 고도의 '행정 분권' 결과 중국과 소련의 경제구조는 판이하게 달라졌다. 소련의 중앙계획경제의 특징은 기업의 수는 적지만 규모는 크고 전문 분업이 고도화되었으며 현대화 수준이 높다는 것이다. 중국의 경제 분권화의 특징은 반대로 기업의 수는 많지만 규모가 작고 아주 지역적이라는 것이다. 1978년 소련에는 기업이 모두 합쳐 단 4만 개뿐이었지만 규모는 모두 컸다. 중국은 34만8000개 기업이 있었지만 그중 4000개만 규모가 비교적 컸고 나머지는 중소기업이었다. 그마저도 대다수는 성급 기업이 아닌 지현地縣이나 향진鄕鎭이 관할하는 기업이었다. 이렇게 많고도 낙후한 중소기업은 중앙계획경제로 수렴될 수 없었다.

그러나 셔크는 중국과 소련 체제의 바로 이런 차이가 개혁 결과의 차이를 낳았다고 보았다. 소련과 동구권의 경제개혁은 완전히 국유기업의 개혁에 달려 있었기 때문에 그 개혁이 성공하지 못하면 경제개혁 전체가 실패할 수밖에 없었다. 그러나 가장 어려운 것은 국유기업의 개혁이다. 왜냐하면 국유기업에는 무수한 이익 관계와 많은 노동자의 복리가 걸려 있기 때문이다. 중국의 경제개혁이 계획적 국유기업 이외에 새로운 경제주체를 성공적으로 발전시킬 수 있었던 이유는 지방기업, 특히 향진기업이 경제개혁을 이끌어냈기 때문이다. 셔크는 중국의 개혁이 소련 및 동구권과 다른 길을 갈 수 있었던 것은 바로 1970년대 말 이후 덩샤오핑의 개혁 때문인데 이것은 사실상 마오쩌둥 시대에 형성한 '지방분권화'의 토대에서 진행됐다고 본다.[1]

향진기업: 페이샤오퉁에서 마오쩌둥까지

덩샤오핑이 집권한 이후의 중국 경제개혁은 1980년대의 전체 과정에서 항상 '방권양리放權讓利'라고 불린다. 이것은 바로 권력과 권리를 지방과 기업에 양도한다는 뜻이다. 그러나 우리 모두는 당시 많은 사람이 '방권양리'의 주체는 기업이지 지방이 아니라고 강조했다는 것을 기억한다. 달리 말하면, 많은 사람은 소련과 동구권과 같이 국유기업을 어떻게 개혁할 것인가에 모든 주의력을 쏟았고, 경제를 주로 지방에서 담당하는 것은 경제학의 정도가 아니라고 생각했다. 그러나 중국의 경제개혁이 성공한 이유가 결코 중국의 국유기업 개혁이 소련과 동구권보다 나아서가 아니라 중국의 새로운 경제가 온전히 지방으로부터 일어났기 때문이라는 점, 특히 당시 누구나 무시했던 향진기업이 이를 이끌었기 때문이라는 점이 현실에서 증명되었다.

---

[1] 경제개혁의 '지방분권'의 길에 대해 참고할 만한 자료는 甘陽, 崔之元 編, 『中國改革的政治經濟學』, 牛津大學出版社, 1997.

덩샤오핑은 향진기업의 발전과 근본적 역할은 누구도 생각지 못했고 중앙도 생각지 못했으며 온전히 향진기업과 농민 스스로 해낸 것이라고 말했다. 그러나 중국 향진기업의 토대는 사실상 마오쩌둥 시대의 대약진이 닦았다. 대약진 자체는 비록 실패했지만 많은 향촌에 이른바 인민공사와 생산대 기업이 남아 있었고 이 기업들이 바로 훗날 중국 향진기업의 토대가 되었다.

널리 알려져 있듯이 페이샤오퉁은 『강촌경제江村經濟』를 집필해서 중국 현대화의 가능성이 향촌 공업의 발전에 있다고 가장 먼저 주장했다. 그러나 페이샤오퉁은 이미 이런 발전의 길이 당시, 즉 해방 이전의 중국에서는 불가능했다고 지적했다. 향촌 공업이 발전하려면 몇 가지 조건이 필요한데 그에 해당하는 전기나 도로 같은 최소한의 조건이 그 당시 중국의 대다수 향촌에는 없었기 때문이다. 그러나 페이샤오퉁의 꿈은 1980년대부터 중국에서 실현될 기회를 만났다. 그것은 바로 마오쩌둥이 대약진 때부터 중국의 산업화 과정에 향촌을 끌어들이려 했고 중국의 기업과 경제를 부단히 사회 기층으로 내려보내려 해서 중국의 향토사회가 산업화 과정에서 제외되지 않았기 때문이다. 마오쩌둥 시대에 교통, 물, 전기, 그리고 최소한의 초등교육, 농촌 의료인이 향촌에 들어갔던 일 모두가 중국의 향진기업이 1970년대 이후 대규모로 발전할 수 있었던 근본적 토대다. 1980년대 중국 향진기업의 운영 방식은 대부분 '대약진' 방식이었다. '마을마다 연기를 피우는 것' 자체가 바로 '대약진'의 전통이었다.

이런 경제발전 방식에는 문제가 아주 많았다. 예를 들면, 중복

생산과 환경오염 등의 문제를 일으켰고 지방으로의 대규모 권력 이양은 훗날 중앙 재정 능력을 떨어뜨렸다. 그럼에도 나는 그때는 그때고 지금은 지금임을 강조하고 싶다. 훗날 문제가 생겼다고 향진기업의 활동이 중국의 경제개혁을 근본적으로 이끌었다는 사실을 부정할 수는 없다. 많은 사람은 늘 당연한 듯 중국의 발전이 단 한 번의 고생으로 평생 편안해지는 이성적인 길을 찾아 이른바 정규적 현대화의 길을 걸어야 하고 또 그럴 수 있다고 생각한다. 그러나 이런 생각 자체가 억지로 끼워 맞춘 것에 불과하다. 중국의 개혁은 늘 앞의 5년에는 정확한 방법을 취했다가도 뒤의 5년에는 정확하지 않을 수 있는 것이다. 그래서 부단한 조정과 혁신이 필요하다.

중국의 전기 30년에 대한 새로운 인식: 옌안노선 문제

우리는 묻지 않을 수 없다. 마오쩌둥은 당시에 왜 이처럼 완고하게 중앙계획경제를 수립하려던 중국의 노력을 부단히 와해시키고 더 나아가 파괴하려고까지 했을까? 나는 우리가 지금 반드시 중국의 전기 30년의 길을 재인식해야 한다고 생각한다. 우리가 전부터 아주 잘 알고 있던 개념들, 이를테면 1950년대부터 제기된 '홍紅과 전專'(혁명성과 전문성—옮긴이)의 모순, '정치와 업무의 관계' '지식인과 노동 대중의 관계' '비전문가의 전문가 지도' '정치의 경제 통솔' 등에는 사실 깊은 사회학적 함의가 있고 중국 사회의 기본적 사회 모순이 굴절되어 있다. 이 개념들은 오늘날 모두 새로운 방식으로 드러나 중국 사회에서 계속 주된 문제가 된다.

여기서 나는 특히 프란츠 셔먼이 1966년에 출판한『공산주의 중국의 이데올로기와 조직Ideology and Organization in Communist China』을 언급하려 한다. 이 책에서는 중국이 건국 이후에 점점 소련 체제와 다른 길을 걸은 원인에 대해서 아주 깊이 있게 분석하고 있다. 셔먼은 1949년 중국공산당이 건국 이후 현대화 건설을 시작하려 할 때 근본적 선택의 기로에 서 있었다고 본다. 그것은 바로 중국의 산업화와 현대화의 길을 갈 때 소련의 산업화 노선을 배울 것인가 아니면 중국공산당의 '옌안노선'을 계속 유지해야 하는가였다. '소련노선'은 기술 전문가에게 고도로 의지해서 중앙의 계획경제 지령을 관철하는 길이다. 반면 '옌안노선'은 모든 일에서 우선 대중을 움직이고 대중에게 의존하는 길이다. 소련노선을 걸으려면 기술 전문가와 지식인 정책을 강조해야 한다. '옌안노선'을 걸으려면 먼저 인민 대중과 '인민 대중의 창조 정신'을 강조해야 한다. 중국의 건국 초기에는 기술 전문가가 적었다(천원은 중국공산당이 국민당으로부터 받아들인 기술지식인이 모두 합쳐 2만 명밖에 되지 않았다고 했다). 그러나 중국공산당 자체의 사회적·정치적 토대는 바로 가장 광범위한 농민과 노동자였다.

우리는 신중국 최초의 결정이 소련 산업화의 길을 배워야만 한다는 것, 즉 전면적이고 높은 정도의 중앙계획경제체제를 신속히 수립하는 것이었음을 알고 있다. 중국의 제1차 5개년 계획이 바로 전면적 소련화이고 소련의 중앙계획경제 방법 전체를 따라 토대를 다지는 것이었다. 소련식 중앙계획경제는 고도의 전문화된 분업, 모든 기업이 중앙의 경제적 관리를 받는 것, 모든 경제계획이 중앙계획부서에 의해 결정되는 것을 의미한다. 당시에 기준으로 통용되던 생각에 따르면, 계획경제에서는 바로 "전국적 계획 이외에 다른 계획은 있을 수 없다. 전국은 하나의 장부이자 하나의 바둑판이다. 열외의 경제활동은 있어서는 안 된다. 계획경제에 편입되지 않는다면 무정부 상태가 발생할 수 있다. 일부만 계획경제이고 일부는 무정부 경제인 상태도 있을 수 없다". 그러나 마오쩌둥은 이렇게 모든 경제와 기업이 중앙의 계획에 편입되는 산업화 노선을 결연히 반대하고 사실상 파괴했다. 1956년부터 마오쩌둥은 소련의 중앙계획경제체제에 회의를 품었고 1958년 대약진부터 문화대혁명 시기까지 사실상 중국이 건설하고 있던 중앙계획경제를 대부분 파괴했다.

셔먼은 그 원인을 깊이 있게 분석해서 다음과 같은 점을 밝혀냈다. 소련의 경제 모델을 따르는 것은 당시 중국에서 필연적으로 심각한 정치적 후유증을 낳을 수 있었다. 즉, 이런 계획경제체제는 반드시 모든 경제 업무를 소수 중앙계획부서와 기술 전문가에 의존하게 하고, 중국공산당의 사회적 토대, 즉 농민과 노동자, 그리고 다수의 고급 간부를 포함한 대다수 간부가 아무런 일도 하지 못하게 하며, 중국의 산업화와 현대화 과정의 바깥에 있게 한다. 그 후 공포된 문건은 셔먼의 통찰을 입증했다. 가령 마오쩌둥은 1958년에 당 전체 업무의 무게중심을 경제계획으로 제대로 이동시킬 것을 요구하면서 이렇게 말했다.

　　당의 지도 간부가 진정으로 경제 업무를 하고 건설을 한 것은 그
　　래도 1957년 베이다이허회의 이후다. 과거에는 천윈, 리푸춘, 보
　　이보뿐이었지만 지금은 모두가 담당하기 시작했다. 과거에는 성
　　급 동지에게는 업무가 주어지지 않았지만 작년부터 모두 업무를
　　맡았다. 과거에는 모두가 혁명을 하고 경제건설은 일부 동지들이
　　했다. 서기처, 정치국은 크게 토론하지 않고 형식만 갖추었고 사
　　시사철 변함없이 서명했다. 작년부터 혼란은 좀 있었지만 모두가
　　공업을 강조했다.

　　마오쩌둥의 이 말에서 제1차 5개년 계획 시기에는 중국의 일
반 노동자와 농민은 물론이고 절대다수의 중국공산당 간부도 중국
의 산업화와 현대화에 참여할 수 없었다는 것을 알 수 있다. 마오쩌
둥이 대약진을 일으켜 전체 당 간부가 모두 경제를 책임지고 전국의
일반 인민이 모두 공업화 건설에 투입될 것을 요구했던 과정을 우리
모두는 잘 알고 있다. 이것은 일반적으로 모두 마오쩌둥의 머리에서
나온 것으로 여겨진다. 그러나 서면의 관점은 훨씬 깊이가 있다. 그
가 보기에, 마오쩌둥이 '대약진'을 일으키려 하고 각 성, 각 지, 각 현
의 제1서기가 모두 경제와 공업을 맡게 하고 '비전문가가 전문가를
지도할 것' '정치가 경제를 통솔할 것'을 주장한 것은 모두 당시 중국
의 사회·정치구조와 관련이 있다. 즉, 마오쩌둥은 노동자, 농민과 기

층 간부가 중국의 공업화와 현대화의 주인이자 주체가 되기를 강하게 요구했다. 그가 두려워한 것은 농민, 노동자와 교육받지 못한 노농 간부가 주변화되어 중국의 산업화와 현대화에서 소외되는 것이었다. 이것이 바로 그가 산업화와 현대화의 변화가 중앙계획부서와 기술 전문가의 일에 불과한 것으로 변하는 데 강력히 반대한 이유다.

셔먼은 이렇게 생각한다. 대약진부터 사실상 중국의 산업화와 현대화 노선은 소련 모델에서 벗어났고 마오쩌둥과 중국공산당의 '옌안노선'으로 다시 돌아갔다. 이것은 바로 대중을 움직이고 지방을 움직이는 마오쩌둥의 일관된 노선이었다. 마오쩌둥 시대의 한 특징은 정저우회의, 난닝회의, 항저우회의, 우창회의 등 가장 중요한 중앙회의 다수가 모두 지방에서 열렸다는 것이다. 이에 상응해서 마오쩌둥 시대에 형성된 중국공산당 지도층의 구조는 소련과 동구권 공산당의 구조와 아주 달랐다. 즉, 중앙위원회의 구성에서 성급, 지급의 간부가 큰 비중을 차지해서 43퍼센트에 이르렀다. 문화대혁명 시기에 와서 마오쩌둥은 중앙위원회에서 일반 노동자와 농민의 비율을 더욱 높였다. '제10차 전국대표대회'에서는 30퍼센트에 달했다. 그는 정치 권력의 토대 전체를 아래로 내려보내려 했다.

요즘 사람들은 이에 동의하지 않을 수도 있다. 지식, 과학, 기술, 문화를 강조해야 맞고 농민과 노동자에게 기반을 두는 것이 무슨 소용이냐고 생각할 수 있다. 그러나 사실 이런 생각은 단편적이자 정치적 상식이 부족한 것이다. 현대 정당의 정치적 생명은 우선 이른바 '풀뿌리적 토대'가 있느냐, 즉 중국에서 말하는 대중적 토대가 있느냐 없느냐에 따라 결정된다. 이것은 어떤 서양국가의 정당에서도 기본적인 상식이다. 사실 마오쩌둥이 1969년을 전후한 중앙위원회에서 노동자와 농민의 비율을 높인 방법이나 당시 미국이 민주당과 공화당에서 시행한 유사한 개혁에서 그들의 개혁 방향은 모두 정당의 대중적 대표성을 강화하는 것이었다. 미국 민주당은 1968년부터 처음으로 당 대표에 반드시 흑인, 여성, 라틴계 이민자 등을 고정된 비율로 포함해야 한다고 규정했고, 공화당 역시 이를 따를 수밖에 없었다. 모두가 대중적 토대를 쟁취해야 했기 때문이다. 그리고 '문화대혁명'이 진행되는 와중에 마오쩌둥은 중앙위원에 반드시 일정한 수의 노동자, 농민, 여성을 포함하라고 요구했다. 또한 그는 사회적 토대를 강조했고 사회구조를 이끌 것을 요구했다. 오늘날 중국에서 학력과 학위를 과하게 강조하는 것은 사실 단편적이다. 정치적 의미에서 풀뿌리 정치가 없고 대중적 토대도 없으면서 대량의 고학력 고학위자들만 함부로 이래라저래라 하는 것은 아무런 쓸모도 없는 일이다.

결어

10년 전(1997) 나는 「자유주의: 평민의 것인가? 귀족의 것인가?」라는 글에서 이렇게 말했다. "오늘날 중국의 지식인은 자유주의에 대해 거창한 말을 꺼내는데 주로 말하는 것은 사장의 자유에 지식인의 자유를 더한 것이다. 즉, 부자의 자유, 강한 자의 자유, 능력자의 자유다. 동시에 자유주의 권리 이론의 출발점이 모든 이의 권리였다는 것에 대해서는 입을 닫고 있다. 따라서 자신을 보호할 힘이 없는 사람의 권리, 즉 약자의 권리, 불행한 자의 권리, 가난한 자의 권리, 피고용자의 권리, 지식 없는 자의 권리를 특별히 강조해야 한다." 그리고 "중국 지식계는 도대체 자신의 지식 권력을 이용해서 소수의 특권에 봉사하는가, 아니면 모든 사람의 권리를 키우고 있는가?"라고 질의했다. 당시 이 글은 큰 반향을 일으켰고 많은 사람이 나의 주장이 지나치게 편향되었다고 여겼다. 그러나 얼마 지나지 않아 현재 중국에서는 지식 엘리트에 대한 강렬한 비판을 거의 매일 각종 대중매체와 인터넷에서 볼 수 있다. 이러한 비판은 10년 전 나의 말보다 훨씬 격렬하다. 동시에 대략 2002년부터 중국의 좌·우파 학자들은 거의 모두 비슷비슷한 이른바 '엘리트 연맹'설을 내놓았다. 그들은 현재 중국의 정치 엘리트, 경제 엘리트, 지식 엘리트가 공동으로 이익을 고르게 누리는 관계에서 형성된 상당히 안정적인 통치 엘리트를 형성했고, 기층 인민을 배척하는 엘리트와 대중의 모순이 중국 사회에서 이미 가장 두드러진 모순이 되었다고 본다. 그러나 우리가 앞에서 본 바와 같이 오늘날의 이른바 '엘리트와 대중'의 모순은 사실상 마오쩌둥 시대부터 줄곧 맞닥뜨려왔던 기본 문제다. 또한 이런 의미에서 공화국 60년의 기본 문제는 상당한 연속성을 가진다.

그러나 오늘날의 관점에 대한 생각은 약간 다르다. 최근의 상황으로 볼때, 현재 이미 철판 같은 엘리트 연맹이 형성돼서 함께 자각적으로 기층 대중을 배척한다고 경솔하게 단정할 수는 없다. 현실적 상황은 정반대일 수 있다. 사실 최근에는 학자, 관리, 대중매체를 막론하고 모두가 변하고 있다. 지식계의 경우 현재 스스로를 권력자라고 생각하고 권력 집단만을 변호하는 학자는 아마 소수에 불과할 것이다. 대다수 학자는 거의 대중과 기층에 관심을 갖고 공감한다.

다음으로 최근에는 대중매체가 대중과 기층의 관심을 불러일으키는 데 큰 역할을 한다. 나는 관리, 특히 기층 간부를 마귀로 만들어버리는 방식으로 단번에 그들을 매도해서는 안 된다고 생각한다. 사실 상당수의 기층 간부는 대중과 기층에 가장 밀착해 있다. 내 생각은 이렇다. 최근 몇 년 동안 이 글의 서두에서 언급한 '신개혁 공감대'가 형성되고 있다. 이런 '신개혁 공감대'는 매우 광범위한 사회적 토대를 갖추고 있다. 다시 말하면, 이런 공감대는 결코 노동자, 농민, 하층만의 공감대가 결코 아니라 학자, 관리, 대중매체의 공감대이기도 하다. 또한 이 때문에 이런 '신개혁 공감대'는 현재 중국의 개혁 방향과 구체적 정책에 실질적인 영향을 준다. 그러나 이것을 공고히 다지기 위해서 우리는 중국 개혁의 성공과 마오쩌둥 시대의 연관성 및 연속성을 다시 인식하고 중국의 역사문명 전통 전체가 현대 중국의 기초를 닦았음을 새롭게 인식해야 한다. 얼마 전 내가 한 말을 빌리자면, 중국의 개혁은 새로운 시대의 '통삼통'을 달성해야 한다. 공자의 전통, 마오쩌둥의 전통, 덩샤오핑의 전통은 하나의 중국 역사문명의 연속체다.

중국의 길을
다시 말한다

再談中國道路

중국의 길에는 여러 가지 모델이 담겨 있다

저는 두 가지 생각을 말하려 합니다. 우선, 저는 용어 문제를 중시하는 편입니다. 그래서 사실 줄곧 '중국 모델'이라는 말을 사용하는 것에 크게 동의하지 않았습니다. 그보다 저는 '중국의 길'이라고 말하자고 주장합니다. 이 점에 대해서는 뒤에서 말하겠습니다.

　지금은 또 다른 생각을 먼저 말하려 합니다. 그것은 바로 중국의 길이든 '중국 모델'이든 우리가 토론하는 목표가 도대체 무엇인지를 아주 분명하게 알아야 한다는 것입니다. 우리는 바로 서양과의 논쟁에 이상하게 빠져들어서 마치 그것이 진지하게 중국과 서양의 차이를 말하는 것인 양 여겨서는 안 됩니다. 그러면 불분명하고도 끝이 없는 문제에 빠질 수 있습니다. 만약 '중국의 길' '중국 모델'이 진정으로 의미가 있다면 그것은 먼저 중국 안에서 공감을 얻을 수 있어야 하고, 중국 안에서 비판적 역할을 하면 그것은 내부를 개혁하는 작용을 하게 됩니다. 이 점에서 제 견해는 약간 다릅니다. 저는 '중국의 길'이 가치판단의 문제라고 생각합니다. 그것은 반드시 무엇

이 글은 필자가 홍콩에서 2010년 12월 10~11일에 열린 "중국 모델" 심포지엄에서 발언한 내용을 정리한 것이다.

이어야 하고 무엇이면 안 되는가에 관한 것입니다. 그렇지 않으면 흔히 중국 자체에 더 좋은 것이 있어도 그것이 무엇인지 분명히 말할 수 없기 때문에 늘 서양의 방식으로 향하고 자신의 좋은 것을 모두 버리게 됩니다.

그리고 현재 '중국 모델'에 대한 논의의 절대다수가 중국의 경제발전만을 다루고 있습니다. 그런데 저는 바로 경제발전의 길에는 중국의 길이나 '중국 모델'이라고 할 만한 것이 없다고 생각합니다. 저는 중국의 현재 발전 모델이 무엇인지, 현재 진로의 방향과 부동산 띄우기에 어떠한 특징과 독특성이 있는지 잘 모르겠습니다. 정말 경제적 측면에서 중국에 좀더 자신만의 특징이 있고 중국의 길이 있다면 그것은 사실 1980년대 향진기업입니다. 그러나 향진기업의 발전노선은 완전히 말살돼버렸습니다. 우리는 이 문제를 검토한 적이 없습니다. 이런 말살은 이데올로기적 말살에 속합니다. 즉, 우리가 중국의 것이 옳지 않고 의미 없으며 이른바 보편 모델에 부합하지 않다고 생각하기 때문에 향진기업이 먼저 정당성을 잃었습니다.

저는 우리가 중국 자신의 발전 문제를 논해야지 서양과의 논쟁에 끝없이 빠져들어서는 안 된다고 생각합니다. 솔직히 말해서 저는 서양인이 '중국 모델'을 말하는 데에는 조금도 관심이 없습니다. 왜냐하면 그 배후에는 다름 아닌 중국이 멸망할 것인가 말 것인가, 소련처럼 퇴장할 것인가라는 논점이 있기 때문입니다. 이 문제는 모두 정치적인 예측 문제이지 우리의 문제가 아닙니다. 이 문제에 엮이는 것은 무의미합니다. 우리가 논하는 문제는 우리 자신에게 진정으로 의미 있는 것이어야 합니다.

　진정한 문제는 중국 내부의 문제입니다. 그것은 바로 우리가 지금 제시하는 '중국 모델'을 중국인 스스로가 믿는지의 문제입니다. 만약 스스로 믿지 않는다면 우리가 서양인에게 떠벌린다 해도 아무런 의미가 없습니다. 따라서 '중국 모델', 중국의 길은 반드시 중국인 내부에서 검토해서 '가치 측면에서 어떤 견인 작용이 있는지' '어떤 것을 해야 하고 어떤 것을 하지 말아야 하는지'를 판단해야 합니다. 단순하게 사실 판단에만 머물러서는 안 됩니다. 제가 가장 걱정하는 것은 우리 자신이 중국 모델의 존재를 믿지 않는 것입니다. 솔직히 말해서 서양에서 얼마나 많은 논쟁이 있든 간에 사실은 모두 이미 '중국 모델'이 있음을 인정합니다. 만약 이것이 근본적으로 없다면 그렇게 힘들여 말할 필요가 없습니다. 우리의 가장 큰 문제는 중국인 스스로가 이를 믿지 않는다는 것입니다. 그래서 8대 기둥(미국의 미래학자 존 네이스비트가 『메가트렌드 차이나China's Megatrends』에서 제시한 새로운 중국을 이끄는 여덟 가지 핵심 요소―옮긴이) 등과 같은 현상적 묘사에만 그쳐서는 안 됩니다. 이런 묘사는 아무런 의미가 없습니다. 저는 규범적인 것을 가지고 중국이 어때야 하는지를 말해야 한다고 생각합니다.

　저는 '중국의 길'로 중국의 발전을 개괄하자고 주장하는 쪽입니다. 이런 논법에는 몇 가지 이유가 있습니다. 하나는 중국의 길의 특징입니다. 중국의 길은 그 자체에 다중적 모델을 담고 있습니다. 예를 들면 광둥 모델, 충칭 모델 같은 것입니다. 이것이 중국의 길 자체의 특징이며 하나의 모델로 귀결될 수 없습니다. 만약 당신이 중국을 공부하려고 한다면 절대로 공부할 수 없다고 말할 수는 없습니다. 충칭 모델이 적용될 수 있는 나라가 있고 광둥 모델이 더 적합한 나라가 있습니다. 중국의 길 자체가 다중적 모델을 포함하며 최대한의 개방성과 실험성을 갖추고 있습니다. 지금은 홍콩 모델을 더할 수 있고 나중에는 대만 모델도 중국 모델의 하나가 될 수 있습니다. 이것이 중국의 길의 특징입니다. 이 특징은 서양의 '모델'이라는 용어로는 개괄하기가 어렵습니다. 모든 모델은 서양 사회과학의 수량화된 특징과 복제 가능하다는 특징을 지닙니다. '여기서 벗어나기는 어렵습니다.' '그런 차원에서는 가능합니다.' 서양 학자들과 토론하면 이러한 문제를 말하게 됩니다.

그러나 이것이 궁극적이고 가장 큰 문제는 아닙니다. 가장 중요한 문제는 여전히 중국의 길 자체가 '무엇인가'라는 것입니다. 저와 여러분의 생각은 좀 다를 수 있습니다. '무엇인가'는 최후의 문제가 아니라 첫 번째 문제입니다. 저는 용어 문제에 좀더 관심을 갖습니다. 특히 우리 시대, 1970년대와 1980년대를 거치면서 저는 많은 역사 용어가 이미 효력을 상실했다는 것을 발견했습니다. 예를 들면, 오늘날 자본주의라는 용어는 사실 중국에서 이미 그리 빛을 발하지 못하고 약간 의구심을 일으키는 용어입니다. 저는 무엇인가를 개괄하고 아우르는 힘이 큰 용어를 즐겨 사용합니다. 가령 '유가사회주의'를 사용하면 '유가'와 '사회주의'라는 두 용어의 기본 가치관과 핵심 개념을 모두 포함하여 간단하게 표현할 수 있게 됩니다. 그리고 이 모델, 이 길은 수많은 구체적 발전 모델을 포용할 수 있습니다. 중국이라는 큰 국가에서는 사실 각 지방의 차이도 아주 큽니다. 이는 우리가 강조할 수 있는 것입니다.

저는 사상이 더욱 해방되어야 한다는 데 아주 동의합니다. 비록 대다수가 가끔 '중국 모델'을 강하게 주장한다고 해도 그 배후로 여전히 서양의 속박을 크게 받고 있다고 생각합니다. 특히 사회과학 훈련을 받은 사람들 대부분에게는 사회과학 전체가 완전히 서양의 개념입니다. 저는 이 모든 문제 자체를 전반적으로 깊이 검토해야 한다고 봅니다.

우리가 현재 중국 문제를 생각할 때 많은 일을 오늘날에는 풀수 없을 거라 여겨서 벽에 부딪히는데, 10년 후면 이것이 아마 근본적으로 문제도 아닐 수 있습니다. 어떤 문제는 논의할 필요조차 없을 것입니다. 제게 가장 깊은 인상을 준 것은 개혁개방 30년 동안 중국의 많은 문제를 어느 시점에는 논의할 수밖에 없었지만 시간이 흐른 뒤에는 어찌된 일인지 그런 문제가 사라져버렸다는 사실입니다. 물가 개혁이 그 사례입니다. 1989년의 사건은 물가 상승과 크게 관련되어 있었고 지나칠 도리가 없었습니다. 그러나 모든 것은 과거의 일이 되어버렸습니다. 1990년대의 가격 관문이 어떻게 뚫렸는지는 그 누구도 알지 못하고 어리둥절해합니다. 최근 30년 동안 중국에서 일어난 가장 큰 변화는 바로 변화가 아주 빠르고 생각지도 못했던 많은 일이 일어났다는 점입니다. 따라서 정말로 담이 커야 합니다. 예를 들면, 방금 말했듯이 현재는 모두 서양의 사회과학을 사용하면서 마치 그러지 않으면 안 되는 것처럼 여기지만, 이것은 모두 변할 수 있습니다. 서양의 많은 개념을 능동적으로 버리고 사용하지 않으면 중국의 개념으로 점점 회귀할 수 있다는 가능성도 포함됩니다. 저는 이것이 아주 중요한 일이고 중국의 사회과학자가 특히 능동적으로 적용할 필요가 있는 문제라고 생각합니다.

저는 '중국 모델'을 논하자는 주장을 하지 않는 것은 아닙니다. 비록 제가 '중국의 길'을 사용하자고 주장하는 편이지만 이에 대해서는 오후에 이론적 문제에 대해서 토론할 수도 있습니다. 저는 짧은 몇 년 동안 중국 모델을 논하는 데 세 단계가 있었다는 견해에 동의하는 편입니다. 첫 번째 단계에서는 '중국 모델'을 말하면서 분명 지난 30년 동안 중국의 경제발전이 특수한 것이었는지를 주로 논했습니다. 그러나 그다음 단계에서는 곧바로 60년 문제로 변했습니다. 이는 2006년 즈음에 발생한 일입니다. 그리고 그다음 단계에서 이 60년 문제는 사실상 중국 문명의 문제로 또다시 변했습니다. 이런 문제를 반드시 고려해야 합니다. 따라서 지금의 문제는 결코 30년, 60년의 문제가 아니고 중국 문명과 서양 문명의 총체성, 서로 다른 길의 문제입니다. 이것이 제가 중국의 길을 말할 때의 기본 문제입니다.

지금, 그리고 다가올 2010년의 시점에서 본다면, 저는 지난 30년이나 60년의 변화 혹은 청말 이후가 아닌 최근 10년에서 15년의 가장 큰 변화는 중국 사회, 중국의 인민, 특히 중국의 대학생이 중국의 문명 전통을 대하는 태도가 가장 근본적으로 변했다는 사실이라고 봅니다. 이런 변화는 아주 큽니다. 당신이 현재 대학에서 예전과 같이 중국 문명을 몽둥이로 때려죽인다면 사람들은 당신을 바보 취급할 것입니다. 최근 10년 이전에는 상상할 수 없었던 일입니다. '중국의 길'이라는 논제는 반드시 총체적으로 중국 문명에 대한 재인식과 결합되어야 합니다. 이런 토대 위에서는 현대화라는 말까지 사용할 필요는 없고 중국 문명의 자기 갱신이라는 문제에 불과할 수 있습니다. 따라서 이 용어는 사실 내던져버리고 사용하지 않을 수도 있습니다. 저는 이러한 마음속의 가장 큰 변화, 즉 중국 문명에 대한 새로운 인식을 포착하지 않는다면 제일 큰 문제를 부여잡지 못한다고 생각합니다. 중국의 문명 전통 전반에 대한 반대는 청말 이후의 최대 흐름이었지만 지금의 가장 큰 변화는 전통을 새롭게 긍정하기 시작했다는 것입니다. 바로 이처럼 문명적 자신감이 점점 회복되고 있습니다. 그리고 이것이 지닌 큰 장점은 중국 대륙을 넘어 홍콩, 대만, 그리고 일본, 한국, 더 나아가 동아시아 전체에 상당한 의미가 있습니다. 이것을 포착해야 합니다. 이런 의미에서 많은 일은 상상할 수 없는 것이 아닙니다. 예를 들면, 저는 줄곧 몇몇 지인에게 말했습니다. 국방부장이라는 용어는 맞지 않고 병부상서라고 해야 한다고 말입니다. 왜 그렇게 할 수 없답니까? 이 말의 의미는 크게 다릅니다. 병부상서를 세운다면 현재 중국의 군대는 중국의 역사적 전통을 다시금 중시할 것이고 중국의 국방부장은 미국 국방부 장관의 전기를 볼 필요가 없을 것입니다. 그런 것은 여러분과 관계가 없습니다. 여러분은 곧바로 중국의 역대 병부상서의 전기를 찾아볼 것이며 미국 국방부 장관과 영국 국방부 장관이 여러분과 어떤 관계가 있는지 알 수 있습니다. 심지어 여러분은 미국 국방부 장관과 영국 국방부 장관이 예전에 국방부 장관이라 불리지 않고 전쟁 장관이라고 불렸던 것도 알지 못하고 그들의 전기를 아무렇게나 본 뒤에 그들과 무슨 관계가 있는 양 생각했습니다. 바로 여러분의 사상적 정체성 전체가 도대체 무엇인가는 아주 결정적인 문제입니다. 제가 '중국의 길'을 왜 강조하려 합니까? 바로 중국 문명의 수천 년 전통과 유기적 관계를 수립할 수 없다면 논의 전체에 문제가 있기 때문입니다.

그래서 저는 이후 중요한 문제를 사회과학 안에만 국한하지 말 것을 제안합니다. 사회과학의 한계는 아주 큽니다. 사회과학 전체는 서양에서 19세기에야 등장했기 때문에 역사가 불과 100년밖에 되지 않습니다. 효력이 있다면 서양 문명이 수립된 것에 국한됩니다. 따라서 중국이 사회와 현재에 대해 진정 중국 자체의 사회과학 모델을 가지려면 중국 문명과의 관계를 다시 생각해야만 합니다. 사회과학과 '중국의 길' '중국 모델'과 관련된 논의는 반드시 중국의 많은 인문학자가 참여해야 하고 중국 문명에 대한 재인식과 결합해야 하며 관계를 맺어야만 합니다. 그렇지 않으면 논의는 공허해지고 중국 문명이 갑자기 30년짜리, 길어야 60년짜리로 변해서 여전히 어떤 것도 말할 수 없게 됩니다. 중국은 싱가포르가 아닙니다.

유가사회주의는 최고 헌정 문제다

저는 앞서 말한 몇 가지가 바로 유가사회주의 이론의 중요성을 설명해준다고 생각합니다. 물론 정리情理는 불교의 것이 아니며 더구나 도가의 것도 아닙니다. 그래서 걱정하거나 기피하는 어떤 것, 예를 들면 중국, 이슬람 등의 개념은 군더더기입니다. 어떤 의미에서 '유가'라는 말이 '중국'보다 덜 위협적이기 때문에 이런 근심은 불필요하다고도 할 수 있습니다.

또 하나, 우리는 1980년대 이후 미국 사회에서 말하는 '다원식多元式'의 것에 끌려다니며 스스로를 얽어매서는 안 됩니다. 사실 서양도 유가라는 개념을 크게 경계하지 않습니다. 유가라는 개념에는 사실 중국이라는 개념보다 더 좋은 점이 있기 때문입니다. 좀더 온화하면서 홍콩, 대만, 중국을 모두 받아들이는 면이 있습니다. 이뿐만이 아닙니다. 이 개념은 탄력성도 아주 큽니다. 예를 들면, 지금 말했던 모든 것에는 정리가 담겨 있습니다. 후스가 말한 것, 버트런드 러셀이 당시에 말한 중국의 우수한 품성은 사실 모두 유가의 교화와 매우 크게 관련됩니다.

또한 저는 유가라는 개념의 중요성이 종교가 아니라는 데서 나온다고 생각합니다. 유가는 교육 기제이자 가장 근본적인 것이고 정, 관심과 사랑, 효, 부모와 자식 등을 토대로 구축된 관계입니다. 이런 관계는 현재까지도 누구도 쉽게 반박하지 못합니다. 즉, 순수한 자유주의의 입장에서도 진정으로 논리적인 의미에서 아버지와 아들이 절대적으로 평등한 관계라고 말하기는 어렵습니다. 그렇게 된다면 아주 말도 안 되는 상황이 벌어지겠지요. 왜냐하면 거기에는 아주 큰 차별의 문제가 있기 때문입니다. 유가의 주장이 실제로 오래 유지된다는 것은 바로 가장 엄격한 자유와 발전의 이론 앞에서도 여전히 그 주장을 펼칠 수 있다는 것입니다. 저는 이 점에서 유가가 다른 모호한 개념보다 훨씬 유리하다고 생각합니다.

핵심적인 문제는 우리가 하나의 간단한 문제를 고려해야 한다는 데 있습니다. 즉, 우리가 중국의 어떤 것, 가령 특색, 모델, 길 등을 개괄하려면 아주 간명한 단어가 필요하며 이 개념은 반드시 선명해야 합니다. 예를 들면, 미국은 '자유'라는 개념으로 자신을 개괄합니다. 자유는 확장성이 큽니다. 사실 미국은 200년이라는 긴 시간 동안 거의 자유롭지 않았고 심지어 반反자유적이었습니다. 하지만 그렇다고 그것이 이 개념을 사용하는 데 영향을 주지는 않습니다. 중국의 경우 1949년 이후 공산당과 마오쩌둥이 거둔 최대 성공 역시 이런 개념과 이념을 찾아냈다는 점입니다. 그 개념은 바로 '인민'입니다. 인민 중국, 인민 경찰, 인민 해군 등 온갖 것에 인민이 붙었습니다. 인민 법원, 인민 검찰원 등도 같은 경우입니다. 그 시기에는 중심을 잡는 개념이 있었고 이것이 사람들의 마음속에 깊숙이 새겨졌습니다. 따라서 저는 두 가지를 제안합니다. 하나는 유가의 전통이고 다른 하나는 사회주의의 문제입니다. 저는 이 두 개념이 함께 사실상 많은 문제를 포괄하고 있다고 생각합니다. 실은 20세기부터 국민당과 쑨원은 사회주의에 공감했습니다. 사회주의 자체도 좀더 넓고 긍정적인 개념입니다. 이 사회주의가 훗날 공산당의 사회주의와 그리 같지는 않을지라도 사회주의라는 개념은 대체로 좀더 큰 범위에서는 긍정적인 개념이고 수용도도 비교적 높습니다. 게다가 사회주의의 탄력성과 확장도는 모두 높습니다. 유가와 사회주의 두 개념은 탄력성이 풍부합니다. 오늘날 우리가 하는 것처럼 수많은 기술적인 것을 동원해서 도리어 중국 모델을 아주 틀에 박힌 것으로 만들지 않습니다. 경제적 차원에서는 많은 것이 모순적입니다. 그리고 하루 만에 이해하도록 하기가 어렵습니다. 유가사회주의의 또 다른 장점은 개념과 이데올로기의 차원에서 비교적 대립적 성격을 띤다는 점입니다. 사회주의는 자본주의를 겨냥해서 나온 말입니다. 인류 사회의 중대한 문제는 바로 자본주의를 비판하는 것이며 그 비판은 사회주의를 통해서 이루어집니다. 이 점에서 아프리카도 유럽도 모두 사회주의를 받아들일 수 있습니다. 그러나 중국은 사회주의 이전의 문명 전통 전체가 유가 전통입니다. 이 전통은 이미 자리를 잡고 있고 개념도 아주 간명하고 범위가 넓습니다. 게다가 향후 50년, 더 나아가 100년까지 포괄할 수 있습니다.

제가 이렇게 길게 말한 이유는 반드시 하나의 핵심 개념을 사용해야 한다는 점을 강조하고자 해서입니다. 이것이야말로 진정으로 중요합니다. 그리고 우리는 최근 10년 동안 유가의 요소가 회복되고 있다는 점을 주목해야만 합니다. 조화 등의 개념을 제시할 때도 중국의 전통적 개념을 사용합니다. 이는 유가의 개념을 사용하는 것에 그치지 않습니다. 현실의 집권 노선에서 집권당 스스로가 인민을 위해 집권한다는 개념을 갈수록 몸소 실천하고 있다는 것이 본질입니다. 그리고 이는 1949년 이후 중국이 인민 개념을 강조했던 것과 일맥상통합니다.

따라서 우리는 반드시 "우리가 현재 논의하는 문제는 도대체 어떤 차원인가"라는 질문을 던져야 합니다. 왜냐하면 지금은 다소 혼동되기 때문입니다. 우리는 지금 논의하는 문제가 정책의 문제는 아닐 것이라고 생각합니다. 제가 유가사회주의를 제기한 이유는 이것이 중국의 최고 헌정 문제이기 때문입니다. 우리가 오늘날 가장 먼저 논의해야 할 문제는 중국의 최고 헌정 문제입니다. 오늘날 중국에서 가장 큰 문제가 바로 아주 사소한 문제도 모두 곧바로 최고 헌정 문제로 끌어들이는 것이기 때문입니다. 예를 들면, 한 학생이 자살을 하면 그 이유가 우리에게 민주주의가 없기 때문이라는 식의 황당한 결론을 내립니다. 따라서 논의하는 문제의 차원을 반드시 분리해야 합니다.

지금 모든 논의가 갖는 하나의 문제는 바로 항상 구체적인 정책의 문제, 즉 완전히 임기응변의 범주에 속하는 문제를 가장 높은 등급인 '경經'의 문제, 가장 기본적인 원칙의 문제와 혼동한다는 점입니다. 가장 높은 차원에서 우리는 바로 다음과 같은 질문을 해야 합니다. 수천 년의 문명을 보유하고 100여 년의 현대 역사를 지닌 중국은 도대체 어떤 국가인가? 또는 중국은 어떤 국가가 되려 하는가? 헌정 문제에서는 어떤 국가인가? 이런 질문은 구체적인 경제정책과 같은 차원의 것이 아닌데 왜 늘 한데 묶습니까? 왜 우리는 구체적인 문제를 말할 때마다 곧바로 최고 헌정 문제로 가져와서 헌정에 대한 부정을 이끌어내는 것입니까?

사실 중국이 이룬 커다란 경제적 성과에는 정당성의 토대가 될 수 있는 것이 전혀 없습니다. 이것은 아주 이상한 일입니다. 어떤 서양 국가에서 집권당이 이처럼 큰 경제적 성과를 냈다면 그 정당성의 기초를 추호도 의심받지 않고 안정을 유지하게 됩니다. 그러나 중국은 전혀 그렇지 않습니다. 이것이 바로 우리가 검토해야 할 문제입니다.

따라서 제일 먼저 최고 헌정 문제로 돌아가야 합니다. 가령 우리가 중국의 길 등을 말할 때 논의해야 할 것은 최고 헌정 문제, 즉 중국은 어떤 국가인가입니다. 수많은 구체적인 문제는 임기응변적입니다. 예를 들면, 사회주의 문제에 대해 말할 때 저는 유가사회주의가 가장 기본적이자 유연성도 아주 크다고 생각합니다. 그다음으로 큰 문제는 유가사회주의가 중국공산당 지도사의 다당협력제에 근본적, 제도적으로 부합하지 않는다는 것입니다. 이것 역시 차원의 문제이고 그다음에야 각종 경제적인 문제가 있습니다. 저는 '반드시 공유제여야만 사회주의를 대표하는가'와 같은 경제적인 문제는 중요하지 않다고 봅니다. 저는 반드시 공유제여야만 사회주의라고 생각하지 않습니다. 사회주의는 평등의 문제여야 하고 분배에서 상대적으로 평등의 원칙을 좀더 보장할 수 있어야 한다고 봅니다. 어떤 국가에서도, 그리고 사유제에서도 소유제는 근본 문제가 아닙니다.

오늘날 많은 이가 정책의 문제를 논합니다. 하지만 정책의 문제를 잘 처리한다고 근본 문제가 해결되는 것은 결코 아닙니다. 오늘날 중국이 처한 문제는 바로 성과를 온 세계가 인정하고 있고 정책도 좋은데 왜 우리가 앞으로 현실에서 부딪힐 문제에서 정당성의 토대가 위태로운 것인가입니다. 이런 문제야말로 논의할 필요가 있습니다. 저는 이것이 개념어와 크게 관련된다고 생각합니다. 이것은 구체적인 문제가 아닙니다. 구체적인 문제에서 우리는 근본적으로 문제가 없습니다. 설령 잘못을 좀 저지른다고 해도 그리 심각한 것은 아닙니다. 잘못은 누구나 저지릅니다.

제가 말하고자 하는 것은 가장 높은 통치 차원, 최고 헌정 문제가 바로 우리가 오늘날 논의해야 하는 문제라는 점입니다. 그렇게 하지 않으면 모든 정책 문제를 끌어들이게 됩니다. 이토록 크고 복잡한 세계적 변화 속에서 누가 내일 어떤 정책을 채택해야 할지를 알겠습니까. 국가의 통제가 필요할 때도 있고 국가가 통제하지 말아야 할 때도 있습니다. 이것은 오늘날 우리가 말할 문제가 아니라 조율할 문제입니다. 경제학자가 논하는 대다수의 문제는 2급, 더 나아가서 3급의 문제이지 오늘날 여기서 우리가 논의해야 할 문제는 아닙니다.

약간 보충하겠습니다. 방금 저는 도道와 술術, 경과 권權의 문제를 언급했습니다. 저는 이 두 측면이 틀림없이 변증법적 관계라고 생각합니다. 즉, 도에 술이 없다면 구체화할 수 없습니다. 그러나 반대로 술이 도를 떠난다면 근본적으로 경향, 목표를 갖지 못하게 됩니다. 즉, 무슨 말을 하는지 모르게 되는 것입니다. 그래서 저는 중국에 대해 실용주의의 융통성만으로 일률적으로 해석하는 것에 그다지 동의하지 않습니다. 해석하는 데에는 하나의 목표가 있어야 합니다.

이것이 없다면 문제가 생길 수 있습니다. 상당 기간 동안 우리처럼 당이나 단체에 속하지 않은 사람은 외부에서 중국공산당을 매우 초조하게 바라보았습니다. 당이 도대체 무엇을 하는지, 당에 줏대가 있는지, 당에 믿음이 있기나 한 것인지 몰랐습니다. 이러한 문제는 공산당원들에게는 대체로 문제가 되지 않습니다. 공산당원이 아닌 우리에게만 문제가 됩니다. 왜냐하면 우리는 공산당이 무엇을 하는지 모르기 때문입니다. 이것이 바로 오늘날의 문제입니다. 중국공산당은 집권당입니다. 게다가 유일한 집권당입니다. 가치 관념을 구현하려 한다면 경제성장만으로는 부족합니다. 저는 이것이 아주 중대한 문제라고 생각합니다.

그리고 방금 정치학자, 헌정학자 두 분이 유가의 문제를 논하셨는데, 제가 약간 보충하려 합니다. 먼저 우스갯소리 하나 하겠습니다. 제 경제학자 친구는 중국의 전통문화를 아주 싫어합니다. 그러나 그 친구는 제가 공자에게 감사드려야 한다고 단언합니다. 그렇지 않으면 아들이 이처럼 효성스럽지 않을 테니까요. 저는 이것이 바로 아주 재미있는 현상이고 사람이 살면서 겪고 있지만 알지 못할 일이라 생각합니다. 이것은 아주 특별한 문제입니다. 제가 이 말을 한 이유는 우리 사회학자나 경제학자가 이 문제를 곧잘 잊어버린다고 생각되기 때문입니다. 저는 만약 유가가 없었다면 중국 경제가 개혁 초기에 벌써 붕괴되지 않았을까 하고 묻고 싶습니다. 오늘 이렇게 많은 이야기를 나누었는데, 우리는 늘 중국의 경제개혁이 아주 잔혹한 과정임을 잊습니다. 수천만 노동자가 일자리를 잃었습니다. 1997년과 1998년에는 어떻게 지냈을까요. 제가 중국 경제를 그다지 찬미하지 않는 이유는 수천만 노동자가 일자리를 잃은 일을 우리 모두가 잊었기 때문입니다. 저는 어떻게 이때를 지나왔는지 묻고 싶습니다. 제가 미국에서 돌아왔을 때 모든 가정에서 일자리를 잃은 것처럼 느꼈습니다. 거의 모든 가정에서요. 우리 세대는 거의 집안에 한 자녀만 있지 않았고 형제가 있었기 때문입니다. 이는 정부 보조로 해결될 문제가 아니었습니다. 당시 정부에는 돈이 없었습니다. 큰 문제가 생기지 않은 것은 형제자매, 친척끼리 서로 도왔기 때문입니다. 이것이 가장 큰 이유입니다. 그렇지 않았다면 중국은 그때 붕괴되었을 것입니다. 사람들이 왜 반란을 일으키지 않고 결국 살아냈는지 이것을 바로 보아야 합니다.

저는 다시 오늘날을 봅니다. 우리는 대학생이 집 문제로 말썽을 일으킬 수 있음을 알고 있습니다. 그렇다면 어떻게 문제가 생기지 않을 수 있을까요. 다 부모가 사주기 때문입니다. 이런 문제는 모두 유가가 오랫동안 형성한 문화 관념, 그것이 사회구조에 미친 영향과 크게 관련됩니다. 이것을 명확히 하지 않으면 우리 사회 전체에 결여된 지점이 어디인지 알지 못합니다. 사람은 늘 살아가야 하는 존재입니다. 그가 가진 불만이 아직 폭발하지 않은 것은 그것이 상당한 정도로 완화되었기 때문입니다. 완화하는 기제는 정부가 아니라 가족관계가 형성합니다. 사실 이 점은 늘 경시되었습니다. 마치 우리의 문제를 모두 정부가 해결하고 우리 정부가 만능인 것처럼 생각해왔습니다. 하지만 정부가 제대로 하지 못하는 일도 아주 많습니다. 우리는 정부를 찬양하기만 해서는 안 됩니다. 정부는 아주 많은 문제를 그르치고 있습니다.

따라서 저는 유가가 이상에 그치지 않는다고 생각합니다. 사실 현실에서 유가의 역할은 크게 등한시돼왔습니다. 마치 정부가 정말로 만능인 것처럼 어떤 문제도 해결할 수 있다고 생각했습니다. 하지만 그런 일은 없습니다. 가족 구조, 친족 구조는 여전히 중국 사회에서 아주 중요한 지점입니다. 저는 이 두 지점이 없었다면 중국이 경제개혁을 할 때 양극화가 일찌감치 큰 문제를 일으키고 모두 붕괴되었을 것이라고 생각합니다.

능동적으로 자신의 질문을 던져라,
다른 사람의 질문에 수동적으로 답하기만 하지 마라

저는 우리가 쓸데없는 논쟁에 빠져드는 것을 막아야 한다고 생각합니다. 아마 문화로 모든 문제를 해석하려고 하는 사람은 아무도 없을 것입니다. 문화는 하나의 요소, 특히 가장 기본적인 구성요소로만 간주하고 다루어야 합니다. 그러나 그 밖에 유의할 점이 하나 있습니다. 바로 모든 것은 아주 빠르게 변한다는 점입니다. 저는 갑자기 『마오쩌둥 선집』에 나오는 "사정은 변하고 있다"라는 문장이 떠올랐습니다. 우리가 아주 익숙하게 외우고 있는 문장입니다. 이것은 아주 대단한 것입니다. 예를 들면, 지금 막 어떤 사람이 말한 몇몇 사실에 저는 동의하지 않습니다. 왜냐하면 어떤 것은 자연히 없어지기도 하기 때문입니다. 하나의 예를 들겠습니다. 몇 달 전 저는 중앙미술학원에서 열린 한 회의에 참석했습니다. 미술계에 관한 회의였습니다. 미술계의 모든 문제, 청나라가 와해된 이후 직면한 문제는 중국회화는 과연 무엇인가 또는 중국 미술은 어떻게 근대화하는가 하는 것이었다는 점을 모두가 알고 있습니다. 10년 전 중앙미술학원 원장 판궁카이가 진행한 국가 프로젝트는 바로 미술의 근대화였습니다. 2006년 이후 저는 그에게 당신의 문제는 이미 사라져버렸다고 말했습니다. 사실 그가 말하려는 것은 본래 아주 간단한 문제였습니다. 그것은 바로 청말 민국 초의 가장 중요한 화가인 황빈훙, 판궁카이의 아버지인 판톈서우를 위시한 가장 유명한 화가들의 그림을 근대 그림으로 간주할 수 있는가였습니다. 그는 본래 중국의 근대 그림이라고 말하려 했습니다. 그러나 지금 이 문제는 이미 근본적으로 해소되었습니다. 왜냐하면 그 그림들이 근대 그림인지 여부는 근본적으로 문제가 되지 않기 때문입니다. 현재 우리의 많은 문제는 일시적입니다. 우리가 좀더 길게 볼 때 중국의 2000년, 3000년 역사에서 중국이 멸망하지 않는 한 많은 문제는 자연히 해결될 것입니다. 어떤 문제가 심각해지면 그 후 우리는 하루 종일 스스로에게 왜 우리가 이렇게 되고 저렇게 되었는지를 묻습니다. 스史 선생님이 방금 말했듯 이는 일률적으로 설명될 수 없습니다. 이 질문은 잘 설명될 수 없습니다. 저는 현대화가 꼭 좋다고는 생각하지 않습니다. 우리는 개혁개방을 20년 동안 진행해왔습니다. 저는 여러분이 수입은 크게 늘었지만 점점 가난해졌다고 생각합니다. 집도 못 살 정도이니까요. 이전의 단위單位(개혁개방 이전에 중국 도시민의 노동과 생활을 조직하던 형식. 직장인 동시에 생활 편의, 사회보장, 교육 서비스도 제공했다―옮긴이)가 저는 아주 좋다고 생각합니다. 그러나 지금은 이미 없어졌습니다.

우리는 지금 다른 사람이 가진 가치관을 먼저 인정하고 자신의 것은 조금도 남기지 않은 듯합니다. 저는 이런 것이 좋다고만은 생각하지 않습니다. 강제로 산업화하는 것이 좋다고 여기지 않습니다. 저는 농업 문명이 매우 좋다고 생각합니다. 하지만 우리는 이러한 문제를 제기한 적이 없습니다. 이 문제에 대해 논쟁할 수 없는 것은 아닙니다. 단지 더 폭넓은 공감을 얻기 위해서 말하지 않겠습니다. 그러나 이러한 문제 자체는 아주 핵심적입니다. 어째서 서양이 대변하는 것이 좋은 것인가요? 산업화하면 분명히 모든 것이 순환하지 않고 자연계와 대립하는데 왜 좋다는 것입니까? 중국이 농업 문명 위주라면 농업 문명의 토대 위에 세운 중국 송 왕조는 인류 문명의 최절정을 대표합니다. 하지만 이러한 문제는 제기된 적도 없습니다. 우리 중국인은 하루 종일 이처럼 뜨뜻미지근합니다. 사실 서양이 제기한 문제는 아주 이상합니다. 아주 기괴한 사람들이 과감하게 문제를 제기합니다. 중국인은 지금 과감하게 문제를 제기하지 못할 뿐입니다.

우리는 하루아침에 서양의 문제를 통해 우리 자신을 보고 계속 수동적 입장에 처하게 되었습니다. 저는 많은 문제를 던져버릴 수 있다고 생각합니다. 그런 다음 우리가 새롭게 문제를 제기하고 우리가 관심을 갖는 문제를 논의할 수 있습니다. 저는 지금 그들의 질문에 아주 느슨하게 답했습니다. 많은 문제가 10년 더 지나면 없어질 것입니다. 저들도 다시 이렇게 문제를 제기하지 않을 것입니다. 중국이 낙후한 적이 있다는 것이 무슨 말입니까? 중국은 낙후했던 적이 없고 다만 우연히 두 번 패배했을 뿐입니다. 이것은 대단한 일이 아닙니다. 이 문제는 커다란 배경에서 해결됩니다. 우리가 현재 아주 걱정하는 문제는 중요하지 않습니다. 중요한 문제는 바로 '중국인이 이 중국 문명의 계승자로 생존해나갈 수 있는가'입니다. 이것이 우리가 해야 할 질문입니다.

여러분이 중요하지 않다고 생각하는 많은 문제를 저는 중요하다고 생각합니다. 중국 대학 심포지엄에서 모두 영어를 사용해야 한다는 따위의 말에 저는 아주 반대합니다. 저는 중국인이 향후 중국어를 말하지 못하게 될까 걱정입니다. 홍콩이 그 예입니다. 여러분은 이런 문제가 중요하지 않다고 생각할지도 모릅니다. 특히 경제발전이 훨씬 중요하다고 생각할 것입니다. 그러나 저는 이런 문제야말로 중요하다고 생각합니다. 왜냐하면 이런 문제는 근본적으로 당신이 누구인가를 바꾸어놓기 때문입니다. 저는 이것이 두렵습니다. 그래서 어떤 문제를 제기할 때 다른 사람이 제기한 문제를 먼저 설정하면 안 됩니다. 예를 들면, 군사적으로 패배한 민족이라고 반드시 나쁜 민족은 아닙니다. 오늘날 매일 다른 사람을 군사적으로 패배시킬 궁리를 하는 민족이 나쁜 민족입니다. 허구한 날 다른 사람을 침략하고 허구한 날 다른 사람에게 폭력을 행사하는 이런 문제를 우리는 말하지 않습니다. 다른 예를 들면 산업 문명이 좋은가 나쁜가라는 문제는 50년 후 반드시 검토해야 합니다. 산업 문명이 시작된 이후 인류가 퇴보의 길을 걸어 조금도 좋지 않은데 뭐가 좋습니까? 농업 문명으로 돌아가는 것이 좋은데 안타깝게도 돌아갈 수가 없습니다.

결론적으로 우리는 우리가 말하고자 하는 문제를 말해야지 늘 다른 사람의 질문에 응해서 말하거나 그들이 말하기 좋아하는 문제를 따라서 말해서는 안 됩니다. 현재 우리의 전략은 바로 "당신이 말하는 문제를 나는 말하지 않는다. 나는 관심이 없다"라고 하는 것입니다. 상대방에게 내가 말하려는 문제를 말하면 그 뒤에 상대방이 나를 따라오기 시작합니다. 중국인의 현재 문제는 발언권을 얻고 질의권을 쟁취해야 한다는 것입니다. 중국인이 중요하다고 생각하는 문제를 제기해야 합니다.

왕후이의
『근대 중국사상의 흥기』 논평

汪暉教授現代中國思想的興起評議

우선 저를 심포지엄에 초청한 칭화대학 중문과에 감사드립니다. 본래 저는 다른 전문가들의 말씀을 듣기만 할 생각이었습니다. 그분들이 저보다 자료에 더 익숙하기 때문이죠. 그러나 이왕 먼저 말을 시작했으니 할 수 없이 몇 마디 하려 합니다. 제 느낌은 왕후이汪暉의『근대중국사상의 흥기現代中國思想的興起』가 최근 20여 년 내의 가장 중요한 책 중 하나라는 것입니다. 페이지 수도 많고 중국사상사의 시작부터 현재까지 포괄했으며 모든 부분을 시작할 때마다 저자의 생각이 많이 들어가 있습니다. 저는 이 책에 두 가지 맥락을 연관 지을 수 있다고 생각합니다. 하나는 오늘날의 맥락, 즉 최근 20년 전후의 중국 사상, 문화, 학술의 변천 속에서 왕후이 자신의 선택과 중국 사상계의 전반적인 상황의 연관입니다. 다른 하나는 당연히 왕후이가 진입하는 맥락의 상태입니다. 그것은 바로 중국 사상문화라는 상태입니다. 책 분량이 아주 많기 때문에 주요 특징만 말하겠습니다.

왕후이의『근대 중국사상의 흥기』(총 4권)는 2004년 싼롄서점에서 출판되었다. 2005년 5월 14일 칭화대학 현대문학문화연구센터當代文學和文化硏究中心에서 20여 명의 학자를 초청해서 이 책을 주제로 심포지엄을 열었다. 이 글은 필자가 심포지엄에서 발언한 내용을 정리한 것이다(『개방시대開放時代』 2006년 제2호에 수록). 지금 이 정리본에서 앞의 두 절은 심포지엄을 시작할 때의 발언이고 뒤의 네 절은 심포지엄 중간의 발언이다.

유학을 재구성하는 비판적 전통

저는 이 책을 관통하는 하나의 줄기가 바로 유학을 재구성하면서 도덕적 평가를 하는 방식이라고 생각합니다. 도덕적 평가로서 유학의 재구성이란, 제가 읽은 바로는 왕후이가 유학을 재구성하면서 비판자가 된다는 의미입니다. 도덕적 평가 방식이란 바로 최고의 가치관으로 사람에 대한 생각, 사회조직에 대한 생각, 정치체제에 대한 생각, 인간의 기본 생활방식에 대한 선택을 비판하는 것입니다. 이런 방법을 통해 왕후이는 책 전체에서 유교를 재구성함으로써 전통을 비판합니다. 이렇게 비판적 구축을 통해 많은 사안을 아주 다르게 설명합니다. 예를 들면, 왕후이가 말하는 '삼대三代(하, 은, 주) 상상'이 중국사상사에서 차지하는 위치는 군현제와 봉건의 모순을 아주 충분히 보여주는 동시에 거의 중국사상사의 전체 과정을 관통합니다. 이 두 가지 모두 전에는 별로 언급되지 않았습니다.

첫 번째로 '삼대 상상'을 생각해봅시다. 제 생각에 '삼대 상상'은 단순한 복고가 아니고 또 단순히 역대의 유가처럼 과거 숭앙을 재구축하는 것도 아닙니다. '삼대 상상'은 상상과 비판의 원천이 됩니다. 이것은 왕후이가 발굴했습니다. 동시에 '삼대 상상'은 그 자체가 최초에 공자가 거론한 주대 봉건제에 수립된 이른바 '친친親親 원칙'이며 일정한 사회적 내용이지 결코 모든 계층의 사회적 내용은 아닙니다. 우선 강조하는 것은 귀족 계층입니다. 중국이 군주제와 군현제라는 구조로 나아갈 때인 비교적 이른 시기의 상황에서 중국의 역대 사대부는 모두 아주 기본적인 양가적 감정에 직면합니다. 이는 어떤 의미에서 매우 모순적인 심리입니다. 역대 사대부는 한편으로 군현제에 거의 동의했지만 다른 한편으로는 그것을 비판했습니다. 군현제는 결코 '삼대'의 도덕 선택의 기준과 '삼대'라는 상상에 부합하지 않기 때문입니다. 역대 사대부에게는 모두 이런 긴장이 있었습니다. 그리고 왕후이는 지식인이 수대에 걸쳐 생각을 바꿀 때 군현제와 봉건의 모순(이전에 군현제에 대한 의견은 일반적으로 두 가지였습니다. 하나는 유종원이 말한 것이고 다른 하나는 이후에 왕부지가 말한 것입니다. 그들은 군현제에 대해 더 많이 말했습니다)이 걸렸다고 했습니다. 왕후이가 군현제와 봉건을 중시한 이유는 아마 바로 봉건이 더 다원화된 상황을 낳고 군현제는 일통제—統制의 추세이기 때문인 것 같습니다. 따라서 저는 이 부분이 왕후이가 오늘날의 맥락에서 이해한 것과 관련이 있다고 생각합니다. 왕후이가 더 관심을 갖는 문제는 다원제입니다. 그래서 그는 여러 부분에서 청대 다민족 국가, 다민족 제국 시스템 같은 것을 다분히 강조하는 편입니다.

그러나 왕후이는 유학의 시스템을 거의 공자에서부터 청말까지로 보면서 유학을 줄곧 비판적 전통으로 간주합니다. 저는 이것이 아주 이례적이라고 말하고 싶습니다. 제 개인적인 느낌이나 추측에 따르면, 왕후이는 집필을 기획하던 초기에 아마 위르겐 하버마스의 영향, 특히『인식과 관심』에서 말하는 세 가지 이성적 방식의 영향을 부분적으로 받은 것 같습니다. 하버마스는『인식과 관심』에서 세 가지 이성적 방식 또는 지성 방식, 인식의 방식을 제시했습니다. 그것은 과학주의의 방식, 역사해석학의 방식, 비판이성의 방식입니다. 그리고 하버마스는 비판이성이 인류 최고의 경험이자 인간의 철저한 해방과 자주성이라고 강조합니다. 저는 어렴풋하게나마 이렇게 느낍니다. 단지 추측일 뿐이고 왕후이에게 확인한 적은 없지만 그는 가장 먼저 하버마스의 세 가지 이성적 방식의 영향을 받았을 것입니다. 총 15장으로 구성된 그의 책 하권에서 청말에 황제 체제가 붕괴하기 전을 언급할 때 그는 근대성의 세 가지 방식이라는 표현을 사용합니다. 그것은 당시 사대부였던 옌푸의 방안, 량치차오의 방안, 장타이옌의 방안입니다. 저는 이 세 가지 방안을 다루는 것이 어렴풋하게나마 다소간 하버마스가 말한 세 가지 이성적 방식과 관계가 있다고 생각합니다. 왕후이는 세 가지 방안 중 장타이옌의 방안에 더 공감하는 것 같습니다. 그가 개인적으로 동감하고 긍정적으로 평가하는 장타이옌은 철저히 비판적 태도를 취하고 서양의 근대성을 비롯한 근대성 전체를 투철하게 비판하는 입장입니다. 우리는 장타이옌의 길을 따른 제자가 루쉰이라는 것을 알고 있고, 왕후이는 박사논문에서 루쉰을 다루었습니다. 그래서 그가 장타이옌에서 루쉰으로 이어지는 사상적 맥락에 더 관심을 가지지 않았나 생각합니다. 이 세 가지 방안을 왕후이는 각각 다른 방식으로 다룹니다. 옌푸의 방안은 기본적으로 과학주의적이기 때문에 과학주의의 방안에 더 가깝고, 량치차오의 방안은 역사해석학적 성격을 띠기 때문에 역사해석학에 더 근접한 방안이라 설명합니다. 이 세 가지 방안은 모두 중국의 맥락에서 운용되었고 서양 사상, 서양 학술이 막 대규모로 충격을 주었을 때였지만 기본적으로는 여전히 중국의 전통 사대부 시대를 반영합니다. 이 세 가지 방안에 대한 구조 분류는 아주 탁월합니다. 저와 왕후이의 차이가 있다면 저는 량치차오의 방식에 더 편중되어 있고 왕후이는 장타이옌 쪽에 더 가까운 것 같다는 점입니다. 즉, 왕후이는 장타이옌과 관련된 장을 더욱 격정적으로 서술했습니다. 아마 많은 분이 동의할 것 같습니다.

저는 비교적 일찍 해외로 나갔기 때문에 왕후이와 만날 기회가 별로 없었습니다. 제 기억으로는 해외로 나간 이후 스웨덴에서 그와 처음 만났던 것 같습니다. 시카고에도 방문했지만 그때는 모두가 숙고의 기간을 보내고 있었습니다. 1990년대 스웨덴에서 열린 회의에서는 논문에 대해서 공적·사적인 대화를 나누었습니다. 그래서 저는 왕후이가 비교적 일찍 기본 입장을 선택하여 진술하고 마지막 장까지 서술했다고 생각합니다. 즉, 과학주의를 비판하는 태도, 과학 공동체에 관한 부분 등에 대해 서술한 몇 장이 그러합니다. 저는 중서中西 문화 토론, 특히 1930년대 현학玄學과 과학 토론에 대한 재조명도 탁월하다고 생각합니다. 그중 더 훌륭한 부분은 바로 세 가지 근대성 기획에서 한 걸음 더 나아간 '5·4' 세대의 일종의 더 비판적인 입장을 거론한 점입니다. 여기서는 토론하는 양쪽 모두가 이미 지식주의, 과학주의의 방식을 취했고 양쪽이 과학과 현학을 토론하는 것처럼 보이지만 사실은 동일한 범주 안에서 싸우고 있다고 밝힙니다. 물론 이때 우리는 그 배경이 바로 중국의 국가적 전통 문명 전체가 이미 와해된 것이라는 사실을 알 수 있습니다. 그렇다면 당연히 당시의 이른바 '현학귀女學鬼' 논쟁이 사실상 아주 약했음을 떠올릴 수 있고 동시에 학제 제도에 대한 검토도 매우 심층적이고 광범위했음을 알 수 있습니다. 이런 발견은 거의 없었습니다.

　　근대성의 지식 구조를 총체적으로 바라보고 비판하는 태도는 왕후이가 1990년대에 보여준 성향과 입장에서 아주 강렬한 비판적 태도를 가진 것과 관련이 있다고 생각합니다. 시간이 있다면 왕후이가 채택한 비판적 태도와 이러한 입장, 성향이 20세기 중국 사상계 전체에서 차지하는 위치를 논하고 싶습니다. 비판이 아주 많고 누구나 비판을 표방하지만 도대체 무엇이 비판인지에 대해서 말할 기회를 찾고 있습니다. 더 중요한 것은 바로 왕후이의 비판이 서양 근대성이 생성된 이후 전체를 비판의 대상으로 삼고 있다는 점입니다. 이런 전체적 분위기로 볼 때 그 후 중국은 결코 고립된 환경에 놓이지 않았습니다. 중국의 근대성 전체가 서양 근대성에 포섭된 과정입니다. 서양이 이끄는 근대성에서 벗어나서 단순히 이른바 중국 비판을 말하는 것은 불가능합니다. 따라서 이 점에서 왕후이와 제가 크게 일치한다는 것은 의심할 바 없습니다. 중국 근대성에 대한 비판 전체는 사실상 근대성에 대한 비판 전체입니다. 물론 이 문제는 조금 있다가 다시 논하려 합니다.

연구 패러다임의 이동과 제국이라는 문제

여기서는 두 가지 작은 제재를 말하려 합니다. 이 책에서 다루는 시기는 매우 길기 때문입니다. 왕후이는 처음에는 청대, 청말을 다루다가 근대로 넘어갔고 그다음 점점 다시 과거로 올라가서 지금과 같은 구도를 이루었습니다. 그래서 다루는 문제도 점점 늘어났습니다. 저는 본래 두 제재의 문제를 말하려 했습니다. 하나는 서론, 특히 앞의 50쪽 전후이고 다른 하나는 위잉스와 왕후이의 같은 점과 다른 점입니다. 특히 장학성章學誠과 대진戴震을 다룬 부분은 위잉스의 대진 및 장학성 분석과 흥미롭게 대조됩니다. 시간이 된다면 이 문제를 논하고 싶지만 최근 위잉스의 『대진과 장학성을 논하다』[1]를 읽을 시간이 없었습니다. 그래서 이것은 인상일 뿐 여기서는 논하지 않고 나중에 시간이 있으면 보충하려 합니다. 지금은 서론의 앞 50쪽에 더 집중하려 합니다. 개인적으로는 서론을 하나의 발문으로 만들면 더 좋을 것 같습니다. 이 서론의 앞 50쪽은 대다수 사람에게 좀 큰 장애가 될 수 있습니다. 이 부분은 제가 믿기로는 거의 나중에 집필되었는데, 책 전체는 10장, 서론은 150쪽이기 때문입니다. 책 전체를 1장부터 읽으면 맥락이 더욱 분명해질 것이고 서론 100쪽을 더하면 문제는 아주 쉽게 사라질 것입니다. 다만 서론 후반부 50쪽과 그다음 장의 도입은 관계가 있습니다. 앞의 50쪽은 대부분 덧붙인 것인데

---

1   위잉스의 저작이다. 余英時, 『論戴震與章學誠─淸代中期學術思想史硏究』, 龍門書店, 1976.

이 50쪽의 내용은 아주 다루기 어렵고 핵심적인 문제입니다. 저는 왕후이의 이 부분이 아주 마음에 들기도 합니다. 그처럼 오늘날 서양의 문제에 그렇게 민감하면서도 그것과 중국 연구, 중국 문제의 관련성에 민감한 사람은 거의 없습니다. 제가 서론의 앞 50쪽이 가장 나중에 집필된 것이라고 판단하는 이유는 그가 특별히 서양의 중국학, 서양의 근대 중국 연구에서 도출된 새로운 패러다임을 다루기 때문입니다. 이 패러다임은 제국, 특히 청 제국이라는 패러다임입니다. 이런 패러다임은 바로 어떤 의미에서 서양, 특히 미국이 주도하는 중국학의 전환, 즉 초기 존 페어뱅크의 '충격-대응론'과 그 후 폴 코언의 '중국 중심론'으로의 전환으로 나타난다고 볼 수 있습니다. 이 전환은 아주 새로운 맥락으로 길어야 10년을 넘지 않고 대략 5, 6년 또는 6, 7년 정도 되었습니다. 말하자면 이것은 제국 문제에 대한 서양 자체의 흥미와 관계가 있습니다.

그러나 이렇게 되면 문제는 아주 복잡해집니다. 예를 들면, 왕후이는 청 제국의 다원 민족, 다원적 종족집단이라는 특성에 주목합니다. 그러나 서양 학자는 본래의 이러한 중국을 중심에 두는 방법을 택하지 않고 다르게 생각합니다. 예를 들면, 모두에게 잘 알려진 시카고대학 프라센짓 두아라가 그렇습니다. 그는 책 두 권을 집필했고 제가 시카고대학에서 유학할 때 한 번 만났습니다. 그때 저는 그에게 1년여 정도 떠나 있는 동안 무엇을 했느냐고 물었습니다. 그는 만주국을 연구한다고 답했습니다. 저는 당시 그가 무엇을 하는지 알았습니다. 즉, 그의 관심은 만주국의 관점에서 이런 문제를 보는 것이고 그 관점에 따라서 모든 문제가 옮겨진 것입니다. 물론 서북 지방이나 이슬람교에 대한 연구도 했고 최근에는 책도 몇 권 출간했습니다. 왕후이는 이 중 몇 권을 인용했습니다. 최근 이 분야의 책이 줄기차게 나옵니다. 다음에는 아주 새로운 패러다임을 마주할 텐데 이렇게 되면 어떤 문제가 야기될까요? 저는 이것이 중국 근대, 중국 역사를 연구하는 사람에게 큰 도전이 될 것이라고 생각합니다. 왜일까요? 우리의 전통적 역사학, 예를 들면 송대와 송과 금의 항쟁에 대한 논의에서 우리는 분명 송나라를 중심에 두고 이 문제를 사유할 것입니다. 그러나 서양 학자는 금나라의 시각에서 볼 수 있습니다. 사실『케임브리지 중국사』의 금, 원 편은 모두 소수민족의 시각에서 그들 민족의 관점을 채택합니다. 그러면 중국은 골칫덩이가 되고 문제가 됩니다. 중국은 존재하지 않고 중국 자체는 실체적이고 자연적인 존재가 아니라 그 자체가 각종 세력, 사회 세력, 종족집단 세력에 의해 구축된 것입니다. 그러나 중국에서는 전통적 역사학에서나 현재의 역사학에서나 중국 정사의 입장에서 이 문제를 봅니다. 이런 관점은 아주 다르고, 저는 이것이 학문적으로 중국 학술계에 이중적 도전이 될 것이라 여깁니다. 한편으로 본래 중국 학자는 전통적 역사학의 기초가 잘 다져져 있습니다. 다시 말해서 중국의 전통에 비교적 익숙합니다. 그러나 역대의 중점은 중국, 특히 한족을 중심으로 이런 모든 다른 지역을 바라보는 것입니다. 원대와 청대가 가장 핵심적인 두 시기입니다. 당연히 서양 학자는 제국 국가 전체, 즉 주변의 소수 종족집단의 시각에서 중국을 다시 바라봅니다. 이런 점에서는 소수민족사, 금사金史 또는 만청滿淸, 만주어 사료에 대해서 대다수의 중국 학자가 서양 학자보다 훈련이 덜 되어 있습니다. 이렇게 되면 왕후이가 왜 우리가 상상하는 중국을 말하는가는 문제가 되지 않고 이 문제들 자체가 이미 문제 속에 들어가 있는 것입니다. 다른 한편으로, 단순한 정치 이데올로기의 척도로 보면 이 도전이 가져온 학설 자체가 중국을 와해하려는 성향을 가진다고 볼 수 있습니다. 그러나 문제는 여러분이 이렇게 단정할 수도 없고 단순히 추정만 해서 그들이 여러분에게 어떤 악의가 있다고 가정할 수도 없다는 것입니다. 이것은 옳지 않고 필요하지도 않습니다. 악의가 있는 사람도 있고 없는 사람도 있습니다. 어떤 의미에서 이것은 결코 중요하지 않습니다. 중요한 것은 이러한 논의가 서양 전체 학술 환경의 패러다임 아래에서의 전이, 전환의 산물이라는 점입니다. 이것은 물론 서양 학자 본인이 연구한 제국의 변화와 크게 관련이 있습니다. 하나의 예가 바로 대영제국입니다. 왕후이는 앞부분에 많은 노력을 들였는데, 저는 많은 사람이 그가 무엇을 하는지 모른다고 생각합니다. 그는 필사적으로 제국과 국가의 이원 구조 문제를 다루고 있습니다. 어떤 의미에서 전통적이고 서양적인 입장에서 보면 이것은 낯설게 느껴집니다. 대다수가 이렇게 말하지 않기 때문입니다. 최근에는 이 문제를 아주 어렵게 다룹니다.

방금 말했던 문제로 돌아가겠습니다. 페어뱅크의 '충격-대응론'에서 폴 코언의 '중국 중심론'으로, 그다음 세 번째 패러다임 전환par-adigm shift까지를 폴 코언에게서 볼 수 있습니다. 제 기억으로는 최근

2003년에 그의 논문집이 출판되었습니다. 논문집이지만 그는 "China Unbound"라는 제목을 붙였습니다. 이것은 아주 재미있는 제목입니다. 퍼시 셸리의 장편 시가 『해방된 프로메테우스Prometheus Unbound』에서 따온 것이기 때문입니다. 이것은 바로 해방된 'China'입니다. 이 해방의 의미는 무엇일까요? 서양의 입장에서 프로메테우스가 묶여 있는 것은 바로 아이덴티티의 형성 또는 주체의 자기 형성 과정입니다. 우리가 예전에 독일 고전철학을 읽을 때 모든 중심 문제는 바로 이 잡다한 것이 어떻게 통일된 것을 형성하는가, 즉 이마누엘 칸트가 말한 '선험적 통각'(칸트 철학에서 종합, 통일 작용을 하는 전제 조건—옮긴이) 문제입니다. 왜냐하면 이런 주체, 자아가 형성되지 않으면 모든 것은 흩어지기 때문입니다. 따라서 저는 줄곧 서양에서 유행하는 'multi-culture'를 '다원문화'가 아니라 '잡다한 문화'로 번역해야 한다고 강조했습니다. '다원문화'는 서양에서 1950년대에 유행한 개념인데, 이 개념에서는 다원문화가 통일적임을 강조하지만 잡다 문화주의는 게오르크 헤겔이 말한 '잡다'함이기 때문입니다. 그 어떠한 것도 잡다함을 통일할 수 없습니다. 그런데 이것이 바로 서양 현대 이론에서 가장 중요한 추세입니다. 이런 추세 아래서만 사회사나 철학사 모두에서 강조하는 이산離散적 역량이 생기고 분해 역량을 주장할 수 있습니다. 그렇다면 우리는 이 자체가 코언 본인에게 충격을 준다고 생각할 수 있습니다. 페어뱅크에게서든 코언에게서든 우리는 중국이 문제가 되지 않는 존재임을 보게 됩니다. 그렇다면 중국은 실체적인 것으로서 서양의 도전에 대응하는데, 그 중국은 이미 주어진 것이고 기본적으로 그 지역의 것입니다. 폴 코언이 '중국 중심론'을 말한 시기로 가보면 그가 말한 중국 중심China Center은 더 말할 것도 없고 중국은 그곳에 있는 것이고 결코 문제가 되지 않습니다. 이것은 우리가 지금껏 생각하는 문제이기도 합니다. 그러나 지금 문제는 바로 '중국 자체가 존재하는지 여부'입니다. 중국이란 무엇인가? 중국은 명사인데, 명사란 무엇인가? 명사는 공허한 것이고 여러분이 구성한 것입니다. 구성된 것이므로 마찬가지로 쉽게 해체될 수도 있습니다.

그러나 저는 지금 이런 문제를 제기할 때 왕후이가 유달리 아주 이성적이고 냉정하다는 점을 강조하고 싶습니다. 저는 많은 중국 학자가 '당신은 중국의 역사적 존재를 문제 삼는가?!'라며 분노할 것이라고 생각합니다. 그러나 저는 한 가지 동기로만 이의를 제기할 수는 없고 이것이 서양 자체의 커다란 변화, 예를 들면 대영제국의 문제와 관련이 있다고 주장하려 합니다. 대영제국 연구에도 최근 커다란 변화가 생겼습니다. 이 연구가 서양 이론을 더 골치 아픈 문제로 이끌었기 때문입니다. 대영제국의 문제를 예로 들면, 1990년대에 출판된 최신의 옥스퍼드나 케임브리지의 대영제국사를 펼쳐보면 '제국' 개념에서 대영제국이라는 개념은 영국사의 시각에 근거한 것이고 사실상 제2제국임을 알게 됩니다. 우리는 요한 피히테가 말한 '제3제국'을 알고 있습니다. 사실 영국에도 제1제국, 제2제국이 있었습니다. 그 분기점은 미국혁명, 즉 미국의 독립입니다. 미국의 독립혁명 이전에 대영제국의 제국 확장은 여전히 대서양 방향, 즉 아메리카를 중심으로 이루어졌습니다. 곧 대서양을 넘나드는 영미 간의 대륙 관계가 영국사의 일부를 구성했습니다. 따라서 폴 코언이 공화혁명 등을 하나로 묶어서 말하듯 우리는 대체로 미국 독립혁명 이전의 영국과 미국을 한 몸으로 취급합니다. 그러나 미국 독립혁명 이후 아메리카에서 대영제국의 식민지가 점점 쇠퇴하고 영국 제국의 중심이 태평양으로 옮겨가기 시작하자 우리는 인도를 중심이라고 말합니다. 그래서 아주 이상한 광경이 벌어집니다. 바로 제2제국에만 집중해서 인도를 중심에 둔 채 제국사를 보는 것입니다. 그리고 그 특징은 바로 저 일부 제국과 영국의 국내 정치를 아무런 상관이 없는 것처럼 완전히 분리하는 것입니다. 그러면 영국 제국의 구조는 본토, 본국의 정치에 어떤 영향도 주지 않는 것처럼 보입니다. 그런데 이런 모델 자체가 최근 몇 년간 영국사의 영역에서 도전받고 있습니다. 따라서 우리가 미국의 중국 연구를 보고 제국의 전변轉變을 읽어보면 결코 고립된 것이 아니라 서양 학술계 전체의 패러다임의 전환과 관련이 있고 아주 복잡하게 변했음을 알 수 있습니다. 솔직히 말해서 대다수 학자가 시류에 휩쓸립니다. 무슨 생각을 제대로 갖고 있지도 않고 생각을 가지라고 하지도 않는다는 말입니다. 왜냐하면 생각 있는 사람이 이끌고 가기 때문입니다. 그러나 이러한 연구를 중국에 번역해놓으면 아주 강력한 것이 될 수 있습니다. 그러면 이것이 중국 역사학, 중국인에게 자신을 어떻게 인식하는가 하는 문제에서 아주 커다란 도전이 될 수 있습니다. 특히 우리가 청대를 새롭게 바라볼 것인가의 문제에서 그렇습니다. 그래서 저는 왕후이가 이 부분에 많은 공을 들였다고 생각합니다. 여기서 그가 내놓은 답변은 어떤 의미에서 이러한 서양의 제국과 제국주의 개념을 청대를 검토하는 데 아무렇게나 가져오는 것을 비판하는 것입니다. 왕후이의 비교적 힘 있는 논거에서는 "이렇게 아무렇게나 가져온 패러다임이 결과적으로 이른바 제국과 자본주의를 혼동하는 관점의 문제를 조성한다"는 점을 강조합니다. 그는 근대 서양적 의미의 근대와 제국주의는 긴밀하게 이어져 있고 이것이 결코 청 제국의 특징은 아니라고 지적합니다. 그는 청조의 이른바 '제국'을 서양 근대 제국, 자본주의와 뒤섞어버리면 일련의 혼란을 일으키기 십상이라고 주장합니다.

동시에 이 혼란을 제거하는 문제에 대해서 저는 왕후이에게 논거 하나를 보충해주려 합니다. 저 개인은 중국사상사나 중국문명사를 연구하는 사람은 아닙니다. 그러나 앞으로 우리가 중국의 역사, 문학을 연구할 때 이 문제에 부딪히게 될 것이고 이것이 모든 영역에 침투할 것이라고 생각합니다. 예를 들면, 지방사 연구 등의 각 방면에 침투해서 아주 어려운 문제가 될 것입니다. 제가 보충하려는 논거는 중국과 서양의 제국에 아주 다른 점이 있다는 사실입니다. 예를 들면, 우리는 중국 인민이 평화를 사랑한다고 아무렇게나 말할 수 없습니다. 이것은 말이 되지 않습니다. 우리가 이렇게 변호할 수 없다는 것은 조금도 의심의 여지가 없습니다. 중국인은 온 산하를 피로 물들이고 시체가 들판에 널릴 정도로 온종일 살육했습니다. 게다가 우리는 청조가 신장을 정복한 역사를 들 수 있습니다. 한 무제도 그렇습니다. 그러나 제 논거는 이와는 조금 다릅니다. 예를 들면, 여러분과 제가 모두 사람을 죽였다 해도 개인마다 다르게 자신을 변호할 것입니다. 이 변호 방법이 관건입니다. 저는 중국과 서양의 큰 차이점이 바로 서양의 정복은 폭력이지만 이들이 항상 아주 강력한 도덕적 방패막moral defense을 제시한다는 점이라고 봅니다. 즉, 서양에서는 이 정의롭지 못하고 폭행과 폭력으로 가득한 일을 그럴듯하게 변호하려 합니다. 가장 큰 차이점은 다음과 같습니다. 대영제국, 특히 '제2제국'이 세워진 후 그 내부에는 커다란 긴장이 생겼습니다. 그 이전에 대영제국과 아메리카의 제국은 당연히 동종동체同種同體였습니다. 그러나 '제2제국'은 아주 다릅니다. 영국은 인도, 아시아에 커다란 폭력을 저질렀습니다. 그래서 영국 내에서 많은 우려의 목소리가 생겨났습니다. 당시, 즉 미국의 독립혁명 이후 영국은 지역 정치를 특히 강조했는데, 이는 자유를 근간으로 했기 때문입니다. 고대 그리스에는 전통적 담론이 있었습니다. 그것은 바로 제국은 반드시 자신의 국내 정치를 파괴corrupting한다는 담론입니다. 제국은 노예 구조이고 타인을 노예로 만들면 자신도 파괴될 수 있기 때문입니다. 그래서 당시 영국에서는 이 문제로 큰 토론이 벌어졌습니다. 이 토론은 어떻게 해결되었을까요? 이를 통해 자신을 더 높은 토대 위에서 구축했습니다. 서양은 야만 민족을 문명화하려고 한다면서 자신의 정복을 도덕적으로 변호했습니다. 이 변호는 정복을 도덕적 사명, 즉 하나의 미션으로 바꾸어놓았습니다. 그러나 중국에는 이런 점이 없습니다.

중국의 유가 전통에서는 이런 토론을 찾아낼 수 없습니다. 제가 여러분을 유가로 만든다는 말이 중국에는 없는 것이지요. 춘추시대부터 중국은 항상 전쟁을 말했습니다. 유가 전통이 항상 수비를 말했다는 점은 확실합니다. 유가 안에서는 서양에서와 같은 토론을 찾아볼 수 없습니다. 물론 유가 안에서도 많은 것을 찾아낼 수 있습니다. 한편으로 중국은 늘 약한 모습을 보였는데, 이런 일에 대해서도 스스로 도덕적으로 변호하지 않았습니다. 이런 점에서도 청 제국과 대영제국이 아주 다르다고 저는 생각합니다. 청 제국은 명조를 정복할 때 고급 문명으로 수준 낮은 문명을 정복한다고 생각한 적이 없습니다. 정반대였습니다. 청 제국은 자신이 개화되지 않았었고 문명화되었다고 생각했습니다. 게다가 처음부터 아주 자각적이었습니다. 저는 왕후이가 이 문제를 여러 곳에서 언급했다고 생각합니다. 왜 원나라와 청나라가 모두 통삼통을 하려고 했고 특히 강조했을까? 원나라와 청나라는 대통大統을 계승하려 했고 스스로가 중국 왕조, 중원 왕조, 중화 왕조의 유가 문화를 전수받았다고 인정했습니다. 외래에서 당신들을 정복했고 당신들은 야만적이며 저급하므로 당신들을 교화한다고 강조하지 않고 무력으로 당신들을 정복했지만 교화된 것임을 명확히 했습니다.

따라서 중국의 이런 관계는 서양과는 완전히 다른 것입니다. 우리는 지배하는 종족집단이 있으면 다수의 통치를 받고 노예가 되는 종족도 있다고 생각할 수 있습니다. 청나라의 경우는 완전히 반대입니다. 이 차이는 앞으로 전력을 다해 밝혀낼 만한 문제입니다. 왜일까요? 이 문제가 중국 문명과 서양 문명의 근본적 차이와 관련되기 때문입니다.

(앞에서 이렇게 많이 말해버렸으니 저 혼자 시간을 너무 많이 쓴 것

같습니다.)

황조 정치

모든 분이 '제국과 민족'에 대해서 좀더 많이 언급하셨습니다. 이것은 제가 가장 망설이는 부분입니다. 제가 제국과 민족이라는 두 개념을 우려하기 때문입니다. 현재 이 개념에 대해서는 이의가 별로 없습니다. 그러나 저는 이렇게 되면 함정에 빠질 수 있음을 걱정합니다. 왜냐하면 우선 이런 틀은 사실상 역사 속의 모든 시기에서 그렇지는 않았기 때문입니다. 즉, 현재는 제국의 전환과 민족국가, 독재와 민주가 좀더 많이 언급됩니다.

　저는 영국에 더 관심이 있습니다. 사실 영국에는 또 다른 개념인 'kingdom' 문제가 있기 때문입니다. 영국은 국내사와 제국사를 완전히 분리합니다. 영국은 현재 'united kingdom', 즉 연합왕국입니다. 영국은 자신의 내부가 제국의 것임을 회피하기 때문에 줄곧 몇 몇 용어를 썼습니다. 'multiple kingdom'도 그것입니다. 영국 자체가 잉글랜드, 스코틀랜드, 웨일스, 아일랜드(현재는 북아일랜드)의 결합체이고, 이들의 결합은 황조의 혼인 관계로 이루어졌기 때문에 'multiple kingdom'인 것입니다. 저는 이 개념이 어떤 의미에서 중국의 청나라에 더 적합하다고 생각합니다. 근대 서양은 이미 이른바 '제국'의 틀을 세우고 내부의 이질성과 분리성 등을 강조했지만 중국은 역대로 원나라든 청나라든 모두 스스로 대통을 이어받았고 중원에 동화되었기 때문입니다. 중국 문명으로의 동화는 분명 강력한 사실이고 서양과 아주 다른 부분입니다. 따라서 청나라 초기를 제외하고 청말 혁명 시기 이전까지는 만주족과 한족을 과도하게 강조할 수 없다고 봅니다. 만주족과 한족은 높은 수준으로 동화되어 있었습니다. 물론 만주족과 한족은 이익을 쟁탈하는 관계에서는 줄곧 긴장을 유지했습니다. 그래도 고도로 동화되었다는 문제를 간과할 수는 없습니다. 따라서 저는 'kingdom' 개념으로 이것을 말할 수 있고 서양의 전통적 의미에서의 해외제국, 확장제국과 비교적 쉽게 분리할 수 있다고 생각합니다.

저는 약간 걱정됩니다. 지금 먼저 제국과 민족국가의 이원 구조를 받아들이고 나중에 이런 기반 위에서 그들과 토론한다면 처음부터 수동적 위치에 놓일 수 있습니다. 물론 청말에는 특수한 대변동을 겪었고 각종 분리성이 표출되었습니다. 그러나 역사적으로 중국의 내적 응집력은 아주 다릅니다. 서양에서 가장 전형적인 사례는 영국입니다. 영국은 지금껏 영국사를 연구해왔지만 지금은 브리튼 역사를 연구하려고 합니다. 그래서 이 역사에서는 제국사와 내부사를 분리합니다. 내부는 'united kingdom'이고 또 왕세자는 프린스 오브 웨일스인데 이는 모두 따져볼 만한 가치가 있습니다. 여왕은 물론 스코틀랜드 여왕이어야 하고 동시에 인도가 독립하기 전에는 영국 여왕인 동시에 인도 여왕이라고 규정했습니다. 그들은 왕조가 중요시할 만한 것이고 영국 왕조에서 아주 많은 교훈을 얻을 수 있다는 것을 잘 압니다. 그리고 우리는 이를 통해 중국을 이해할 수 있습니다.

중국은 황조 정치였습니다. 우리는 지금 몇몇 다른 개념을 토론하고 있습니다. 따라서 황조 정치가 무엇인지 이해하기 어렵습니다. 저는 다시 묻습니다. 헌정 입헌군주는 무엇인가? 간단히 말해서 우리가 이해하기로 현재의 영국 군주는 자유주의와 민주주의, 시장경제에만 근거해서 말할 수 없습니다. 저들의 것은 본래 그곳에 있었습니다. 만약 어느 날 군주가 없어진다면 영국은 붕괴할 것입니다. 군주가 바로 모든 원심력과 공감력이 응집한 곳입니다. 이것이 바로 군주와 '공화'의 다른 점입니다. 그것은 개인적인 것, 인격화된 것이며 다른 범주와 아주 다릅니다.

그러나 현재는 하나의 골칫거리가 있습니다. 영국이 왜 역대로 제국과 내부 정책을 분리했고 이 문제를 제기한 쪽은 뉴질랜드였을까요? 영국이 유럽연합에 가입했고 이것이 대영제국의 전통적 무역 관계에 영향을 주었기 때문입니다. 뉴질랜드는 예전부터 농업을 일으켜 영국과 관계를 맺었습니다. 유럽연합에 가입한 이후 이 관계가 변할 가능성이 큽니다. 그래서 그들은 영국사가 이런 역사가 될 수 없다고 주장합니다. 영국사는 잉글랜드, 스코틀랜드, 웨일스, 아일랜드만이 아니라 뉴질랜드, 오스트레일리아에도 영향을 주기 때문입니다. 그 후 최근 50년 동안의 연구에서는 영국이 '복합왕국'임을 강조합니다. 예전에는 'English history'를 했고 현재는 모두 'British history'를 합니다. 'British'는 잉글랜드, 스코틀랜드를 합병한 다음에 채택한 명칭인데, 위험한 면이 있습니다. 이미 합병되었는데 분리될 수 있는가 하는 것입니다. 그러나 이 문제는 크지 않습니다. 영국의 권력 집중도는 비교적 높고, 그들이 아주 똑똑하면 안심하고 스코틀랜드에 의회권을 줄 수 있습니다. 그러나 돈이 없습니다. 많아야 3퍼센트의 소득세만 거둘 수 있고, 잉글랜드를 떠나서는 살아남을 수 없기 때문입니다. 왕후이는 'multiple kingdom'과 같은 용어로 '오족공화五族共和'를 사용했는데, 중국의 사회정치 구조를 설명할 생각은 할 수 없었다는 것이 제 의견입니다. 그리고 저는 우리가 서양의 것에 가로막혀 말을 제대로 하지 못해서는 안 된다고 생각합니다. 응집력은 동화력입니다. 이것은 사실이고 이것에는 'elaborate', 심혈을 기울인 연구가 필요합니다. 우리는 '모든 것은 허구'라는 말을 인정할 필요가 없습니다. 그렇지 않기 때문입니다. 이것이 쑨원이 반만反滿에서 오족공화로 넘어간 이유가 아닐까요? 반만을 도모하던 것을 단번에 뛰어넘은 단절은 장타이옌에게도 해당됩니다. 이것이야말로 비교적 강력한 사상 전통이고 절대다수가 쉽게 받아들일 수 있는 것입니다

'유가 천하주의'의 긴장

또 다른 문제는 '유학 보편주의' 개념입니다. 왕후이는 이 개념으로 당시 사상을 개괄했습니다. 저는 캉유웨이가 중국처럼 스스로 일체를 이룬 문명이 충격받은 후에 발생하는 핵심적 문제를 아주 정확히 짚어냈다고 생각합니다. 그리고 이 문제가 캉유웨이 이후 20세기 전

체를 줄곧 관통한 기본 지점이라고 생각합니다. 왕후이의 책에서도 『대동서大同書』와 캉유웨이의 변법의 관계가 아주 분명히 드러납니다. 그는 탁월하고 실제적인 고증을 했습니다. 즉, 이 『대동서』가 아주 일찍 집필되었다고 고증함으로써 『대동서』의 관점과 캉유웨이의 변법이 관련 있음을 설명하려 합니다. 캉유웨이가 변법 문제를 이미 생각하기 시작한 후 『대동서』의 문제를 생각한 것이 아니라 처음부터 이러한 긴장이 있었다고 말하려 한 것입니다. 왕후이는 이것을 '유학 보편주의'라고 여겼고, 저는 '유가 천하주의'의 필연적 긴장이라고 생각합니다(저는 '보편주의'라는 용어를 사용하는 것이 그다지 좋지 않다고 생각합니다. 이것은 지나치게 서양적입니다. '유가 보편주의'는 사실상 '유가 천하주의'의 연장입니다. 이러한 맥락에서 더욱 자연스러워지고 중국의 맥락에 있을 수 있습니다. '유가 보편주의'라는 말은 서양에서 건너왔다는 느낌이 듭니다).

저는 이틀 전 "중국을 어떻게 인식하는가?"를 주제로 강연했습니다. 이는 어떤 면에서는 서양과 중국이 모두 직면한 문제입니다. 18세기 이후에 『성경』에 없는 민족을 어떻게 다루어야 하는지가 갑작스럽게 문제가 됐습니다. 서양의 관점에서 『성경』에 전혀 없는 중국 문명을 어떻게 해석해야 했을까요? 볼테르의 『풍속론』부터 헤겔의 『역사철학 강의』까지 모두 이런 번거로운 문제를 다루었습니다. 유가도 마찬가지입니다. 유가는 '천하'의 구조이고 예전에 '천하' 관념은 당연히 모든 것을 포괄했습니다. 그런데 '서양' 같은 '타자'가 나온 뒤에는 '천하' 개념을 어떻게 유지할까요? 이것은 바로 유학 전통 전체를 유지하는 근본적 조건입니다. 그러나 마찬가지의 문제가 발생합니다. 당장의 현실에는 근본적으로 이렇게 생각할 여지가 있을 수 없고, 현실의 긴박함에는 제대로 대응하지 못한다는 것입니다. 그래서 줄곧(량치차오 무리를 포함해서) 또는 처음부터 이『대동서』에 흥미를 갖는 광경을 발견하게 됩니다. 왜냐하면 이 책은 유교의 이상이 추구하는 것을 충족해주었고 훗날 공산주의의 발생과 마오쩌둥과도 일정한 관계가 있기 때문입니다. 그는 항상 천하의 성격을 갖고 전 세계를 모두 포괄해서 해석합니다. 저는 이 긴장이 유가 전통 안에서 가능하다고 생각합니다. 그러나 문제는 이런 이상적 차원에서의 생각과 중국이 현대에 처한 아주 긴박한 정치 현실의 문제가 아주 커다란 긴장을 조성했다는 점입니다. 정치 현실의 문제에서는 이것이 현실의 정치, 경제, 군사 각 분야의 위기에 대응하는 데 아주 미약했습니다.

그러나 또 다른 차원에서 저는 이것이 바로 1990년대 이후 중국의 시장화와 자본주의가 점점 엉망이 되어가는 원인이라고 말하려 합니다. 중국의 사대부가 예전부터 품었던 세계적 포부가 사라지고 대응 능력을 완전히 상실한 채 어디서나 꿰어 맞추려 하고 어디서나 영어에 빌붙으려 하면서 스스로의 틀이 완전히 사라졌습니다. 사대부의 전통, 유학적 천하의 전통은 이런 면에서 자신감이 이 정도로 떨어졌습니다. 저는 이런 점이 아주 놀랍습니다. 저는 왕후이도 어느 정도 이런 생각을 갖고 이 둘을 동시에 대립시키려 한다고 생각합니다. 그러나 저는 캉유웨이의 텍스트와 논리가 자연스럽고 그가 여전히 유가적 천하주의의 심리와 관념을 갖고 있었다고 생각합니다. 그래서『대동서』가 없었다면 캉유웨이는 그렇게 재미있는 사람이 되지 않았을 것이라고 생각합니다.

당송변혁 문제

방금 모두가 중국철학사의 시각에서 많은 이야기를 하셨습니다. 저도 좀 말하겠습니다. 후스의『중국철학사대강中國哲學史大綱』은 중국철학사에서 어떤 지위도 차지하지 못하고 대신 펑유란이 자리를 잡았으며 장다이녠도 약간의 영향을 주었습니다. 그러나 그들의 책은 완전히 서학西學에 근거한 것입니다. 서양철학사를 근거로 썼지요. 제생각에 현재 우리 상황은 이렇습니다. 저는 물론 펑유란 선생을 아주 존중합니다. 그리 존중하지 않을 때도 있는데, 그럴 때면 천라이陳來가 저를 바로잡아줍니다. 장다이녠의「중국철학범주사中國哲學範疇史」에 저는 이견이 많습니다. 물론 원로들을 존중하기는 합니다. 그분들의 공력은 하루 이틀에 이루어진 것이 아닙니다. 그러나 저는 아주 명확하게 그 배경이 사실상 서학이라고 생각합니다. 펑유란과 장다이녠도 서학을 배경으로 한다는 점이 아주 뚜렷합니다. 저 새로운 것과 고대 중국의 철학사상이란 것이 사실상 100년도 되지 않았습니다. 고대 중국에는 철학이 없었습니다. 솔직히 말하면 저는 없었다고 생각합니다. 바로 이것이 문제입니다. 철학이란 무엇입니까? 어느 곳에나 철학이 있지는 않습니다. 이것은 철학을 폄하하는 말이 아닙니다. 서양 문명의 양대 원류인 유대인에게는 철학이 없습니다. 그들에게는 종교가 있습니다. 번거롭게도 우리는 이미 그것을 가져다 사용했습니다. 선험적이고 의식적으로 아주 많이 가져다 사용했습니다. 우리에게는 우선적으로 설정된 무수한 것을 반성할 능력이 없습니다. 우리는 이 문제를 다시 생각해보아야 합니다. 물론 우리가 젊은 사람들처럼 여우가 둔갑하듯 그럴듯하게 꾸미는 방법을 취하는 것도 반대합니다.

연구 접근법에서 사실 왕후이의 접근법은 기본적으로 뚜렷합니다. 더 명확하게는 사상사와 사회사를 결합한 미국식 접근법을 받아들였습니다. 좀 장황한 서문을 제쳐두고 1장부터 본다면 그 점은 더 명확해집니다. 그렇다면 사상사와 사회사를 결합하는 방법으로 모든 문제를 다 잘 처리할 수 있을까요? 말하자면, 이런 방법으로 잘하는 사람도 있고 잘하지 못하는 사람도 있습니다. 문제는 어떻게 하느냐입니다. 미국에서는 피터 볼Peter Bol이 잘합니다. 사람마다 각자의 기호가 있어서 사상사와 사회사를 결합한다고 하지만 사상사 편향이 더 많습니다. 왕후이의 책은 1장부터 보면 기존 연구의 토대 위에서 논의하는 능력이 아주 탁월합니다. 그는 두 가지를 취하는데, 하나가 교토학파라는 것은 분명하고 다른 하나는 사실상 머우쭝싼을 위시한 '해외 신유가新儒家'입니다. 왕후이는 사실 둘을 끌어다가 서로 견제시키고 있습니다. 우선 그는 교토학파의 많은 견해를 받아들였습니다. 당송변혁(당나라에서 송나라로 왕조가 교체되면서 벌어진 전면적 변화로, 교토학파에서 제시한 개념—옮긴이)은 그 누구도 부정하지 않습니다. 그러나 그는 당송변혁이 바로 근대 자본주의의 탄생이라는 교토학파의 견해를 부정합니다. 이것은 아주 중요합니다. 그러나 왕후이는 이 점을 충분히 말하지 않았고 퇴고도 충분히 하지 않았습니다. 즉, 당송변혁과 근대 자본주의가 어떤 의미에서 다른지를 말하지 않았습니다. 저는 교토학파가 통상 말하는 상업자본주의와 산업자본주의 문제를 혼동했다고 생각합니다. 우리가 막스 베버의 견해를 가져오거나 카를 마르크스의 관점으로 본다면 상업자본주의는 사회의 근본적인 대변혁을 이루지 못했습니다. 마르크스의 논점은 아주 강합니다. 그는 산업자본주의의 근본적인 문제는 '상품 물신숭배'가 형성된 것이고, 그 후 사회 전체의 가치체계가 모두 변하며 모든 가치체계가 상품이 될 것이라고 말합니다. 그러나 이런 관점을 '당송변혁'에 적용한다면 왕후이는 받아들일 수 없을 것입니다. 당송시대에 이런 문제는 없었습니다. 그래서 유학 문제를 논할 이유가 없습니다.

　이미 근대적 상업자본주의가 출현했고 '상품 물신숭배'가 출현했다고 가정하면 유학이 이미 붕괴했다는 전제가 성립하기 때문에, 유학은 이런 '상품 물신숭배'를 받아들일 수 없습니다. 엄밀한 의미에서 일반적인 상업주의는 큰 걸림돌이 아니고 사회구조 전체에 결코 영향을 주지 않습니다. 자본주의는 고대부터 현재까지 존재해왔습니다. 그러나 문제는 근대 자본주의와 자본주의 일반이 근본적으로 다르다는 것입니다. 근대 자본주의는 모든 것에 생산, 상품 생산을 목적으로 설정합니다. 그래서 인간의 전면적인 가치체계와 인격체계를 근본적으로 다시 세울 것을 요청합니다. 베버는 개신교 윤리를 강조하려고 했습니다. 그는 '상품 물신숭배'가 없다면 전통적 사회에서 조금이라도 생업으로 유지했던, 영국 산업혁명 이전에 비교적 발달했던 상업 같은 것이 영국 사회의 기반 가치체계 전체에 도전하지 못하고, 전통적 가치관을 통해 아주 분명하게 이러한 부패를 보고 그것을 쉽게 없애버릴 수 있다고 보았습니다. 그러나 일단 '상품 물신숭배'에 기반을 둔 새로운 것이 탄생하면 이전의 모든 가치는 전부 끝나버립니다. 따라서 저는 왕후이가 이 점을 인정하지 않고 송나라 유학이 여전히 유교적 세계관이라고 새롭게 해석했다고 봅니다. 여기서 저는 그가 사실은 신유가 머우쭝싼과 공통점이 상당히 많다는 점을 강조하고 싶습니다. 왕후이는 비판하는 편이지만요. 그러나 다른 한편으로 그가 신유가와 조금 다른 점은 바로 교토학파의 사회사 이론으로 머우쭝싼을 검토한다는 것입니다. 머우쭝싼의 철학을 적용하면 사회사의 내용이 모조리 없어지고 완전히 심성을 고양하는 글로 변질되기 때문입니다. 어떤 의미에서 보면, 위잉스의 주희 연구가 부분적으로 이렇습니다. 여러분이 상상하듯이 정치사회 각 분야에 가까운 신흥유학으로만 나아가지 않습니다. 비록 왕후이가 이 문제를 일부에서 언급했지만, 저는 이 내용이 그다지 정밀하지 않다고 봅니다. 두 사람의 글을 끝까지 읽는다면 신유가 전통에 익숙한 사람은 두 사람의 관련성이 더 크다고 생각할 것입니다.

예를 들면, 방금처럼 두 철학 연구자가 교토학파를 언급한 것이 우리와 무슨 관계가 있을까요? 그러나 만약 관계를 맺어본다면, 여러분은 여기서 교토학파에 전면적인 가치관의 전환이 있었음을 발견할 수 있습니다. 만약 이 문제가 정말로 발생했다면 유학은 송대에 모조리 붕괴했을 것입니다. 교토학파는 이렇게 말하지는 않았습니다(그리고 송대 유학에 대한 교토학파의 연구는 지금까지도 약하고 철학을 공부하는 사람들은 교토학파에 별 관심을 두지 않을 수 있습니다). 그러나 그들의 견해를 모두 받아들인다면 곧바로 이 문제를 발견할 수 있습니다. 왕후이가 말할 때 주목한 좀더 중요한 문제는 바로 '이세理勢'(사리의 발전 추세—옮긴이)입니다. 이는 달리 말하면 전통적 권력 균형의 문제, 즉 송대에 대체로 왕권 군현제를 인정한 문제라고 할 수 있습니다. 황권 군현제라야 과거제가 있고 사족士族 집단이 형성될 수 있기 때문입니다. 제도가 다른 당나라에서 평민 유가를 구성한 이들은 모두 고관 귀족이었습니다. 평민사회가 출현하고 평민사회와 왕권이 연결되었기 때문에 왕권 군현제 자체가 이론적으로 인정되었던 것입니다. 저는 이익 관계를 쉽게 부정하고 싶지는 않습니다. 물론 이익 관계는 있지만 이런 상황에서는 '삼대 이념'을 고양하는 것과 조화를 이루었습니다. 저는 여러분이 머우쭝싼과 거리를 둘 때 주자의 향약을 강조하는 쪽으로 관심을 돌렸습니다. 이것은 당연히 아주 중요합니다. 그러나 저는 이 장을 읽으면서 1980~1990년대 미국의 중국학계가 바로 생각났습니다. 한커우 현지 지방사 연구에 사용한 패러다임은 바로 서양의 '국가-사회' 관계의 대립적 모델 전체입니다. 중국 지방사 연구에서는 지방이 국가에 대항했음을 강조했고 심지어는 시민사회civil society라고 미화합니다. 훗날에는 주자의 향약도 포함했습니다. 그 영향은 아주 큽니다. 송대 이후의 상황을 보면 사인 士人과 조정의 관계가 점점 멀어진 듯하고 사인이 민간으로 간 것 같습니다. 근거는 없지만요. 사실 재상권이 군권君權에 맞서면서 이른바 평민 사대부가 출현했습니다. 위잉스를 비롯한 해외 신유가는 일찍부터 이 문제를 파고들었습니다. 재상권이 군권에 맞선 것은 중국의 문제가 아닙니다. 군권은 지고무상하고 재상권이 군권에 도전하는 일은 절대로 없습니다. 다만 당나라 이전에는 황제의 절대 권력이 수립되지 않았을 뿐이고 이 때문에 절대 권력의 수립이 가능해지는 것이 희망사항이 되었습니다. 게다가 재상권이 발전했다면 중국은 18, 19세기에 이미 헌정 민주, 자유주의로 진입했을 것 아니냐는 생각도 담겨 있습니다. 저는 이것이 갈 수 없는 막다른 길, 아주 암울한 길이라고 생각합니다. 이렇게 생각하면 문제를 그릇되게 끌고 갑니다. 중국의 전통 정치기구와 중국의 군권, 재상권이 도대체 어떤 관계였는지를 제대로 이해할 수 없게 됩니다.

그러나 저는 왕후이가 주자의 향약을 논할 때 그들의 영향을 어느 정도 받았다고 봅니다. 그는 향약으로 향한 것이 관학화官學化, 동방화東方化 이후의 위기감인 것 같다고 과도하게 강조했습니다. 이것이 우리 두 사람의 차이입니다. 누구나 해석은 다를 수 있습니다. 저는 중국 전통 시대의 관청과 민간을 좀더 강조할 것입니다. 소위 서민 지주가 출현하면서 양자의 상호작용 관계가 강해졌습니다. 이 관계의 전제는 군권에 대한 인정입니다. 군권을 인정하지 않으면 귀족제가 출현하고, 그렇게 되면 명문 재력가가 재등장할 수 있습니다.

군권이 귀족을 억압하면 그 대가로 당연히 군권이 강해지지만, 동시에 평민이 생긴다는 것이 문제입니다. 이른바 서민 지주 계층의 시대가 오고, 이는 사회 전체에 충격을 줍니다. 즉, 예전의 명문 대족의 덕목과 품행을 민간사회에 더 강조하게 됩니다. 저는 관청에 대항했다는 식의 개념에 동의하지 않습니다. 중국 전통사상에서는 이런 구도를 구상하지 않았습니다. 물론 군권에는 늘 불안정성이 내포되어 있고 좋은 황제와 나쁜 황제의 격차는 매우 커서 헤아리고 파악할 수 없는 것으로 변할 수 있습니다. 이 때문에 사대부가 상소를 올릴 때마다 황제에게 위기가 있다는 문제를 늘 강조합니다. 그러나 저는 이론적으로 향약에 절대 권력을 강화하려는 의도가 있다고 말할 수 없다고 봅니다. 향약은 유교적 사회규범을 강화했다고 말해야 맞습니다. 이것은 하나의 경향인데 미국에서는 거의 이렇게 말하지 않는 것 같습니다. 왜냐하면 그들 모두가 이런 현상을 보았으면서도 이를 비판하기도 했기 때문입니다. '한커우 연구'와 그 뒤를 이은 여러 권의 후속 연구는 해당 지역과 관의 관계가 매우 깊었음을 보여주고, 이를 통해 중국 사회를 다시금 비판합니다. 그러나 문제는 우리가 만약 이런 문제를 직시한다면, 즉 새로운 눈으로 본다면 도대체 어떤 현상으로 파악될까 하는 점입니다. 서양의 비판적 관념과 범주를 미리 설정하고 단정 지어서는 안 됩니다. 서양 모델에 부합하지 않는 것은 연구하지 않기 때문입니다. 이것이 바로 우리가 연구해야 할 문제입니다.

    앞에서 말한 철학 문제로 돌아가보겠습니다. 우리 중국뿐 아니라 서양의 철학사를 보더라도 제가 미국의 대학에 갔을 때 근본적으로 철학사가 없다는 점이 눈길을 끌었습니다. 러셀의 철학사가 있었지만 그 철학사를 읽는다고 말해도 농담으로 여겨졌습니다. 그들에게는 철학사라는 개념이 없습니다. 그들은 모두 철학의 일부분을 읽습니다. 일부분만 읽기의 장점은 바로 개방된 공간이 더 크고 유동성도 크다는 점입니다. 여기에는 미리 지어진 역사적 실마리가 작동하지 않습니다. 이것은 제가 장다이녠의 '중국철학범주론' 등에 이의를 제기하는 이유이기도 한데, 그가 헤겔 이론의 영향을 크게 받았기 때문입니다(펑유란과는 다릅니다. 그는 신실재론을 내세웁니다). 서양의 학술은 어떤 의미에서 시대별로 끊어져 있고, 일정 시기 동안 문제가 비교적 집중되어 모두 같은 문제에 대해 토론합니다. 이것은 상대적으로 분명합니다. 물론 서양은 중국과 달리 시대별 단절성이 비교적 강하고 중간에 일정한 끊어진 시기가 있습니다. 과거에는 고대 그리스 고전을 읽는 사람이 없었고 중세기 내내 그리스어를 읽을 줄 아는 사람이 없었습니다. 그리스 고전을 어떻게 다루어야 할지 아는 사람도 없었습니다. 르네상스의 리더 프란체스코 페트라르카도 그리스어를 읽지 못했습니다. 이 점은 중국과 다릅니다. 중국의 경학은 명맥이 끊이지 않았지만 서양에서는 이것이 끊겼습니다. 서양 중세의 양대 철학자 아우구스티누스와 토마스 아퀴나스 둘 다 그리스어를 읽지 못했습니다. 아퀴나스는 대단한 철학자였지만 그의 아리스토텔레스에 대한 논평은 기본적으로 아랍인이 번역한 라틴어본으로 한 것입니다. 그리고 페트라르카도 그리스어를 제창했을 때 정작 자신은 그리스어를 몰랐습니다. 그들의 문명은 단절되어 있어서 여러 문제가 많이 드러날 수 있습니다. 자의식은 강한 편이지만 그렇게 엄격하지 못한 부분도 있습니다. 지금 10권짜리 『서양철학사』 등이 번역됐고 그 밖에도 번역서가 많지만 별 필요는 없습니다. 현재 중국철학사를 읽는데, 정말로 '중국철학사'라는 것이 있는 것 같지만 그런 것은 없습니다! 도대체 공자에서 주자까지를 말하는 건가요? 펑유란의 『중국철학사』를 말하는 건가요? 주자같이 대단한 사람도 '중국철학사' 같은 것을 만들지 않았습니다. 그는 '사서집주四書集註'에 투신했습니다. 그래서 우리는 사서를 읽는다고 말하지 철학사를 읽는다고 말하지 않습니다. 중국에는 이러한 분별이 없습니다. 전부터 문사철文史哲이 나뉘지 않았습니다. 저는 이것이 더 큰 시야라고 생각합니다. 현재의 분과학문 체제에는 불리한 점이 있습니다. 물론 저는 전공을 반대하지는 않고, 전공에도 좋은 점이 있습니다. 전공은 훈련을 할 수 있게 해주고 진입할 접근법을 줄 수 있습니다. 그러나 미리 설정된 것이 너무 많습니다. 이것들은 금강조金剛罩(외부의 강한 충격에도 몸이 상하지 않게 하는 무공—옮긴이)처럼 머리 뒤쪽을 뒤덮고 있으며 빠져나오기 어렵습니다. 그래서 저는 더 큰 시야에서 접근하는 것이 중요하다고 생각합니다. 사회사나 사상사 같은 덮개는 필요 없습니다. 구체적으로 어떤 것이 필요한지를 보고 쓰면 됩니다.

문제의식의 시대적 전환

저는 왕후이의 책에서 좀 특별한 부분이 두 가지를 가져와서 서로 견제시키는 점이라고 생각합니다. 대진戴震 부분을 예로 들어 제 생각을 말해보겠습니다. 저는 왕후이의 책을 읽는 내내 위잉스가 생각났습니다. 특히 대진과 장학성 부분이 그랬습니다. 모두가 『대진과 장학성을 논하다』를 떠올렸을 것이라 생각합니다. 그러나 제가 이 문제에 관심을 갖는 것은 저와 왕후이가 동일하게 지식의 문제에 관심이 있기 때문입니다. 저는 이 문제에 관심이 많습니다. 절대로 오해하지는 마십시오. 누구를 추켜세우고 누구를 폄하하려는 것이 아니라 단지 중학中學 연구 전체가 20세기부터 서양의 영향을 받았음을 말하고 싶을 뿐입니다. 여러분은 시대별로 서학의 주류가 다르고 또 시대별로 다른 영향을 주었음을 분명히 볼 수 있습니다.

1세대 대진 연구자는 후스입니다. 후스는 대진의 과학정신을 높이 샀습니다. 그 뒤를 이은 위잉스는 서양이 결국 우리에게 준 최대 충격은 지식의 충격임을 우리가 반드시 이해해야 한다고 반복해서 말합니다. 그는 지식 체계가 가장 중요하다고 보았으므로 항상 덕성이냐 학문이냐의 문제에 천착했습니다. 그러나 위잉스와 후스는 다릅니다. 후스는 과학과 지식을 나누지 않았습니다. 자연과학의 범주에 있는 것이 과학정신입니다. 그러나 위잉스는 처음부터 영국의 철학자 로빈 콜링우드의 방법을 사용했습니다. 그래서 그는 인문과학과 역사과학, 인문과학과 자연과학이 다르다고 더 강조합니다. 이것이 위잉스와 후스의 큰 차이입니다. 두 사람 모두 대진을 높이 평가하지만 그렇게 동질적이지는 않습니다. 우리는 앞선 시기의 이들에게 너무 까다로운 것을 요구할 수 없습니다. 누구나 특정 시기에 활동합니다. 물론 후스의 작업은 매우 거칠어 보입니다. 말하자면 대진 안에서 중국 과학정신의 가능성이나 근원을 보았다는 등의 주장에는 큰 오류가 있습니다. 대진이 여러분이 말하는 '과학'과 조금도 관련이 없을 수 있기 때문에 후스도 연구를 더 진전시키지 못했습니다. 후스에게는 이것이 늘 문제였습니다(후스의 위상은 주로 정치적 측면에서 높지 학술적으로는 그렇지 않습니다). 그러나 위잉스에게는 자신만의 견해가 있습니다. 중국은 1980년대에 서학을 받아들였습니다(이른바 해석적 도입입니다). 위잉스도 어떤 의미에서는 받아들여질 수 있었지만, 서양 사상의 시각에서 보자면 일종의 인식론적 해석과 전체론적 해석이 있습니다. 위잉스는 인문과학과 자연과학이 다르다고 강조합니다. 그러나 그의 주안점은 여전히 인문과학이 일종의 지식이 되고 객관이 되는 것입니다. 사실대로 말하면 위잉스는 마음의 역사心史를 연구했습니다. 가장 객관적이지 않더라도 말입니다. 그러나 너무 실증주의적이지 않다는 점이 그의 가장 뛰어난 부분입니다. 다음으로 위잉스의 연구 전체를 보면 대진에 대한 해석이 비교적 평범하다는 점을 발견할 수 있습니다. 그는 기본적으로 장학성을 통해 대진을 평가하고 그의 자리를 정합니다. 그 후 장학성을 높이 평가합니다. 그가 사용하는 용어는 사학 용어가 아니라 전통 시대의 이른바 '사통史通'입니다. 장학성의 학문은 현대적 의미의 학문 분류에서 역사학이라고 할 수 있을 듯합니다. 이 점에서 왕후이와 논의 방식이 다릅니다.

저는 대진과 장학성에 대한 왕후이의 두 장이 아주 훌륭하다고 생각합니다. 그가 대진에게서 강조하는 내용 대부분은 복잡한 의미 또는 그가 '석가와 노자'를 다룬 부분입니다. 저는 이것이 넓은 의미에서 분명하다고 생각합니다. 대진의 『맹자』 해석은 읽거나 이해하기 어렵습니다. 이 어려움을 확장해보겠습니다. 지금의 문학자가 고문학과 관계를 단절하자 당시 한학과 송학의 논쟁도 별 관계가 없거나 조금도 중요하지 않은 것처럼 여겨졌습니다. 하지만 그렇지 않습니다. 아주 중요합니다. 저는 한학과 송학의 논쟁에는 필연적으로 그럴 만한 이유가 있었다고 생각합니다. 바로 송학에서는 한학이 석가와 노자의 것이라고 여겼기 때문입니다. 대진은 사실상 이러한 견해를 유지했습니다. 따라서 그는 한학의 입장을 아주 강하게 고수합니다. 우리가 오늘날 한학과 송학의 논쟁을 말할 때 모두 껍데기만을 다루어 학파의 논쟁만을 다루는 것 같습니다. 이는 아주 재미없는 일입니다. 하지만 실제로는 그렇지 않습니다. 이것이 바로 제가 생각하는 중국철학사입니다. 도대체 중국사상사의 어떤 핵심 지점이 변했는가? 근본으로부터의 개혁은 어떻게 가능할까? 연원으로 거슬러 올라가는 것은 어떻게 할 수 있을까? 왕후이는 이 문제를 지적했습니다.

그 밖에 왕후이는 여유량呂留良 사건(1728년 벌어진 문자옥으로, 문인 증정曾靜의 모반이 여유량의 책에 영향받았음을 밝혀낸 옹정제가 여유량을 부관참시하고 그 자손을 유배 보낸 일―옮긴이)을 대진 문제에 관한 논의와 결합했습니다. 여유량 사건 이후 옹정제는 조정 안에서 라마 사원과 불교 문제를 특히 중요하게 다루었습니다. 제가 이 문제를 말할 자격은 없습니다만 이것은 완전히 가능한 실마리입니다. 이런 요소가 없었더라도 송학을 검토하려 할 때 필연적으로 이 문제를 건드리게 되어 있습니다. 석가, 노자가 도대체 유학과 무슨 관계가 있을까? 이는 대진의 『맹자자의소증孟子字義疏證』에서 진정으로 해명하고자 한 문제였습니다. 그래서 이 책은 어렵습니다. 왕후이는 이 점을 잘 파악했습니다. 장학성을 해석하면서 전체론적 해석 서술법을 취했습니다. 장학성의 '역사'의 중요성은 결코 현대 인문사회과학 내의 분류에서 말하는 역사학의 중요성이 아닙니다(위잉스도 이렇게 강조합니다. 위잉스가 강조한 것은 사실 약간 자기 모순이 있습니다. 실증사학 노선으로 돌아가기 때문입니다). 왕후이는 장학성이 개척한 '역사'가 '삼대사상' 노선을 새롭게 펼친 것이고 이것이 바로 역사철학적 의식이라고 강조합니다. 위잉스는 비록 장학성의 역사철학을 강조했지만 이는 바로 서학의 영향에서 비롯한 병폐입니다. 위잉스는 콜링우드가 독일 유심주의 역사학과 다르고 영미파 역사철학임을 강조하려고 했지만, 말이 안 됩니다. 콜링우드가 누구입니까? 그가 누구의 제자입니까?(콜링우드는 이탈리아 관념론 철학자 베네데토 크로체Benedetto Croce의 제자입니다) '제2차 세계대전' 이후인 1950~1960년대에 영미 이론에서 독일 관념론적 역사학을 반대했기 때문에 위잉스는 유학 시절에 그 영향을 받았습니다.

제가 왕후이의 작업에서 특별히 높이 평가할 만하다고 강조하고 싶은 것은 이렇게 시대마다 다른 문제의식의 전환을 규명했다는 점입니다. 위잉스는 중국사상사 연구를 어떻게 잘할 수 있었을까요? 솔직히 말해서 그는 미국에 유학해서 서양 학문을 배운 사람 중 가장 잘했습니다. 사실상 그는 당시의 서학을 이해하는 면에서 다른 대만 출신의 미국 유학생보다 우월합니다. 그러나 그것은 그가 살던 시대의 서학입니다. 당연히 왕후이의 시대와 다릅니다. 그의 시대에는 1950~1960년대의 실증주의가 여전히 고조되었고 당시에는 과학을 거듭 강조했습니다(중국 학자가 과학주의를 도입할 것을 거듭 강조했습니다). 이는 모두 그가 쓴 글에 반영되어 있습니다. 그렇지만 우리는 1980~1990년대의 글을 볼 때 사실 이중의 위기에 처해 있습니다. 서양도 위기에 처해 있고 서양이 인정한 것도 포스트모더니즘에 의해 뒤집혔습니다. 최근 20년간 중국에서도 서양의 것 몇몇을 빌려왔습니다. 문제는 선택한 것이 훌륭한가, 빌려온 것이 적합한가입니다. 이 점을 인정하지 않고는 아무런 의미가 없습니다. 사실상 모두 서학에서 몇 가지를 배운 것뿐입니다. 탁월함 여부는 서양 학문을 얼마나 이해했는지에 달려 있습니다. 위잉스와 왕후이의 차이는 그들이 접한 서양 학술 자체의 발전 정도와 그것이 중국에 준 영향의 차이에 있습니다. 왕후이는 1970년대 이후의 서양 학술에서 영향을 받았습니다. 이는 자연스럽게 지식을 여전히 지고무상의 기준으로 삼는 학술과 크게 다릅니다. 이는 우리가 1980년대에 마르틴 하이데거를 수용할 때의 풍토이기도 합니다. 위잉스와는 아주 다릅니다. 그래서 저는 뒷부분에 재미있는 토론거리가 많다고 생각합니다.

(시간이 너무 많이 지났습니다. 감사합니다.)

제2차 사상해방

第二次思想解放

제1차 사상해방에서
제2차 사상해방으로

從第一次思想解放到第二次思想解放

2008년 금융위기 이후 저는 중국에 '좌' '우'가 공유하는 하나의 공감대가 형성되었다고 생각합니다. 이견은 좀 있지만 적어도 우리가 서양과 미국 모델에 대한 맹신에서 벗어났다는 것입니다. 이것이 제가 말하는 제2차 사상해방의 내용입니다. 즉, 서양과 미국 모델에서 해방되고 벗어난 것입니다. 그러나 지금 우리는 반드시 제2차 사상해방과 제1차 사상해방의 관계를 특히 강조하고 제1차 사상해방이 없었다면 제2차 사상해방도 있을 수 없다는 점을 역설해야 합니다.

두 차례 사상해방 간의 전승

제1차 사상해방 이전에 우리는 오랜 시간 동안 아주 조악하고 단순한 방법으로 서양을 전면 부정했습니다. 하지만 제1차 사상해방의 가장 중요한 성과는 바로 서양에 대한 이러한 단순한 부정과 비판에서 벗어나서 서양을 대규모로 학습하는 쪽으로 전환한 것입니다. 따라서 제1차 사상해방의 실질적 내용은 대규모의 서양 학습입

이 글은 『21세기경제보도21世紀經濟報道』 2008년 12월 29일 자에 실렸다. 2008년 12월 13일 봉황위성TV "세기대강당世紀大講堂"에 방영된 필자의 강연 기록을 정리한 것이다.

니다. 지난 30년 동안 서양 학습의 폭은 근본적으로 5·4운동과 비교할 수 없을 정도였습니다. 유사 이래 최대 규모였던 것이죠. 이것이 제2차 사상해방의 토대입니다. 제1차 사상해방이 없었다면, 이러한 대규모의 서양 학습을 통해 서양을 다시 보지 않았다면, 제가 방금 말한 제2차 사상해방은 없었을 것입니다. 대규모로 서양을 공부하던 시절에 중국인의 판단과 판별 수준은 점점 향상되었습니다. 그래서 '어떤 서양의 것이 우리에게 비교적 유용하고 우리나라의 사정에 적합한가' '어떤 것이 저들에게만 유용하고 우리에게는 쓸모없는가 또는 근본적으로 잘못되었는가' 등을 따져 물었습니다. 따라서 우리는 제1차 사상해방 이전처럼 서양을 단순하게 부정해서는 안 되고 반드시 현실 상황에 근거해서 사리에 맞게 서양을 검토해야 한다고 생각합니다.

지금 저는 여전히 제1차 사상해방의 중요성을 강조하려 합니다. 특히 초기에는 사상해방이 쉽게 이루어지지 않았을 것입니다. 왜 초기를 강조할까요? 지금 '사상해방'을 제대로 말하는 사람은 거의 없습니다. 그런 사람은 분명 소수파입니다. 다른 모두와 같은 생각을 한다면 그게 무슨 사상해방일까요. 사상해방은 반드시 초기에는 이단을 의미하고 정도에 크게 어긋나는 것처럼 보입니다. 주류, 통치자, 주도적 관점과 완전히 달라야 사상해방이라고 할 수 있습니다. 따라서 제1차 사상해방은 사실상 1979년에 시작된 것이 아닙니다. 실질적으로 문화대혁명 초기, 중기, 후기에도 사상해방이 많이 있었습니다. 많은 이가 그 때문에 대가를 치렀고 목숨도 잃었습니다. 하나의 사례가 이런 속박이 존재함을 말해줄 수 있습니다. 제가 학술계에 처음 발을 들였을 때 책 한 권을 번역했는데 제목은 "인간론"입니다. 그때는 아직 베이징대학 대학원생이었습니다. 이 책은 지금처럼 누구나 번역하고 싶다고 해서 할 수 있는 것이 아니었습니다. 당시에는 규정이 있었습니다. 에른스트 카시러의 『인간론An Essay on Man』은 범주상 현대 서양 부르주아 철학으로 분류되어 있었고 번역 기획이 아주 엄격했습니다. 연배가 높은 분들은 모두 거절했습니다. 훗날 출판할 때도 서문에 마르크스주의 사상에 따른 비판을 추가해야 했습니다. 이런 작은 일이 매우 어려웠습니다. 서양을 학습하는 데에는 아주 많은 곤란한 문제가 있었습니다. 그러나 사상해방운동은 분명 아주 빠르게 진행되었고 성과도 아주 컸습니다. 제가 이 책을 번역한 때는 1983년입니다. 1987년에는 카시러의 또 다른 저서 『언어와 신화 Sprache und Mythos』를 번역했습니다. 제가 서문을 썼는데, 그때 연구가 완전히 자유로워졌습니다. 순수 학술 영역에서 서양 철학 영역의 금지구역은 거의 없어졌습니다. 저는 완전히 저의 생각에 따라 썼습니다. 외부 상황에 어떻게 대응해야 하는지는 근본적으로 개의치 않고 개방적으로 쓸 수 있었습니다.

오늘날 서양을 비판하고 관찰하며 검토하는 것은 제1차 사상해방 이전에 단순하게 서양을 부정했던 것과 완전히 다릅니다. 이는 상당히 깊게 서양을 이해하는 토대 위에서 자신의 관점에 따라 서양의 각종 모델과 이론을 식별하거나 판단하고 그들과 중국의 유사성은 도대체 무엇인가를 보는 것입니다. 우리는 늘 '서양' 개념이 지나치게 막연하다고 말합니다. 서양 자체가 하나가 아니고 서양에는 수많은 이론과 조류가 있기 때문에 서양에서 벗어난다는 것은 특정 시기에 학술적으로 우위에 있는 조류로부터 벗어난다는 것을 의미합니다. 이 점을 꼭 명확히 구분해야 합니다. 그렇게 하지 않으면 조금도 의미 없는 토론과 상호 비방만 야기될 것입니다.

왜 제2차 사상해방이 필요한가?

중국 사상계의 제2차 사상해방은 1990년대 초에 시작되었습니다. 현재 홍콩중문대학과 칭화대학에 재직하고 있는 왕사오광 교수는 아주 중요한 글을 발표했습니다. 제목은 "힘 있는 민주국가를 건설하자"입니다. 당시 그는 막 코넬대학을 졸업한 때였습니다. 지금은 이 글이 아주 반조류적 글이라고 상상하기 어렵습니다. 그는 이렇게 강조합니다. '시장화로 넘어가는 시기에는 국가를 약하게 하지 말고 강화해야 한다. 그리고 우리는 민주주의를 건설할 필요가 있지만 민주주의는 결코 강하고 큰 국가와 모순되지 않는다.' 오늘날에는 대체로 이 글이 당시에 어떤 역풍을 맞았는지 상상하기 어렵습니다. 그는 당시 중국 사상계 전체의 주류와 완전히 반대의견을 냈고 세계 사상계와도 완전히 상충됐습니다. 탈국가화, 탈정부화로 나아가고, 정부의 간섭은 적을수록 좋으며, 시장과 시민사회가 모든 사안을 관리하도록 하자는 것이 전 세계적 조류였기 때문입니다. 오늘날 이 문제를 거론해서 누군가의 박수를 받으려는 것도 논쟁을 다시 일으키려는 것도 아닙니다. 지금은 2008년입니다. 역사적 배경을 통해 이 문제들을 되돌아볼 때 더욱 평정심을 갖고 접근할 수 있습니다.

국제적 관점에서 볼 때 이것은 중국 사상계의 아주 대단한 발전이라고도 생각합니다. 서양 학술계에서는 2004년 프랜시스 후쿠야마가 『강한 국가의 조건State Building』을 써냈습니다. 그는 1989년에 '역사 종말론'도 제시한 바 있습니다. 그는 여전히 사상해방의 와중에 있습니다. '역사 종말론'은 일찌감치 파산했고, 그는 1989년에 머물러 있지 않았습니다. 후쿠야마는 1970년대 워싱턴 컨센서스와 신자유주의 사조가 국제정치의 불구 상태를 초래했다고 보았습니다. 억지로 아직 역할을 하고 있는 곳에서도 국가의 정부 능력은 크게 하락했다고 여깁니다. 이는 사실상 1990년대 이후 전 지구화의 보편적 추세입니다. 그러나 저는 후쿠야마가 2004년에 와서 이런 생각을 한 것은 너무 늦었다고 봅니다. 제가 이해한 바로는, 서양 학술계에서 좀 더 일찍 이 문제를 제시한 사람은 시카고대학의 스티븐 홈스입니다. 지금은 컬럼비아대학으로 옮겼는데, 그때가 1994년이었고 왕사오광보다 몇 년 늦습니다. 1994년 시카고대학에서 큰 회의가 열렸습니다. 주로 소련과 동구권의 전환 문제를 논의했고 주요 학자 4명이 발표했습니다. 발표 내용은 나중에 『포스트 공산주의 전환 문제The State after Communism』라는 책으로 출판되었습니다. 나머지는 모두 자유시장, 시민조직, 비시민을 말하면서 마치 이런 문제들이 국가를 대체할 수 있는 것처럼 보았습니다. 그런데 오직 홈스 한 사람만 소련과 동구권의 대대적 전환 이후 가장 심각한 문제는 무정부 문제를 해결하는 것, 즉 국가의 권위와 정부의 직능을 다시 세우는 것이라고 말했습니다. 국가의 권위와 정부의 직능이 없다면 자유시장 역시 좋은 역할을 하지 못할 것이고 시민사회는 암흑세계가 될 것이며 국가가 없는 상황에서 그들의 권리는 정당하지 못하다고 말했습니다. 후쿠야마의 책에서 제기하는 중심 문제도 그렇습니다. 비정부기구는 국가와 정부의 권위를 대표할 수 없다고 봅니다. 그들은 유효하게 운영되는 국가 체제와 정부의 권위 아래서만 자신의 역할을 할 수 있다는 것입니다. 자유시장이 정부의 경제적 직능을 대체할 수 있다는 망상, 비정부기구, 시민조직이 국가를 대체할 수 있다는 망상은 인류 전체를 아주 위험한 재난 상태로 몰아갈 것이라고 주장합니다. 1994년에는 누구도 홈스의 발언에 주목하지 않았습니다.

그래서 저는 이 점을 강조하고 싶습니다. 중국의 상황은 크게 다르다는 것입니다. 1990년대 초부터 몇몇 사람이 이 문제를 생각해왔고 중국 내의 논의에서 역할을 했으며 적어도 논의를 불러일으켰습니다. 논쟁의 결과 이런 주장이 갈수록 많은 사람의 지지를 받았습니다. 저는 여전히 누가 맞거나 틀렸고 사람들 각자의 구체적인 관점이 맞거나 틀렸는지는 중요하지 않다고 강조합니다. 논쟁은 있을 수 있습니다. 중요한 것은 일찍부터 이런 문제를 생각한 사람이 있었다는 사실입니다. 우리는 이 점에 주목해야 합니다. 이번 글로벌 금융위기에 서양의 각국 정부는 시장에 크게 간섭했고 국유화 정책을 펴는 곳도 있었습니다. 그러나 1997년 아시아 금융위기에서 서양의 국제통화기금과 세계은행은 정부의 불간섭을 제안했고 정부가 간섭하지 않는다는 조건으로 국제 원조를 했습니다. 그 결과 몇몇 나라를 심각하게 파괴했습니다. 말레이시아의 전 총리 마하티르는 원망했고, 말레이시아의 30년 건설이 하루아침에 무너졌습니다.

그래서 제2차 사상해방의 중요성을 강조하는 것입니다. 즉 제1차 사상해방이 없었다면 제2차 사상해방도 없을 것입니다. 제2차 사상해방이 없으면 중국의 길도 없을 것입니다. 서양을 무조건적으로 따르거나 맹신하지 말고 중국인 스스로의 머리로 문제를 분석하고 대해야 합니다. 그러지 않으면 남의 뒤꽁무니를 따라다니는 사람이 되고 뒤따라 다니기만 하면 재난을 불러올 수 있습니다. 제2차 사상해방이 없으면 근본적으로 중국의 길이라는 문제를 생각할 수 없습니다. 제1차 사상해방은 심리적 태세로 변할 수 있습니다. 마치 중국의 개혁 방향과 발전 방향 전체가 오늘날의 서양이 된 것처럼 말이죠. 그래서 저는 중국 사회과학의 각 영역에서 저마다 개혁학 전공을 개설해야 한다고 생각합니다. 우리의 개혁은 제대로 연구되지 않고 있습니다. 서양은 이론 모델이 많고 해석 능력도 좋은 것 같습니다. 그러나 저는 중국의 경제개혁이 왜 비교적 성공했는지를 타당하게 해석할 수 있는 사례를 본 적이 없습니다. 중국의 30년 개혁의 기세는 막을 수 없습니다. 비록 많은 문제가 있더라도 30년 개혁의 성과는 현실입니다. 이 문제를 중국인 스스로가 연구해야 한다고 생각합니다.

이것은 곧 중국의 길이라는 문제를 제기합니다. 모델을 말하면 약간 경직될 수 있습니다. 중국의 발전 속도는 정말 빠릅니다. 지난

5년간은 맞게 일하고 나중 5년간은 틀리게 일하는 것처럼 하나의 문제를 해결하는 동시에 또 다른 문제가 일어날 수 있습니다. 그러면 또 다른 방식으로 해결해야 합니다. 끊임없는 사상해방과 혁신이 필요합니다. 그러나 어떤 중국의 길이 출현할까요?

중국의 길에 틀을 정하면 안 된다

영국인 마크 레너드가 2008년 초 『중국은 무엇을 생각하는가?What Does China Think?』라는 책을 냈습니다. 책의 분량은 아주 적습니다. 이 책은 올해 런던과 뉴욕에서 출간된 뒤 많은 관심을 받았습니다. 조지 소로스와 서양 정계도 관심을 보였습니다. 서양의 국제전략가는 이 책에 특별히 관심을 가졌습니다. 이 책의 저자 본인은 서양의 좌파도 우파도 아닙니다. 신좌파로 기울어졌다는 혐의도 없습니다. 그는 서양의 신세대 국제전략 분석가입니다. 전 영국 총리인 토니 블레어가 설립한 싱크탱크인 유럽개혁센터 외교정책연구소 소장입니다. 레너드가 2005년에 출간한 책은 비교적 유명합니다. 『유럽의 세계지배Why Europe Will Run the 21st Century』인데, 주로 미국과 유럽을 비교했습니다. 레너드는 냉전이 종식된 후 21세기 세계에는 미국 모델과 유럽 모델 두 가지가 있다고 봅니다. 그는 향후 발전에서 유럽 모델이 미국 모델보다 더 흡인력이 있을 것이고 미국 모델은 점점 쇠락할 수 있다고 생각합니다. 논거는 상당히 많습니다. 가령 미국은 일방주의를 주장하고 유럽은 다자주의를 주장하는 점 등입니다. 이 책을 출판한 뒤 그는 갑자기 이 책 전체와 전제에 문제가 있음을 발견했습니다. 이 책의 전제는 아주 간단합니다. 그는 여전히 21세기가 서양이 만드는 세계이고 21세기 인류를 여전히 서양에서 만들어낼 것이며 서양은 현재 2개의 모델만 내놓았다고 보았습니다.

레너드는 모든 전제가 아주 큰 도전을 받고 있음을 갑자기 발견했습니다. 그는 방대한 중국을 보고 중국이 이미 하나의 모델을 형성했음을 직감했습니다. 그래서 그는 2005년부터 부단히 중국을 다녀갔습니다. 그리고 처음에는 두 차례의 짧은 중국 여행으로 문제를 잘 알 수 있을 줄 알았습니다. 그러나 중국을 방문한 다음에는 보면 볼수록 복잡해져서 끊임없이 방문했으며 방문하면 할수록 무서워졌습니다. 2~3년 전에 저를 처음 만났는데, 그때 그는 중국사회과학원을 처음 방문했을 때 아주 놀랐다고 말했습니다. 그때 중국에서는 그가 블레어의 싱크탱크라고 생각해서 높은 의전 격식을 갖추었습니다. 중국사회과학원 부원장이 직접 그를 접견하고 중국사회과학원에 50개의 연구소, 260개의 연구실, 4000명의 전임 연구 인력이 있다고 상황을 설명했습니다. 그때 레너드는 큰 소파에 앉아서 들었는데 움츠러들 뻔했습니다. 영국의 싱크탱크 인력 전체가 1000명 정도이고 유럽의 싱크탱크 인력도 5000명이 안 되는데 유럽 전체를 더해야 중국사회과학원 하나 정도가 되기 때문이었습니다. 그는 미국의 싱크탱크 인력도 10만 명이 넘지 않고 서양의 싱크탱크 전체가 10만 명이 넘지 않는다고 말했습니다. 그리고 그는 곧 중국사회과학원이 여러 곳 중 한 곳에 불과함을 알게 되었습니다. 중앙당교(중국공산당의 중·고급 간부와 우수 청년 간부를 양성하는 교육기관. 당 중앙 직속 기관―옮긴이)도 있고 성마다 사회과학원이 있으며 각 지방정부마다 정책연구실이 많다는 것을 알게 되자 아주 무섭다는 생각이 들었습니다. 물론 중국인은 그에게 자신들의 연구 수준이 높지 않다고 말할 수도 있습니다. 그러나 그는 연구 수준이 높은지는 중요하지 않고 이렇게 그 수가 많은 것이 무서우며 가장 두려운 것은 중국인이 무엇을 하고 무엇을 생각하는지를 모른다는 사실이라고 말합니다. 그래서 책 제목을 "중국은 무엇을 생각하는가?"로 지은 것입니다. 레너드는 이 개념을 제기하면서 중국에 이미 완결된 세계화 구상이 형성되었다고 보았습니다. 그것은 "담장이 있는 세계"입니다. 이것은 서양에 대응하는 모델입니다(즉, 이른바 편평한 세계입니다). 그는 토머스 프리드먼의 『세계는 평평하다The World Is Flat』가 중요하다고 생각합니다. 일반적인 국가는 하나의 역설에 직면하게 됩니다. 글로벌 자본을 흡수하고 진입하게 하려면 주권 국가의 통제력이 쇠약해지는 문제에 직면할 수 있습니다. 그것을 막지 못하면 타협과 양보를 해야만 합니다. 중국은 외국자본을 대량으로 도입했고 세계화의 각종 장점을 갖추었습니다. 그러나 중앙정부의 능력이 쇠퇴하고 쇠약해지지는 않았습니다.

두 번째 논점은 더 재미있습니다. 레너드는 중국의 정치 발전에 아주 관심이 많습니다. 그는 서양의 모든 관찰자는 우선 서양이 이해할 수 있는 중국의 정치 발전에 주목해야 한다고 말합니다. 촌장 선거, 당내 선거가 있는 것은 모두가 압니다. 아주 탁월하게도, 그는 만약 중국의 정치 발전을 보려면 먼저 충칭에 가고 다음에 저장성의 작은 물의 고장에 가야 한다고 말합니다. 저도 그의 말을 듣고 나서야 놀라워하며 이곳을 약간 알게 되었습니다. 서양의 민주주의 이론 중 현재 가장 선진적인 것은 바로 제임스 피시킨James Fishkin의 이론입니다. 이 이론의 실험지는 놀랍게도 저장성 원링溫嶺시에 있는 작은 물의 고장 쩌궈澤國진입니다. 그가 직접 그곳에서 저를 안내했습니다. 저는 항저우 사람이어서 원래는 그곳을 잘 모릅니다. 그들은 때로는 우리도 모르는 일을 아는데, 그들이 이곳에 관심이 아주 많기 때문입니다. 충칭도 있는데 이곳은 더욱 간단합니다. 충칭이 아주 크기 때문입니다. 중요한 공공 정책은 각종 방법을 통해 공청회를 열어 결정합니다. 텔레비전, 인터넷, 민의대표와 정부 등을 통해서 대규모의 공공 공청회를 엽니다. 레너드는 이러한 것이 향후 중국의 정치 발전의 길이라고 봅니다. 그는 서양 사람이 중국인이 무엇을 생각하는지 생각해본 적이 없다고 말합니다. 서양인에게는 당연하게 여겨지는 예측이 있기 때문입니다. 그 예측은 중국을 포함한 모든 비서양에는 서양의 생각을 따르거나 그렇지 않아서 멸망하는 두 가지 길이 있다는 것입니다. 따라서 그는 비서양이 무엇을 생각하는지를 생각할 필요가 없었습니다. 그저 서양의 생각대로 가느냐를 보기만 할 뿐이었습니다. 서양과 얼마나 똑같이 하려고 생각하는가를 매일 보는 것입니다. 하지만 레너드는 중국이 서양의 생각대로만 하지 않는 첫 번째 국가이지만 결코 망하지 않을 것이라고, 현재나 앞으로도 망하지 않을 것이라고 생각합니다. 그는 2005년 이후 전 세계에 최소한 세 가지 모델이 출현했다고 이야기합니다. 그리고 가장 가능성 있는 일은 비서양국가에서 중국 모델의 흡인력이 미국 모델이나 유럽 모델의 흡인력보다 클 것이라는 점입니다.

제가 여기서 인용한다고 레너드의 말에 전부 동의하는 것은 아닙니다. 그리고 저는 중국의 지식계가 중국 모델을 말할 때는 서양의 학자들보다 좀더 신중해야 한다고 생각합니다. 이것은 좋은 일일 수도 있습니다. 서양의 학자들은 이따금 중국 모델을 거론합니다. 2년 전에는 '베이징 컨센서스'가 서양에서 크게 관심을 받았지만 중국에서는 모두가 못마땅해했습니다. 여기에는 많은 원인이 있습니다. 중국은 확실히 하나의 문제에 직면해 있습니다. 중국은 오랜 시간 동안 자신을 믿지 않았습니다. 중국은 늘 학생이었습니다. 저는 적어도 단순한 초등학생 시절은 이미 지났다고 생각합니다. 중국이 결코 서양에 문을 닫고 보지 말아야 한다고 말하는 것은 아닙니다. 그것은 불가능합니다. 사실 필요한 것은 단순한 학습 과정을 끝내는 것이 아니라 서양이 도대체 어떤지를 더 깊이 연구하는 것입니다. 많은 연구가 아직 제대로 시작되지 않았습니다. 본래 우리는 늘 좀더 단순한 모델을 찾았고 그것을 찾은 다음에는 1퍼센트도 분석하지 않은 채 미화하고 따랐습니다. 사실 모델과 제도에는 각각 문제가 있습니다. 맹신에서 벗어난 다음에야 비로소 개별 제도를 더 잘 볼 수 있을 것입니다.

현재 중국인은 분명 전면적으로 새롭게 돌아보아야 할 시점에 와 있습니다. 중국의 30년 개혁, 건국 60년의 역사, 100년의 역사, 기존에 우리가 만든 수천 년의 문명에 대해 반드시 새롭게 생각해보아야 합니다. 이것이 제가 '제1차 사상해방에서 제2차 사상해방으로'를 말하는 중심 취지입니다.

중국의
고전 서학

古典西學在中國

중국의 고전 서학은 서양 '고전학'의 부속물이나 분파가 아니다

이번 포럼의 제목은 "중국의 고전 서학"입니다. 비록 제목은 이렇게 지었지만 배후에 진정으로 잠재된 의도는 고전 중학의 부흥입니다. 더 명확히 말하자면 저 개인은 중국에서 고전 서학을 공부하는 사람이 고전 중학을 공부하는 사람에게 기여해야 한다고 생각합니다. 즉, 중국의 고전 학문에 서양이 참조점과 본보기를 제공해야 한다는 것입니다. 따라서 중국의 '고전 서학'은 결코 서양의 '고전 서학'의 일부가 아니라 중국 학술계의 일부분입니다. 이 위치를 명확히 하지 않는다면 중국의 '고전 서학'의 방향을 알 수 없을 것입니다. 이것이 제가 말하려는 첫 번째 문제입니다.

두 번째로 제가 말하려는 것은 "우리는 왜 지금 고전 서학 문제를 제기하는가?"입니다. 청나라 말기부터 중국인의 기본 사상이 주로 서양의 영향을 받았다는 점은 모두 알고 계실 것입니다. 사실 누구든 우리 중국인은 항상 중국은 이러이러하다고 생각할 수 있습니다. 그 배후에는 서양은 저러저러하다는 생각이 있습니다. 머릿속에

이 글은 『개방시대開放時代』지에서 2008년 11월 개최한 "중국의 고전 서학" 포럼에서 필자가 발언한 내용을 정리한 것이다. 『개방시대』 2009년 제1호에 실렸다.

서양이 있고 그다음 서양을 기준으로 동양을 대조합니다. 그 대비가 어떻든 이것은 최근 100년 동안 중국인의 사상의 아주 큰 특징이었습니다. 서양인은 머릿속에 먼저 중국을 두고 그다음 서양이 어떻다고 말하지 않습니다. 만약 우리가 매일 원망이든 평론이든 중국이 이러이러하다고 말한다면 그 배후에는 모두 서양이 있습니다. 그래서 최근 100년 동안 중국에 대한 중국인의 인식은 상당한 정도로 서양에 대한 인식으로 규정되었습니다. 즉, 서양에 대한 인식이 바뀔 때마다 중국에 대한 우리의 인식도 바뀌었습니다. 더 나아가 최근 100년 동안 중국 문제와 중국 자체에 대한 인식에 중요한 변화가 생길 때에는 매번 먼저 서학 관념에 새로운 변화가 있었다고도 말할 수 있습니다. 이것이 서학이 중국이라는 장소에서 갖는 비교적 특수한 함의입니다.

한번 되돌아봅시다. 최근 100년 동안 중국과 서양의 비교는 학술이든 일상이든 대부분 아주 비대칭적이었습니다. 즉, 거의 대부분 근현대 서양과 전통 중국을 비교합니다. 청나라 말기에 중국이 쇠약해졌다가 끝 무렵에는 중국 문명이 완전히, 그리고 모조리 와해되었기 때문에 중국인은 초조한 마음이 생겼습니다. 중국인은 사전에 하나의 문제를 갖고 있었습니다. 그것은 바로 서양으로 가야 한다는 것, 즉 서양이 중국보다 좋다고 생각하고 중국이 서양을 배운다고 생각하는 것입니다. 그러나 이러한 초조한 비교의 배경에는 사실상 많은 문제가 간과된 면이 있습니다. 예를 들면, 우리는 사실 전통적 서양과 전통적 중국을 제대로 비교한 적이 없습니다. 이것은 불평등한 비교, 비대칭적 비교입니다. 비대칭적 비교는 항상 중국 문명에 대한 우리의 관점을 아주 편향된 것으로 바꿉니다. 우리는 중국 문명의 낙후함, 우매함을 선험적으로 판단하고 그에 따라 중국 문명에 대한 스스로의 자부심이 점점 줄어듭니다. 다른 한편으로 우리는 다른 몇 가지 기본적인 의문도 갖게 됩니다. 예를 들면, 근현대 서양 자체와 서양 고전의 관계는 어떠한가? 단절적 관계인가, 연속적 관계인가? 오늘날 서양에서 말하는 근대화와 산업화의 길은 서양 문명의 원류에서 이미 그렇게 규정된 것인가, 서양 전통 자체와 단절함으로써 만들어졌는가? 이런 문제는 중국에서 주목받고 연구된 적이 없습니다.

단순히 서양을 배우는 시대는 이미 끝났다

지금 저는 중국 문명이 오늘날 이렇게 발전된 상태로 진전되면서 이상의 문제를 새롭게 고민해야 한다고 생각합니다. 그래서 비록 오늘 우리의 포럼 제목이 "중국의 고전 서학"이지만 그 목적은 중국 고전 연구의 부흥과 발달을 촉진하는 것입니다. 즉, 오늘 우리 서학을 하는 사람들은 한 가지 상태에서 벗어나야 합니다. 곧 우리가 서학의 높은 산을 만들려 하고 새로운 스승을 찾으려 해서는 안 됩니다. 저는 이런 시대는 거의 끝났다고 봅니다. 중국인이 단순하게 서양을 배우는 시대는 이미 끝났습니다. 지금부터 전 세계에 대한 중국인의 생각은 세계화와 중국 문명의 입장에서 비롯되어야 합니다. 이렇게 하면 중국 문명이 과거에 어떠했는가를 새롭게 볼 수도 있습니다. 달리 말해서, 우리는 오늘날 중국 문명을 새롭게 인식해야 합니다. 고대로 부터 내려오는 많은 문제도 마찬가지입니다. 최근 100년 동안 중국 은 자신의 문명을 편견을 가지고 한쪽 면만 바라보았습니다. 이러한 편향적 편견을 넘어 오늘날 고전 서학과 고전 중학으로 되돌아가는 것 자체가 중국 문명 부흥의 일부입니다. 따라서 저는 오늘 우리가 비록 '중국의 고전 서학'을 말하지만 그 배후에 있는 커다란 문제는 무엇보다 오늘날의 세계에서 중국 문명을 어떻게 보는가, 지구화된 세계에서 중국 문명이 도대체 어떤 위치에 있는가라고 말하고 싶습 니다. 최근 몇 년 동안 제가 늘 말했던 문제는 현재 중국 문명의 외 적 부상과 중국인의 내재적 심리가 맞지 않는다는 것입니다. 즉, 우 리는 문화적 자신감이 없습니다. 중국 문명이 현재 도달한 상황과 앞 으로 세계적 문명이 될 가능성을 잘 모릅니다.

최근 홍콩대학에서 약간 명성이 있는 서양 학자를 초청해서 강 연했습니다. 약간 명성이 있다고 말한 것은 현재 서양 학자 중에는 대가가 없고 모두 평범한 학자들이기 때문입니다. 이 학자의 이름은 티모시 애시Timothy Ash이고 동유럽의 전환을 연구했습니다. 홍콩대 학 강연의 제목은 "서양의 쇠락, 동양의 부상?"입니다. 부제목은 "최 근 500년간의 도전"입니다. 중국인은 청나라 말기의 사대부 누구나 했을 법한 말인 "3000년간 겪지 못한 격변"을 기억합니다. 즉, 서양 문명이 외재적으로는 중국을 패배시켰고 내재적으로는 사상문화 측 면에서 중국 사대부가 자신의 문명에 대한 믿음을 완전히 상실했습니다. 이는 중국에 문명이 등장한 이후 3000년 동안 발생했던 것 중 최대의 변천입니다. 홍콩대학 강연에 대한 전반적인 느낌은 중국이 서양 문명은 500년 동안 겪지 않았던 격변 속에서 몸부림쳤다는 것입니다. 이 격변은 최근 500년 동안 서양 문명이 줄곧 전 세계를 실질적으로 식민 통치한 것을 말합니다. 더 중요한 것은 그 내재적 영향으로, 곧 인간의 사상, 관념 등 각 방면에 대한 영향입니다. 최근 서양의 중국 연구에는 비교적 명확한 변화가 생겼습니다. 서양에서는 예전에는 대부분 중국 문제 전문가라는 사람들이 중국을 연구했습니다. 제가 예전에 말했습니다. 서양에서 오랜 시간 중국을 연구한 사람은 서양의 일류 두뇌는 아닐 것입니다. 그는 분과 전체에서 차지하는 지위가 종속적이고 거시적인 전체에 대한 서양의 관점하에 문제의식을 가지고 일부 지역에 대한 연구를 하기 때문입니다. 최근 서양에서 중국을 연구하는 사람 중 비교적 두각을 나타낸 사람은 결코 '중국 문제 전문가'가 아니라 서양 자체를 거시적이고 총체적으로 다루는 사람입니다. 이런 사람들이 갈수록 많아지고 있습니다. 이것은 물론 중국이 점점 전 세계에 부상하고 있음을 보여줍니다. 말한 김에 여기서 올해 출판된 책 한 권을 소개하겠습니다. 영국인이 쓴 『중국은 무엇을 생각하는가?What Does China Think?』입니다. 작자는 마크 레너드인데, 영국의 아주 젊은 신세대 국제전략 분석가이고 전 영국 총리 블레어가 설립한 싱크탱크 유럽개혁센터 외교정책연구소 소장입니다. 이 사람의 첫 번째 저서는 비교적 유명합니다. 제목은 "유럽의 세계 지배Why Europe Will Run the 21st Century"이고, 미국과 유럽의 비교가 주된 내용입니다. 레너드는 냉전이 종식된 이후 21세기 세계에는 미국 모델과 유럽 모델 두 가지가 있다고 생각합니다. 그는 유럽 모델이 미국 모델보다 앞으로의 발전에 더욱 흡인력이 있으며 미국 모델이 점점 쇠락할 수 있다는 점을 논증합니다. 그는 아주 많은 논거를 제시합니다. 예를 들면, 유럽은 다자주의를 주장하고 미국은 일방주의를 주장한다는 것입니다. 유럽은 외교와 협상의 방법으로 세계화된 분쟁과 분단을 해결하자고 주장하는 편이지만, 미국은 점점 또는 시종일관 군사적 수단으로 이런 분쟁을 해결하려는 편입니다. 이 책을 다 쓴 뒤인 2005년에 그는 갑자기 이 책의 논거 전체와 출발점 모두에 문제가 있음을 발견했습니다. 이 책의 논거는 여전히 서양 모델이 21세기의 인류와 세계의 발전을 이끌고 이룩할 것이라는 그의 생각입니다. 그의 기본적인 출발점, 세계에 대한 전체 구상은 여전히 서양의 것입니다. 이 책이 출판된 후 그는 갑자기 기본 전제가 도전받고 있음을 발견했습니다. 왜냐하면 아주 거대한 중국이 부상하고 있다는 것을 갑자기 알아차렸기 때문입니다. 이것이 그가 2005년에 이 책을 끝내고 중국을 방문하기 시작한 이유입니다. 중국에 처음 갔을 때 그는 다른 많은 서양인처럼 중국이 아주 단순한 줄 알았습니다. 두세 번 방문하거나 두세 차례의 짧은 여행이면 중국을 잘 알 수 있을 것이라 생각했습니다. 하지만 결과적으로 갈수록 복잡함을 발견했습니다. 2005년에 저를 찾아왔을 때 저는 그에게 중국을 연구하려고 한다면서 중국어도 못하면 어떻게 연구를 하느냐고 농담을 했습니다. 그는 다행히 당신들은 영어를 알아듣는다고 말했습니다. 당시 그는 아주 젊었고 지금도 30여 세로 40세가 채 되지 않았습니다. 그러나 그는 서양의 신세대 국제전략가로서 서양과 유럽의 관점에서 전 세계를 연구합니다. 그래서 2008년에 『중국은 무엇을 생각하는가?』가 런던과 뉴욕에서 출판된 후 서양 국제전략계와 금융계 인사들의 각별한 주목을 받았습니다. 조지 소로스도 추천인 중 한 사람이었는데, 이 책을 21세기를 이해하려는 사람들의 필독서라고 했습니다. 그러나 레너드는 거의 아주 모순적인 심리상태에 빠졌습니다. 그가 우리 다수보다 중국을 더 많이 이해할 것입니다. 그는 정재계 인사 200여 명을 인터뷰했습니다. 그는 중국이 이미 자체적으로 중국의 세계화 구상을 만들었다고 생각합니다. 그리고 그것을 "담장이 있는 세계"라고 표현했습니다. 이들은 모두 중국 전문가가 아닙니다. 원래 글로벌 문제에 대한 서양의 관점을 대표하는 사람들이었습니다. 그런데 중국의 부상이 이미 21세기의 가장 중요한 현실이 되었다고 생각합니다. 레너드의 책은 아주 재미있습니다. 서두에서는 누구나 평생 많은 일을 겪지만 죽은 다음에는 대다수가 중요하지 않게 된다고 말합니다. 그리고 자신이 죽은 뒤에는 '9·11'처럼 지금은 큰일처럼 여겨지는 일이 나중에는 중요하지 않게 되고 오직 하나만 중요하게 생각될 터인데 그것은 바로 중국의 부상이라고 믿는다고 말합니다. 중국의 부상은 세계사에서 로마 등 제국의 흥망성쇠 같은 세계적 대사건에 비견될 수 있는 함의를 갖는다는 것입니다. 이것이 전 세계에 대한 그의 관점입니다. 기본적으로 그는 물론 중국에 대해 비판적인 의견을 갖고 있습니다. 그는 중국에 서양 모델이 맞지 않는다고 생각합니다. 그러나 그의 책 자체는 아주 재미있습니다. 중국이 무엇을 생각하고 있는가를 말하고 있기 때문입니다. 그는 예전에 서양에는 이런 문제가 결코 없었다고 생각합니다. 왜일까요? 서양인은 비서양인이 무엇을 생각하는지를 생각할 필요가 없었기 때문입니다. 서양은 일반적으로 비서양국가에 다음과 같은 관점을 갖고 있습니다. 비서양에는 두 가지 길만 있다, 우리 생각대로 하든지 아니면 멸망하든지. 소련의 몰락 등이 이를 증명합니다. 레너드가 "중국은 무엇을 생각하는가"를 책 제목으로 짓고 지금 중국이 무엇을 생각하는지를 알아야 한다고 말한 이유는, 첫째 중국이 서양을 따라 생각하지 않기 때문이고, 둘째 중국이 멸망하지 않을 것이기 때문입니다. 저는 이런 심리상태가 널리 퍼져 있다고 봅니다. 여러분은 서양의 소위 전략가들을 많이 보았습니다. 조지 부시 뒤에 있는 전략가들도 이런 문제를 제기합니다. 예전에 전략가들은 이런 문제를 말할 필요가 없었습니다. 전에는 아주 간단히 말했습니다. 제가 말했듯 그들은 비서양 문명, 비서양이 지금 무엇을 생각하든 상관하지 않았습니다. 그들에게는 결코 중요하지 않았습니다. 만약 자신들 생각대로 하지 않으면 반드시 끝장날 것이라고 생각했습니다. 그러나 지금 맞닥뜨린 중국의 상황은 아주 달라졌습니다.

중국 부상의 세계 문명사적 함의

저는 중국인이 중국을 연구하든 서양을 연구하든 구체적으로 무엇을 연구하든 상당히 거시적인 상을 마음속에 가져야 한다고 생각합니다. 이것이 가장 큰 문제입니다. 그리고 이 문제는 바로 중국은 도대체 무엇인가 하는 것입니다. 이는 중국만의 문제가 아니라 세계 문명사적 의미를 가집니다. 물론 누구도 중국이 앞으로 어떻게 될지 장담할 수 없습니다. 저는 중국인이 중국 부상이 세계사에서 갖는 의미에 대해서 심리적으로 준비되어 있지 않았다고 생각합니다. 중국인이 자신의 문명에 갖는 신뢰도는 남들이 생각하는 것보다 훨씬 낮습니다. 이는 아마 앞으로 30년, 50년 동안 중국인이 특별히 논의할 필요가 있는 문제일 것입니다.

좀 전에 말했듯, 서양에서 중국에 대한 구체적인 연구는 서양의 집단의식으로 세계 전체를 바라보던 관점을 옮긴 것입니다. 그것은 결코 중국 연구가 아닙니다. 지금 한번 생각해봅시다. 중국 문명이 부상함에 따라 서양의 중국 연구—역사 연구, 고대 그리스와 중국 선진시대에 대한 연구를 포함하여—는 이미 불씨가 피어나기 시작했습니다. 저는 고대 그리스 문명과 중국 고대 문명에 대한 비교 연구가 향후 10~20년 내에 서양에서 활기를 띨 것이라고 믿습니다. 예전의 많은 연구는 이제 중요하지 않게 되었습니다. 지금 누가 왜 중국이 낙후되었냐고 묻는다면 아마 그리 흥미롭지 못할 것입니다. 왜냐하면 그것은 이미 지난 일이기 때문입니다. 따라서 모든 문제는 이 전체적인 분위기가 변화함에 따라 변할 수 있습니다. 그러나 중국 학자 자신의 문제의식이 그것을 따라가느냐에 대해서 저는 만족스럽지 못합니다. 이런 큰 시대적 변화에 따라 야기되는 대학문을 만들어야 겠다는 민감한 감각이 아직은 부족하다는 말입니다. 저는 아직도 늘 아주 전통적이고 낡으며 심지어 훈련받은 사람들에게는 아주 유치하게 들리는 문제들을 듣고 있습니다. 이런 문제들이 끊임없이 중복되고 많은 페이지를 차지했습니다. 예를 들어보겠습니다. '5·4'운동 시기에 긴급하게 공가점타도孔家店打倒를 외치고 중국의 전통문화를 비판한 것은 겉으로는 사상해방일지 모르겠습니다. 그러나 오늘날에도 여전히 중국의 전통문화를 비판한다면 그것은 사상이 경직되었으며 새로운 문제를 새롭게 생각하지 않는다는 것을 보여줄 뿐입니다. 비판해야 하는 이유와 원인, 해결해야 할 문제가 이미 지나간 것이기 때문입니다. 지금의 중국은 이미 100년 전의 중국이 아닙니다. 오늘날의 중국은 1960~1970년대의 중국이 아닙니다. 우리가 생각하려는 것은 다음 10년, 20년, 30년, 50년입니다.

다시 오늘의 주제인 '중국의 고전 서학'으로 돌아가겠습니다. 중국 사람은 고전 서학에 대한 연구가 당연히 서양을 기준으로 해야 한다고 생각할 수 있습니다. 그러나 이는 옳지 않습니다. 우리가 아주 잘 알고 있듯 중국인의 중국 연구가 꼭 서양인의 중국 연구보다 뛰어나지는 않습니다. 서양인은 자신의 독특한 문제의식에 근거를 둡니다. 서양인의 중국 연구는 종종 중국보다 뛰어납니다. 저는 그렇다고 믿습니다. 만약 중국 문명이 진정으로 부상한다면 다음과 같은 일이 일어날 것입니다. 앞으로 중국인은 고대 그리스·로마를 비롯한 서양의 고전을 연구할 때 서양보다 더 잘하게 될 만한 이유를 갖게 될 것입니다. 중국인만의 독특한 문제의식을 가질 수 있기 때문입니다. 이런 기본적인 믿음이 없다면 중국 문명에 대한 모든 기대가 공허하고 그 기대치가 사실상 아주 낮다는 것을 발견하게 될 것입니다. 그래서 우리는 왜 지금 도처에서 중국 문명의 부흥을 말하는지를 검토해야 할지 모릅니다. 중국인의 상상 수준은 여전히 낮습니다. 예를 들면, 중국인의 고대 그리스 연구가 서양의 고대 그리스 연구보다 뛰어나야 한다고 선뜻 생각하는 사람은 소수입니다. 비록 지금은 도달할 수 없더라도 나중에 이런 문제의식을 가질 수는 없는 것일까요? 앞으로 우리가 모든 영역에서 스스로의 생각을 가져야 한다고 생각할 수는 없는 것일까요? 구체적인 예를 하나 더 들겠습니다. 여러분은 모두 일류대학을 말합니다. 저는 예전에 아주 단순한 질문을 했습니다. 무엇이 일류대학인가요? 앞으로 베이징대학의 모든 교수와 부교수가 미국에서 박사학위를 받은 사람이면 일류대학임을 보여주는 것일까요? 많은 사람이 그것이 바로 일류대학이라고 생각합니다. 하지만 이런 대학은 삼류대학입니다! 앞으로 베이징대학의 모든 교수와 부교수, 강사가 반드시 미국 박사여야 한다면 해가 거듭된 후 이를 뭐라고 할까요? 물론 삼류대학입니다. 왜일까요? 대학이란 무엇입니까? 대학에서 가장 중요한 생산품은 사람입니다! 소양이 가장 높은 사람입니다! 대학에서 가장 좋은 박사를 길러낼 수 없고 모든 교수를 외국에서 수입해야 한다면 그것은 삼류대학임을 표명하는 것입니다. 지금 많은 문제에 대한 우리의 기본 생각은 중국 문명에 대한 스스로의 기대치가 아주 낮다는 것을 보여줍니다. 그러나 여기서 또 다른 질문을 내놓을 수 있습니다. 왜 이렇게 기대치가 낮은 걸까요? 지금 우리는 늘 문화 창조를 말하지만 모두가 우리의 저력이 부족하다고 느끼는 것 같습니다. 저력이 부족한 중요한 원인은 최근 100년 동안 중국이 스스로의 문명 전통을 끊임없이 훼손하고 무너뜨려 자신의 문명 전통에 대한 기본적인 경의도 가지고 있지 않기 때문입니다. 우리가 하는 서학 연구 또는 중국과 서양의 비교는 흔히 아주 단순하기만 했습니다. 그 목적은 이미 확정돼 있었습니다. 바로 서양 문명이 중국보다 뛰어남을 증명하는 것입니다. 이런 비교는 보통 서양 학술에 대한 이해가 얕은 사람들에게서 나왔습니다. 서양 문명에 대한 이해가 깊을수록 이럴 수 없기 때문입니다. 제 기본적 경험은 이렇게 개괄하겠습니다.

고전과 현대

"중국의 고전 서학"이라는 제목 뒤에 있는 문화적 충동과 문제는 여전히 중국의 부상 문제를 생각하고 있다는 것입니다. 중국의 부상은 경제적, 외재적, 국제정치의 차원에서 이미 현실이 되었습니다. 그러나 문화적 차원에서 중국의 부상은 기껏해야 막 시작했습니다. 특히 저는 모든 학술 연구에는 새롭게 조정할 문제가 있기 때문에 자신의 입장을 새롭게 조정하고 보아서 기존의 것을 다 안다고 여기지 말아야 한다고 생각합니다. 우리는 사실 아직 많은 것을 알지 못합니다. 우리가 기존에 받아들인 것은 중국에 대한 관점이든 서양에 대한 관점이든 큰 문제를 가지고 있다고밖에 말할 수 없습니다. 서양 고전에 대한 관점도 여기에 포함됩니다. 따라서 고전 서학을 하는 사람은 반드시 이를 알아야 합니다. 고전 서학을 공부한다고 생각해서는 안 됩니다. 고대 그리스를 공부한다는 것 자체가 자랑할 만한 일은 아닙니다. 그렇게 생각한다면 자신이 식견이 없고 일을 해낼 능력이 없는 사람임을 보여주는 것입니다. 일을 해낼 능력이 있는 사람은 자각적으로 고전 서학을 연구해서 좀더 중요한 문제에 기여해야 합니다. 그것은 바로 중국과 서양을 새롭게 대하는 것입니다. 문제는 많습니다. 예전에는 이를 제기하지 않았지만 지금은 반드시 제기해야 합니다. 가령, 서양의 고전과 근대는 어떤 관계인가? 중국의 고전과 근대는 또 어떤 관계인가?

서양의 고전은 근대 이후 대부분 끊임없이 활성화되는 상태에 있습니다. 서양에서 사상적 전환이 일어난 거의 대부분의 시점에 사상가들은 주로 자신들의 고전을 새롭게 소개했습니다. 서양에서 비교적 창의적인 사상가의 사유 방식은 부단히 원점으로 돌아갑니다. 그들은 항상 고전에서 새로운 사상과 학술적 영감을 얻어 자신들의 문명을 새롭게 대합니다. 러셀이 쓴 철학사를 보면 그는 먼저 서양의 고대와 근대를 확연히 구분하고 고대가 우리와 관련이 없다고 합니다. 그는 직접적으로 서양의 근대부터 다룹니다. 이것은 그의 성향입니다. 서양의 고대와 근대에 대한 확연한 구분, 즉 서양의 고대가 우리와 근본적으로 무관하고 서양의 고대와 근대가 단절적 관계라는 생각이 그 배후에 자리 잡고 있습니다. 그러나 우리는 그 결과를 보게 됩니다. 1980년대의 미국 정치학계 전체는 대부분의 시간을 이른바 집단과 사회주의의 전환 문제를 논의하면서 보냈습니다. 그렇다면 전체가 도대체 어디로 돌아갔을까요? 바로 또다시 고대 그리스로 돌아갔습니다. 모두가 아리스토텔레스의 문제로 돌아가 회고했습니다. 이런 토론을 벌인 뒤에 주류 자유주의자, 즉 서양 자유주의자의 정치적 기본 문제가 칸트와 아리스토텔레스의 문제로 변했습니다. 즉, 아리스토텔레스로 칸트를 보충했습니다. 아리스토텔레스로 칸트를 비판하는 기본 노선이 현재까지 이어집니다. 저마다 아리스토텔레스에 대한 이해가 다를 수 있습니다. 그러나 서양 자유주의자는 항상 자신들의 원류로 이런 분야를 연구합니다. 전반적으로 서양에서 고전과 근대를 논할 때는 그 배후에 근대가 문제라고 여기는 하나의 기본 전제가 있습니다. 이는 중국인이 근대를 대하는 태도와 아주 다릅니다. 서양의 근대성은 항상 근대에 대한 비판을 수반하고 근대적인 것을 점검합니다. 그리고 점검하는 과정에서 고전적 전통이 때때로 비판의 잣대가 됩니다. 중국은 현재 아주 복잡한 근대사회로 진입했습니다. 그러나 근대사회 자체에 대한 우리의 인식이 무엇인가에 대해서는 사실상 비교적 뛰어난 연구가 결여되어 있습니다. 1990년대부터 우리는 대부분 근대사회를 근대적 시장경제 문제로 단순화하고는 현대사회의 가장 복잡한 문제를 간과했습니다. 저는 근대에 대한 우리의 관점이 서양과 그리 같지 않다고 생각합니다. 물론 그 원인은 이해할 수 있습니다. 아주 오랜 시간 동안 근대가 우리가 추구하는 것이었기 때문이죠. 하지만 근대와 근대사회에 대한 이런 관점은 잘못되었습니다. 게다가 이런 태도로는 근대로부터 출발한 많은 문제에 속수무책일 수 있습니다. 1990년대부터의 토론을 포함해서 많은 경우가 이 문제를 설명해낼 수 없습니다. 우리는 근대사회가 갈수록 복잡해지는 사회임을 이해할 수 없었습니다. 갈수록 복잡해지는 사회라는 말은 근대사회가 끊임없이 자신의 문제를 생산한다는 점을 의미합니다. 근대사회와 전통사회의 진정한 차이는 근대사회가 갈수록 복잡해지고 문제도 갈수록 많아진다는 것입니다. 문제는 줄어들지 않습니다. 그러나 수십 년 동안의 개혁 속에서 우리는 하나의 가설을 세웠습니다. 우리는 현재의 문제가 기존의 전통적 지식이 아직 제거되지 않았기 때문에 생겼다고 항상 생각했습니다. 그래서 근대사회에 대한 인식에 많은 편차가 생겼을 것입니다. 예를 들면, 1990년대부터 매우 오랜 시간 동안 사람들은 시장경제 자체가 불평등을 생산하는 아주 중요한 기제임을 인정하려 들지 않았습니다. 툭하면 현재의 불평등의 원인을 시장 기제의 불완전성, 예전의 각종 제도적 문제 탓으로 돌렸습니다. 제 생각에 이런 관점은 근대에 적합하지 않습니다. 따라서 중국인이 고전과 근대를 생각할 때는 대부분 두 가지 선택을 합니다. 하나는 당연히 주류, 즉 기본적으로 중국의 고전과 중국의 전통을 부정하는 것입니다. 다른 하나는 단순하게 중국의 고전을 근대에 맞게만 해석하는 것입니다. 그러나 이럴 경우 우리는 태생적인 약점을 가지게 됩니다. 그것은 중국 문명 자체의 특성을 간과하는 것입니다. 이는 태생적으로 근대사회가 좋다고 인정하기 때문입니다. 그러면 우리의 근대사회는 서양처럼 상당히 깊은 비판적 역량을 갖지 못하게 됩니다.

고전을 제대로 읽었다면 근대 자체에 대해 비판적 관점을 가지라고 요구해야 합니다. 근대 자체에는 문제가 많습니다. 그래서 저는 오늘의 제목으로 돌아갑니다. 제목은 비록 "중국의 고전 서학"이지만 그 배후에 담긴 문제는 여전히 21세기 세계 문명 속의 중국 문명입니다. 우리가 총체적으로 중국 문명을 대하는 기본 방향과 진로에 관한 것입니다. 이상이 제가 오늘 하고 싶은 말의 서론입니다. 여기까지 하겠습니다. 여러분, 감사합니다!

문명대화:
왜? 무엇을? 어떻게?

文明對話: 爲什麼? 談什麼? 怎麼談?

사회자 차오리曹莉 여러분 안녕하십니까! 오늘은 이번 학기 "신인문 강좌"의 네 번째 강좌입니다. '문명의 대화와 꿈'이라는 주제에 대해 우리는 지금까지 세 번에 걸쳐 웨다이윈樂黛雲 교수, 루젠더陸建德 박사, 웨이정샹韋正翔 박사의 강연을 청해 들었습니다. 이분들은 각자 문명대화를 주제로 문화적 자각, 문명적 자기 직시, 원탁 윤리의 가능성 등을 강연했습니다. 오늘 간양 선생님의 강연을 듣게 되어 아주 영광스럽게 생각합니다. 간 선생님은 현재 홍콩대학 아시아연구센터 연구원으로 계십니다. 2005년 "칭화대학 신인문 강좌" 때 방문해서 같은 강연장에서 "대학의 길과 대학의 쓸모"라는 강연으로 깊은 인상을 남겼습니다. 오늘이 두 번째 방문입니다. 간 선생님은 이번 학기 칭화대학에 특수한 신분으로 와 계십니다. 칭화대학의 초청을 받아 "셰익스피어와 정치철학"이라는 인문학 일반교육 과목을 개설했고 교내외 학생들의 뜨거운 반응을 얻었습니다. 사실 선생님의 칭화대학 강의는 일반교육에 신선한 경험과 본보기를 제공할 뿐 아니라 칭화대학의 소양교육과 일반교육에 큰 자극이 되었습니다. 이 자리에 있는 많은 학우는 간 선생님이 최근 몇 년 동안 국내 일반교육을 추진

이 글은 2006년 4월 20일 칭화대학 도서관 강당에서 열린 강연 기록문 전문이다. 강연 후 축약본이 『文明的對話與夢想』(胡顯章, 曹莉 主編, 淸華大學出版社, 2009)에 수록되었다.

하는 데 힘써오신 점을 알고 있을 것입니다. 선생님은 소양교육과 일반교육을 민족 부흥과 '문명 대국' 건설의 수준으로 끌어올려서 인식하고 실천하시면서 높은 문화적 탁견과 현실 참여 정신을 보여주고 있습니다. 이는 아주 시사점이 큽니다. 다른 한편으로 선생님은 오랫동안 문명 간의 대화와 '중서의 논쟁' 연구에 많은 관심을 가졌고 이는 마침 최근의 중국 대학의 길에 대한 사유 및 실천적 모색과 잘 부합합니다. 이는 쉽지 않은 일입니다. 따라서 오늘 이 강연 "문명대화: 왜? 무엇을? 어떻게?"를 듣게 되어 아주 기쁩니다. 이제 간양 선생님께 강연을 청하겠습니다.

간양 차오리 교수님, 감사합니다. 여러분, 감사합니다. 이번 학기 저는 칭화대학에서 계속 강의했습니다. 오늘 이 강좌는 약간 괴롭습니다. 왜냐하면 사실 저는 '문명대화'라는 개념에 특별히 흥미를 느끼지 않고 관심도 별로 없으며 이에 대해 많이 생각하지도 않았기 때문입니다. 따라서 일반적인 경우라면 다른 곳에서 이런 제목의 강연을 부탁하면 틀림없이 거절했을 것입니다. 여러분 모두 물음표가 셋인 것을 보았을 것입니다. 이 셋은 제가 스스로에게 하는 질문입니다. 만약 제가 문명대화를 말하려고 할 때 몇 가지 문제가 명확히 해결되지 않는다면 저는 어떻게 말해야 할지 모를 것입니다. 문제가 있는데, 생각하고 싶지 않은 것은 알겠고 생각하는 것은 더 모르겠습니다. 우리가 알고 있듯, 플라톤은 말했습니다. 존재란 무엇인가. 묻지 않았을 때는 모두가 알고 있는 것 같은데 일단 한번 물어보면 혼란스러워집니다. 서양의 또 다른 대사상가는 말했습니다. 시간이란 무엇인가. 묻지 않으면 모두가 알지만 한번 물어보면 아무도 모릅니다. "문명대화"라는 제목을 생각해보니 잘 모르겠습니다. 그래서 오늘 강좌는 좀 특별합니다. 저의 다른 강연과는 다릅니다. 예를 들면, 제가 요즘 가장 관심을 갖고 있는 일반교육 문제에 대해 스스로에게 묻고 어떻게 무엇을 할 것이냐고 하면 제 생각은 아주 명확해집니다. 저는 하나하나 이야기할 수 있습니다. 제 말이 다른 사람에게 참고가 될 수 있다고도 믿습니다. 그러나 이 제목은 오늘까지 아직도 혼란스럽습니다. 그래서 오늘 강좌의 세 가지 질문에 대해서 저는 결코 답안을 미리 가지고 있지 않고 태반은 답이 없습니다. 제가 문제를 제기하고 여러분이 토론할 수 있습니다. 저는 이 자리에 계신 많은 분이 저보다 많이 생각했다고 믿습니다. 저는 오늘 저 혼자 말하기를 바라지 않습니다. 여러분에게 좀 배우고 싶습니다.

이제 문명대화 개념으로 돌아가겠습니다. 현재 문명대화라는 개념이 아주 유행입니다. 몇 년 전 유엔이 '문명대화 선언'을 발표하기도 했습니다. 제가 관찰한 바로 이 개념이 가장 유행하는 나라는 중국입니다. 서양이나 미국에서도 어느 정도 유행하기는 합니다. 그러나 대부분 아카데미 안에서 소수만 말하는 주제입니다. 중국처럼 국가, 정부, 학계, 대중매체, 학생, 그리고 일반 대중 모두가 말하지는 않습니다. 저 자신도 중국인이 이 문제에 왜 이렇게 관심을 갖는지 생각하고 있습니다. 다른 곳에서는 이렇게까지 유행하지 않습니다. 그러나 문명대화라는 개념은 아주 좋은 것입니다. 왜냐면 그 속에는 아주 많은 아름다운 바람이 담겨 있기 때문입니다. 하지만 더 물어나 간다면 너무 번거로워집니다. 그 이유 중 첫 번째는 문명대화를 정의 하기가 어렵다는 것입니다. 도대체 무엇이 문명대화입니까. 우리는 문명대화는 그 범위가 아주 넓어지기도 하고 좁아지기도 해서 비교적 좋은 정의를 찾기가 쉽지 않다는 것을 발견할 수 있습니다. 예를 들어보겠습니다. 여러분이 문명대화를 말할 때의 중국어에는 약간 어폐가 있습니다. 문명 간의 대화라고 말함으로써 두 문명의 문화가 서로 다르다는 것과 두 문명 간의 대화라는 것을 확정해야 합니다. 문명의 대화라는 말은 문명 간의 대화를 의미합니다. 그런데 문명이라는 말 자체가 아주 모호합니다. 지역마다 문명에 대한 정의가 다릅니다. 이렇게 말할 수도 있습니다. 예를 들면, 세계에는 몇 개의 문명이 있는가, 만약 우리가 다른 문명과 대화를 한다면 몇 개의 문명과 대화해야 하는가 하는 질문이 나올 수 있습니다. 그 밖에 문명 간의 대화에는 일정한 한계도 있습니다. 예를 들면, 우리는 농업 문명과 도시 문명이 다르다는 것을 알고 있습니다. 중국은 도시와 농촌의 대화가 아주 필요합니다. 그러나 확실히 이는 요즘의 관심사가 아닙니다. 그래서 저는 이 문제는 말하지 않겠습니다. 이른바 문명대화란 모호하고 개략적으로 말하면 대체로 중국 문명과 비중국 문명 간의 대화라고 할 수 있습니다. 그렇다면 하나의 질문이 생깁니다. 대화란 무엇일까요? 칭화대학을 예로 들어보겠습니다. 지금 학교에는 외국인 교원과 학생이 많습니다. 제가 이번에 칭화대학에서 강의하는데 옆에는 영국에서 칭화대학으로 와서 이론 물리를 강의하는 교원이 있습니다. 우리는 매일 건물에서 마주칠 때마다 예의를 잘 갖추고 인사 말을 한두 마디 건넵니다. 이것을 문명대화라고 할 수는 없지만 문명 대화가 아니라고도 할 수 없을 것입니다. 저들은 문명대화에서 아주 중요한 지점이 이른바 '면대면face to face'임을 강조하기 때문입니다. 저와 그분은 엘리베이터에서 매일 얼굴을 봅니다. 물론 교류는 깊지 않습니다. 그러나 이웃입니다. 함께 시간이 많이 흐른다면 같이 술집에 가서 술을 마시며 이야기를 나눌 수 있을 것입니다. 저는 중국 문명에서 왔고 그분은 비중국 문명 출신이므로 이것이 문명대화가 아니라고는 하지 못할 것입니다. 그런데 이것은 정말 문명대화일까요? 우리 모두는 더 넓게 생각해볼 수 있습니다. 한번 생각해봅시다. 외국인 교원과 학생이 있고 중국 학생도 자리에 있으니 관계가 아주 가까워지고 연애를 하고 심지어 결혼도 할 수 있습니다. 그렇다면 문명대화는 한집안으로 들어오게 됩니다. 이것은 문명대화일까요? 아니라고는 말하지 못하겠지만 바로 문명대화라고 말하기도 어렵습니다. 사실 예전에 저는 반농담으로 이렇게 말한 적 있습니다. 문명대화의 절정은 서로 다른 문명 간의 결혼을 널리 장려하는 것이고 이것이 가장 긴밀한 대화라고 말입니다. 그러나 결혼이 문명대화의 목적일까요? 여러분이 이를 자문해본다면 생각처럼 정의하기가 쉽지 않음을 알게 될 것입니다.

이는 아주 중요한 문제와 관련됩니다. 바로 '누가 문명대화의 주체인가?'라는 문제입니다. 중국 문명을 가정하면, 중국에는 13억 명의 인구가 있습니다. 장삼이사가 중국 문명을 대표한다고 할 수 없고 다른 사람들이 대표할 수도 없습니다. 현재 우리는 민주주의와 평등을 말하지만 노동자와 농민을 들어 말할 수는 없습니다. 그들은 대화할 수 없습니다. 그들은 일반적인 상황에서 대화할 기회가 많지 않고, 외국인을 접촉할 수도 없습니다. 그러나 외국인이 중국인과 대화하는 데 관심을 가져도 많은 경우에 그들은 중국어를 할 줄 모릅니다. 중국의 노동자 및 농민과 대화할 기회가 적기 때문에 우리의 문명대화에는 많은 문제가 있습니다. 이 자리에 있는 사람들 대다수가 중국 문명의 구성원입니다. 누구에게 자격이 있을까요? 이론적으로 보면 누구에게나 자격이 있습니다. 여러분이 자격이 없다고 말할 자격이 저에게는 없습니다. 그러나 사실상은 이에 대해 그리 잘 알고 있지 못합니다. 중국에는 13억 명의 인구가 있는데 어떻게 대화할까요? 이때 여러분은 문명대화가 아주 넓은 측면에서 아주 좁은 측면으로 간다는 것을 발견할 수 있습니다. 예를 들면, 이번에 제가 베이징에 와서는 아쉽게도 서점을 한 군데도 못 갔습니다. 추측건대 서점에는 문명대화에 관한 책이 많을 것 같습니다. 한번 책을 들춰보세요. 누가 문명대화를 가장 많이 언급할까요. 철학하는 사람들이 가장 중심에 있을 것 같습니다. 바로 제가 철학을 공부했던 사람이기 때문에 일반적으로 저는 그런 책을 보지 않습니다. 저는 철학을 공부하는 사람들에게 문명대화를 할 수 있는 특수한 자격이 있다고는 생각하지 않습니다. 특히 저는 적어도 바로 이 시대에 중국 국내에서 철학을 공부하는 사람의 상황이 어떤지를 대략 알고 있습니다. 하나의 예를 들겠습니다. 중국에서 유학은 1980년대에 시작되었습니다. 물론 당시 베이징대학에서 철학을 공부한 이들 중 많은 이가 유학을 떠났습니다. 미국 문과의 어느 전공자가 취업하기 가장 쉬울까요? 취업하기 가장 쉬운 전공은 현대문학입니다. 현대문학에는 언어량이 가장 많다는 특징이 있습니다. 또 다른 문명과 문화도 더 많이 이해할 수 있습니다. 그래서 현대문학 전공자가 보통 취업하기 쉽습니다. 미국에 유학한 철학과 졸업자들은 일반적으로 취업이 쉽지 않습니다. 미국 철학계에서는 적어도 1990년대까지도 주로 분석철학을 연구했고 중국철학을 가르치는 사람이 필요하지 않았기 때문입니다. 따라서 미국에 유학해서 철학계에서 일하고 싶다면 가서 보아도 좋습니다. 좋은 학교에 있는 사람이 없습니다. 모두 작은 학교입니다. 저는 그들 중 많은 사람이 근본적으로 중국철학을 모른다는 것을 알고 있습니다. 분석철학에 따르면 중국에는 철학이 없기 때문입니다. 그들은 서양인보다 더 극단적입니다. 근본적으로 중국에 철학이 있다고 생각하지 않습니다. 그러나 최근 몇 년 동안 그들은 중국철학을 공부하기 시작했습니다. 중국의 지위가 올라갔기 때문이죠. 미국에서 동아시아학과가 대량 증설되었고 철학과, 종교학과에서 모두 동아시아 문명, 중국 문명 과목을 개설하기 시작했습니다. 제 동문 중 한 사람이 시카고대학 철학과에서 공부하고 박사학위를 취득한 후 작은 학교에서 일했습니다. 졸업하고 2년이 지난 후 저에게 전화를 걸어 중국철학 책을 알아보았습니다. 간명하고 여러 내용을 망라해서 강의에 활용할 수 있는 책을 찾았습니다. 저는 무슨 일이냐고 물었습니다. 그러자 그 친구는 이렇게 말했습니다. "너는 모른다. 지금은 다원문화를 하지 않는다. 지금은 '동아시아와 중국'을 반드시 가르쳐야 한다." 저는 한참을 생각했습니다. 영어로 된 책이기도 해야 해서 펑 유란의 영어판 『간명한 중국철학사』밖에 찾을 수 없었습니다. 중국의 수많은 유학생 중 중국철학을 하는 사람이 없었는데 지금은 모두 중국철학을 합니다. 이제야 솔직히 말하겠습니다. 중국철학은 '우려내 야' 하는 것이지 나이프로 고기를 자르듯 하는 것이 아닙니다. 그래 야 말이 됩니다. 누구나 '인'이 무엇이고 '의'가 무엇인지를 말할 수 있습니다. 하지만 저는 이런 일을 대개 본 적이 없습니다. 많은 사람이 저의 친구이고, 저는 그들에게 딱 잘라 말합니다. "나는 이런 책이나 글은 본 적이 없다. 내가 너를 잘 알기 때문에 네가 거기에 뛰어들지 않을 것임을 안다. 나도 다 알지 못하는데 네가 어떻게 이해할 수 있 겠나?" 이 말은 좀 거만하게 들릴 수도 있습니다. 제 말은 하나의 문명에 들어가려면 오랜 시간을 그 안에서 보내야 한다는 뜻입니다. 지구화 시대인 지금 문명대화, 다원문화 등이 많이 회자됩니다. 의도는 좋을 수 있습니다. 그러나 실제로 연구하고 나면 그렇게 의미가 크지 않다는 것을 발견하게 됩니다. 문명대화를 반대하는 사람이 있다고 는 생각하지 않습니다. 누구나 이를 지지합니다. 그러나 보통은 이런 개념이 가장 골치 아픕니다. 누구나 동의하기 때문에 그것이 도대체 무엇인지 명확히 말하기가 어렵습니다. 문명대화가 도대체 무엇입니 까? 요즘 중국에서 수많은 간부와 교수가 해외로 나갑니다. 이틀 전 저는 칭화대학 공공관리학원의 고위 간부를 대상으로 강연을 했습니다. 이틀째 강연이 끝나고 그들은 곧바로 미국으로 갔습니다. 중국의 청·국급 기관 간부들이 미국에서 반년을 머무르게 됩니다. 그들은 무엇을 하러 갔을까요? 문명대화를 하러 간 것입니다. 이것이 문명대화가 아니면 무엇이겠습니까? 어쨌든 하나의 문명이 다른 문명 속으로 들어가는 것입니다. 넓게 보면 그것이 문명대화가 아니라고 말할 수는 없을 것입니다. 어쨌든 '면대면' 접촉을 합니다. 그러나 이것이 문명대화라고 한다면 큰 의미가 없다고도 할 것입니다. 문명대화를 정의하려면 좀더 전문적 수준에 들어서야 할 것 같고 중국 고전 문화를 아는 사람을 떠올릴 것입니다.

제가 이 문제를 제기하는 것은 결코 문명대화가 좋지 않다고 말하기 위해서가 아닙니다. 이 개념이 도대체 무슨 의미인지를 말하기 위해서입니다. 어떤 의미에서 문명대화는 다름 아닌 우리가 예전에 말한 문화교류입니다. 그러나 문화교류는 새로운 표현으로 바뀌었습니다. 문화교류는 중국에서 가장 잘했습니다. 단위마다 외사국外事局을 설치하고 최소한 외사사무소外事辦를 두었습니다. 대다수 국가에는 이것이 없습니다. 그들에게는 그렇게 많은 일이 없기 때문이죠. 중국에는 해외로 나가기 좋아하는 사람도 있고 중국으로 들어오기 좋아하는 사람도 있습니다. 아마 중국은 세계화를 가장 잘한 국가일 것입니다. 여기서 제가 왜 강연을 시작할 때 문명대화에 특별한 흥미를 느끼지 못한다고 했는지를 말하려 합니다. 저는 어떤 의미에서 매일 문명대화를 하기 때문입니다. 저는 홍콩대학 아시아연구센터에 몸담고 있습니다. 최근 몇 년 동안 세계화가 유행하면서 저는 점점 더 피곤해졌습니다. 방문하는 사람이 너무 많기 때문이죠. 온종일 접견을 합니다. 홍콩에 온 사람들 대부분이 중국 대륙으로 가면서 경유하는 사람들입니다. 예를 들면, 제가 최근 갑자기 발견한 일인데, 유럽의 수많은 작은 나라, 덴마크, 노르웨이 등의 경영대학에는 명문으로 정해진 제도는 없지만 경영대학 학생이 졸업하면 한 한기 동안 중국을 방문합니다. 문제는 언어입니다. 그래서 그들은 한 학기를 둘로 나눕니다. 먼저 홍콩에 가서 정식 강의에 출석합니다. 홍콩대학은 영어를 공식 언어로 사용하기 때문입니다. 그래서 저는 기분이 좋지 않습니다. 저의 인격이 완전히 존중받지 못한다고 느끼기 때문입니다. 그러나 개의치는 않게 됐는데, 학생 수가 많아진 다음에는 이에 전부 대응할 수 없어졌기 때문입니다. 그러나 학교에서는 이들을 아주 중요하게 생각합니다. 장사하기 좋은 기회이기 때문입니다. 그들이 오면 돈을 내야 하죠. 중국 연구와 관련 있는 사람들을 모두 수용하려 한다면 어려움은 말도 못할 정도가 될 것입니다. 그러나 실제로 이것이 문명대화일까요? 분명 여러분은 아니라고 말하지는 못하겠지만 그렇다고도 말할 수 없을 것입니다. 홍콩중문대학에서 이미 두 차례 수업을 들어서, 그들은 결코 이곳 강의를 수업이라고 생각하지 않으려고 합니다. 그래서 농담 몇 마디만 할 수 있을 뿐이에요. 저들은 모두 강의를 들으러 온 것이 아니라 놀러 온 것입니다. 이런 강의는 준비하기가 아주 어렵습니다. 현대 사상, 현대 중국 문명 등은 아주 골치 아픈 주제입니다. 제가 진지한 것을 조금이라도 말하면 사람들은 모두 못 견뎌 합니다. 이런 경험이 있는 것으로 충분하고, 그들은 중국에 갔다 왔다고 말하지 홍콩에 갔다 왔다고 말하지 않을 것이며 분명 이후에 취업의 기회가 더 많아질 것입니다. 이것은 좀더 특수한 상황인데, 저는 홍콩대학에 몸담고 있고 매년 10여 차례 회의를 엽니다. 예를 들면, 우리는 중국과 인도 관련 극동회의를 두 차례 개최했습니다. 이것은 좀 문명대화 같습니다. 중국 대표와 인도 대표가 있습니다. 이를 끝까지 진행하면 모두 경계 문제를 말하게 됩니다. 경계 문제는 문명 문제일까요, 아닐까요? 문명 문제 자체도 아주 골치아픈데 도대체 무엇이 문명 문제이고 무엇이 아닐까요? 문제가 하나도 없다면 문명 문제가 아닙니다. 홍콩대학에서는 양안 문제 관련 회의를 매년 한 번 개최합니다. 중국 대륙, 미국, 대만에서 각각 두 사람이 매년 참석합니다. 여러분이 한번 분석해보세요. 제가 하려니 정말 따분합니다. 문명에 대한 이해를 높이는지 그렇지 않은지 저는 답할 수 없습니다. 일만 많아졌을 뿐인데 이것이 문명대화일까요? 저는 잘 모르겠습니다.

이 시점에서 설명을 하나 하겠습니다. 저는 문명대화 개념이 중요하지 않다고 말하는 것이 아닙니다. 이 개념은 아주 중요합니다. 문제는 이 개념을 명확히 설명하기가 어렵다는 것입니다. 이 개념에 우리는 '왜'라고 물어야 합니다. 문명대화는 요 몇 년 동안 널리 받아들여지는 개념이 되었습니다. 어떤 한 개념을 제시할 때는 반드시 다양한 수준에서 수정과 변화가 있게 됩니다. 또는 이전의 것에 반대하기도 합니다. 그렇지 않다면 이 개념이 무엇을 말하는지 알 수 없게 됩니다. 문명대화 개념은 서양에서 온 것입니다. 확실히 그것은 중요하고 진보적인 의미가 있습니다. 1960~1970년대부터 근대화에 대한 일종의 수정을 의미하고 있습니다. 비교적 이른 시기인 1970년대 초에는 문명대화라고 하지 않았습니다. 이전의 근대화 이론에 근거하면 비교적 명확하게 기본 구조가 있었습니다. 바로 '전통에서 근대로'라는 기본적 대립이었죠. 이것은 더욱 단순한 역사진화론의 구상입니다. 표현 방식은 아주 다양합니다. 우리가 중고등학교와 대학교에서 배운 것이 모두 역사진화론입니다. 한 단계에서 다른 단계로, 마치 하나가 다른 하나를 대체하듯이 옛것을 모두 없애버리면서 인류는 부단히 진보한다고 합니다. 서양 근대화 이론은 이와 약간 다르지만 역시 단순한 진화론입니다. 근대화를 가정하는 것은 대부분 인류의 공통점이었습니다. 근대화 이론의 중요한 점은 이른바 세속화입니다. 그런데 이 기본 이론 구조가 1960~1970년대에 크게 흔들렸습니다. 사람들이 생각하는 것처럼 결코 하나의 형태에서 다른 하나의 형태로 변하지는 않았습니다. 1960년대 즈음 미국과 소련이 이데올로기 투쟁을 벌일 때 중요한 관념이 제기되었습니다. 그것은 바로 '수렴이론'입니다. 미국과 소련의 이데올로기를 얼마나 분석하든 간에 그 국가들은 모두 근대사회이고 따라서 그들의 최종적 방향은 반드시 점점 근접할 것이라는 이론입니다. 이 이론은 아주 유명합니다. 이 이론의 대표적 인사는 유명한 대이론가 클라크 커입니다. 이 이론이 제시된 시기는 대체로 1959년 즈음입니다. 이 이론은 어느 정도 모두 근대화 이론의 변종이자 재판입니다. 기본 가정은 바로 근대사회입니다. 이전의 문명적 요소는 그리 중요하지 않습니다. 근대사회의 공통성이 주된 요소가 될 수 있기 때문입니다. 1970년대 초에는 먼저 '축 문명' 개념이 나왔습니다. 이 개념에서는 몇 가지 문명을 가정합니다. 중국 문명, 인도 문명, 서양 문명, 이슬람 문명 등입니다. 문명의 원류 측면에서 핵심적인 진전이 있었고 그 후에는 아주 독특한 형태를 이루었습니다. 이 기본적 문명 형태는 설령 근대사회로 진입한 후에라도 소멸되지 않을 뿐 아니라 점점 강하게 모습을 드러낼 수 있습니다. 제 기억이 틀리지 않았다면 1972년 또는 1974년 미국 예술과학아카데미 학술지 『다이달로스Daedalus』의 첫 특집호에서 축 문명을 다루었습니다. 미국에서 축 문명 논의를 주도한 사람은 하버드대학에서 중국사를 연구한 전문가 벤저민 슈워츠입니다. 물론 중국사 연구 전문가만 아니라 모두가 이에 동의합니다. 그러나 슈워츠는 분명 중국 고대사를 연구하면서 이를 발견했습니다. 당시 그는 막 『중국 고대 사상의 세계The World of Thought in Ancient China』를 출판한 참이었습니다. 다른 많은 전문가도 이런 생각을 했습니다. 근대사회가 아니라 인류가 바로 보편 문화이고, 근대사회에서는 문명의 원류가 형성한 문명 형태가 강하게 나타나며, 이런 강렬한 표현은 문명의 차이를 야기할 수 있다는 것입니다. 하지만 이는 학술적인 것이지 당파적 성격을 띠지 않습니다. 비록 그 후에 '축 문명'이라는 생각이 서양의 비교적 급진적인 사람들에게는 아주 보수적이라고 여겨졌지만요. 그들은 "당신들은 여전히 원류가 그렇게 중요하다고 생각한다"라고 말합니다. 여기서 문학 이론을 공부해본 분은 포스트모더니즘 이론의 가장 중요한 이론에서 시작은 중요하지 않다고 말하는 것을 알 것입니다. 모든 것은 변합니다. 이렇게 되면 '축 문명'의 중요성을 인정하지 않을 수 있습니다. 비교적 급진적인 쪽에서는 또 다른 방향에서 그다음의 문명대화를 추진했습니다. 이 관점 역시 보편 문명을 반대합니다. 1970년대 이후 서양 인문사회과학에서는 비교적 급진적인 인사들이 주도권을 크게 가졌기 때문에 서양 중심론을 비판하고 문명마다 스스로 발전의 길을 가지고 있다는 점을 강조합니다. 이론적으로는 아주 화려한 말이었고 그 후 포스트모더니즘 이론으로 지지받았습니다. 온갖 방향에서 종전의 '전통과 근대'라는 기본 출발점의 틀을 무너뜨렸습니다. 그때 일정한 의미에서 우리는 여전히 전통과 근대의 두 차원에서 논의했습니다. 1980년대 이후의 서양 학계에서 이 문제는 거의 뒤집혔습니다. 서양에서 문명대화 문제는 처음에는 몇 가지 원류에서 발원해서 점점 발전했습니다. 19세기부터 형성되었고 1950~1960년대에는 단순한 역사진화론적 근대화 이론을 수정하고 결국에는 그것을 거의 뒤집었습니다. 이런 이 몇 가지 측면은 아카데미의 논쟁에만 국한되지 않습니다. 문명대화는 전 지구적 범위에서 제대로 큰 반향을 일으켰습니다. 주로 새뮤얼 헌팅턴의 공로입니다. 헌팅턴의 1996년 저서 『문명의 충돌The Clash of Civilizations and the Remaking of World Order』은 먼저 1993년 미국의 『포린 어페어스Foreign Affairs』지에 30여 장 정도의 논문 「문명의 충돌?The Clash of Civilizations?」로 발표되었습니다. 기본 관점은 '냉전이 종식된 이후 국제정치와 세계 구도를 어떻게 보는가'입니다. 냉전이 종식된 후 서양에서는 두 가지 이론이 주류를 이루었습니다. 하나는 프랜시스 후쿠야마가 말한 '역사 종말론'입니다. 즉, 소련이 와해되면서 모든 이데올로기 문제가 해결되었고 인류에게는 어떤 논쟁도 없어졌으며 모두가 경제발전과 민주주의에 동의한다는 주장입니다. 후쿠야마는 1989년에 논문을 하나 발표했습니다. 헌팅턴의 『문명의 충돌』은 후쿠야마에 대한 강한 비판이자 반대입니다. 헌팅턴의 논문은 1996년에 완결된 하나의 책으로 발전했습니다. 이 책은 중국어로도 번역되었습니다. 그는 하나의 문제를 제기합니다. 냉전시대의 이데올로기는 확실히 끝났다, 앞으로 인류의 충돌은 주로 서로 다른 문명 간의 충돌로 나타난다는 것입니다. 인류의 앞날에 대해 후쿠야마는 아주 낙관적인 논조를 띠지만 헌팅턴은 비관적입니다. 서양에는 예전부터 이런 두 가지 관점이 대립했습니다. 헌팅턴의 책은 그 후 전 세계에서 거의 일치된 비판과 반박을 받았습니다. 대체로 중국에서는 1995년 이후 그의 관점을 아주 싫어하는 것 같습니다. 그러나 저는 헌팅턴의 관점을 왜곡해서는 안 된다고 생각합니다. 많은 사람이 그의 의도를 완전히 왜곡합니다. 마치 헌팅턴이 문명의 충돌을 주장하는 것처럼 말하지만 물론 전혀 그렇지 않습니다. 헌팅턴은 냉전이 종식된 이후의 세계에서 충돌의 형식이 문명의 방식으로 나타나며 이것이 가장 큰 위험 소재라고 말했을 뿐입니다. 그는 바로 문명대화가 아주 중요하다고 말했습니다. 우리는 그의 관점을 왜곡해서는 안 됩니다. 왜곡을 거친 반박은 아무런 의미가 없습니다. 그의 책은 9·11테러 이후 미국에서 주가가 크게 올라 베스트셀러 1위가 되었습니다! 몇 년 동안 아주 잘 팔렸습니다. 9·11테러가 헌팅턴의 이론이 정확했음을 증명했기 때문입니다. 문명 충돌의 형태가 표출되었던 것입니다. 미국인은 9·11 테러 이후에 문명의 충돌에 가장 많은 관심을 가지고 이야기했습니다. 여기서 문제가 하나 생깁니다. 많은 사람이 문명대화의 중요성을 말하고 마치 그것으로 문명의 충돌을 피할 수 있는 것처럼 생각한다는 것입니다. 저는 이 관점이 말도 안 된다고 생각합니다. 많은 충돌은 문명과 관계가 없기 때문입니다. 유럽에서 벌어진 제1차 세계대전은 완전히 기독교 문명 내부에서 발생했습니다. 문명대화의 문제는 없었습니다. 만약 그들이 모두 옳다면 제1차 세계대전은 일어나지 않았을 것입니다. 제2차 세계대전은 더 말할 것도 없습니다. 독일, 영국, 미국은 세계에서 가장 큰 3대 개신교 국가입니다. 같은 종교와 문명끼리는 전쟁을 할 수 없다고 말합니다. 문명 내부의 사람들이 서로를 이해하면 충돌과 전쟁이 발생하지 않는다고 한다면 우리는 많은 전쟁을 이해할 수 없게 됩니다. 중국 역사에는 크고 작은 내전이 있었습니다. 결코 자신의 문명을 충분히 이해하지 못해서 충돌이 발생한 것이 아닙니다. 충돌은 이와는 상관없는 일입니다. 많은 충돌은 문명대화로는 피할 수 없습니다. 미국과 이슬람 국가의 충돌은 이슬람과 기독교 국가의 대화를 강화한다고 해서 해결될 수 없습니다. 현실적인 문제가 많기 때문입니다. 물론 문명대화를 선전하고 추진하는 과정에서 다른 사람들의 이목을 끌 수는 있습니다. 수사적 토론은 이치상으로는 성립하지 않습니다. 조금 더 많이 이해한다고 충돌을 피할 수 있는 것은 아닙니다. 우리는 중국 대륙과 대만에 문명 충돌의 문제가 없다는 점을 알고 있습니다. 그러나 인류 최대의 전쟁이 대만 문제 때문에 일어날 수 있습니다. 대만과 미국, 일본에는 동일한 문명이 없습니다. 이들은 중·미 간 전쟁의 최대 시발점이 될 수 있지만 이것은 문명 때문이 아닙니다. 중국이 미국 문명을 이해하지 못하거나 미국이 중국 문명을 이해하지 못하기 때문이 아니라는 것입니다. 헌팅턴의 책은 1995년 즈음에 중국 학계에서 저한 사람만 높게 평가했습니다. 모두가 부정적이었습니다. 그의 책은 냉전이 종식된 이후 가장 중요한 저서입니다. 진실을 말하는 것은 아주 고통스럽기 때문에 사람들은 듣기 좋은 말을 선호합니다. 진실은 여러분을 불편하게 할 수 있습니다. 제가 방금 물었습니다. 문명의 주체는 누구일까요? 누가 말하는 주체일까요? 하나 더, 누구와 대화할까요? 분명히 말해보겠습니다. 중국의 가장 충실한 대화 상대는 서양이나 미국입니다. 아프리카에는 부락이 많습니다. 여러분은 대화하고 싶나요? 진지하게 베트남과 대화하실 분 있나요? 북한, 일본, 인도와의 대화는요? 따라서 문명대화의 배후에는 내부의 문화 세력이 있습니다. 그리고 권력관계를 떠날 수 없습니다. 왜 어느 곳에는 관심을 갖고 어느 곳에는 조금도 관심이 없을까요? 우리는 스스로 돌아보아야 합니다. 도대체 누구와 대화하고 싶은가요? 한 걸음 더 나아가 물어본다면 논란이 있을 수 없습니다. 이른바 문명대화는 서로 다른 문명 사이의 대화가 아닙니다. 방금 저는 누구에게 대화 자격이 있냐고 물었습니다. 정말 이런 질문을 한다면 우선 저에게는 없다고 말씀드릴 수 있습니다. 저는 비록 중국 문명의 일부이지만 중국 문명을 그리 잘 이해하지 못하기 때문입니다. 무엇보다 저는 주로 서양을 연구합니다. 저는 중국보다 서양을 좀더 잘 이해합니다. 중국 문명은 그리 잘 이해하지 못합니다. 저는 미국에서 10년 살았고 중국에 대해서는 다른 사람과 거의 이야기하지 않았습니다. 저는 중국이 너무 복잡하고 저 스스로도 중국을 잘 알지 못한다고 생각합니다. 제가 어떻게 다른 사람과 이야기하겠습니까? 저에게는 똑똑하게 말할 방법이 없습니다. 문명대화를 할 때 다른 사람 말고 고등교육을 받은 사람들 중 우리 문명을 아주 깊게 이해하고 문명의 주체로서 다른 사람과 대화할 수 있는 사람이 몇이나 될까요? 무엇이 대화일까요? 양쪽 모두가 각자의 문명을 깊이 이해하고 진심으로 상대를 대할 수 있어야 하며 비교적 좋은 장소와 환경에서 이야기한다면 문명대화를 한다고 볼 수 있습니다. 그렇지 않다면 문명대화의 대부분은 공허하다고 생각합니다. 저는 행사를 많이 개최했는데 이것이 모두 문명대화일까요? 물론 모두 그렇지는 않을 것입니다. 문명대화에는 때로는 연애하듯 따라다니는 사람이 있고 따라다니는 대상이 있습니다. 상대는 여러분을 사랑하지 않을 수도 있는데 여러분은 열심히 따라다닙니다. 물론 표현도 강하게 해야 합니다. 사실 상대는 여러분과 대화하는 데 큰 흥미가 없습니다.

그런데 문제가 하나 생깁니다. 도대체 무엇을 말해야 할까요. 이것은 두 번째 질문입니다. 저는 이론을 말하고 싶지는 않습니다. 구체적인 사례를 들겠습니다. 올해 2월경 미국의 유명한 『바운더리2Boundary2』지의 편집자가 홍콩에 왔습니다. 이 잡지는 미국 문학 이론의 최선두입니다. 편집자는 저와 문명대화 비슷한 주제를 다룰 수 있는지 물으려 했습니다. 『바운더리2』는 포스트모더니즘에 비교적 충실하기 때문입니다. 그러나 지금은 무엇보다 중국에 관심이 아주 많습니다. 사실 그 잡지의 편집부원 중 세 사람이 중국을 연구합니다. 그들은 처음부터 미국의 중국 전문가가 껍데기만 건드린다고 생각해서 홍콩으로 나를 찾아와 대화를 기획할 수 있는지 물었습니다. 문학 이론은 외부 이론이니 정치, 군사, 경제 문제 모두를 다루겠다는 것입니다. 저는 동의했고 한나절 동안 이야기했습니다. 그는 대화에 무슨 형식이 있냐고 물었습니다. 저는 조금 생각한 다음 다소 어려울 것 같다고 말했습니다. 현실적인 문제가 있었기 때문입니다. 우리가 관심 있는 문제에 그쪽은 관심이 없을 수 있고 그쪽이 관심 있는 문제에 우리가 관심이 없을 수도 있습니다. 가령 중국은 삼농三農 문제(농촌, 농업, 농민 문제로, 개혁개방 정책으로 도농 격차가 심화되면서 부각된 중국의 핵심적 사회 문제―옮긴이)에 관심이 있습니다. 우리는 미국의 민주당과 노동조합이 중미 무역에 특히 반대하며 중미 무역이 미국 노동자의 취업 기회를 앗아가고 생활 수준을 떨어뜨린다고 생각한다는 것을 알고 있습니다. 미국에서 노동을 연구하는 사람을 몇 사람 찾고 중국에서 몇 사람 찾아 중미 무역 문제를 말할 수 있을까요. 우리는 무역 관료들처럼 사업적으로 말할 수 없습니다. 그러나 우리는 도대체 누가 이익이 크고 손해가 큰가 하는 문제를 확실히 해야 합니다. 또 있습니다. 세계무역기구에 가입한 후 미국의 상품이 중국의 농민에게 큰 영향을 주었는데 이런 문제를 이야기할 수 있습니다. 이런 것 모두가 문명대화입니다. 그는 미국에서는 이런 사람을 찾기 어렵다는 듯이 좀 난처해했습니다. 대화할 상대를 찾는 것이 쉽지는 않습니다. 물론 다른 주제도 있습니다. '중국의 포스트모더니즘' 같은 것이죠. 그런데 둘 다 관심이 없습니다. 질문에서 이미 말했듯, 도대체 무엇을 말해야 할까요? 이것은 생각만큼 결코 쉽지 않습니다. 인문과학과 사회과학의 국제회의에서는 대부분 다른 사람이 관심을 갖는 문제를 다룹니다. 중국 학자가 국제학술회의에 참석하면 아마 강사에서 부교수, 교수까지 모두가 아주 열심히 할 겁니다. 이들은 보이지 않는 와중에 말려들어갑니다. 국제학술회의에 참가하는 사람이 많아질수록 중국 문제에서는 점점 더 멀어집니다. 동성애, 퀴어 등의 주제는 아주 흥미롭습니다. 이런 주제가 중요하지 않다거나 좋은 주제가 아니라는 것은 아닙니다. 자세히 생각하면 중국에서 열리는 국제학술회의에서도 중국 학계에서 자신의 문제에 근거해서 의제를 설정하는 경우가 적다는 뜻입니다. 늘 자주적이지 않게 다른 사람이 무슨 문제에 관심이 있는지를 생각합니다. 저들이 나쁘다는 말이 아닙니다. 미국의 학자도 중국 문제에 접촉하고 싶어합니다. 그러나 실질적인 어려움이 있습니다. 정말로 몇 가지 문제를 꺼낸다고 하더라도 저들이 꼭 관심을 가지지 않을 수 있습니다. 또는 저들이 진입하지 못할 수도 있습니다. 이는 또 다른 문제와 관련됩니다. 즉, 인문사회과학 연구의 경로 문제입니다. 최근 2년간 국내에서 이런 문제를 토론했습니다. 예전에 대만, 미국에서 모두 사회과학의 본토화 문제를 토론했습니다. 그러나 이 문제는 그리 쉽게 말할 수 없고 결론이 나지 않기도 합니다. 저는 무엇을 말한다는 것은 결코 쉽지 않은 문제라고 말하고 싶습니다. 문명대화를 하는 이유로 돌아간다면,

가장 먼저는 근대화 이론 문제를 넘어서 큰 문명을 강조하고, 발원된 문명의 특성은 여전히 그다음에 표출될 수 있습니다. 그렇다면 중국의 경우 문명대화가 갖는 진정한 함의는 자신의 문화 자주의식을 한층 더 확립하는 것입니다. 여러분은 중국 문명을 전반적으로 새롭게 인식할 필요가 있습니다. 최근 100년 동안 중국은 서양의 눈으로만 중국을 보았기 때문입니다. 우리는 스스로의 눈으로 보지 않았습니다. 20세기 전반기에 중국은 마르크스주의가 서양에서 가장 좋은 이론이고 우리가 중국을 더 잘 이해하도록 도울 수 있다고 굳게 믿었습니다. 개혁개방 이후에는 각종 서양 근대화 이론을 전력으로 배웠고 거의 서양의 눈으로 중국을 보았습니다. 저는 결코 이 문제에 반대하는 것은 아닙니다. 저는 서양을 깊이 보아야 한다는 점을 더 강조합니다. 서양의 눈으로 중국을 볼 수 있기 때문입니다. 서양을 더 깊게 이해할수록 중국도 더 깊게 이해할 수 있습니다. 인문사회과학 전체의 범주, 개념, 단어, 이론부터 틀까지 모두가 완전히 서양의 것입니다. 고대 중국 어디에 철학이라는 말이 있었나요? 얼마 전 개최한 회의에서 저는 철학과 교수와 이야기를 나누었습니다. 저는 이렇게 말했습니다. "여러분은 철학을 너무 높이 치켜세워서는 안 된다. 중국철학사가 몇 년이나 되었나? 펑유란 이후에 이러한 개념이 생겼다. 펑유란 이전에는 없었다." 이 모두를 우리는 다시 보아야 합니다. 중국 문명 자체를 자각하고 깊이 이해할 때 비로소 우리에게 문명대화의 자격이 생깁니다. 그렇지 않으면 다른 사람을 따르기만 하고 일방적으로 구애만 할 뿐입니다. 대화는 대체로 두 가지 방식에 한정됩니다. 하나는 서양인의 앞에서 중국을 비판해서 나와 상대가 다르며 상대가 나를 받아들여야 한다고 하는 것입니다. 다른 하나는 서양에 중국이 어떻게 좋은지를 말하는 것인데, 사실상 이 '좋음' 역시 서양의 개념으로 설명합니다. 여전히 말려들어가는 것이죠. 우리는 상당 기간 동안 이를 벗어나기 어려울 것입니다. 그러나 진정한 문명 자각을 해야 합니다. 서양을 더 깊이 이해하는 데서 시작해야 합니다. 우리가 더 깊이 이해해야 서양이 복잡하다는 것을 발견할 수 있습니다. 우리가 생각하는 것처럼 하나의 단순한 모델로 하나의 단순한 중국을 대조하는 것이 아닙니다. 우리는 많은 것을 깨달을 수 있습니다. 이해와 해석의 모델이 깨질 것입니다. 저는 문명대화에서 무엇을 말할까의 전제는 바로 문명의 주체를 확정하는 것이라고 생각합니다. 이런 의식이 없다면 문명대화라고 할 수 없습니다. 회의를 많이 열었지만 모두가 문명대화는 아니었습니다.

마지막은 어떻게 말할까 하는 질문입니다. 방금 저는 말했습니다. 오늘 제가 말한 것은 모두 성숙한 의견이 아닙니다. 저는 몇 가지 문제를 생각했을 뿐입니다. 어떻게 말할까? 중국어를 사용한다는 점은 아주 명확합니다. 모국어를 쓰지 않으면 표현력에 한계가 있습니다. 저는 홍콩대학 아시아연구센터에서 적지 않은 회의를 개최합니다. 그 회의에서 국내 학자들이 중국어로 말하기를 희망합니다. 중국어를 쓰는 것과 영어를 쓰는 것은 다르기 때문입니다. 중국에서 동시통역을 많이 사용해야 하는 곳에서는 동시통역 인력을 부르면 됩니다. 아무리 영어를 잘해도 모국어는 아닙니다. 억지로 버텨서는 안 됩니다. 영어 표현은 말을 더 간단하게 할 수 있습니다. 제가 영어로 표현하는 것은 중국어 표현의 10분의 1도 안 됩니다. 농담 하나 하겠습니다. 저는 아내와 싸울 때 영어로 싸웁니다. 제2언어를 쓰면 더 이성적이고 감정을 쉽게 조절하게 되거든요. 문제가 생길 때 영어로 말하면 감정을 조절할 수 있고 온몸의 감정이 모두 빠져나갈 수 있습니다. 모국어와 제2언어는 다릅니다. 예전에 미국 중앙정보국에서는 소련 간첩을 시험했습니다. 그들은 거의 미국인이나 다름없이 영어를 구사하는데, 바로 긴박한 상황을 테스트 한 것입니다. 사람은 급해지면 모국어가 튀어나옵니다. 이것은 마음대로 되는 문제가 아닙니다. 모국어는 모든 문화적 감수성, 문명 의식과 관련되어 있습니다. 그래서 저는 오늘날 중국의 대학이 홍콩처럼 영어를 주 언어로 채택하는 것을 매우 우려합니다. 이것은 고통스러운 일입니다. 홍콩의 경우 방법이 없습니다. 예전에는 식민지였으니까요. 저는 저의 인격이 존중받지 못한다는 점이 아주 힘들다고 생각합니다. 홍콩대학은 홍콩중문대학과 다릅니다. 홍콩중문대학의 모든 문서는 두 가지 언어로 되어 있습니다. 하지만 홍콩대학의 문서는 모두 영어로 되어 있습니다. 이 점이 저는 아주 힘듭니다. 오늘날의 대학생이 영어를 공부하기 위해 얼마나 많이 노력하는지 압니다. 저는 대학에서 무엇보다 동시통역을 아주 중요시해야 한다고 생각합니다. 영어로 표현하지 못하게 하는 것이 아니라 어떤 언어를 사용하든 자신의 존엄과 표현 능력을 보여주어야 합니다. 예를 들면, 유럽연합은 유엔과 다릅니다. 유엔은 여섯 가지 주요 공식 언어를 확정했습니다. 그러나 유럽연합은 이와 달라서 모든 유럽공동체 구성원은 자신의 나라 말을 씁니다. 유럽연합은 그렇게 부유하지도 않고 동시통역을 보장할 수도 없습니다. 그래서 회의 시간이 특히 길어집니다. 이는 동시통역으로도 해결할 수 없습니다. 그들이 공식 언어를 사용할 수 없는 것은 아닙니다. 예를 들면, 예전에 소련에 속했던 국가인 우크라이나 등은 모두 러시아어를 씁니다. 그러나 유럽의 나라들은 러시아어를 쓸 줄 모릅니다. 저는 여기에서 언어가 자존을 표현하는 문제를 반영한다고 생각합니다. 어떻게 말할까의 문제는 많은 것을 내포합니다. 그러나 오늘 저는 이 점만 말하겠습니다. 이 문제에 대한 입장이 아주 명확하기 때문입니다. 중국어 사용을 유지하느냐가 아주 핵심적이라고 생각합니다. 제가 말을 너무 많이 했습니다. 다 같이 토론합시다

사회자　방금 간양 선생님이 비교적 쉽고 간결한 언어로 우리에게 아주 심오한 화제를 말해주셨습니다. 마지막에 말씀하신 '언어' 문제는 이 자리에서 아주 잘 언급하셨다고 생각합니다. 한동안 칭화대학에서 영어 강의가 아주 중요시되었습니다. 우리는 매년 많은 돈을 들여 영어 캠프를 운영합니다. 목적은 학생들의 영어 실력 향상이고 젊은 세대가 더욱 적합한 문명의 사자使者가 되는 데 도움을 주는 것입니다. 사실 오늘 말한 것은 주로 문명대화의 주체, 대상, 자격, 조건, 함의, 여기에 존재할 수 있는 문제입니다. 아직 시간이 더 있습니다. 문명에 관한 우리의 대화를 시작할 수 있습니다. 자, 이제 질문해주십시오.

문 선생님, 안녕하십니까. 선생님은 방금 문명대화의 전제가 자신의 주체적 지위 확립이라고 하셨습니다. 이는 『중용』의 "먼저 자신의 성품을 이루고 타인의 성품을 이룬다"라는 말과 통합니다. 중화문명의 '자신의 성품'을 중국어로 해석하면 도대체 무엇일까요?

답 제가 말하고 싶은 것은 중국 문명의 기본적 특색은 무엇인가 하는 것입니다. 이 자체가 바로 하나의 문제입니다. 우리가 문명대화를 말하는데, 중국에는 유가, 도가, 불교가 있습니다. 어떤 것이 중국을 대표하죠? 이 문제들은 모두 열려 있습니다. 제가 먼저 정의를 내리고 싶지는 않습니다. 저는 중국 문명이 무엇이라고 정의를 내리면 바로 협소해지고 고정된다고 생각합니다. 이 주제들 자체가 중국 문명 내에서 많이 논의되어야 합니다. 토론으로 그 함의를 더욱 풍부하게 할 수 있습니다. 지난 100년 동안 우리는 문명대화에 급급해서 중국 문명을 아주 협소하게 만들어놓았습니다. 저 자신이 중국 문명을 아주 얕게 이해하기 때문에 답변할 수 없습니다. 그러나 저는 중국 문명을 열어야 한다고 생각합니다. 광범위한 내부 대화 속에서만 중국 문명의 함의가 좀더 크게 열릴 수 있습니다.

문 선생님의 열린 태도는 중화문명에서 더 많이 유래했나요, 아니면 서양 문명에서 더 많이 유래했나요?

답 질문이 아주 재미있습니다. 아주 솔직하게 대답하겠습니다. 저 자신은 서양 문명에 더 공을 들였습니다. 한편으로는 저의 전공이기도 하고 다른 한편으로는 20세기부터 많은 중국인이 공을 들인 방향입니다. 우리는 서양이 주도하는 세계에서 살기 때문에 반드시 서양을 더 많이 이해해야 합니다. 중국 문명에 대해서 제가 무엇도 말하지 못한다는 것은 아닙니다. 이 문제를 확고하게 할 수 있다는 말입니다. 중국 문명의 문제를 서양과 약간 대비해보면 다른 점이 있습니다. 예를 들면, 중국 문명 자체에는 몇몇 특징이 있습니다. 사실 어떤 의미에서 문명대화는 중국이 아니라 서양에 더 필요합니다. 여기에는 두 가지 원인이 있습니다. 첫째, 여러분은 모두 서양 사회학 이론의 고전적 선구자 막스 베버의 동서 문명 비교에 관한 글을 읽어보셨을 겁니다. 그는 동서 문명, 특히 유교와 개신교를 비교할 때 이런 기본 관점을 갖습니다. 기독교 문명, 특히 개신교 문명에는 세계를 개조하려는 강렬한 충동이 있어서 세계가 개신교의 바람에 부합하도록 개조되었고, 반면 유교 문명이 개신교 문명처럼 근대사회로 진입하지 못한 이유는 유교 문명에 세계를 개조하려는 강렬한 바람이 없었기 때문이라는 것이 베버의 생각입니다. 이성적으로 세계에 적응하지 세계를 강하게 바꾸지는 않는다는 말입니다. 저는 이런 설명에 어느 정도 일리가 있다고 생각합니다. 예를 들면, 중국 역사를 보면 당연히 유가, 도가, 불교에 일정한 충돌이 있지만 그 충돌은 서양의 종교적 충돌과 완전히 다릅니다. 우리에게는 결코 이런 서양 종교의 문제가 없습니다. 가령 여러분이 개신교도라면 절대 천주교도일 수 없습니다. 천주교도라면 절대 유대교도일 수 없습니다. 기독교도라면 이슬람교도일 수 없습니다. 그러나 중국에서는 한 사람이 불교 신자이면서 도교 신자가 될 수 있습니다. 제 할머니는 매년 한 달을 채소만 먹습니다. 이때는 불교입니다. 그러나 대부분의 시기에는 당연히 의심할 바 없이 유교적입니다. 그분에게는 충돌이 없습니다. 도교 사원에도 나갑니다. 그분에게는 이것 아니면 저것이라는 생각이 없습니다. 서양 개신교의 어떤 교파도 다른 교파가 될 수 없습니다. 불가능하지요. 문명대화에는 하나의 이념이 있습니다. 관용을 강조하고 자신의 의견을 다른 사람에게 강요하지 않습니다. 다양한 것을 잘 받아들입니다. 이것은 중국 문명에서는 문제가 되지 않습니다. 이것이 바로 첫 번째 원인입니다. 둘째, 서양은 근대부터 강렬한 의지를 가지고 세계를 개조했고 다른 문명도 개조했습니다. 역사적으로 서양은 자신의 가치관을 형성하고 그것을 다른 문명에 강요했습니다. 그래서 문명대화에서 서양의 정치가가 비교적 중요합니다. 그들은 이 세계가 자신들이 바라는 것과 완전히 같을 수 없다는 점을 가르쳐야 합니다. 그러나 중국에는 이런 문제가 없습니다. 중국은 자신의 의지를 다른 사람에게 강요하지 않습니다. 이것은 확실히 중국 문명의 특징이 아닙니다. 중국 문명과 기타 문명에도 충돌이 있습니다. 그러나 이 충돌은 앞에서 말한 종류의 충돌이 아닙니다. 헌팅턴이 제시한 문명의 충돌에서는 대부분 서양의 16~17세기의 종교적 충돌을 원형으로 해서 이 세계를 구상합니다. 어떤 의미에서 자유주의의 진정한 기원이 여기에 있습니다. 개신교와 천주교는 서로를 용납하지 않아 피비린내 나는 살육을 벌였습니다. 그들은 종교 문제에서 일치하지 못합니다. 그렇다면 어떻게 해야 할까요? 이견이 있으면 그대로 두는 수밖에 없습니다. 개인적으로 저는 문명대화의 의미가 서양의 사상계, 학술계, 정계가 세계를 대하는 새로운 눈을 갖게 하는 것이라고 생각합니다. 그러나 중국에는 이러한 문명대화가 없습니다. 중국은 거의 완전히 자신을 버렸습니다. 선조가 전해준 유산을 모두 버리고 모두가 서양을 배우고 있습니다.

문 선생님은 문명과 문화의 차이가 무엇이라고 생각하십니까? 그리고 최근 저는 위잉스의 책『역사적 인물과 문화적 위기』를 읽었습니다. 위잉스는 19세기 중반부터 중국의 문화적 위기가 깊어졌고 오늘날까지 이어져왔으며 중국 문화가 발흥할 기회가 없었다고 말합니다. 중국의 국제적 지위가 상승하면서 중국 문화가 발흥한다면 부흥의 시발점은 무엇이어야 한다고 보십니까?

답 방금 두 가지 질문을 하셨습니다. 하나는 문명과 문화입니다. 문명과 문화의 구분은 서양에서 했습니다. 그리고 여러 가지 관점이 있습니다. 때로는 두 개념을 사람마다 다르게 쓰기도 합니다. 문명과 문화는 다를 뿐 아니라 상반된 개념이라고 가장 먼저 제시한 이들은 독일인입니다. 기본적 개념을 말하면 문명은 정신적인 것, 문화는 물질적인 것, 특히 기술 방면에 적용됩니다. 독일은 유럽 문명 가운데 비교적 늦게 일어선 국가입니다. 독일은 1870년 이후에 통일했습니다. 프랑스와 영국보다 뒤처졌고 문명과 문화의 구분을 말할 때는 주로 프랑스와 영국의 근대 산업 문명을 비판하고 독일이 서양의 정신문명 전통을 더 잘 계승할 수 있다고 강조했습니다. 독일인의 문명적 자주의식은 아주 강합니다. 그리고 또 한 가지, 우리는 비록 이후 히틀러의 전쟁만을 기억하지만 사실 근대 서양에서 적어도 인문과학의 주된 성과는 대부분 19세기 독일인이 다진 기초 위에서 이루어졌습니다. 미국인은 19세기 100년 동안 주로 독일에 유학했습니다. 상당 기간 독일에서 박사학위를 받은 사람만 대학에 임용될 수 있었습니다. 이는 100년 동안 벌어진 미국 역사상 최대 규모의 유학 운동이었습니다. 미국과 독일은 1914년 제1차 세계대전 때 단절되었습니다. 1914년 이전에 미국 역사 교과서에서는 이렇게 말했습니다. '영국은 우리의 어머니고 독일은 우리의 할아버지다. 그들은 모두 게르만 민족이기 때문이다.' 하지만 양차 대전 이후 그들의 관계는 변하기 시작했습니다. 모든 인문학, 예를 들면 고전학, 신화학 등 모든 고전의 주석은 독일 학자가 기초를 다졌습니다. 나중에 학술의 무게중심이 미국으로 옮겨왔지만 여전히 독일이 기초를 다진 후에 전해졌습니다. 고대 그리스의 텍스트 정리나 사상 해석 분야이든 성경 해석 분야이든 모두 독일인이 기초를 다졌습니다. 문제는 그들이 '문명'과 '문화' 개념을 제기했는데 서양인이 이것을 널리 인정하지 않았다는 것입니다. 프랑스에 아주 유명한 아날학파 학자가 있는데 그가 아주 명쾌히 말했습니다. '이 개념은 서양에서 결코 받아들이지 않는다.' 사실상 이 개념은 정반대로 뒤집어졌습니다. 특히 인류학자들에게 그렇습니다. 독일에서는 문명이 정신적인 것이고 문화는 물질적인 것입니다. 하지만 대다수의 논문에서는 정반대입니다. 중국에서도 마찬가지입니다. 문명 개념은 비교적 넓고 경제가 문명의 일부가 아니라고 할 수는 없습니다. 그러나 문화는 대체로 음악, 예술, 문학 등 인문학 분야의 것을 더 많이 지칭합니다. 문명의 개념이 좀더 넓습니다. 우리는 도대체 어떻게 사용해야 할까요? 크게 보아 우리에게는 무엇이 필요할까요? 우리는 중국 문명에 대해서 강하게 자기 확인을 해야 할까요? 상당 부분 여러분의 바람에 달려 있습니다.

방금 질문하면서 위잉스의 책을 언급했습니다. 저는 국내에 출판된 구체적 판본의 내용을 모릅니다. 대만에 출판된 판본이라면 그가 제기한 많은 문제를 오늘 말하기에는 부적합하다고 봅니다. 제가여기서 하는 말로 미움을 살 수 있습니다. 위잉스와 저는 아주 좋은 친구지만요. 저는 오랫동안 외국에 머물렀고 중국 대륙은 잘 모릅니다. 여기에 문제가 있습니다. 특히 오늘날 중국의 상황입니다. 중국은확실히 부상했습니다. 그러나 중국 부상의 배후에는 이상한 현상이있습니다. 예를 들면, 제가 홍콩에 있을 때와 국내로 들어온 뒤 느끼는 격차가 아주 컸습니다. 홍콩은 비록 중국에 반환되었지만 많은 대학은 거의 서양의 일부입니다. 학술계는 대부분 서양 학술계의 일부입니다. 밖에서 느끼는 바로는 외부 세계에서 가장 관심을 갖는 것은아마 중국일 것입니다. 그러나 국내로 돌아오면 그런 분위기가 없다는 것을 발견합니다. 모두가 믿음이 없고 중국이 좋다고 말하려 하는 사람이 없습니다. 아주 냉소적입니다. 물론 중국에는 문제가 아주많습니다. 그러나 문제가 많다고 완전히 부정해야 하는 것은 아닙니다. 강한 정신적 기둥이 있다면 그 많은 문제는 결코 심각하지 않습니다. 그러나 제 느낌으로 격차는 다소 큽니다. 저는 전에 외국에 오래 머물렀습니다. 매일 『뉴욕 타임스』를 보는 것이 습관이었습니다. 전에도 몇 번 말했는데, 『뉴욕 타임스』 1면에 중국이 실린 때는 대략 1992년입니다. 그때 저는 마침 미국에 있었습니다. 1992년 9월에 처음으로 『뉴욕 타임스』 1면 전면을 장식했고 그것도 모자라 3면에도 실렸습니다. 기사에서는 이렇게 말했습니다. "중국 경제가 날아오른다." 당시 모두가 놀랐습니다. 1980년대 내내 저는 국내에 있었습니다. 기사에서는 1980년대 내내 중국이 매년 평균 10퍼센트 이상의 경제성장률로 성장했다고 보도했습니다. 저는 국내에 있으면서도 몰랐습니다. 모두가 몰랐을 것이라고 믿습니다. 서양에서 갑자기 이렇게 보도하자 모두가 아주 놀랐습니다. 그 후 중국 경제의 앞날은 무한하다고 말했습니다. 현재 『뉴욕 타임스』에서는 중국에 대해 심심치 않게 보도합니다. 미국에 막 갔을 때 미국의 박사과정 학생 대다수는 중국이 어디에 있는지 몰랐습니다. 미국인은 역사·지리 지식이 대단히 부족하기 때문입니다. 저는 미국인의 이런 점이 좋습니다. 아주 단순합니다. 그들은 세계의 대사大事나 문명대화에 관심이 없습니다. 중국인은 여기에 특별히 관심이 많고 천하를 생각합니다. 이것이 좋은지 나쁜지는 모르겠습니다. 하지만 문제가 하나 있습니다. 중국 자신의 일에는 크게 힘을 쓰지 않는다는 것입니다. 많은 심포지엄의 결과는 '방법이 없다'입니다. 그러나 문명대화를 말하기 시작하면 앞날이 낙관적인 듯 여깁니다. 자신의 문명에 믿음이 없는데 어떻게 문명대화에 관심이 있을까요? 여러분이 무엇에 속하고 어떤 문명들이 대화하는지 여러분은 모릅니다. 여러분은 항상 스스로가 누구인지 잘 알고 다른 사람과 무엇을 말해야 하는지 알아야 합니다. 이 문제에 제가 답할 방법은 없습니다. 그러나 그 차이는 좀 큽니다. 방금 말했죠. 제가 1999년 홍콩대학에 왔을 때는 비교적 조용했습니다. 지금은 그렇지 못합니다. 이곳에 온 모두가 홍콩을 중국에 가기 위해 거쳐가는 곳으로 생각합니다. 솔직히 말해서 그들은 홍콩에 별 관심이 없습니다. 홍콩이 아주 번화하더라도요. 경력을 채우려면 상하이에서 석 달을 꼬박 근무해야 하는데 그러고 나면 아마도 불러줄 회사들이 있을 것입니다. 홍콩에서 석 달을 머물면 별로 도움이 안 됩니다. 외국에서 보기에 중국은 확실히 전 세계가 주목하는 중심입니다. 헌팅턴의 『문명의 충돌』 중국어판 서문을 보세요. 아주 명확합니다. 전 세계의 중심 문제는 미국과 중국의 관계입니다. 미국은 서양 문명의 대표자이고 중국 문명은 부상하고 있습니다. 다른 문명은 이런 전형성이 없습니다. 이슬람 문명은 물론 서양 문명과 충돌합니다. 그러나 결코 도전성은 크지 않습니다. 최대의 도전은 중국에서 오다시피 합니다. 그러나 중국 내에서는 모두 이를 믿지 않습니다. 중국이 좋다고 조금만 말하면 욕을 할 겁니다. 왜 그런지는 저도 모릅니다.

문 간양 선생님, 기술적인 질문을 하나 드리려 합니다. 방금 국제학술회의에 참석하면 차라리 동시통역을 사용하라고 말씀하셨습니다. 그러나 또 겸손하게 말씀하셨습니다. 선생님의 영어 실력은 중국어로 표현할 수 있는 의미의 10분의 1밖에 표현하지 못한다고 하셨죠. 그렇다면 회의장의 동시통역이 발표자의 생각을 몇 퍼센트나 표현할 수 있다고 보십니까? 앞으로의 회의와 문명대화를 더욱 순조롭게 진행하는 데 더 좋은 동시통역과 회의 참여자의 더 좋은 외국어 실력 중 어느 것이 더 필요한지요?

답 아주 솔직히 말하자면 동시통역입니다. 물론 동시통역에도 문제가 있습니다. 통역은 훈련할 수 있습니다. 우리가 회의를 개최할 때 몇 번만 하면 좋아집니다. 그러나 뒤로 갈수록 국제회의장에서 중국 학자가 중국어로 발언하는 것이 더 중요해집니다. 시기를 막론하고 중국 문명에 대한 느낌이 깊어지면 깊어질수록 중국어로 말하고 싶어할 것입니다. 예를 들면, 저는 지금 곧 홍콩에 가서 회의에 참석해야 합니다. 중앙미술원이 홍콩에서 개최하는 회의이고 21세기 중국 미술과 근대성 문제를 다룹니다. 회의에는 서양 학자도 있고 중국 학자도 있습니다. 저는 언어 문제를 어떻게 해결할지 물었습니다. 그들은 중국 학자는 중국어로 하고 서양 학자는 영어로 한다고 말했습니다. 나중에 보니 중국 학자는 모두 중국어를 선택했습니다. 저는 어떻게 대화할 거냐고 물었습니다. 그들이 말하더군요. 어쨌든 영어를 할 줄 아는 사람이 더 많아서 모두가 대화할 수 있고 밥 먹는 시간도 있다고. 저는 이것이 더 좋다고 생각합니다. 그러면 중국 학자는 중국어로 자신의 섬세한 생각을 더 잘 표현할 수 있습니다. 모국어를 사용하면 느낌이 다릅니다. 물론 이것은 저 개인의 관점일 뿐입니다.

많은 사람이 동의하지는 않습니다. 거의 현실적이지 못합니다. 앞으로 서양인이 모두 중국어를 잘하고 중국인이 모두 영어를 잘한다는 것도 현실적이지 못할 것 같습니다. 물론 이렇게 되면 가장 좋지요. 여기서 하나의 문제가 생깁니다. 말 나온 김에 말씀드리려 합니다. 저는 홍콩에서 일하기 때문에 언어 문제가 문명에 대한 기본 문제와 연관된다고 생각합니다. 2년간 중국 지도자가 교체된 시기―후진타오와 원자바오가 막 교체된 시기―에 서양에서 수많은 논평을 내놓았습니다. 프랑스 방송사가 중국을 연구하는 한 프랑스 학자를 초청했는데, 그는 저의 10년지기입니다. 그의 논평 한마디에 저는 크게 화가 났습니다. "새로운 지도자에게는 결점이 있다. 바로 영어를 못한다는 것이다." 처음에는 그가 프랑스에서 이 말을 한 줄 몰랐다가 나중에 알았습니다. 저는 한바탕 욕을 해주었습니다. "네 말은 아주 말도 안 되는 개소리다. 프랑스 대통령은 중국어를 할 줄 아느냐? 그게 도대체 무슨 문제냐!" 10년간의 친구 사이가 틀어질 뻔했습니다. 저는 중국 학자가 반드시 이 점을 견지해야 한다고 생각합니다. 반드시 평등을 고수해야 합니다. 이것은 기개의 문제입니다. 문화적 자존, 자애, 자기 존중의 문제입니다. 많은 사람이 말할 때 자존감이 완전히 없는 모습을 보입니다.

문 간양 선생님, 저도 질문 하나 하겠습니다. 중국과 서양의 학술 전통은 다릅니다. 서양에서는 이성을 위한 학술을 강조하지만, 중국 문명은 오성悟性을 강조합니다. "배우기만 하고 생각하지 않으면 미혹

된다學而不思則罔"라는 말에서 강조하는 것은 '화이부동和而不同'입니다. 선생님께 묻고 싶습니다. 선생님은 이성과 오성 중 어느 것이 더 중요하다고 생각하십니까? 학자의 학술 생애에서 이성과 오성이 상호 보완될 수는 없을까요? 또 있습니다. 이성이 서양의 학술 전통이 아니라면 선생님은 무엇이라고 생각하십니까?

답　누가 그렇게 말합니까? 서양 문명을 그렇게 이해해서는 안 됩니다. 이것은 아주 큰 문제입니다. 사실상 이성만을 중시하는 서양이란 결코 존재하지 않습니다. 아주 많은 서양이 있기 때문입니다. 신은 이성으로 이해할 수 없습니다. 이것이 기독교의 뚜렷한 특징입니다. 낭만주의 운동에서 가장 기본적인 전제는 감정으로 이성에 맞서는 것입니다. 이것이 낭만주의가 현대 인문 사조를 구성하는 가장 기본적인 지점입니다. 아주 두루뭉술하게 서양 문명은 이성, 중국 문명은 오성을 강조한다고 말씀하셨는데, 저는 이렇게 비교하는 관점에 아주 반대합니다. 저는 최근 100여 년 동안 이렇게 너무 단순하게 생각했다고 여깁니다. 서양 문명을 아주 얄팍하게 이해하고 중국 문명을 얄팍하게 정의하고 모델화한 다음에 묻습니다. "너는 어떤 것을 좋아하나?"라고. 그러면 저는 답할 도리가 없습니다. 서양 문명에 대한 이러한 이해는 아주 천박합니다. 서양 문명도 매우 많이 변해왔음을 이해해야 합니다. 예를 들면, 저는 이번 학기에 칭화대학 학생들에게 셰익스피어를 강의합니다. 셰익스피어는 지금까지 400년 동안 여러 가지로 다르게 해석되었습니다. 각각의 해석은 아주 판이합니다. 제가 학생들에게 강의하는 것은 '왜 이렇게 다르게 해석해야 하는가'입니다. 셰익스피어 시대의 영국인은 나중에 낭만주의에서 셰익스피어의 희곡을 이해한 것과 전혀 다르게 이것을 이해합니다. 1940년대의 주류 모델과 1980~1990년대의 주류 모델이 다르다는 것은 두말할 나위도 없습니다. 근본적으로 어느 한쪽이 어떻다고 말할 수 없는 것이지요. 서양을 더 깊게 연구해야 합니다. 아주 얕은 차원에만 머물러서는 안 됩니다. 입만 열면 서양을 말하는 사람들은 모두 서양 문명을 잘 알지 못합니다. 정말로 이해한다면 그렇게 말하지 못합니다. 조금만 더 깊이 이해하면 선뜻 그렇게 말하지 못하지요. 이런 현상은 아주 간단합니다. 한편으로는 서양 문명을 단순하게 보고 다른 한편으로는 중국 문명을 단순하게 보았던 것이죠.

문 몇 가지 작은 질문을 하려고 합니다. 첫 번째 질문입니다. 선생님은 방금 문명대화의 주체가 중요하다고 말씀하셨습니다. 일반적으로 유교 문화는 중국 문화의 줄기로 여겨집니다. 중국의 국제적 역량이 강해졌음에도 문화적 차원에서 중국의 주체성을 표현하는 것이 부족합니다. 어떤 학자는 유교를 재건해야 한다고 주장합니다. 학술적 자주성, 문명 자각 등이 이와 모두 한 세트라고 주장합니다. 유교의 재건이 상당히 높은 정도에 이른 것 같습니다. 두 번째 질문입니다. 다른 한편으로는 문명 자각에 대해서 어떤 학자는 비교적 경계하는 편입니다. 민족주의, 더 나아가 종족주의와 관련이 있다고 여기고 걱정스러운 일이라고 생각합니다. 선생님은 독일의 예를 들었습니다. 어떤 이는 나치가 헤겔, 오스발트 슈펭글러, 그리고 프리드리히 니체와 관계가 있다고 봅니다. 그들 사이에 어떤 논리적 관계가 있다고 말합니다. 그래서 문화자각과 민족주의의 관계에 한족 의복 부흥운동처럼 민간문화가 있고 방금 말한 유교도 있다고 봅니다. 어떻게 생각하십니까? 세 번째 질문입니다. 선생님은 방금 예전에 서양을 공부할 때 문제를 제기하는 방식이 틀렸다고 말씀하셨습니다. 연구를 통해 중국에 어떤 병이 있는지 안 다음 서양에 가서 어떤 약을 구하는 것 같다고 이야기하셨습니다. 사실 서양의 약이 어떻게 자신의 병을 치료하는지, 그런 능력을 어떻게 기르는지를 이해하고 나중에 중국에서 이런 능력을 키워야 한다고 하셨습니다. '서양으로 중국을 이해하기'와 '중국으로 중국을 이해하기' 사이에서 어떻게 정도正道를 유지합니까? 선생님은 방금 서양을 전면적으로 철저히 이해해야 한다고 하셨습니다. 만약 중국 문제를 가지고 이해한다면 서양을 선택적으로 이해하게 되고 사각지대가 생기는 게 아닐까요? 선택적이지 않게 서양을 철저히 이해한다면 중국 문제와 거리가 생기지는 않을까요?

답 첫 번째 질문과 관련해서 저는 장칭蔣慶을 아주 존중합니다. 저의 좋은 친구이기도 합니다. 그러나 저는 유교에 그리 찬성하지는 않습니다. 저는 '교敎'가 무엇을 하려는 건지 잘 모르겠습니다. 중국에는 예전부터 그런 교가 없었습니다. 교는 인위적으로 세울 수 있는 것이 아닙니다. 그래서 저는 결코 여기에 찬성하지 않습니다. 그러나 유가와 도가를 진지하게 공부하는 것에 반대하지는 않습니다. 저 자신은 유보적인 편입니다. 이것은 중국 문화에서 대대로 내려오는 전통과 다릅니다. 역대 중국 문화는 비교적 자유롭고 느슨했기 때문입니다. 교회가 강한 조직력을 갖는 것과는 다릅니다. 우리가 지금 시골에 가면 큰 문제 하나를 발견할 수 있습니다. 바로 기독교의 발전입니다. 기독교가 비교적 강세를 보이고 있습니다. 성금과 사람을 모으는 방식은 근본적으로 유가에는 없습니다. 그런 것은 비교적 강하게 사람을 개조합니다. 여러분이 만약 유교, 불교, 도교를 믿는다고 해도 다른 교파를 믿는 것을 막지는 않을 것입니다. 아주 평화로울 것입니다. 그러나 기독교를 믿는다면 전 세계에 대해 완전히 다른 생각을 갖게 될 것이고 그다음에는 신의 눈으로 이를 보게 됩니다. 중국 문명은 대대로 비교적 느슨했고 상대방을 개조하려고 하지 않았습니다. 보통은 상대방을 인정합니다. 현재 우리는 서양이 이끄는 세계에 살고 있습니다. 모든 것을 서양인의 생각대로 생각합니다. 마치 서양이 좋기만 한 것처럼요. 100여 년 동안 중국은 달라졌습니다. 최근에 제가 베이징에 왔을 때 최소한 친구 2명이 저에게 이 문제에 대해 물었습니다. 지금 기독교가 대규모로 발전했는데 나중에 중국에서 종교 전쟁이 일어날 수 있냐고요. 저는 대답할 수 없었습니다. 중국 문명의 맥락과 전승에 비추어보면 문제는 크지 않을 것입니다. 중화中和, 연화軟化 등이 있기 때문에 그렇게 강하게 남을 개조하려 들지 않을 것입니다. 그러나 우리는 기독교도가 불교도를 허용하지 않는다는 것을 알고 있습니다. 만약 여러분이 기독교도라면 불교를 믿을 수는 없는 것이죠. 도대체 어떻게 될는지 저는 답할 수 없습니다. 중국은 지금 아주 희한한 나라입니다. 몇몇 사회학자는 저에게 현재 중국은 두 번째로 큰 기독교 국가이고 중국 앞에는 미국만 있다고 했습니다. 또한 두 번째로 큰 이슬람 국가로 인도네시아 다음이라고 합니다. 이런 상황에서 기독교와 이슬람교가 모두 비교적 강세이고 그들은 여러분의 것을 개조할 수 있습니다. 물론 우리는 종교에 관용이 있어야 한다고 주장합니다. 그러나 다른 한편에서 서양을 더 많이 이해해야 합니다. 어떻게 종교 전쟁과 종교 충돌이 벌어졌고 어떤 방식으로 피하려고 했는지를 그들에게서 보아야 합니다. 저는 이것이 나중에 아주 큰 문제가 되리라고 생각합니다. 이런 문제에 대해서 우리는 아직 제대로 연구하지 않았습니다. 단편적으로만 종교의 자유, 종교적 관용을 주장해야 한다고 생각합니다. 이 문제는 분명 우리가 나중에 생각해보고 연구할 만합니다. 이것이 첫 번째 문제입니다. 저는 유교에 동의하지 않습니다. (학생: 유가는 중국 전통문화의 역량입니다. 유교가 수립되면 외래 종교를 상호 제어할 수 있습니다. 그렇지 않으면 이 신앙의 진공을 외래 종교에 순순히 내어주게 됩니다.) 그것은 좋은 바람이지만 현실성이 없습니다. 이 유가란 것에 본래 그런 제도와 수단이 없는데 어떻게 건립하나요? 유가는 기본적으로 가족적인 효제孝悌에서 연장된 것인데 어떤 수단으로 이를 건립하나요? 저는 장칭에게 늘 이렇게 농담합니다. 그러나 그의 의도는 좋습니다. 중국 문명 자체를 구축하는 데 이런 방식을 결코 사용하지 말아야 하는 것은 아닙니다. 저는 인심人心의 건립이 가장 큰 관건이라고 봅니다. 저는 현재 일반교육에 온 힘을 쏟고 있습니다. 중국의 역대 문명은 교육을 통해 건립되었습니다. 교육이라는 줄이 끊어지면 유교의 건설은 쓸모가 없어집니다.

　　두 번째 질문에 대해서 저는 조금도 걱정하지 않습니다. 중국에는 예전부터 종족주의가 없었습니다. 민족주의라는 용어는 무엇을 지칭하는지 모호합니다. 아주 좋은 것과 아주 나쁜 것을 모두 민족주의라는 한 솥에 넣고 끓일 수 있습니다. 예를 들어보겠습니다. 중국인은 중국에 감정을 갖고 있고 중국이 좋아지기를 바랍니다. 아주 정상적인 일이지요. 만약 이것이 민족주의라고 말한다면 민족주의와는 관계가 없다고 응수할 것입니다. 이 민족주의가 타인을 침략하려는 것이냐고 묻는다면 우리는 이것은 성격이 다르다고 말할 것입니다. 우리가 지금 어디서 남을 침략하고 있습니까? 우리는 전체적으로 타인에게 괴롭힘당하고 있습니다. 대만에 이러저러한 문제가 있고 신장 문제도 있습니다. 끊임없이 누군가 건드리는 상황에 놓여 있습니다. 제가 더 걱정하는 것은 소수민족의 민족주의를 선동해서 중국의 분열이 초래되는 것입니다. 저는 이것이 더 걱정스럽습니다. 1999년 유고슬라비아의 중국 대사관이 피폭당하자 많은 학생이 분노해서 거리로 나왔습니다. 이것은 아주 정상적이라고 봅니다. 이런 행동을 하지 않는 것이 비정상이지요. 몇몇 지식인 무리가 "아, 민족주의가 발작했다!"라고 말했습니다. 무슨 뜻인가요! 많은 학생 모두는 우리의 친구입니다. 저는 그 지식인들이 미쳤다고 생각합니다! 무엇을 걱정하나요? 중국 최대의 문제는 문명적 주체의식이 없다는 것입니다. 자신이 중국인인 줄 모르고 단 하룻밤만이라도 미국인이 되고 싶어합니다! 지금 미국처럼 큰 유도탄이 중국을 포위하고 있고 중국이 운신하지 못하는데 중국의 민족주의가 어떻게 타인을 침범한다고 말하려 하나요? 저는 정말 잘 모르겠습니다. 상식이 조금이라도 있다면 중국에 근본적으로 민족주의 문제가 없다는 것을 알 수 있습니다. 많은 불만이 있는데, 그것은 아주 정당합니다. 왜 중국인의 불만은 정당하게 표현될 수 없고 표현하기만 하면 괴물 취급을 받아요. 이것이야말로 아주 심각한 문제입니다! 저는 이것이 1990년대 중반부터 중국에서 아주 주목하던 문제라고 생각합니다. 저는 도무지 어떻게 된 일인지 모르겠습니다. 저는 미국인이 잘못된 길을 걸으려 할까 걱정입니다. 오늘은 이라크를 공격하고 내일은 이란을 공격하고 그다음 날에는 또 누구를 공격하려 할까요. 그들이 우리를 걱정한다고요? 정말 이상합니다.

마지막 질문에 답하겠습니다. 이 문제는 아주 복잡합니다. 저는 주로 서양사상사를 연구합니다. 서양 연구에 뛰어들었을 때 머릿속에 중국 문제는 거의 없었습니다. 저는 주로 서양의 맥락에 정력을 쏟습니다. 그렇다고 중국 문제가 제 마음속에 없다는 뜻은 아닙니다. 하지만 너무 일찍 중국에 대한 말이 튀어나오려는 것을 막겠다는 생각은 있습니다. 저는 먼저 서양의 맥락을 따라갑니다. 누구나 자신의 천성에 따라 갈 길을 정할 수 있습니다. 그러나 저는 중국 자체의 학술 문화 공동체가 있기를 바랍니다. 서로 다른 길을 가는 모든 사람이 이 학술 공동체 안에서 각자의 일을 하는 것입니다. 저는 중국을 전문으로 연구하는 무리와 서양을 전문으로 연구하는 무리가 있으면 좋겠습니다. 그러나 서양을 연구하는 사람에게 서양 텍스트로의 진입은 다릅니다. 예를 들면, 저는 서양에서 인문과학 박사를 취득하는 것을 반대하는 편입니다. 솔직히 말하면, 저는 먼저 국내에서 박사학위를 취득하고 외국에서 박사후 연수를 하라고 주장합니다. 이렇게 하면 훨씬 자유롭게 자신의 연구를 하게 됩니다. 그렇지 않으면 박사논문을 쓸 때 저들의 경로대로 해야 하고 자신을 그 안에 가둘 수도 있습니다. 논문을 스스로가 대상을 관찰한 결과물로 만들 수 없을지도 모릅니다. 왜냐하면 쏟아부을 자본과 힘이 없기 때문이지요. 중국에는 본래 이런 우위가 있으니 그것을 신경 쓸 필요가 없습니다. 이렇게 해야 좀더 큰 우위와 여지를 갖고 보게 됩니다. 서양의 길을 갈 필요가 없기 때문이지요. 중국 문명에 생각이 있는 사람이 이런 시각으로 서양을 연구한다면 돌아와서는 중국 문화 공동체를 위해 자신이 관찰하고 인식하며 이해한 서양에 대해 쓰게 됩니다. 그런 연구들이 모이면 아주 대단한 장면이 펼쳐질 것입니다. 이렇게 해야 자신의 문제의식을 가질 수 있습니다. 저는 역사의 선을 좀더 길게 늘이자고 주장합니다. 예를 들면, 이번 학기에 저는 여러분에게 셰익스피어를 강의합니다. 여러분은 반드시 400년 중 가장 주된 몇몇 유파를 동시에 손바닥에 올려놓고 파악해야 합니다. 현재 유행하는 어떤 하나의 사조, 학파의 노예가 되어서는 안 됩니다. 이런 힘을 모두 쏟아부어 모든 것을 이해할 수 있다면 여러분은 지금은 왜 이렇게 변했는지를 알게 될 것입니다. 모두가 상당한 노력을 기울인다면 서양은 항상 중국 문명의 시야 속에 있게 됩니다. 400년간의 서양, 더 나아가 2000년의 서양이 그렇게 됩니다. 시시각각 서양 전체를 문제 삼아 중국 문명의 시야 속에 둔다면 여러분은 2000년, 3000년의 중국 문명을 여러분의 마음속에 점점 더 새기게 될 것입니다. 30년 내에 이렇게 할 수 있다면 중국 문명의 부흥은 문제없습니다.

문 선생님은 "셰익스피어와 정치철학" 강의에서 구조 해체의 관점이 아니라 환원생태의 방법으로 강의하신다고 들었습니다. 현대 교육에는 이런 점이 아주 부족합니다. 선생님이 그중 구체적인 하나의 예를 들어서 저희에게 말씀해주실 수 있나요? 저는 이 점을 아주 동경하고 있습니다. 다른 한편으로, 지금 홍콩 옥스퍼드대학 출판사에서 많은 책을 내고 있습니다. 그러나 현재 이 책들은 간체자본이 없습니다. 왜인지는 모릅니다. 그곳의 책이 너무 비싸기 때문인가요?

답 먼저 두 번째 질문에 답하겠습니다. 사실 현재 홍콩 옥스퍼드대학 출판사는 국내와 협의를 했습니다. 국내에서는 본래 옥스퍼드대학 출판사에 돈을 주어야 한다고 말했지만 그들은 받지 못했고, 그래서 출판사 기획을 유지할 도리가 없었습니다. 첫 번째 문제는 제가 답할 방법이 없습니다. 강의할 때 일부만을 말할 수는 없기 때문입니다. 만약 제가 강의한다면 학생은 먼저 반드시 텍스트를 읽어야 합니다. 텍스트를 먼저 읽지 않으면 제 강의를 따라올 수 없습니다. 저는 강좌를 반대합니다. 저는 완결된 강의가 필요하다고 생각합니다.

중국 학생의 가장 큰 문제는 읽는 능력과 습관이 없다는 것입니다. 그래서 저는 늘 국내 대학생에게 이렇게 말합니다. 제가 미국 대학의 교육에서 가장 좋아하는 것은 교육 기제의 강화라고요. 한 주에 500쪽을 읽도록 정한 것은 교육을 아주 강화한 것입니다. 현재 학생들의 독서량은 아주 적습니다. 저는 희곡 4편을 강의할 때 한 희곡당 적어도 두 번 읽도록 합니다. 칭화대학 학생들에게는 만족하는 편입니다. 학생들이 두 번 이상 읽거든요. 오늘 여기서 시범을 보일 방법은 없습니다. 쉽지 않습니다.

문 간양 선생님, 안녕하세요. 문명대화의 배후에는 중국의 주체성에 대한 바람이 담겨 있습니다. 이런 '중국성'은 중국 문명이 처음 창조된 이후부터 있었던 것인가요, 현재 서양 문명을 도입한 후 재개된 것인가요? 선생님은 어떻게 생각하십니까? 이런 중국성이 진정 있기나 한 것일까요? 선생님이 방금 말씀하셨듯 많은 서양이 존재합니다. 중국에도 많은 중국이 존재합니까?

답 좋은 질문이자 어려운 질문입니다. 저는 단순하게 생각합니다. 두 측면 다 있습니다. 여기서는 하나의 문제만 언급하겠습니다. 도대체 몇 가지 문명이 있는가 하는 것입니다. 여기에는 두 가지 다른 관점이 있습니다. 하나는 예전에 주류였던 1970년대의 '축 문명'과 같은 관점인데, 서양에서는 이것이 비교적 주류입니다. 대체로 대여섯 가지 문명이 있다고 봅니다. 헌팅턴의 책에서도 여섯 가지 문명을 거론합니다. 헌팅턴은 라틴아메리카 문명을 더했는데, 라틴아메리카 문명은 그리스 문명과 다르다고 합니다. 중국 문명, 인도 문명, 일본 문명, 서양 문명, 이슬람 문명이 5대 문명입니다. 헌팅턴이 라틴아메리카 문명을 더한 것은 명백히 미국인의 관점에 의한 것입니다. 이것은 비교적 큰 주요 문명에 따라 말한 것입니다. 저는 항상 막스 베버의 세계 종교 문명에 대한 관점을 인용합니다. 베버는 '유대교'의 경우 큰 문명으로 보지 않습니다. 그는 유대교에는 주로 기독교의 전신 前身이라는 의미가 있다고 봅니다. 유대교를 문명에서 제외한 데는 근거가 있습니다. 자신의 문명을 좀더 좁게 한정하고 자기 민족에 한정하면 쉽게 확산되지 않습니다. 비교적 큰 문명에는 몇 가지 특징이 있습니다. 한 가지 특징은 넘나드는 영역이 크고 문명이 확산되는 모습이 나타난다는 것입니다. 문명이 지나치게 보수적이면 지역을 뛰어넘어서 수용될 수 없습니다. 큰 문명은 일정한 보편화 경향이 있고 상당한 정도로 비교적 많은 사람에게 수용됩니다. 서양 고전 학술의 경향에서 이 문제를 생각해보면 문명이 크지 않을 때는 하나의 마을이 하나의 문명일 수 있습니다. 그러나 또 다른 유행하는 관점이 있는데, 포스트모더니즘과 관련이 있습니다. 하나의 경향은 점점 분열될수록, 다원적일수록 좋습니다. 본래 차이는 크지 않을 수 있습니다. 그러나 이런 경향에서는 어떤 차이도 절대적 차이로 만들려 합니다. 인류학의 문화 개념에서는 하나의 '중국 문명'을 인정하지 않습니다. 저는 몇 달 전에 칭화대학에서 열린 작은 학술 토론회에 참가했습니다. 여기에서 왕후이 교수가 이른바 '중국' 개념을 다루었습니다. 서양에서 최근 몇 년간 유행한 중국 연구의 경향을 보면 그들이 중국의 '제국', 이른바 '청 제국' '원 제국'에 관심이 있다는 점을 발견할 수 있습니다. 그러나 우리는 그들이 말하는 '제국'의 의미를 잘못 알아서는 안 됩니다. 그들은 비교적 주변의 시각에서 '만주'에 관심을 갖습니다. 청나라 황제가 만주인이었기 때문입니다. 이때 우리는 큰 문제에 부딪힙니다. 예전에 중국 사학계는 중국 사료를 비교적 잘 장악했습니다. 이때 사학자들의 사료는 우리의 것보다 나았습니다. 우리는 본래 한족 위주였고 주변의 시각에서 연구하지 않았기 때문입니다. 그래서 여기서의 문제는 복잡합니다. 사실 결과적으로 중국을 문화적으로 와해하는 경향이 생겨났습니다. 서양의 연구 경향을 막을 수는 없습니다. 저들에게는 악의가 없기 때문입니다. 서양 학계의 전체적 분위기가 이렇습니다. 1990년대부터 영국사 연구에는 커다란 경향이 있었습니다. 바로 웨일스, 스코틀랜드, 아일랜드, 잉글랜드의 관계를 강조하는 것입니다. 이 역시 나중에 나타난 현실적 문제입니다. 영국은 본래 네 민족으로 구성되었습니다. 예전의 연구에서는 그들의 합일과 계승을 강조했습니다. 지금은 모두 스코틀랜드와 웨일스를 배제하는 작용과 차이를 강조합니다. 그들의 학술 사조는 분열적인 것에 더 주목하고 통일적인 것을 좋아하지 않습니다. 1970~1990년대 이후 서양의 주요 사조와 19세기에 칸트, 헤겔이 다져놓은 전통을 비교하면 둘은 아주 다릅니다. 칸트의 중심 범주가 무엇입니까? 잡다한 것의 통일입니다. 잡다한 것이 사람의 감각 속에서 통일되는 것입니다. 선험적 종합 판단은 주로 무엇이 흩어진 것을 통일하는가의 문제를 해결합니다. 정치적으로는 민족국가, 정치적 통일 문제로 변했습니다. 이런 과정이 없었다면 근대 민족국가는 수립되지 못했을 것입니다. 정치, 사상, 문화적으로 이런 선험적 종합 통일의 문제가 성립합니다. 그런데 1970~1980년대부터 이런 것이 전부 와해되었습니다. 미국도 영국도 프랑스도 학술적으로 이미 아주 완벽합니다. 이런 학술적인 것은 공동체를 와해하기에는 부족합니다. 그러나 우리는 아주 많은 사람이 이를 걱정하고 있다는 점을 알 수 있습니다. 미국의 학자는 미국의 다원문화가 결국 미국 문명을 와해할까 걱정합니다. 미국의 유명한 좌파 출신 철학자 리처드 로티는 최근 막 번역 출판된 책에서 서양의 문화좌파가 도가 지나쳐서 미국 문화의 차이 요소를 끊임없이 강조하고 차이를 '적과 아我의 모순'으로까지 밀고 나가려 한다고 비판합니다. 그렇게 되면 미국은 와해될 수 있습니다. 그래서 그는 자신의 주장 안에서 학술 사조에 대한 판단을 합니다. 가장 긴요한 점은 중국 학자가 서양에서 가장 유행하는 것을 따라갈 필요가 없고 좀더 긴 역사적 시야를 가져야 한다는 것입니다. 왜 이런 주장이 나타났는지 알겠지요. 로티는 우선 수십년 전의 것을 반대하고 수정했습니다. 그 모델은 비교적 극단적인 데까지 나아갈 수 있습니다. 그래서 그러한 단점이 드러난 것입니다. 현재 대학 교육을 논할 때 저는 미국이 가장 참고할 만하다고 말합니다. 그러나 미국에서 100년 동안 완성된 과정을 참고해야 합니다. 교육이 어떻게 그렇게 발전될 수 있었는지를 반드시 알아야 합니다. 그렇지 않으면 우리에게 가장 적합하지 않은 것을 배울 수 있습니다.

226

우리 앞에 놓여 있는 일은 하지 않고 기초적인 것을 버리고 부정적인 측면만 배울 것입니다. 서양 문명의 역사적 분절 단위를 길게 하면 할수록 좋고 연구를 하고 싶어하면 할수록 좋다고 대부분 강조합니다. 이런 작업에는 많은 사람이 필요합니다. 몇몇 사람이 할 수 있는 일이 아닙니다. 왜 중국어를 강조합니까? 홍콩의 많은 학자는 모두 영미권의 유명 대학에서 학위를 받았습니다. 개인이 몇몇 훈련을 하는 것은 괜찮습니다. 그러나 홍콩에는 학술계가 결코 존재하지 않습니다. 서로 교류를 하지 않기 때문입니다. 홍콩에는 비교적 그럴듯한 중국어 학술 간행물조차 없습니다. 저도 홍콩중문대학의 새로운 영어 잡지 편집위원회 멤버입니다. 그래서 아주 골치 아픕니다. 왜냐하면 홍콩 학자는 가장 좋은 글을 여러분에게 주지 않기 때문입니다. 그가 여러분에게 준 글은 분명 먼저 영미권의 좋은 잡지에서 거절당한 뒤에 홍콩으로 가지고 온 것입니다. 영어로 된 글은 물론 영미권의 잡지가 가장 주류라는 점이 아주 분명하기 때문입니다. 직무 평가에서 영미권 잡지를 언급하면 점수가 높습니다. 이는 잘못된 것입니다. 이런 상황이 발생하면 학술계 전체가 산산조각이 날 것입니다. 누구도 중국인과 교류하는 데 관심이 없습니다. 영어 잡지 중 많은 것은 쓰레기이고 그리 대단치 않습니다! 많이 읽어보았으면 알겠지요. 그래서 제가 싼롄서점에서 출판하는 '서학원류西學源流' 총서 서문에서 몇 마디 했더니 뜻밖에 큰 파문이 일었습니다. 저는 여러분이 서양을 너무 조금 보았다고 말할 수밖에 없습니다. 여러분은 판단력이 없습니다! 여러분은 영어 논문 한 편을 보면 모두 좋다고 느낍니다. 쓰레기는 흔합니다.

문 간양 선생님, 선생님의 저서는 주로 어떤 언어로 쓰셨습니까? 중국어입니까, 영어입니까?

답 당연히 중국어로 썼습니다.

문 더 많은 외국 독자를 확보하기 위해 번역할 필요는 없나요? 현재의 상황에서 중국어를 아는 서양의 중국 학자는 여전히 적습니다.

답 제 책은 몇 사람이 번역했는데, 모두 제가 번역을 요청하지는 않았습니다. 저는 개의치 않습니다. 저는 서양인이 저 개인이 어떤지를 꼭 이해해야 한다고 생각하지 않습니다. 저는 중국 학계에 사상과 학술 문화의 '장'이 생겨서 학술 분위기 전체가 더 좋아지기를 바랍니다. 절대다수의 중국 학자가 영어 잡지에 발표한 글은 결코 가장 좋은 것이 아닙니다. 그리고 영어가 아닌 언어로 발표한 글은 많은 문제를 말해줍니다. 그래서 저는 방금 말했습니다. 가장 좋은 것은 동시통역입니다. 후스의 말에 일리가 있습니다. 예전에 제가 인용한 적이 있습니다. "언어의 문제는 우리를 영원히 다른 사람을 따라가지 못하게 한다." 중국 학자 한 사람, 미국 학자 한 사람은 본래 지능지수가 같다, 그러나 중국인은 많은 시간과 힘을 들여서 영어를 공부하는데 그들은 반대로 중국어를 공부할 필요가 없다, 그러면 중국인이 불리하다.' 후스는 예전부터 이렇게 주장했습니다. 중국인이 유학하는 목적은 유학을 중지하기 위해서입니다. 이런 방향성이 없다면 여러분의 유학은 아주 혼란스러울 것입니다. 여러분의 중국 문명은 영원히 위로 올라가지 못할 것입니다. 많은 시간을 들이지만 분명히 서양 학자만 못합니다. 모국어로 글을 써야만 여러분의 똑똑한 지적 능력을 가져다 쓸 수 있습니다. 저는 영어를 공부하는 것을 반대합니다.

사회자 간양 선생님, 사회자에게 질문할 특권을 허락해주시겠습니까? 부탁드립니다. 선생님은 1980년대에 '문명대화'에 매우 관심을 보이셨습니다. '문화: 중국과 세계文化: 中國與世界' 총서를 편집하셨는데, 지금은 그때로부터 20여 년이 지났습니다. 최근 몇 년 동안 선생님의 연구 관심은 바뀌었습니다. 선생님은 현재 대학의 일반교육을 다루고 계십니다. 오늘의 화제에 더해 일반교육의 필요성을 말씀해주시겠습니까? 우리 학생들이 문명대화를 할 자격을 더 갖춘 주체가 되려면 더 좋은 인문학적 기초가 필요합니다. 이러한 인문학적 기초는 상당 부분 일반교육을 통해서 형성됩니다. 선생님의 강연을 들으면서 하나의 현상이 떠올랐습니다. 우리 학생들은 한편으로 중화문명의 부상이라는 거시적 담론에 관심을 갖습니다. 다른 한편으로는 현실 속에서 비자발적으로 서양에 쏠립니다. 예를 들면, 제가 방금 말했듯 우리 학교는 최근 영어 캠프를 열었습니다. 몇몇 젊은 선생님이 느낀 점을 말했는데, 수업할 때 한 반에 중국 선생님과 외국인 자원

봉사자가 함께 들어간 일이 있었다고 합니다. 중국 선생님은 아주 열심이었습니다. 그런데 학생들이 강의실에 왔을 때 중국 선생님과 외국 선생님이 있다면 학생들은 먼저 영어로 외국 선생님에게 인사하고 중국 선생님은 보지도 않는다고 합니다. 그러면 중국 선생님은 좀 곤혹스러워하며 학생들이 최소한의 예의도 제대로 지키지 않는다고 생각합니다. 우리 학생은 외국 선생님과 꼭 안고 함께 사진도 찍지만 중국 선생님은 옆에 내버려둡니다. 물론 이 문제는 문명적 자각이라는 고차원적 문제까지는 아니고 일반적인 예의 문제에 불과할 수도 있습니다. 이 일을 보고 저는 한사오궁의 「세계世界」가 생각났습니다. 저는 여기에 아주 깊은 인상을 받았습니다. 주프랑스 중국 대사관에서 리셉션을 개최했는데, 많은 중국인이 처음부터 프랑스어로 말했습니다. 이때 문화자각이 아주 강한 사람이 걸어와서 말했습니다. "선생님, 중국어로 말씀해주십시오." 그래서 이런 질문이 떠올랐습니다. 이 자리에 앉아 있는 많은 학생은 나중에 문명의 사자가 될 가능성이 높습니다. 학생들이 어떤 지식을 갖추고 정서의식을 가져야 할까요. 일반교육의 역할과 관련해서 몇 말씀 해주시고, 일반교육의 기능과 문명대화의 관계에 대해서 말씀해주시기를 바랍니다.

답   차오 선생님, 고맙습니다. 이 문제는 학생만이 아닌 모든 영역과 관련됩니다. 이 문제는 단기간에 해결되지 않습니다. 이것은 마음의 문제입니다. 중국과 미국을 비교하면 격차가 큽니다. 미국의 모든 관료기구와 관청 중 어느 부문이 가장 어려울까요? 이민국입니다. 왜일까요? 이민국은 자국인이 아니라 외국인을 상대하기 때문입니다. 힘 있는 민족은 자신의 동포를 아주 존중합니다. 외국인은 그다지 존중하지 않을 수 있습니다. 그들은 자부심이 있고 콧대가 높으며 자신감이 넘칩니다. 동포를 더 존중하고 동포가 아닌 사람들에게는 그리 우호적이지 않습니다. 많은 미국인이 비미국인의 이민국 수속을 도와줍니다. 그때마다 그들은 크게 분노합니다. 미국 시민을 상대하는 그 어떤 사람도 이처럼 태도가 나쁘지는 않아요. 상상하기 어렵죠. 중국인은 정반대입니다. 중국인은 외국인에게 지켜야 할 예절을 잘 지킵니다. 칭화대학이나 다른 대학 학생만 그런 것이 아닙니다. 우리는 동포에게 좋게 대하지 않지요. 이런 현상은 대사관에 가면 늘 마주칠 수 있습니다. 단기간에 쉽게 해결되지 못할 문제임은 확실합니다. 이것은 중국인의 현재 문화적 자신감과 관계가 있습니다. 문화적 자존감이 없고 유행하는 영어를 할 수 있어야 존엄을 표현할 수 있다고 생각합니다. 중국어가 좋다고 생각하거나 중국 문명을 깊이 이해하고 자존감을 갖지 않습니다. 저는 이것이 문명이 반半식민지화 또는 자기 식민화하는 과정이라고 생각합니다. 자신을 작게 만들고 자신이 남보다 못하다고 생각하는 것입니다. 동포가 어떻게 보는지는 결코 중요하게 생각하지 않습니다. 이러한 현상은 아주 보편적입니다. 1980년대까지의 상황은 1990년대와 많이 달랐습니다. 1980년대에는 대체로 중국의 사상문화 공동체가 비교적 뚜렷했다고 확신할 수 있습니다. 영문학을 공부하든 중국 문학을 공부하든 학자들은 누구나 주로 자국인과 주로 소통했습니다. 1990년대의 세계화 등을 낙관적으로만 말한다면 앞에서 말한 현상이 필요한 과정이라고 볼 수도 있습니다. 그러나 이 단계가 끝나야 중국 문명이 부상한다고 할 수 있습니다. 여러분이 정말 자신감이 있다면 이렇게 아무런 자존감도 없이 서양을 보기만 하면 어떻고 느끼지는 않을 것입니다. 이러한 상황은 3~5년 내에 해결될 수 없습니다.

다른 부분에서 중국의 많은 동포에게는 두 가지 심리가 있습니다. 스스로를 비하하는 마음과 뽐내는 마음이 동시에 나타납니다. 정말 이상합니다. 1990년대 이후 중국인이 미국에 많이 간 뒤에 아주 대담하게 말합니다. "미국이 좋지 않다!"라고요. 저는 여러분에게 아주 소박한 심리로, 문명 주체의 심리로 그들의 좋은 점을 보기도 하라고 주장합니다. 예를 들면, 저는 보통 미국인은 아주 순박하다고 생각합니다. 저는 그들을 아주 좋아합니다. 그들은 예의 바른 편입니다. 문명은 자존이지 오만방자함이 아닙니다. 사실 우쭐거리면서 열등감을 감추는 것입니다. 저는 모두가 자존감을 가져야 한다고 생각합니다. 자존감은 여러분의 문명, 역사 전체와 관계가 있습니다. 일반교육 측면에서 저는 중국의 학생, 적어도 칭화대학, 베이징대학, 푸단대학 등의 대학생들이 자신을 성찰할 기회를 가졌으면 좋겠습니다. 무수한 과목에 시간을 빼앗기지 말고요. 아주 자유롭지 못하고 외부의 압력이 너무 큰 이 많은 수업을 어떻게 다 듣나요? 제대로 듣지 못합니다. 과목을 줄이고 과목마다 고전 텍스트를 깊이 공부하고 더 많은 시간을 생각하며 스스로에게 질문하면 좋겠습니다. 2년의 완충 시간이 있다면 외재적 지식을 공부할 수 있을 뿐 아니라 더 중요하게는 자신을 인식하게 될 것입니다. 모든 외재적 지식은 여러분이 활용하기 위한 것입니다. 개인의 주체의식을 세우지 않는다면 여러분의 지식은 그리 쓸모가 없습니다. 많은 미국 대학생은 2학년 때 위기를 맞습니다. 보통 (물론 제 관찰은 제한적입니다) 미국 대학생은 1학년 때 많은 것을 배웁니다. 세계에 대한 완전히 새로운 관점을 갖게 됩니다. 동시에 몇 가지는 아리송하고 제대로 알지 못합니다. 적지 않은 중산계층 가정에서 그들에게 1년간 유학을 하라고 합니다. 여행을 보내 생각할 시간을 주기도 합니다. 내가 무엇을 해야 하는가를 생각하며 자신을 인식할 기회를 갖는 것이지요. 우리는 알고 있습니다. 때로는 여러분의 전공이 결코 여러분에게 가장 적합하지 않고 여러분이 가장 좋아하는 것이 아닐 수 있습니다. 그러나 이런 생각을 할 겨를이 없습니다. 저는 칭화대학에서 매 학기 6과목 이상을 선택하지 못하도록 강제 조항을 만들기를 각별히 원합니다. 이공계 과목에 대해 말할 자격은 제게 없습니다. 하지만 인문계에서 한 학기에 수업이 그렇게 많으면 너무 피로합니다. 저는 이번 학기 수업에서 토론을 네 번 했습니다. 매번 아주 많은 시간과 노력을 기울여야 합니다. 읽을 텍스트에는 일정한 기준이 있습니다. 강의만 들으면 되는 것이 아니라 반드시 과제를 작성해야 합니다. 제 요구는 아직 느슨한 편입니다. 학생 1명당 토론 요약을 하나씩만 제출하면 됩니다. 홍콩에서 강의할 때는 학생 1명당 최소한 프로젝트 발표를 해야 했고 중간과제와 기말과제도 있었습니다. 수업을 이렇게 구성한다면 수업은 분명 흐트러질 수 없습니다. 미국의 하버드대학에서는 4학년 동안 32개 과목이 개설됩니다. 매 학기 4과목을 수강합니다. 보통 다섯 과목을 듣는다면 감당할 수 없습니다. 미국 대학생이 1학년에 입학했을 때는 절대 칭화대학, 베이징대학 학생보다 수준이 높다고 할 수 없습니다. 아마 약간 떨어질 것입니다. 그러나 그들은 학부 전체 기간 동안 강화된 일반교육을 듣습니다. 이것이 진정 엘리트를 기르는 방식입니다. 사람이 몰라보게 달라진다는 것이 핵심입니다. 지금 우리는 완전히 반대입니다. 1학년에 막 입학했을 때는 아직 생기가 있습니다. 1년 뒤에는 신통치 않아지고 3학년 때는 찌들게 됩니다. 지금 교육이 이렇게 변하는 것이 걱정스럽습니다. 교육은 사람을 만드는 과정입니다. 저는 교육에 분명 몇 가지 문제가 있다고 생각합니다. 물론 저도 그렇게 잘하지는 못하고 비판만 많이 하고 있습니다. 떠들지만 말고 모두가 실제로 실천하기를 바랍니다. 약간이라도 할 수 있으면 실천하기를 바랍니다.

사회자　네, 오늘 간양 선생님이 아주 좋은 강연을 해주셨습니다. 간양 선생님, 감사합니다. 이 자리에 와주신 모든 분에게도 감사드립니다.

반미 세기와
신세계주의

反美世紀與新世界主義

신제국과 반미 세기

新帝國與反美世紀

반미가 세계 정치의 주류가 되었다

문　최근 미국이 신제국이 되고 있는가의 문제와 이라크전쟁 이후 국제정치 구도에 모두의 관심이 쏠리고 있습니다. 이 문제들에 대해서 어떻게 생각하시는지 말씀해주실 수 있습니까?

답　우선 미국의 『저널 오브 데모크라시The Journal of Democracy』 지에 실린 논문 한 편을 떠올리는 편이 더 낫겠습니다. 논문 제목은 「반미 세기인가The Anti-American Century?」입니다. 글쓴이는 '9·11'테러로 이미 미국 세기가 황급히 끝났고 "우리가 현재 진입하고 있는 시대는 반미 세기라고 할 수 있다"라고 보았습니다.

문　이런 표현은 아주 대담하고 자극적입니다. 글쓴이는 강렬한 '반미파' 지식인인가요?

답　정반대입니다. 글쓴이 이반 크라스테프는 친미파 동유럽 학자입

이 인터뷰의 일부는 『싼렌생활주간三聯生活周刊』 제296호(2004년 7월 19일)에 실렸다. 전문은 『21세기경제보도21世紀經濟報道』 2004년 10월 22일과 29일 자에 실렸다.

니다. 『저널 오브 데모크라시』 같은 미국의 반#관변 잡지도 보통은 '반미' 성향의 원고를 싣지 않습니다.

문　친미파 동유럽 지식인이 왜 "21세기는 반미 세기가 될 것이다" 라는 논점을 제시했을까요?

답　그들은 걱정스러워합니다! 동유럽의 친미파 학자들은 우리 중 국이 비교적 단순한 친미파보다 더 현명하다는 것을 분명히 보여줍 니다. 친미파도 저급 친미파와 고급 친미파로 나뉩니다. 저급 친미파 에게는 자기주장이 없습니다. 어느 때고 미국 정부의 입장에 비위를 맞춥니다. 내뱉는 말은 항상 미국조차 오그라들게 만듭니다. 그러나 고급 친미파는 수심이 깊습니다. 미국의 현재 정책이 미국에 불리할 까 봐 걱정합니다. 그래서 미국에 경종을 울리려 합니다.

문　그들은 미국에 어떤 경종을 울립니까?

답　그들은 미국이 현재 세계적으로 '반미주의'가 출현하고 있다는 점을 반드시 직시하기를 바랍니다. 특히 그들은 유럽에서 나타난 예 전의 '반미정서'가 주로 프랑스에서의 현상이라고 알고 있습니다. 그 러나 지금은 '반미정서'가 이미 전 유럽에 퍼졌다는 것이 뚜렷합니다.
　　이반 크라스테프는 이렇게 말합니다. "현재 이것이 이미 뚜렷해 졌다. 반미주의는 결코 빨리 사라질 수 있는 정서가 아니다. 반미주의는 부시 정부가 인심을 잃었기 때문만이 아니고 사람들이 미국이 이라크와 전쟁을 벌이는 것에 반대하기 때문만이라고도 해석할 수 없다." 그는 반미주의가 이미 '세계 정치의 주류'에 진입했다고 봅니다. 현재 각종 불만과 우려, 여러 정치적 주장이 모두 '반미주의'의 표현일 수도 있기 때문입니다. 예를 들면, 튀르키예 등 몇몇 국가의 반미주의 세력은 크라스테프 같은 친미파에게도 민주주의 세력으로 인정받습니다.

그래서 크라스테프는 반미주의가 이미 전통적 정치의 좌우 구분을 뛰어넘었고 세계 각지의 '우려하는 정부와 화난 군중' 속에서 똑같이 강한 공명을 일으키고 있다고 봅니다. 그는 후쿠야마의 '역사 종말론'을 비꼬듯 인용하며 이렇게 말합니다. "우리가 '역사의 종말'에 도달했을 때 갑자기 다음을 발견하게 될 것이다. '역사가 종말된' 곳에서 우리를 기다리고 있는 것은 '반미주의'이며, 이런 반미주의 자체가 이미 '모든 것을 포괄하는 이데올로기'가 되어 있을 것이다."

반미 세기의 근거

문　선생님은 이것이 근거 있는 생각이라고 보십니까?

답　지금 이런 문제의 경우 미국과 유럽의 학자들은 사실상 모두 미국, 그리고 전 세계의 최대 여론조사기관인 퓨리서치센터Pew Research

Center의 최근 몇 년 전 세계 여론조사 결과를 참고합니다. 퓨리서치센터 자체가 미국의 입장을 대변합니다. 그래서 세계 각지의 반미주의 혐의를 과장할 리 없습니다.

퓨리서치센터가 2002년 연말에 공표한 44개 국가의 3만 8000여 명을 대상으로 한 여론조사 결과는 다음과 같은 사실을 말해줍니다. 미국이 '9·11'테러를 당했을 때는 세상의 동정을 받았지만, 그 뒤 세계 여러 유형의 모든 국가, 이슬람 국가는 말할 것도 없고 전통적 우방인 바르샤바조약기구 국가, 개발도상국, 동유럽 국가 등에서까지 미국의 이미지는 모두 초라하기 그지없습니다. 또한 이라크전쟁 전에 세계 각지의 미국에 대한 여론은 모두 부정적이었습니다.

크라스테프가 글에서 인용한 것은 2003년 6월에 공표된 보고서입니다. 이 보고서에 따르면, 전쟁이 시작되면서 절대다수 국가에서 미국에 대한 평가가 1년 전보다 낮아졌습니다. 특히 미국과 서유럽의 틈이 더 벌어졌습니다. 예를 들면, 조사한 북대서양조약기구 7개 국가 중 미국과 영국을 제외한 나머지 5개 국가의 다수 국민(프랑스 76퍼센트, 스페인 62퍼센트, 이탈리아 61퍼센트, 독일 57퍼센트, 튀르키예 62퍼센트)이 앞으로 서유럽이 외교와 방위 분야에서 미국에 더 독립적 입장을 취하는 것을 지지했습니다. 역으로 미국인은 서유럽에 대한 반발이 큽니다. 미국과 서유럽이 긴밀한 관계를 유지하는 것을 지지하는 비율은 전쟁 전에 62퍼센트였다가 전쟁 시작 후에는 53퍼센트로 떨어졌습니다.

문 2004년의 조사라든지 새로운 조사는 없습니까?

답 제가 지금 본 것은 퓨리서치센터가 2004년 3월에 공표한 보고서입니다. 제목은 "이라크전쟁 후 1년: 미국에 대한 유럽의 불신임이 증가하고 줄지 않아, 이슬람 세계의 미국에 대한 분노는 깊어져"입니다. 이 제목 자체가 이미 대체적인 정황을 설명합니다. 보고서는 이렇게 시작됩니다. "이라크전쟁 1년 후 미국과 미국의 정책에 대한 불만은 격화되기만 했고 완화되지 않았다."

프랑스와 독일 등 서유럽 국가의 미국에 대한 관점은 1년 전과 같이 부정적입니다. 그 밖에 영국의 상황은 미국에 불리한 방향으로 흘러갔습니다. 1년 전 조사에서 영국인 중 전쟁을 지지하는 비율은 61퍼센트였습니다. 그러나 2004년 3월 조사에서 전쟁을 지지하는 영국인의 비율은 43퍼센트로 내려갔습니다. 현재 영국 사회는 상당히 분화되어 있습니다. 전쟁과 미국을 대하는 관점에서 긍정적인 태도와 부정적인 태도는 거의 반반입니다. 이슬람 국가는 더 말할 것도 없습니다. 이 센터의 보고서는 이슬람 사회가 보편적으로 미국에 분노와 적개심을 느낀다고 말해줍니다. 그리고 많은 이슬람 국가에서 빈라덴은 여전히 대중으로부터 높은 지지를 받습니다(파키스탄에서 빈라덴을 지지하는 사람은 65퍼센트이고, 요르단은 55퍼센트, 모로코는 45퍼센트입니다).

조사 대상 이슬람 4개국 중에서 모로코와 요르단의 압도적 다수가 자살 테러로 미군을 공격하는 것이 정의에 부합한다고 생각합니다. 파키스탄 국민의 반이 자살 테러를 지지합니다. 빈라덴의 시장이 거의 없는 튀르키예에서도 31퍼센트가 주이라크 미군에 대한 자살 테러가 정의롭다고 생각합니다.

친미파의 최대 근심과 희망

문　그렇게 보면 크라스테프가 제기한, 세계는 지금 '반미 세기'로 진입하고 있다는 주장이 확실히 근거가 있어 보입니다. 그러나 동유럽 국가는 미국과 이라크전쟁을 지지하지 않습니까?

답　크라스테프는 글에서 미국 측에 특별히 경고한 것입니다. 즉, 미국은 동유럽 국가의 민심을 잘못 판단하지 말라는 것입니다. 우리는 이라크전쟁 문제에서 프랑스와 독일 정부가 공개적으로 미국에 반대하고 동유럽 정부는 지지했음을 알고 있습니다. 따라서 미국은 이른바 '신유럽', 즉 동유럽을 치켜세우고 '구유럽', 즉 서유럽을 크게 깎아내렸습니다. 동유럽은 바로 막 민주와 자유를 획득했습니다. 그래서 피와 생명으로 민주와 자유를 보호해야 할 필요성을 잘 알고 있습니다.

　　그러나 크라스테프는 미국의 이런 생각이 비록 아주 그럴듯하지만 아쉽게도 동유럽의 현실과는 맞지 않는다고 지적합니다. 그는 우선 여론조사에서 모든 동유럽 구공산 국가는 하나도 예외 없이 국민의 70~75퍼센트가 미국의 이라크전쟁을 강하게 반대한다는 것을 분명히 보여준다고 말합니다. 달리 말해서 동유럽 국가의 정부가 미국과 이라크전쟁을 지지한다고 이것이 동유럽 국민의 의지를 대변하는 것은 아니라는 것입니다.

다음으로 그는 더욱 아픈 곳을 찌릅니다. 지금 많은 동유럽 국가에서는 이름만 바꾼 구공산당이 집권하고 있습니다. 미국은 이 동유럽 정부가 민주와 자유의 가치를 위해 미국의 전쟁 연맹에 참여한다고 말하지만 동유럽 사람이 이 말을 들으면 그야말로 울지도 웃지도 못하는 것입니다! 크라스테프는 동유럽 국가의 정부가 미국의 전쟁에 대해 지지를 표명한 것은 모두 권력의 이해관계에서 내린 결정이라고 말합니다. 따라서 동유럽 국가의 정부와 미국의 전쟁 연합은 결코 '자발적 연합'이 아니라 '마지못한 연합'이라고 이야기합니다.

문 동유럽 친미파들이 가장 걱정하고 또 바라는 것은 무엇입니까?

답 그들의 가장 큰 걱정은 바로 미국과 서유럽의 관계가 최대로 복원되지 않으면 동유럽이 극단적으로 곤란해질 수 있다는 것입니다. 현재 한편으로 미국은 동유럽을 이용해서 서유럽을 폄하하고 다른 한편으로 서유럽 언론은 동유럽 국가가 여전히 관성적으로 '위성국가의 심리'를 보인다고 비난합니다. 동유럽 국가는 예전에 소련의 위성국가였고 지금은 미국의 위성국가가 되었기 때문에 스스로의 독립의지가 애초부터 없었다고 말합니다.

크라스테프 등은 이 점에 대해서 아주 억울해하면서도 우려합니다. 그리고 동유럽 국가는 결코 미국의 위성국가가 아니라고 강조합니다. 왜냐하면 동유럽의 운명은 서유럽과 연관되어 있고 동유럽의 앞날은 여전히 유럽연합에 있다는 점을 명백히 알기 때문입니다. 따라서 동유럽 국가가 미국에 가장 바라는 것은 미국이 서유럽과의 관계를 철저히 회복하는 것입니다. 그렇지 않으면 동유럽은 따를 곳이 없어집니다.

그는 미국이 반드시 '장기적으로 볼 때 지리적 요소가 다른 요소보다 중요하다'는 점을 반드시 인식해야 한다고 경고합니다. 이 말에는 만약 미국이 앞으로 서유럽과 점점 더 멀어진다면 동유럽은 사실 서유럽을 따라갈 수밖에 없다는 뜻이 담겨 있습니다. 이는 당연히 동유럽 친미파가 가장 보고 싶지 않은 일입니다.

21세기 세계 정치의 방향

문 '반미 세기'의 형성은 미국의 제국적 지위가 흔들리는 것을 의미한다고 볼 수 있을까요?

답 이른바 '반미 세기'는 미국이 세계의 패권을 독차지하는 것과 사실 동전의 양면입니다. 이 두 가지 현상은 장기적으로 병존합니다. 한편으로 현재 세계 각지에서 나타나고 있는 '반미주의'는 사라질 가능성이 적습니다. 세계의 패권을 독차지한 미국의 지위가 변하지 않으면 미국에 대한 각국의 불만이 계속 끝없이 증가할 것이기 때문입니다. 따라서 미국의 신제국 시대는 거의 필연적으로 동시에 '반미 시대'라고 할 수 있습니다.

그러나 다른 한편으로 이런 '반미 세기'의 형성은 적어도 짧은 기간 안에는 미국의 패권적 지위를 흔들지 못합니다. 세계 각국에 모두 상당한 '반미주의'가 존재하지만, 각국의 반미 동기와 원인은 아주 다릅니다. 따라서 어떤 실질적 의미를 지닌 반미동맹 또는 통일전선이 형성될 수는 없습니다. 그래서 미국의 신제국과 '반미 세기'는 장기적으로 병존하는 국면을 보일 것입니다.

문 이렇게 미국의 신제국과 반미 세기가 장기적으로 병존하는 상황은 어떤 결과를 낳을까요?

답 결과적으로 전 세계가 모두 그리 즐겁지는 않을 것입니다. 미국인과 다른 나라 사람 모두 갈수록 견디기 힘들어질 것입니다. 세계 각국의 국민이 미국에 불만을 품을 뿐만 아니라 미국인도 마찬가지로 외부 세계에 점점 더 반감을 갖기 때문입니다. 그들은 자신들의 생각이 다른 사람들의 생각과 실제로 크게 다르고 심지어 정반대라는 것을 발견합니다.

예를 들면, 현재의 전 세계 여론조사로 볼 때 미국 이외의 거의 모든 다른 나라는 미국이 이라크전쟁을 일으킨 동기가 중동의 석유를 통제하고 미국의 세계 패권을 유지하기 위해서라고 생각하고 있습니다. 그러나 대다수 미국인은 이런 생각을 절대 받아들일 수 없습니다. 그들은 정말로 미국이 중동에 대한 사적 이익이 없고 완전히 민주와 자유, 인권을 위해 미국인의 생명을 스스로 희생한다고 생각합니다. 이런 관점의 격차는 실로 너무 큽니다.

또한 이라크가 대규모 살상무기를 가지고 있다는 문제에 대해서는 미국과 영국 이외의 거의 모든 다른 나라의 다수 국민이 미국 정부와 영국 정부가 처음부터 의도적으로 거짓말을 했다고 생각합니다. 그러나 미국인 중에는 단 31퍼센트(영국인은 41퍼센트)만이 미국과 영국 양국의 지도자가 의도적으로 거짓말을 하여 전쟁의 이유를 만들어냈다고 생각합니다.

문 미국의 신제국과 반미 세기가 장기적으로 병존하는 이런 상황이 중국에는 무엇을 의미합니까? 중국 대중은 이런 구도를 어떻게 보아야 할까요?

답 저는 이것이 중국에 비교적 큰 위험이라고 생각합니다. 따라서 중국 대중은 이런 구도에 대해서 아주 신중하고 조심스러운 태도를 취해야 합니다.

문 왜 그렇습니까?

답　우리는 올해 미국 대통령 선거가 끝난 후 존 케리가 집권하든 조지 부시가 연임하든 모두 미국과 서유럽의 관계를 회복할 것이라고 짐작할 수 있습니다. 그러나 이 관계를 회복하기 위한 가장 실현 가능성이 높은 경로는 바로 미국과 서유럽의 공통된 가치관과 공동의 이익에 호소하는 것입니다. 특히 양쪽 공동의 잠재된 적을 부각하는 것입니다.

예를 들면, 한반도 문제를 부각하면 서유럽과 미국의 입장은 더 가까워지고 최소한 심각하게 충돌하지는 않을 것입니다. 마찬가지로 대만 해협 문제에서 서유럽은 이제까지 미국과 입장 차이가 거의 없었습니다. 요컨대 미국이 이라크전쟁을 끝낸 뒤에 전략의 중점을 동아시아로 옮기면 최소한 미국과 서유럽의 충돌은 그렇게 심하지 않을 것입니다. 미국의 『포린 어페어스Foreign Affairs』지의 편집인 제임스 호그는 최근 이 잡지에 「글로벌 파워가 이동하고 있다A Global Power Shift in the Making」라는 글을 발표했습니다. 그는 서론에서 "글로벌 파워의 이동은 매우 드물게 일어나며 평화적 이전은 더욱 드물다"라고 말했습니다. 이는 당연히 중국의 '평화적 부상'을 겨냥한 말입니다.

이 글의 취지는 바로 미국의 진정한 도전이 아시아에 있고 전 세계의 권력 이전이 다른 곳이 아닌 아시아에서 발생하고 있다는 점을 강조하는 것입니다. 그는 한반도와 대만 문제를 평화적으로 해결하기 어렵고 어느 한 곳의 위기가 폭발하면 대규모 전쟁이 일어날 수 있으며 이런 전쟁에 비하면 이라크전쟁은 소규모 경찰부대의 행동처럼 보잘것없어 보인다고 생각합니다.

그래서 그는 미국이 아시아에서 반드시 일본과 인도와 더 긴밀하게 손을 잡아야 하며 중국과 일본 또는 중국과 인도의 어떤 연합 가능성도 철저히 차단해야 한다고 강조합니다. 결론적으로 말해서, 21세기 세계 정치의 중심은 아시아태평양, 동아시아, 중국과 미국 사이에 있습니다.

중국의 신세계주의

中國的新世界主義

런던, 파리, 샌프란시스코 등지에서 올림픽 성화 봉송이 방해를 받았다. 일부 서양 언론의 왜곡 보도, 중국인을 모욕하는 발언에 중국 사회와 해외 유학생으로부터 거센 항의의 물결이 일었다. 이 일련의 사건이 갖는 의미를 어떻게 볼 것인가? 본지에서는 중요한 사상가 몇 분을 모시고 이 사건에 대한 의견을 들었다. 이번 호에서는 홍콩대학 아시아연구센터 간양 연구원과 인터뷰했다.

—『21세기경제보도』 편집자

위대한 전환, 신세계주의

문 이번 전 세계 중국인 동시 대집회에는 어떤 특별한 의미가 있습니까?

답 2008년 4월 19일에 전 세계 중국인이 유럽, 미주 각국에서 오성홍기를 들고 개최한 대집회는 세계사의 중요한 전환점입니다. 4·19운동으로 전 세계가 새로운 세대의 자강, 자립, 자신, 자유로 무장한 중국인을 보았습니다. 국기를 높이 든 그들의 시위는 완전

이 인터뷰는 『21세기경제보도21世紀經濟報道』 2008년 4월 26일 자에 실렸다. 원제목은 "국경을 열어 저들이 들어오게 놓아두자打開國門放他們進來"다.

히 자발적으로 조직되었습니다. 더구나 세계를 향해 내지른 그들의 목소리는 완전히 자유롭게 내면의 가장 깊은 곳에서 나왔습니다. 1980년 이후 출생자들이 주축이 된 4·19운동에는 중국 5000년 문명의 자부심, 100년 동안 제국주의 열강에 항거한 결의, 60년 동안 분발해서 나라를 세운 자강 자립의 열의, 개방 30년 동안의 중국인의 자신과 자유 정신이 응축되어 있습니다.

최근 100년 동안 중국에서 전체 인민이 한마음이 되어 움직인 순간은 네 번 있습니다. 첫 번째 순간은 1919년 5·4운동으로, "밖으로 강권에 항거하고 안으로 국가의 도둑을 징벌하자"고 했습니다. 두 번째 순간은 1949년 건국 의식으로, 마오쩌둥은 "중국 인민이여 일어나라"라고 장엄하게 선고했습니다. 세 번째 순간은 1976년 '사인방'을 타도하고 전 인민이 개혁개방을 경축하며 맞았습니다. 네 번째 순간은 바로 2008년 4·19운동입니다. 전 세계 중국인이 "CNN처럼 살지 마!"라고 분노에 차서 외쳤습니다. 4·19운동의 의미는 사실 5·4운동을 뛰어넘습니다. 5·4운동 때는 중국의 사회와 정치가 가장 좋지 않은 상황이었지만 4·19운동은 중국이 부상한 배경에서 발생했기 때문입니다. 그 의미는 이미 올림픽 자체도 뛰어넘었습니다.

문　4·19운동이 세계사의 위대한 전환점이라고 말씀하셨는데, 왜 그렇습니까?

답　4·19운동은 사실상 인류가 오랫동안 갈망한 진정한 '세계주의'

의 도래를 상징합니다. 이러한 '신세계주의'는 기존의 '구세계주의'와 다릅니다. 기존에 세계주의라고 불렸던 것은 사실상 서양 중심주의와 서양 패권의 토대 위에 있습니다. '구세계주의'는 서양의 교만, 특히 서양 여론의 교만과 편견으로 더 많이 표현되었기 때문입니다. 이런 교만은 서양의 유명하지 않은 정객과 기자도 자신들의 편견이 진리와 사실을 대표한다고 믿도록 합니다. 21세기의 세계화 시대는 '신세계주의'를 절박하게 요구합니다. 이런 신세계주의의 핵심은 세계 각국이 모두 평등하고 서로를 존중하는 데 있습니다. 따라서 '신세계주의'는 필연적으로 서양주의를 근본적으로 부정하는 데서 출발해야 합니다. 이러한 부정이 없으면 동서 세계의 진정으로 평등한 공존과 상호 존중은 실현될 수 없습니다.

4·19운동에서 가장 의미심장한 부분은 중국 네티즌이 자발적으로 개설한 안티 CNN 홈페이지와 'CNN처럼 살지 마'로 대표되는 다량의 동영상입니다. 서양 중심주의의 초석은 여론 패권입니다. 안티 CNN 홈페이지와 'CNN처럼 살지 마'는 바로 서양의 여론 패권에 대한 강한 도전입니다. 4·19운동은 사실상 서양 정객과 언론이 오랫동안 세계의 도덕적 재판관을 자임하던 시대가 이미 끝났다는 것을 상징합니다. 비서양국가의 민중은 더 이상 사실을 무시하고 함부로 지껄이며 사슴을 말이라고 하는 서양 정객과 대중매체가 제멋대로 자신들을 악마처럼 그리는 것을 용인할 수 없습니다.

이런 '신세계주의'를 중국이 가장 먼저 시작한 것은 필연적입니다. 중국이 가장 강대하고 독립적인 비서양국가이기 때문입니다.

4·19운동에서 보여준 전 세계 중국인의 고함은 CNN 등에 이렇게 외칩니다. 당신들의 그런 보도 "나는 믿/지/않/아!"

중국의 세계주의는 CNN의 인종주의에 대항한다

문　서양 여론은 대부분 전 세계 중국인의 이번 운동을 나무라는 어투로 중국의 협애한 민족주의라고 부릅니다. 어떻게 보십니까?

답　전형적으로 흑과 백을 뒤집어놓았습니다. 올림픽을 둘러싼 이번 충돌에서 이 사건을 끄집어낸 서양 정객과 언론이야말로 가장 협애한 서양 민족주의를 대표합니다. 그리고 CNN으로 대표되는 언론은 가장 악랄한 인종주의를 서슴없이 내비칩니다. 정말 놀라운 일입니다. 그러나 중국인이 올림픽 성화를 보호한 것은 바로 중국의 '세계주의' 정신을 보여줍니다. 중국인이 이처럼 베이징 올림픽을 중요시한 것은 이를 통해 중국인이 세계 각국과 평화적이고 호의적으로 교류하기를 원하는 아름다운 바람이 표현되기를 바라서입니다.

　　그러나 이렇게 세계주의 정신으로 가득 찬 아름다운 바람이 뜻밖에 서양의 몇몇 정객과 언론에 의해 반중국 운동을 일으킬 큰 기회로 비쳤습니다. 올림픽을 이용해서 공공연하게 중국의 좋지 않은 모습을 보이자고 호소하는 미친 울부짖음을 들으면 중국인은 이 세계가 어떻게 이런 모습이 되었는지 믿을 수 없습니다! 특히 순결한

1980년대 출생 중국 젊은이 중 많은 이가 처음에는 슬프다가 혼란스러워졌습니다. 그들은 이런 상황을 생각하지 못했기 때문입니다. 그들이 예전에 믿었던 서양 언론이 얼마나 비열하고 옹졸하며 저급하고 후안무치하며 공공연하게 사실을 날조할 수 있을지 몰랐습니다. 젊은이들은 깊은 상처를 받았습니다. 전 세계 중국인의 자발적인 "베이징 올림픽 성공 기원"은 바로 세계에서 '신세계주의 정신'을 견지하려는 것입니다. 이를 반대하는 것은 서양의 협애한 민족주의와 인종주의입니다.

문   4·19운동이 중국과 서양의 관계에 불리하다고 보는 사람도 있습니다. 어떻게 보십니까?

답   대단히 잘못된 생각입니다. 4·19운동은 바로 중국과 서양이 오래도록 관계를 유지하는 데 크게 도움이 됩니다. 서양인은 지금껏 '투쟁 철학'을 믿어왔습니다. '네가 투쟁하지 않으면 네가 틀렸다고 말하는 것'이라고 생각했습니다. 이런 원리조차 제대로 알지 못하면 정말로 지능지수가 낮은 것입니다. 중국과 서양의 우호 관계는 결코 중국이 일방적으로 인내하면서 형성되지 않습니다. 반드시 반대할 때는 반대하고 싸울 때는 싸우는 토대 위에서 맺어집니다. 서양에서 가장 존중받는 중국의 외교관 중 한 사람은 사주캉沙租康(중국의 외교관이며 부산 총영사를 역임했다 ─ 옮긴이) 대사입니다. 그가 존중받는 이유는 일관적으로 날카롭게 상대를 대하고 과감히 투쟁을 견지했기 때문입니다. 예전에 서양 언론과 인터뷰할 때 직접적으로 미국인에게 입을 닫으라고 말했는데, 도리어 그들의 찬사를 받았습니다. 중국인은 과감히 투쟁하는 사람이 존중받는다는 것을 반드시 이해해야 합니다. 투쟁을 견지해야 뿌리 깊고 단단히 굳은 서양 중심주의를 끝낼 수 있고 중국과 서양이 진정으로 평등하게 교류하는 토대를 마련할 수 있습니다.

4·19운동은 전 세계에 깊은 교육적 의미를 갖습니다. 특히 서양 인민과 언론을 한 차례 '재교육'하는 운동입니다. 4·19운동은 서양의 양식 있는 언론이 자신의 서양 중심주의적 편견을 새롭게 반성하고 검토하도록 할 것입니다. 이로써 서양 언론이 앞으로 중국과 비서양에 대한 보도를 할 때 좀더 신중한 태도를 갖도록 할 것입니다. 사실상 4·19운동은 해외의 '티베트 독립'의 목소리를 완전히 눌러버렸습니다. 서양 언론이 중국인의 강한 반발을 보도하지 않을 수 없었기 때문입니다. 뉴욕에 거주하는 량수빙梁淑冰과 중국 시민 리리란李麗蘭이 현지 변호인을 통해 CNN과 잭 캐퍼티 앵커를 고소하고 13억 달러를 청구했다는 소식에 아주 기쁩니다. 그들은 CNN이 반드시 중국인 한 사람마다 1달러씩 배상할 것을 요구했고 미국 연방법원은 이 소송을 받아들였습니다. 중요한 것은 이 소송의 승리 여부가 아닙니다. 중국인이 앞으로 필연적으로 서양의 언론과 여론을 부단히 감시할 수 있게 되었고 이런 투쟁을 밥 먹듯이 하게 되었다는 점입니다. 이는 '신세계주의'에 크게 이롭습니다.

성화 봉송에서 사고가 일어날 걱정은 말라

문　서양의 몇몇 기구와 언론의 올림픽 성화 봉송에 대한 각종 행동을 어떤 마음으로 대해야 합니까?

답　현재 성화 봉송은 해외에서 이미 가장 마지막 지점만 남겨두고 있습니다. 대부분 아시아 지역입니다. 저는 4·19운동의 위대한 기세가 사실상 이미 효과적으로 해외의 '티베트 독립'을 물리쳤다고 생각합니다. 마지막 남은 아시아 지역의 성화 릴레이 지점에서 '티베트 독립'은 이미 다시 기류가 되기 어렵습니다. 예를 들면, 오스트레일리아에는 중국 유학생이 많습니다. 그리고 일찍부터 숨죽이고 기대하고 있습니다. 일을 저지르려는 사람은 이를 헤아려보아야 합니다. 해외의 '티베트 독립'은 종이호랑이입니다. 그들 중 많은 사람은 티베트족이 아니라 서양인입니다. 무슨 전투라고 할 만한 것을 본 적도 없습니다. 중국인이 진짜로 오는 것을 보면 움츠러들어 돌아갑니다.

　　이런 심각한 시국에 저는 외국에 주재하는 중국 대사관에서 그렇게 급하게 생각할 필요가 없고 사고가 일어날 것을 걱정해서 소재 국가에 성화 봉송 경로를 줄여달라고 요청할 필요도 없다고 생각합니다. 가장 중요한 것은 사고가 날까 봐 걱정하지 않는 마음입니다. 마오쩌둥은 "하늘은 무너지지 않는다"라고 말했습니다. 게다가 성화가 외국에서 전달되는 동안 소란을 피우는 이들에게 강탈당할까 봐 걱정할 필요도 없습니다. 만약 강탈당한다면 추해지는 것은 중국인이 아나라 폭력으로 올림픽을 파괴하는 폭도와 그들의 우두머리입니다. 강탈한다고 해도 그 사람들이 성화를 어떻게 할까요? 강에 버릴까요, 땔감으로 패서 땔까요? 그러면 공분을 살 것입니다. 성화를 강탈당하면 정말 골치 아픈 쪽은 주관국입니다. 그 나라는 아주 엄격한 수단으로 소란을 피운 사람을 처벌해야만 할 것입니다. 그러지 않는다면 그 나라는 어떻게 해명하겠습니까? 그래서 그런 사람들에게 충분히 표현할 기회를 주어도 상관없습니다. 그 결과는 바로 민중에게 가장 좋은 교육이 될 것입니다. 이런 교육은 다른 무엇보다 효과적입니다.

한마디로 해외 성화 봉송에서 사고가 좀 일어난다고 그리 심각한 것은 아닙니다. 실제로 나쁜 일은 늘 좋은 일로 변합니다. 현재까지 성화 봉송에서 사고가 일어나는 것은 사실 도리어 중국인이 바라듯 봉송 과정에서 사고가 일어나지 않기를 바라는 것보다 훨씬 좋습니다. 그러면 전 세계에 반反중국이 필연적으로 중국인 전체의 강한 반발을 불러일으킨다는 것을 보여줄 수 있습니다. 모든 것이 태평하면 오히려 서양 언론에서 중국인이 진정 마음에 품은 소리를 알 기회가 없어집니다. 사고의 효과는 이제까지 아주 좋았습니다. 해외에서 반중국 운동이 일어날 때마다 그 결과는 오히려 중국인에게 애국주의 교육 운동이 되었습니다. 중국의 유학생이 대규모로 애국주의 운동을 벌인 때는 1995년입니다. 미국이 리덩후이를 미국에 초청했을 때입니다. 그때 미국의 정계, 학계, 언론, 국민이 모두 처음으로 놀라운 발견을 했습니다. 중국의 유학생과 정부의 중국 통일 문제에 대한 입장이 완전히 일치했던 것입니다.

문을 열고 그들을 나라 안으로 들어오라고 하라

문 5월 3일 이후 성화 봉송이 중국 국내로 들어옵니다. 주의할 점이 있을까요?

답 저는 개인적으로 국경을 열어 그들을 국내로 들어오게 하자고 제안합니다. 중국에 반대하는 이들을 입국하도록 하고 중국을 왜곡 보도하는 서양 기자와 편집자를 공개적으로 초청하는 겁니다. 무슨 '국경 없는 기자회' 대표, '티베트 독립'을 지지하는 영화배우도 오라고 해서 중국의 지방 중등학교와 대학교에 가서 중국인과 토론하게 합시다. 중국의 명문 대학에 보낼 필요도 없습니다. 중국의 지방 중등 전문학교 학생이 그들과 토론하더라도 여유로울 것입니다. 그들 중 많은 사람은 사실 티베트가 중국에서 어떤 지위인지 모르고 중국의 56개 민족의 역사문화에 대해서는 완전히 무지합니다. 단지 서양에서 혼잣말만 해왔으니 자신들이 얼마나 어리석고 무지한지를 모릅니다. 중국의 대학 학생회는 미국의 하원의장 같은 사람들을 공개적으로 초청해서 토론할 수 있습니다. 그들이 반중국 안건을 중국인에게 공개적으로 말하게 하고 중국의 대학생들이 그들과 토론하도록 하는 것입니다. 1980년대생 중국 젊은이가 이들과 토론할 때 누가 더 말이 되게 이야기하는지를 보십시오. 다른 조직들도 폭력을 쓰지 않는다면 모두 불러들일 수 있습니다. 중국 정부는 대범하게 할 수 있습니다. 지방을 일부 내주어 이 사람들이 중국에서 행동하도록 할 수 있습니다. 중국의 대학생과 인민이 그들과 논의하고 정부는 경찰을 파견해서 질서만 유지하면 됩니다.

자유와 질서

문　어쨌든 국내 성화 봉송이 시작될 때는 모두가 대부분 좀더 안심할 수 있을까요?

답　오히려 저는 5월에 성화가 국내로 들어왔을 때의 상황을 더 걱정합니다. 국내 성화 봉송에서는 국외에서 맞닥뜨린 적대적 파괴가 더 이상 없기 때문에 성화 봉송 과정에서 마주칠 가장 중요한 문제는 국내 인민의 참여 열정과 성화가 지나가는 경로인 지방정부의 공공질서 유지 사이의 충돌입니다. 5월부터 8월까지 3개월 동안의 성화 봉송 과정에서 닥칠 도전은 국외 봉송 과정보다 못하지 않을 것입니다. 반드시 최대한 노력하여 중국 인민이 자유롭고 자발적으로 자신의 가장 강렬한 애국의 열정을 표출하도록 해야 합니다. 그러나 어떻게 인민이 자유롭게 자신의 열정을 표현하는 동시에 공공질서를 유지하는가는 정부의 전통적 행위 방식에 수정이 요구되는 중대한 과제입니다.

비교적 중요한 점은 성화 봉송과 관련된 모든 것을 완전히 관의 활동 궤도 안에 넣으려 하지 말아야 한다는 점입니다. 중국 시민이 여러 가지 방식으로 3개월 동안의 성화 릴레이에 자유롭게 참여할 수 있도록 충분한 공간을 최대한 남겨주어야 합니다. 이번 해외 유학생의 애국 운동에서 가장 중요한 점은 바로 모두가 자발적으로 자원해서 자신의 목소리를 표현하기 위해 행동했다는 사실입니다. 국내 봉송에서 정부도 가능한 한 시민이 자발적으로 참여하도록 해야 합니다. 비교적 이상적인 방법은 이렇습니다. 성화가 지나가는 경로마다 봉송 주자를 시민이 추첨해서 정하도록 하는 것입니다. 이러면 시민은 참여하고 있다는 느낌을 더 강하게 갖습니다. 홍콩에서는 요즈음 봉송 주자 선발 문제로 많은 토론을 하고 있습니다. 적지 않은 사람들이 더 많은 일반인이 참여할 수 있도록 해야 한다고 생각합니다. 그래서 특별행정장관 쩡인취안曾蔭權이 첫 번째 성화 봉송을 양보했습니다.

정리하겠습니다. 관건은 일반인이 배척당했다는 기분을 느끼도록 해서는 안 된다는 점입니다. 중심 원칙은 중국 인민이 최대한 자발적으로 참여할 수 있도록 하고 긍정적 열정이 정당한 자원으로 전환되도록 해서 현재 쌓여 있는 애국의 열정이 사라지는 것을 방지하는 것입니다.

문 그러나 여기에는 하나의 모순이 있습니다. 각 지방정부는 사고가 날 것을 두려워하고 안전이 통제 불능이 될까 걱정합니다. 그래서 부득이하게 통제를 더 강화합니다.

답 이 사안은 사실 현대사회에서의 정부의 관리 방식 문제와 관련

됩니다. 현대사회에서 가장 중요하고 어려운 문제는 자유와 질서의 균형을 어떻게 이루는가입니다. 공공질서를 유지하려면 시민의 자유롭고 자발적인 요구를 최대한 만족시키는 것이 전제되어야 합니다. 이는 난이도가 높은 현대적 과제입니다. 어떤 사회에도 질서 유지라는 기본 문제가 있습니다. 그러나 현대사회의 통제는 전통사회와 다릅니다. 반드시 시민이 가능한 한 최대한도의 자유를 누려야 합니다. 동시에 정부도 공공질서를 유지하는 책임을 져야 합니다. 오늘날 정부의 전환을 논할 때 가장 중요한 면은 바로 공공질서를 유지하는 동시에 시민이 최대 수준의 자유를 누리도록 하는 것입니다.

저는 올림픽 개최가 바로 아주 좋은 기회라고 생각합니다. 이를 계기로 우리가 정부의 전통적 일 처리 방식의 상당 부분을 바꿀 수 있습니다. 정부가 주도해서 모든 중요한 활동을 정하는 예전의 관리 방식을 반드시 바꿔야 합니다. 예전의 방식으로 중대한 활동이 정부의 일상적 운영에 영향을 주면 정부 부문은 심하게 피로해지고 비용도 너무 크게 듭니다. 동기는 좋지만 실제적으로는 민간이 오히려 배척당했다는 기분을 느끼기 십상입니다. 이런 관리 방식은 현대사회에 적용할 수 없습니다. 중국의 현대화 과정에서는 반드시 중국 시민의 자기 관리 의식과 습관을 동시에 길러야 합니다. 한편으로는 중국 시민이 자유롭고 자발적으로 자신의 가장 강렬한 감정을 표현하도록 하고 동시에 자각적으로 법질서를 유지하는 습관을 기르도록 해야 합니다. 사고가 날까 봐 너무 걱정할 필요는 없습니다. 시민이 표현하는 기본 감정은 애국입니다. 절대다수 시민이 애국적임을 믿고 시민의 정서와 정부의 희망이 일치한다고 믿어야 합니다. 기업과 학교에서 반일 휴가를 실시해서 모두가 자발적으로 성화 릴레이에 참여하도록 권장할 수 있습니다. 시민이 자발적으로 참여하도록 하면 정부의 관리 비용을 낮추고 모든 일을 정해진 순서대로 진행하는 고지식함을 면할 수 있습니다. 예를 들면, 정부가 모든 사람에게 국기를 나누어줄 필요는 없고 학생과 시민이 스스로 자발적으로 국기를 준비하도록 하는 것입니다. '4·19'운동에서 가장 인상 깊은 것은 오성홍기가 이처럼 전 세계의 도처에서 휘날린 적이 없었다는 사실입니다. 이것은 중국 민중이 자발적으로 벌인 일입니다.

문　이번에 인터넷에 가장 많이 올라온 사진이 바로 유학생들이 오성홍기를 흔드는 모습입니다. 여기에 대해서는 어떻게 생각하십니까?

답　이것은 내면에서 나온 행동입니다. 국기라는 정치적 기호가 이미 중국인의 정치적 정체성을 보여주는 요소가 되었음을 말해줍니다. 정치 공동체는 반드시 공동의 정치 기호가 있어야 합니다. 이런 기호는 반드시 인민의 마음속에서 만들어져야 합니다. 이것은 정치적 정당성의 중요한 부분입니다. 하나의 정치 공동체에서 가장 중요한 정당성의 토대는 인민이 자발적이고 자유롭게 공동체를 보호하겠다고 나서는 것입니다. '4·19'운동이 바로 이 점을 증명합니다.

서양 문화좌파를
넘어서

超越西方文化左派

오늘 강연에서 저는 주로 다음 두 가지 문제를 말하려 합니다. 첫째, 글로벌 문화생산체제에 대한 생각입니다. 둘째, 글로벌 문화생산체제와 서양 문화좌파의 관계입니다.

글로벌 문화생산체제가 무엇이든 우리가 그것을 깨기란 아주 어렵습니다. 그것을 나쁘게 정의하는 것도 아주 어렵습니다. 글로벌 문화생산체제는 아주 흡인력이 있습니다. 우리는 구체적인 기제로 들어가서 토론해야 합니다. 장학금 수혜, 서양 유학, 방문학자, 국제학술회의 참석, 국제 출판 등이 그 사례입니다. 따라서 추상적 차원의 문화 식민주의는 개인 차원에서는 오히려 좋은 것이고 문화교류를 증진할 수 있습니다. 가장 큰 특징은 글로벌 문화생산체제가 강제 기제가 아니라 '강태공이 낚시하듯 낚아 올리기를 기다리는 것'이라는 점입니다. 그것은 일종의 소프트파워입니다. 문화연구에서 안토니오 그람시가 말한 '헤게모니'와 같은데, 중국에서는 '패권'이라고 번역합니다. 물론 이런 번역은 많은 오해를 낳습니다. 그람시는 강제력coercing에 상대되는 말로 헤게모니를 말합니다. 헤게모니는 사람을 마음으로 감복시키고 마음에서 우러나도록 하는 것입니다. 우리가 '패권'

이 글은 2006년 6월 27일 화둥사범대학에서 개최한 "글로벌화한 문화생산 조건에서의 중국문학연구" 학술회의와 워크숍의 개막식 강연을 기록하고 정리한 원고다.

이라고 번역하는 것은 '패도覇道'와 관련이 있습니다. 그러나 그람시의 헤게모니는 '왕도王道'와 유사합니다. 중국의 왕도라는 표현은 무의미한 것이 아닙니다. 어떤 현실 정치도 '왕'과 '패'가 서로 뒤섞여 있습니다. 즉, 한쪽은 경찰, 법원, 감옥 등의 폭력 강제 기제이고 다른 한쪽은 문화적이고 달콤한 헤게모니입니다. 이런 기제가 바로 실제로 존재합니다. 학술적 상투어를 일상용어로 해석하면 미국의 '당근과 채찍' 정책 또는 마오쩌둥이 말한 '한 손에는 총을, 한 손에는 펜을'입니다. 미국과 초국적 자본이 주도하는 세계 질서는 강제적 부분(가령 이라크 등과의 군사 투쟁)과 소프트한 부분, 그리고 그 둘 사이의 부분으로 나뉩니다. 따라서 글로벌 문화생산체제는 아주 흡인력 있고 달콤한 부분으로 구성됩니다. 이것은 아주 곤혹스러운 부분입니다.

저는 여기서 두 가지를 강조하려고 합니다. 첫째, 미국-세계 질서의 일부분입니다. 엄격히 말해서 글로벌 문화생산체제는 역사가 불과 15년 정도이고 냉전이 종식된 이후의 산물입니다. 세계화의 기점에 관한 토론은 아주 많습니다. 안드레 군더 프랑크의『리오리엔트』를 위시한 세계체제론에서는 16세기부터 시작되었다고 합니다. 그러나 이런 서술은 아주 미심쩍습니다. 그들은 문화의 의미를 완전히 부정합니다. 모든 것을 경제구조로 헤아립니다. 프랑크에게 중국이 수천 년간 건설한 문화 관념과 생활방식은 완전히 의미가 없습니다. 게다가 세계화 이론에는 17세기, 18세기, 19세기 기점설이 있습니다. 그러나 이런 것들은 모두 하나의 인상을 만듭니다. 즉, 세계 통합이 필연적이고 불가항력적인 것처럼 말합니다. 역사적 필연성을 내세우는 이런 관점은 사실상 다른 가능성을 차단했습니다. 각각 다른 문명이 각자의 길을 가면 더 좋은 것 아닌가? 문화 다원, 세계 다원이 더 좋지 않은가? 그런데 우리에게는 지금 가장 단순한 모델만 있습니다. 전제도 한정되어 있습니다. 저는 중국의 경우 현재의 글로벌 문화생산체제는 15년밖에 되지 않았다고 생각합니다. 중국에서 1990년대 이후의 문화, 사상, 교육은 그전과 완전히 다르기 때문입니다. 1980년대까지 중국은 글로벌 문화생산체제 안에 있지 않았습니다. 그러나 1990년대에는 완전히 가속도가 붙어 글로벌 문화생산체제로 진입했습니다. 그러나 15년이라는 짧은 기간 동안 많은 사람은 이것을 예로부터 내려오는 불변의 것인 양 생각합니다.

이런 시각에서 보면 싱가포르, 홍콩, 대만은 반세기에 걸쳐서 글로벌 문화생산체제에 편입되어 그 일부가 되었습니다. 그래서 그들은 이런 문제의식이 없고 숨 쉬는 것처럼 자연스럽게 느낍니다. 대학 교육에서는 서양에서 학위를 받고 영어로 논문을 쓰고 서양에서 출판하는 것이 유일한 문화적 가능성처럼 비칩니다. 제가 재직하고 있는 아시아연구센터는 완전히 서양의 일부입니다. 그러나 중국은 완전히 다릅니다. 글로벌 문화생산체제와의 관계가 15년밖에 되지 않았습니다. 이런 면에서 일본은 특수한 편입니다. 일본은 비록 서양의 일부이고 전면적으로 영향을 받았지만 문화적으로는 상대적으로 자주적입니다. 일본의 학자는 대부분 일본에서 전부 교육을 받고 일본어로 글을 씁니다. 그들은 문화와 학술 측면에서 상대적으로 독자적인 모습을 갖고 있습니다. 중국은 일본을 더 많이 연구하고 참고해야 합니다. 홍콩의 학자는 영국의 대학에서 학위를 받지만 서양을 연구하지 않고 자신의 지역을 연구합니다. 그중 가장 큰 영역이 바로 중국 연구입니다. 글로벌 문화생산체제가 형성된 후 모두가 서로 무엇을 연구하는지 몰랐습니다. 홍콩 학술 연구의 심사권은 영국, 미국에 있고 홍콩에는 근본적으로 학술 공동체가 없으며 횡적으로 전문화되어 나뉘어 있기 때문입니다. 중국과 글로벌 문화생산체제의 관계는 현재 비교적 느슨합니다. 그러나 여기에는 이중적 성격이 있을 수 있습니다. 한편으로는 문화 식민주의를 비껴가기를 바라고 다른 한편으로는 글로벌 문화생산체제에 아주 속하고 싶어하며 그렇지 못하면 열등감을 가집니다. 중국은 대체로 1990년대 이후 글로벌 문화생산체제로 진입했고 경제와 문화 모두 고도로 의존적입니다. 그러나 가장 최근 몇 년 동안 중국 과학계에는 자주적으로 발전하려는 경향이 생겼습니다. 서양이 조절하는 중요한 영역의 핵심 기술에서 중국이 오히려 더 잘 발전해나간다는 것을 발견했기 때문입니다. 반대로 서양에서 직접 사올 수 있는 것의 경우 우리의 수준은 정체되어 있고 더 나아가 '참패한다'라는 문제의식이 아주 보편적입니다. 단기적으로는 아주 강한 문화적 자의식이 있어야 가능합니다. 현재는 문화 의식이 아주 약합니다.

둘째, 글로벌 문화생산체제가 가져온 사유 방식의 변화와 문제의 전개, 특히 시간과 공간 개념의 변화에서 온 난점을 극복해야 합니다. 우리는 늘 "공간이 시간을 압축했다"라고 말합니다. 이것은 확실히 중요한 문제입니다. 사회 이론의 예를 들면, 서양의 고전 사회

이론은 본래 시간 구조 위에서 구축되었습니다. 즉, '전통에서 근대로'의 구조입니다. 하지만 지금은 완전히 바뀌었습니다. 지금은 전통과 근대의 문제가 아주 사라진 듯합니다. 전 세계가 모두 동시대인이고 같은 근대, 같은 포스트모던이며 동시대성을 갖추었습니다. 이는 아주 설득력 있는 주장입니다. 서양의 인문사회과학자들, 특히 서양의 문화좌파는 이런 주장을 아주 좋아합니다. 현재는 마치 모두가 평등한 것처럼 보이고 서양과 비서양도 평등한 것처럼 보이기 때문입니다. 예전처럼 비서양을 낙후되었다고 보지 않습니다. 따라서 서양중심주의를 극복한 것처럼 보입니다. 비서양인도 아주 만족스러워하고 좋아합니다. 비서양과 서양이 모두 '똑같이 근대'이기 때문입니다. 세계의 모든 것이 같이 발생하고 전 세계가 동시에 앞으로 나아가는 것이 모든 민족과 지역의 평등성을 구현하는 것처럼 보입니다. 그러나 이것이 초래하는 문제는 아주 심각합니다. 각 국가, 각 지역 전체의 역사적 경험이 모두 잘려나가서 자신의 역사적 경험을 버리게 되었습니다. 서로 다른 역사적 경험과 상황이 오랜 기간 동안 아주 크게 왜곡되고 은폐되었습니다. 이런 점을 다시 점검할 필요가 있습니다. 특히 현재의 청소년 문화는 언어와 완전히 상관이 없고 동작 등이 완전히 같으며 전 세계가 하나입니다. 그러나 이는 역사의 중단을 초래하고 역사의 구체적 과정을 덮어버립니다.

그래서 저는 '시간으로 공간에 저항하기'를 주장합니다. 이는 아마 우리의 문화연구에 도움이 될 것입니다. 이번 회의에서 저는 1994년의 인문정신 대토론이 떠올랐습니다. 1994년의 대토론은 또

1980년대의 대토론을 떠오르게 합니다. 1980년대 대토론은 또 청나라 말기의 5·4대토론을 떠오르게 합니다. 이런 토론을 일관되게 관통하는 핵심 문제는 바로 '중국 문화를 어떻게 보아야 하는가?'입니다. 1994년의 인문정신 대토론은 중요한 사건입니다. 현재 기억을 더듬어보면 10년, 더 나아가 50년 전의 우리는 모두 어떤 문제를 생각하고 있었을까요? 그것은 글로벌 문화생산체제에 대항하는 중요한 방식이었습니다. 모든 경험을 말살해버려도 마지막까지 자신의 역사적 경험을 회피할 수는 없습니다.

서양의 모든 이론도 마찬가지로 역사적 맥락에 놓고 그 전후 관계를 논해야 합니다. 오늘과 내일 저는 레이먼드 윌리엄스의『문화와 사회Culture and Society』에 대해 강연할 것입니다. 이 고전적 저작에서는 아주 기나긴 역사적 경험을 다룹니다. 1780~1950년의 영국 문화입니다. 그의 문제의식과 문화연구 방식은 우리가 학습할 가치가 있습니다. 그의 인터뷰는 우리에게 다음과 같은 사실을 알려줍니다. 그는 1948년에 집필하기 시작했는데, 1958년에 출판될 때까지 10년이 걸렸습니다. 왜냐하면 1948년에 T. S. 엘리엇이『문화의 정의에 관한 노트Notes Towards the Definition of Culture』를 출판했기 때문입니다. 엘리엇은 1948년에 노벨문학상도 수상했는데, 윌리엄스는 바로 엘리엇의 영향을 받았습니다. 그리고 엘리엇의 책은 1930년에 출판된 프랭크 리비스의 소책자『대중 문명과 소수인의 문화Mass Civilisation and Minority Culture』에 응답한 것이었습니다. 윌리엄스는 리비스의 1930년과 엘리엇의 1948년을 과거로 돌려서 1780년으로 갑니다. 저는 이

『문화와 사회』를 중간 고리로 삼아 역사의 현장으로 끌어내서 전후 맥락을 보려고 합니다. 중요한 것은 아마 저들이 중요하다고 확정한 문제가 모두 다른 나라의 역사적 상황에서 발생한 것이어서 우리에게는 진정한 문제가 아닐 수 있다는 점입니다. 현재 유행하는 관점은 1980년대에 중국이 아주 서양화되었고 1990년대부터 중국 자신의 문제에 주목하기 시작했다는 것입니다. 하지만 제 생각은 정반대입니다. 1980년대에는 비록 겉으로는 아주 서양화되었지만 중국 자신의 문화적 맥락 속에서 중국 문제가 발생했습니다. 그러나 1990년대에는 겉으로는 중국을 연구하지만 그것은 이미 서양이 주도하는 글로벌 문화생산체제의 일부가 되었습니다. 중국에 주목한다고 중국이 글로벌 문화생산체제에 반대한다고 생각해서는 안 됩니다. 그것은 함정입니다. 1990년대 이후 서양 중국학의 영향을 받았다는 것은 아주 명확합니다. 20세기에 중국은 늘 서양의 이론을 연구하고 선택했습니다. 그러나 1980년대에는 주로 중국 자신의 경험을 통해 선택했습니다. 그러다 1990년대 이후에는 날이 갈수록 접속을 위한 접속을 했고 갈수록 자신의 문제의식을 잃었습니다. 중국은 자신의 역사적 경험에 기반을 두어야 좀더 쉽게 글로벌 문화생산체제에서 벗어날 수 있습니다. '문화생산'이라는 개념 자체가 이미 글로벌 문화생산체제의 개념입니다. 그 배후에는 문화와 문학에 대한 수많은 개념이 담겨 있습니다. 몇 해 전만 해도 우리는 이 개념을 사용하지 않았습니다. 우리는 다시 물어야 합니다. 이 단어가 도대체 어디서 왔을까요?

지금 저는 문제를 더 심화시켜 글로벌 문화생산체제와 서양 문화좌파의 관계 문제를 제기합니다.

글로벌 문화생산체제는 사실 주로 서양의 문화좌파가 만들어낸 것입니다. 다 같이 검토해봅시다. 저는 현재 여러분이 읽는 책이 거의 서양 좌파의 저작이라고 판단할 수 있습니다. 여러분은 서양 보수파의 책을 읽지 않았습니다. 글로벌 문화생산체제의 핵심 기제는 바로 대학 교육연구 체제입니다. 1960~1970년대 이후 서양의 인문학계 전체가 서양의 문화좌파에 장악되었습니다. 서양의 문화좌파는 아카데미에만 머무르지 않았습니다. 그들의 주장 대부분은 상품 설계에도 반영되었습니다. 유명한 사례가 바비인형입니다. 이 인형은 본래 백인종을 모델로 만들었습니다. 그러나 지금은 각종 피부색을 가진 인형을 디자인합니다. 받아들이기 어렵습니다. 리안의 동성애 영화도 그렇습니다. 동성애는 미국에서 보수파와 좌파가 분쟁하는 영역입니다. 우리는 물어야 합니다. '글로벌 문화생산체제와 서양의 문화좌파는 무슨 관계인가?' 이들은 겉으로는 늘 글로벌 문화생산체제를 비판하지만 실질적으로는 오히려 공모 관계입니다. 문제가 아주 복잡해서 한마디로 단언할 수 없습니다. 제가 여기서 말하는 서양의 문화좌파는 주로 1960~1970년대 학생운동 이후에 형성되었습니다. 1980~1990년대에는 그 세력이 커져서 주류 문화좌파에 도전하기 어렵습니다. 우리는 몇 가지 문제를 제기해야 합니다. 지금까지 역설적이게도 서양의 좌파가 자본주의를 비판하면 할수록 자본주의는 더 심각해지고 더욱 제약에서 벗어났습니다. 이러한 형국은 좌파와 우파가 공동으로 조성한 것입니다. 1970년대 서양 좌파는 복지국가를 공격해서 소멸시켰습니다. 그러나 복지국가는 노동과 자본이 협조한 산물이고 국가가 중재자로서 노동자를 보호하는 기제입니다. 그리고 중국의 개혁 발전은 거의 미국의 신자유주의, 레이건-대처의 경제개혁에 의한 복지국가의 배경에서 진행되었습니다. 현재는 야만적 자유주의가 조성되었습니다. 서양의 문화좌파는 서양에서 중심적이고 가장 강력한 세력의 일부가 되었습니다. 그러니 많은 문제를 검토할 필요가 있습니다. 글로벌 문화는 그렇게 낙관적이지 않습니다. 실제로 무슨 일이 일어났는지를 따져 물어야 합니다. 개인적으로 가장 의심스러운 점이 있습니다. 미국의 유명 잡지 『바운더리2』의 편집자가 저에게 이렇게 말했습니다. "예전에 서양 좌파는 미국의 서민이 미국이 제국인 줄 모르기 때문에 미국 정부를 지지한다고 생각했다. 미국의 서민은 미국이 제국주의로 나아가는 줄 알면 반대할 수도 있다는 것이다." 하지만 이라크전쟁 이후 현실에서 그들의 느낌은 완전히 달랐습니다. 미국이 대외적으로 정의롭지 못하다는 것을 알고도 미국의 서민은 미국 정부를 지지했기 때문이죠. 저는 순진한 이들은 미국의 서민이 아니라 이런 서양의 문화좌파라고 말할 수밖에 없습니다.

저는 오늘 서양의 문화좌파 문제를 계속 말하고 있습니다. 특히 영국 문화좌파의 핵심 인물인 레이먼드 윌리엄스를 다루고 있습니다. 저는 그를 서양 문화좌파의 맥락에 넣어서 돌아보는 데 관심이 있습니다. 현재 문화연구에는 몇 가지 유행과 오류가 있습니다. 가령 프랑크푸르트학파는 엘리트주의이고 영국의 문화연구는 대중문화를 중시한다는 관점입니다. 이런 관점이 완전히 틀리지는 않지만 역사적 배경을 완전히 망각하고 있습니다. 우선 당시에 프랑크푸르트학파와 논쟁한 상대는 누구였을까요? 여기에 그들이 대중문화에 대한 비판을 강조하게 된 역사적 배경은 완전히 빠져 있습니다. 테오도르 아도르노 등이 당시 대중문화에 관해 비판한 대상은 주로 미국이었습니다. 그들은 주로 미국의 대중문화를 비판했습니다. 그들의 상대는 미국의 주류 사회학자였습니다. 우리는 다음과 같은 아이러니한 전도順倒를 생각해보아야 합니다. 1940~1950년대에 미국 보수파는 대중문화를 보호하고 변호했으며 서양의 좌파, 특히 프랑크푸르트학파는 대중문화를 비판했습니다. 그런데 1980년대 이후에는 모두 뒤집힙니다. 서양의 문화좌파는 대중문화 찬가를 불렀고 서양의 보수파는 대중문화를 비판했습니다. 여기에 도대체 무슨 문제가 있는 걸까요? 이를 알기 위해서는 영국의 상황을 보아야 합니다. 사실 1950년대에 레이먼드 윌리엄스와 리처드 호가트 등 영국의 좌파는 프랑크푸르트학파처럼 근본적으로 대중문화를 비판했습니다. 오늘날의 문화연구는 대부분 버밍엄학파(영국 문화연구의 시초가 된 버밍엄대학 현대문화연구소의 노선에 따라 연구하는 학자들 — 옮긴이) 2~3세대의 관점에 불과합니다. 그들은 사실 이미 윌리엄스와 호가트의 노선에 완전히 등을 돌렸습니다. 그러면서 여전히 자신들의 깃발을 들고 있습니다. 호가트의 『교양의 효용The Uses of Literacy』은 원래 제목이 "문자의 남용"이었는데, 두 부분으로 나뉩니다. 대중문화에 의해 파괴되기 전과 후의 노동자 계급 문화를 영국 노동자 계급의 문화적 배경에 놓고 대중문화를 비판했는데, 사실상 미국화를 비판한 것입니다. 즉, 미국식 대중문화가 영국의 노동자 계급 문화를 파괴했다고 비판합니다. 우리가 이런 초기의 문화연구를 알 필요는 없습니다. 그리고 현재 유행하는 문화연구 이론을 맹목적으로 들여오면 많은 문제가 있을 것입니다. 글로벌 문화생산체제가 가진 가장 큰 문제는 사람들에게 "최신 이론이 가장 좋다"라고 믿도록 하는 것입니다. 현실에서는 최신 이론이 가장 나쁠 수 있습니다.

현재 문화연구를 하는 사람은 늘 겉으로는 레이먼드 윌리엄스, 에드워드 톰프슨, 리처드 호가트를 내세우는데, 그러면서 이 세 사람이 오랫동안 서양의 젊은 신좌파에게 비판받았다는 사실은 감춥니다. 현재 영국의 문화연구에서는 영국 자신의 전통을 강조합니다. 마치 자신들이 윌리엄스의 맥을 잇는 것처럼 말합니다. 하지만 그러면 이들 간의 중요한 차이가 모호해집니다. 윌리엄스 등은 영국 문화연구의 발단이 1930~1940년대에 시작된 영국의 노동자 교육, 즉 훗날 전 세계 공용어로 말하면 '성인교육'임을 강조합니다. 우리는 윌리엄스의 저서가 영국의 노동자를 위해 쓰였고 노동자 야학에서 교육되었다는 것을 알고 있습니다. 노동자 교육의 경우 영국과 미국의 전통은 아주 다릅니다. 영국의 대학에서는 노동자 교육위원회가 아주 발달했습니다. 그러나 지금의 문화교육은 고도로 아카데미화돼서 문화연구의 초기 취지에서 멀어졌습니다. 그래서 윌리엄스가 문화연구는 1930~1940년대에 노동자 교육에서 시작되었다고 강조하는 것입니다. 영국의 문화연구가 노동자 교육에서 시작되었다면 앞으로 우리의 문화연구는 여기서 어떤 교훈을 얻을 수 있을까요? 제가 생각하는 교훈은 이렇습니다. 중국의 문화연구는 영국처럼 아카데미화돼서는 안 되고, 대학 밖의 노동자 직업기술 학교에 가서 노동자와 농민工農民工을 교육해야 합니다.

윌리엄스는 바로 영국의 노동자 계급을 위해 문학 관련 문제에 대해 집필하고 영국 문학을 가르쳤습니다. 영국에서 이는 아주 핵심적 문제입니다. 『문화와 사회』에서 매슈 아널드를 언급한 배경에는 바로 '차티스트운동'(1938년부터 1950년대 전반기까지 벌어진 노동자 주도의 의회개혁운동―옮긴이)이 실패한 뒤 수많은 노동자 계급이 형태도 없이 사라졌던 일이 있습니다. 그러나 이 상황에서 통치계급은 계급 조화의 문제를 고려하고 교육 측면에서 노동자를 끌어들이려 합니다. 이런 운동은 좌파가 일으킨 것인 동시에 영국의 중산 계급과 노동자 계급의 타협이기도 합니다. 그 결과 1930년 노동자 교육위원회가 설립되어 체계적으로 노동자 교육을 했습니다. 미국의 '직업교육'과 영국의 노동자 교육은 내용상 '문학교육'입니다. 영국의 교육부가 직접 재정을 지원하고 주로 노동자를 대상으로 교육합니다. 여기에는 두 가지 난점이 있습니다. 한편으로는 '직업훈련'을 결여하고 다른 한편으로는 노동자 계급의 전통성을 결여합니다. 하나의 교육 단위에는 한 대학의 대표와 한 노동자 교육위원회의 대표가 있고 조직도 아주 강합니다. 그러나 그 뒤 1950년대에는 점점 '미국화'되고 직업훈련을 강조합니다. 이것은 대규모 노동자 계급을 어떻게 사회체제 안에 통합하느냐에 대한 영국 특유의 계급 조화 수단이었고, 이는 성공한 편입니다. 그런데 돌아보면 중국에는 1~2억 농민공이 있습니다. 삼농 문제를 말하다 보면 우리는 교육 문제에 직면하게 됩니다. 우리는 다음과 같은 가정을 할 수 있을까요? '그들은 천성적으로 인문교육을 싫어하는가?' '노동자에게는 생계를 위한 교육만 필요한가?' 이것이 1930~1940년대 영국에서 출현한 문제입니다. 노동자에게는 생계를 위한 지식이 필요할 뿐 아니라 초월적 지식도 필요합니다. 이런 것이 하나의 실천 과정입니다. 그리고 모든 국가에서 큰 문제는 아니지만 중국에서는 큰 문제입니다. 우리는 아직 이 문제를 어떻게 해결해야 할지 모릅니다.

　다른 한편으로 『문화와 사회』라는 책에서는 역사문화를 대대적으로 정리합니다. 그것은 다음과 같은 점을 강조하기 위해서입니다. 첫 번째, 영국의 산업혁명 이후 영국의 보수주의와 사회주의는 나중에 갈 길은 달라도 자본주의와 산업주의 비판 담론을 공유했습니다. 이 책에서는 보수주의를 높이 평가하고 하나의 공통된 전통을 서술합니다. 바로 1948년에 엘리엇이 문화는 전반적 생활양식이라고 주장한 것처럼요. 두 번째, 책의 결말에서는 부르주아 문화와 프롤레타리아 문화라는 논법에 반대하면서 문화는 언어 공동체에 대응하는 것이지 계급 공동체에 대응하는 것이 아니라고 주장합니다. 그런데 이것이 문제를 야기했습니다. 이는 계급문화와 민족문화의 관계 문제입니다. 가령 영국의 노동자 계급과 영국 문화는 부분적으로 관계가 있을까요, 아니면 없을까요? 1980~1990년대 이후 문화 개념은 완전히 변했습니다. 서양 문화좌파의 출현이 '좌파' '문화' '서양'의 의미를 바꾸었습니다. 예전에 '좌파'는 공평하고 합리적인 사회·경제 제도를 건설하는 데 힘을 쏟았습니다. 현재는 이른바 문화에 총력을 기울입니다. 우리는 그들의 근원을 추적해야 합니다. 저는 중국의 문화연구가 두 분야로 나뉘기를 바랍니다. 한쪽에서는 중국을 연구하고 한쪽에서는 서양을 연구하는 방향으로요. 서양의 문화연구 자체를 문제로 삼아 연구해야지 그들의 이론과 개념을 단순하게 받아들여 사용하면 안 됩니다. 윌리엄스가 후기에 2~3세대 영국 문화연구자의 관점 차이를 조정했던 것과 달리 호가트는 후기 버밍엄학파가 가는 길이 틀렸다고 했습니다. 그는 버밍엄대학 현대문화연구소가 문화연구를 중심으로 하지 않는다는 것에 대해 매우 안타까워했습니다. 문화연구 전체의 방향이 대중문화로 돌아선 것에 대해 판단을 유보하고 의문을 가지고 있었던 것입니다. 윌리엄스는 보수주의와 사회주의가 산업 비판에서 공동의 유산이 있고 각자 다른 변천과 이동을 거치며 이 문제를 고찰했다고 강조합니다. 그는 부르주아 문화/프롤레타리아 문화라는 논법에 반대합니다. 그러다 1950년대와 1980년대의 문화 논쟁이 뒤집혔습니다. 1950년대의 문제는 '대중문화를 어떻게 평가하는가'였습니다. 문제가 되는 것은 대중문화였습니다. 하지만 1980년대에는 방향이 바뀌었습니다. 대중문화에는 문제가 없다고 보고 고급문화의 정당성을 비판했습니다. 서양의 문화좌파는 대부분 고급문화의 정당성을 와해했습니다. 그러나 서양에서는 아직도 보수파의 견제와 토론이 있는데, 중국에 들어와서는 '일변도'가 되었습니다. 저는 오늘 회의에서 1994년 인문정신 토론을 떠올립니다. 1980년 대 지식인의 문화열이 끝난 현재는 거의 이미 '문화 투항주의'까지 왔고 대중만이 가장 좋다고 여기고 비판력을 상실했다고 할 수 있습니다. 서양의 문화좌파에 대한 검토는 동시에 20세기 이후 중국 문학/ 문화에 대한 검토와도 연관됩니다. 특히 옌안문화좌담회, 해방 이후 중국의 문예와 문화 전체와 연관됩니다. 세밀함과 섬세함을 버린 서양의 문화 건설 이론, 경향상으로 보면 1970년대 이후 서양의 토론은 사실상 1950년대에 중국에서 제기한 수많은 기본 문제를 되풀이했습니다. 예를 들면, 인민성 문제, '문학은 정치를 기준으로 토론해야 한다' 등입니다. 당시의 문제는 모든 영역으로 침투했습니다. 이 역사는 다시 검토할 필요가 있습니다. 냉전 이데올로기의 함정에서 벗어나려면 전면 긍정 또는 전면 부정 모두 옳지 않습니다. 중국은 본래 20세기에 대중, 민간에서 강한 정당성을 가졌고 하층 인민을 끌어들이려 했습니다.

저는 윌리엄스가 1958년에 계급문화로 대항하는 것에 반대하고 문화에 두 가지 의미가 있다고 보았다는 점을 특별히 강조합니다. 하나는 문화, 예술, 건축 등이고, 다른 하나는 전반적인 생활양식입니다. 그는 노동자 계급이 후자에 중요한 공헌을 했다고 보고 문화를 전반적 생활양식으로 삼으며 언어 공동체를 최대 기준으로 보라고 요청합니다. 1970년대 이후 커다란 변화는 문화가 상호 투쟁의 도구가 되었다는 사실입니다. 우리에게 완결된 문화는 없습니다. 억압의 문화만 있을 뿐입니다. 문화는 대항적일 뿐 아니라 계급투쟁, 성별 투쟁, 인종 투쟁의 무기가 되기도 합니다. 우리는 물론 문화가 전용될 수 있다는 점을 부인할 수 없습니다. 그러나 문화에 인류의 모순을 조화시키는 측면은 없을까요? 윌리엄스는 문화의 중요성이 조화로움이라고 생각했습니다. 그러나 호가트는 이런 가능성을 부인했습니다. 우리는 두 측면이 모두 있다고 생각합니다. 윌리엄스는 훗날 호가트의 의견에 답변하면서 문화가 충돌하지 않는 시기, 모순이 해결되는 시기가 있다는 관점을 유지합니다. 이는 아주 강력한 이론입니다. 1970년대에 와서 루이 알튀세르와 안토니오 그람시가 부상한 것이 전환점입니다. 그들은 나중에 더 새로운 이론에 자리를 내주었는데도 왜 1970년대에 중요한 지위를 차지했을까요? 1950년대의 윌리엄스 등이 모두 영국의 경험만을 말한 데 비해서 1960년대 영국의 『뉴레프트리뷰』에서는 영국의 전통을 전면적으로 깨뜨리고 그람시, 알튀세르, 미셸 푸코 등의 이론을 전반적으로 소개했습니다. 그리고 영국의 산업사회 이후 노동자 계급의 생활이 개선된 후에는 더 이상 노동자 계급이 아닌데 어떻게 하느냐고 문제를 제기했습니다. 이런 역사적 조건에서 영국의 전통을 전면적으로 검토했습니다. 첫 번째로는 영국의 부르주아혁명을 부정하고 귀족에 굴복했다고 말하면서 영국에는 뿌리 깊고 단단한 보수 계급의 전통만 있어서 계급 조화에 이를 수 있다고 봅니다. 두 번째로는 '영국에 왜 이렇게 강한 보수주의 전통이 있는가'를 검토합니다. 영국에는 주로 그람시가 말한 '유기적 지식인'이 없기 때문에 교육, 학교 등에 그러한 전통이 편성되었다고 봅니다. 이때 알튀세르와 그람시의 관점이 특히 설득력이 있었고 톰프슨 등의 작업을 전면적으로 부정하기 시작합니다. 이것은 모두 서양 내부의 문제입니다. 톰프슨 등은 인민성을 강조하는 편입니다. 1960년대에 그람시를 수용할 때는 지식인 문제를 강조했고 1980년 대에는 다시 지식인을 비판하는 쪽으로 돌아섰습니다. 결국 문화는 하나도 남지 않게 되었습니다. 현재의 문화연구에서는 사실상 그 출 발점에 근본적으로 '문화'라는 것이 없다고 봅니다. 모두가 문화이고 또 모두가 문화가 아니기 때문입니다. 저는 묻고 싶습니다. 문화에 높 고 낮음의 구분이 있나요? 서민이 좋아한다고 다 좋은 것인가요? 노 동자 대중에게 좋은 점과 나쁜 점이 있다는 점을 부정할 수는 없습 니다. 그러나 20년 동안 문화연구를 한 결과 문화가 없어졌습니다. 모조리 상업 세일즈로 변했고 갈수록 저속해졌습니다. 서양에는 여 전히 보수파가 있어서 균형을 유지합니다. 그러나 중국에서 동성애 문제 등은 사색을 거치지 않았습니다. 단지 유행하기만 했기 때문이 죠. 이번에 『문화와 사회』를 강의하면서 선택한 중심 문제는 다음과 같습니다. 도대체 문화란 무엇인가? 문화에 높고 낮음의 구분이 있는 가? 수천 년 동안의 문화는 도대체 어떻게 다루어야 하는가? 이것이 현재 우리 사회와 어떤 관계가 있는가?

『문화와 사회』
깊이 읽기

細讀文化與社會

여러분, 안녕하십니까. 오늘 우리는 텍스트 하나를 같이 읽으려 합니다. 레이먼드 윌리엄스의 『문화와 사회Culture and Society』입니다. 먼저 왜 이 책을 선택했는지를 말하고 20세기 서양사상사에서 이 책이 어떤 위치에 있는지를 말하겠습니다. 이 책은 아주 재미있습니다. 재미있다는 말은 이 책이 아주 '난감하다'라는 뜻입니다. 이 난감함은 몇 가지 측면에서 보입니다.

첫째, 윌리엄스가 1958년에 출간한 이 책은 서양, 특히 영국 신좌파의 기초를 다진 책이라고 모두가 인정할 것입니다. 다른 한편으로 이 책은 서양 좌파의 취향과 아주 상충합니다. 사실 후대 서양의

이 글은 중국문화포럼과 베이징대학 비평이론센터가 공동으로 주관한 '제4기 일반교육 핵심 과목 워크숍' 강의 기록을 정리한 것이다(정리: 장징팡張靜芳). 강의는 2010년 8월 13일 오후와 8월 14일 오전에 열렸다. 강독 텍스트는 雷蒙德·威廉斯, 『文化與社會』(吳松江, 張文定 譯, 北京大學出版社, 1991)이고 강의에서는 다음과 같은 참고도서도 제시했다. 阿諾德, 『文化與無政府狀態』(1869), 韓敏中 譯(修訂譯本), 三聯, 2008; 利維斯(F. R. Leavis), 『偉大的傳統』(1948), 袁偉 譯, 三聯, 2002; T. S. Eliot, *Notes towards the Definition of Culture*, 1948; Raymond Williams(1958), *Culture and Society, 1780~1950*, New york 1983, pp. ix-xii; "Introduction to the Morningside Edtion", 1982; Richard Hoggart, *The Uses of Literacy*, Penguin, 1958; Raymond Williams, *Politics and Letters: Interviews with New Left Review*, London 1979; Perry Anderson, *English Questions*, Verso, 1992, ch.1. Origins of the Present Crisis(1964), ch.2. Components of the national Culture(1968); Edwards Shils, *The Intellectuals and the Powers*, the University of Chicago Press, 1972; 甘陽, "儒學與現代"(1988), 『古今中西之爭』, 三聯, 2006. (한국어판에는 서론 강독만 실어 강의 취지를 확인했다—옮긴이)

좌파는 이 책을 아주 싫어합니다. 이유는 간단합니다. 이 책의 목록을 보십시오. 간단히 말해서 윌리엄스가 이 책에서 다루는 많은 작가와 사상가 절대다수는 서양의 좌파가 아주 싫어하는 사람들입니다. 목록을 보면 윌리엄스는 가장 먼저 에드먼드 버크를 논하고 있습니다. 에드먼드 버크는 '반혁명의 거두'라고 불리죠. 물론 '반혁명'은 아주 근대적인 용어이고 프랑스대혁명 이후에야 출현했습니다. 먼저 '혁명'이 있어야 '반혁명'이 있기 때문이죠. 에드먼드 버크는 근대 반혁명, 반동파의 첫 번째 인사입니다. 영국 좌파가 절대 받아들이거나 용인할 수 없는 인물입니다. 그는 프랑스대혁명, 민주주의, 평등을 반대하고 귀족계급, 신분제도를 옹호했습니다. 윌리엄스는 이 책에서 버크를 높이 평가합니다. 좌파는 이 점을 받아들이기가 아주 어렵습니다.

이뿐만이 아닙니다. 이 책은 1958년에 출판되었습니다. 1950년대 프랑스대혁명에 대한 태도에는 소련 혁명, 중국 혁명, 베트남 혁명에 대한 태도도 담겨 있습니다. 모든 혁명에 대한 태도 중에서 프랑스대혁명을 비판하는 태도는 분수령, 즉 좌우의 분수령입니다. 1950년대 전후 루소를 비판하고 프랑스대혁명을 비판한 많은 이론의 배후에는 소련 혁명, 중국 혁명, 베트남 혁명 등에 대한 비판이 숨어 있습니다. 『문화와 사회』에서 논하는 첫 번째 작가는 에드먼드 버크입니다. 그래서 우리는 윌리엄스가 1장에서 에드먼드 버크를 어떻게 다루었는지를 자세히 읽으려 합니다. 윌리엄스 같은 좌파 지도자가 왜 이런 반동파를 이처럼 크게 주목했을까요? 이것은 의미심장한 문제입니다. 저는 여러분에게 『정치학과 편지: 뉴레프트리뷰와의 인터뷰Politics and Letters: Interviews with New Left Review』를 읽어보라고 추천합니다. 이 책은 1970년대 후반 윌리엄스가 『뉴레브트리뷰』 지와 한 인터뷰입니다. 인터뷰에서 다룬 첫 번째 주제가 '왜 에드먼드 버크를 선택했는가'였습니다. 윌리엄스가 어떻게 답했는지 보시기 바랍니다.

에드먼드 버크는 윌리엄스가 다룬 주제 중 하나일 뿐입니다. 5장 목록을 보면 소설 몇 편이 거론됩니다. 특히 『시빌 또는 2개의 국민Sybil, or the Two Nations』의 작가 벤저민 디즈레일리는 영국 보수당의 수상이었고 마르크스를 가장 싫어합니다. 그러나 윌리엄스는 이 사람도 높이 평가합니다. 6장에서 논하는 매슈 아널드 등은 모두 좌파에서는 용납할 수 없고 받아들일 수 없는 사람들입니다.

그래서 이 책이 아주 난감하다는 것입니다. 한편으로 모든 서양 좌파가 아직도 이 책을 서양 좌파의 기초가 되는 책이라고 보지만, 다른 한편으로 이 책을 좋아하는 좌파는 소수입니다. 이것이 첫 번째 난점입니다.

둘째, 분과학문의 시각에서 볼 때『문화와 사회』는 문화연구의 기초를 다진 책 중 하나라고 볼 수 있습니다. 그러나 마찬가지로 현재 문화연구를 하는 사람들 중 이 책을 보는 사람은 거의 없습니다. 보더라도 별 소득이 없다고 생각합니다. 현재 유행하고 있는 문화연구는 근본적으로 그의 길을 가지 않습니다. 그 이유는 좀 복잡합니다. 1970년대 이후 서양의 문화이론 전체를 좀 알아야 합니다. 제가 약간 말씀드리겠습니다. 문화란 무엇일까요? 1970년대 서양 좌파에게 문화는 '문화 헤게모니'가 아니었을까요? '헤게모니'라는 말을 중국에서는 '패권'이라고 번역하는데, 사실 그리 정확하지는 않습니다. 헤게모니가 무엇인가요? 예일대학에 유학을 보내주고 장학금을 준다면 여러분은 갈까요, 가지 않을까요? 이것이 바로 헤게모니입니다. 여러분이 아주 바라는 것이지요. 좀더 원의에 가까운 번역은 아마 달콤한 포탄糖衣炮彈일 것입니다. 바로 오늘날 말하는 소프트파워입니다. 저는 소프트파워라는 말에 반감을 가지고 있습니다. 이것은 바로 문화를 대하는 미국의 태도입니다. 문화를 상대를 정복하는 데 동원하는 힘으로 규정합니다. 우리가 이 책을 읽을 때는 소프트파워의 논리가 전체 서술에 숨어 있다는 점을 보아야 합니다.

　　1970년대 학생운동 이후 문화연구의 진정한 대상은 문화 자체였습니다. 알튀세르의 개념으로 '부르주아 이데올로기 국가 기제'입니다. 국가 기제는 예전에는 군대, 경찰, 감옥 등 사람들에게 무서운 것을 가리켰습니다. 하지만 그는 이것이 자본주의 국가의 본질이 아니라고 합니다. 자본주의 국가의 가장 효과적인 통치는 사실 학교, 교육, 뉴스, 언론 보도와 같은 문화적인 것입니다. 문화만 있으면 상층 계급, 통치 계급이 하층 계급을 제대로 통치할 수 있습니다. 적나라하게 쇠몽둥이와 채찍을 쓰는 통치는 사람들의 반항 의식을 조성하기 아주 쉽습니다. 장학금을 받고 예일대학이나 하버드대학 등에 가서 공부하면 저항하지 않고 동화됩니다. 그래서 제가 방금 제기한 문제로 돌아가게 됩니다. 나중에 문화연구를 한 사람들은 왜 거의 이 책을 읽지 않을까요? 읽으면 틀리다는 생각이 들기 때문입니다.

1960년대 이후 서양의 문화연구 대상은 윌리엄스가 이 책에서 높이 평가한 문화였습니다. 여기에는 극단적으로 다른 관점이 있습니다. 윌리엄스는 부르주아 문화란 인류 공동의 문화유산이고 노동자 계급에는 결코 창조적이고 독립된 문화가 없다고 보았습니다. 어떻게 이 유산을 계승할지, 즉 자신의 비판적이고 창조적인 신앙의 힘으로 이 문화유산을 선택적으로 계승할지를 문제 삼은 것입니다. 노동자 계급의 문화가 있는지 없는지를 문제 삼은 것이 아닙니다. 무엇이 부르주아 문화인가요? 그는 이 말에 오해의 가능성이 상당히 많다고 생각했습니다.

윌리엄스의 책이 흥미로운 지점은 어떤 문화연구 관련 책에서든 이 책이 언급되지만 단지 책 제목만 언급된다는 사실입니다. 사실 이 책은 1958년에 출판된 뒤에는 서양 좌파의 비판 대상이 되었습니다. 그러나 비판을 받은 뒤에는 초석을 다진 책이라는 명성을 얻었습니다. 이 점에서 서양은 아주 재미있습니다. 제가 이렇게 많이 언급하는 것은 다음과 같은 점을 강조하기 위해서입니다. '이 책은 좌파의 텍스트이지만 좌파가 좋아하지는 않는다. 문화연구의 초석을 다진 책이지만 이후의 문화연구는 완전히 그 반대 방향으로 갔다.'

셋째, 두 번째 문제와도 관계가 있습니다. 나중에 문화연구를 하는 사람들은 왜 대부분 이 책을 보지 않게 되었을까요? 그것은 문제의식이 완전히 달랐기 때문입니다. 1970년대 미국의 문화연구에서는 이런 말이 통용되었습니다. "문화연구의 대상은 성별, 인종, 계급의 '철의 삼각편대'다." 페미니즘에서는 이 책에서 성별 문제를 제기하지 않는다면서 극단적으로 탐탁지 않아 했습니다. 윌리엄스가 말할 때마다 혹 페미니스트들은 이렇게 물었을 것입니다. "왜 당신의 책에는 성별 문제가 없습니까?" 윌리엄스는 하는 수 없이 이렇게 답했을 것입니다. "저는 이제까지 여성을 매우 존중해왔습니다." 이것은 아주 비학술적인 문답입니다. 인종 문제도 언급되지 않습니다. 또 다른 큰 문제도 있습니다. 이 책의 진정한 결함이기도 하죠. 1780년부터 1950년까지 영국을 말하면서 그 어디에서도 영국이 제국이라는 문제를 언급하지 않습니다. 이것은 아주 큰 문제입니다.

1988년 윌리엄스는 타계하기 얼마 전에 에드워드 사이드와 대화한 적이 있습니다. 대화 기록을 보면 사이드가 윌리엄스를 상당히 존중하고 있음을 알 수 있습니다. 처음부터 끝까지 선배로 대우합니다. 두 사람은 아주 예의를 갖추어 대화하면서 교전을 했습니다. 사이드는 줄곧 윌리엄스가 『문화와 사회』에서 제기한 문제를 소화했다고 말합니다. 그리고 윌리엄스에게 말합니다. "오늘 선배님이 다시 『문화와 사회』를 읽으면 느낌이 다를 것입니다."─ 윌리엄스의 책 전체에는 우리we, '우리 영국'만 있지 그들they, 타자가 없습니다 ─사이드는 말합니다. "선배님이 오늘 이 책을 다시 읽는다면 사실 배후에 숨겨진 그들, 즉 대영제국의 식민지 인민이 있다는 것을 의식할 것입니다." 사이드는 훗날 『문화와 제국주의Culture and Imperialism』라는 책을 썼습니다. 우리는 이 책이 사실상 상대적이라는 점에 주목해야 합니다. 이 책이 출판되었을 때 윌리엄스는 이미 세상을 떠난 후였습니다. 『문화와 제국주의』 뒤에 숨겨진 책은 『문화와 사회』이고 다루는 시대도 큰 차이가 없습니다. 윌리엄스는 책 전체에서 영국 사회문화의 배경 아래서 작가들을 논했지만, 사이드는 그것을 제국의 범위로 넓혔습니다. 『문화와 사회』와 『문화와 제국주의』, 아널드의 『문화와 무정부Culture and Anarchy』는 연계해서 읽을 수 있습니다. 『문화와 사회』의 배후에 숨겨진 문제는 상당히 복잡합니다. 펼쳐놓으면 아주 재미있을 것입니다.

『문화와 사회』의 1982년 미국판 서문은 상당히 재미있습니다. 여기에서 윌리엄스는 두 가지 문제를 언급합니다. 첫 번째 문제는 아주 자조적이고 풍자적입니다. "최근 몇 년 동안 모두가 이 책이 신좌파의 초석이라고 말했지만 1968년에는 이렇게 말하지 않은 것으로 기억한다. 1968년에 그들은 이 책이 낭만파를 재현한 구태의연한 산업사회 비판일 뿐이라고 말했다. 지금은 또 이 책이 서양 신좌파의 선구적 저작이라고 말한다." 이 짧은 몇 마디는 아주 품격 있는 방식으로 윌리엄스가 오랜 세월 마음에 담아두었던 분개를 표현합니다. 물론 1980년대 이후 윌리엄스는 좋은 시절을 보냈지만 그전에는 오랫동안 좌우 양쪽에서 좋지 않은 자리에 있으면서 아주 고독했다고 말합니다.

두 번째 문제는 사실상 제가 방금 말한 제국의 문제와 관련이 있습니다. 그는 다음과 같은 문제에 답합니다. "이 책은 왜 영국의 경험만을 다루는가?" 그의 착안점은 아주 명확합니다. 19세기의 전통에서 모든 영국 작가는 독일 사상의 영향, 즉 요한 볼프강 괴테, 프리드리히 실러의 『인간의 미적 교육론Über die ästhetische Erziehung des

Menschen』의 영향, 조금 뒤로는 헤겔, 프리드리히 셸링 등의 영향을 강하게 받았습니다. 윌리엄스도 이들을 언급하지만 다루지는 않았습니다. 그는 이것을 영국의 텍스트 안에 고립시킵니다. 그는 여기서 자신에 대한 비판―영국 민족주의자라는 비판―에 답하려 합니다. 1960년대에는 윌리엄스에 대해서뿐 아니라 영국 좌파 내부에서 아주 큰 토론이 벌어졌습니다. 저는 참고문헌 중에서 특별히 페리 앤더슨의 『영국 질문English Questions』을 꼽습니다. 그는 윌리엄스만이 아닌 윌리엄스 세대의 좌파를 비판합니다. 그리고 그들이 완전히 영국 민족주의자라고 아주 분명하게 말합니다. 여기서 말하는 민족주의는 오늘날 이해하는 것과는 조금 다릅니다. 저는 윌리엄스의 변호가 타당하다고 생각합니다. 1982년 서문에서 그는 영국은 첫 번째 산업혁명 국가이자 첫 번째 부르주아 국가, 격렬하고 단절적인 사회 분열을 겪은 첫 번째 국가라고 말합니다. 그러면서 이때 사람들은 자신들의 감각을 표현할 새로운 언어를 찾아야 했다고 합니다. 그래서 그는 이렇게 말합니다.

초판 서문에서 언급한 다섯 가지 용어―산업, 민주, 계급, 예술, 문화―는 모두 기존의 의미가 아니다. 새로운 사회가 출현하면서 기존에 사람들이 가지고 있던 감각과 경험으로는 이런 것을 완전히 이해할 수 없었기 때문에 새롭게 출현한 산업사회―즉 초기 자본주의―에 대한 느낌을 새로운 방식으로 표현해야 했다. 이때 자본주의를 몸소 경험한 첫 번째 세대가 가진 느낌은 아주 중요하다.

저는 이 점이 아주 중요하다고 생각합니다. 우리도 오늘날 서양의 이 단어들을 늘 사용합니다. 그러나 우리는 직접 받아들여서 바로 사용하고 현재 우리의 경험에서 생기는 감정이 어떤지는 생각해본 적이 없습니다. 이 단어들이 우리의 감각 구조를 제대로 표현하는 것일까요? 이것은 중국인에게 특히 필요한 질문입니다. 아주 추상적인 단어를 받아들였는데, 예를 들면 민주주의가 무엇인지를 제대로 이해하는 것일까요? 자본주의는 무엇일까요? 문화는, 예술은요? 우리가 현재 사용하는 이 단어들은 서양에서 200~300년 동안 점진적으로 축적되고 전환되면서 생성된 것입니다. 우리의 경험과 감각 구조 속에서 응축되고 다듬어져서 추출된 것이 아닙니다. 이런 관점에서 볼 때 윌리엄스의 책은 오늘날 중국 독자에게 아주 중요합니다. 특히 1편 "19세기 영국 전통"이 그렇습니다. 영국이라는 배경을 지워버리면 바로 1980년대부터의 중국 이야기입니다. 1980년대 이후 중국에서는 대규모의 자본주의, 시장경제가 발생했습니다. 1780년대 전후 영국에 비견될 수 있습니다. 당시 우리는 완전히 놀라고 당황해서 어쩔 줄 몰라 했습니다. 영국처럼 진정한 지식 엘리트의 반응은 전혀 없었습니다. 이것이 제가 이 책을 선택한 하나의 목적입니다.

텍스트로 들어가기 전에 영국 신좌파에 대해서 더 말하려 합니다. 레이먼드 윌리엄스와 페리 앤더슨은 나이 차이가 20세 정도입니다. 윌리엄스 세대는 1920년 전후 출생이고 앤더슨 세대는 1940년 전후 출생입니다. 거의 다른 세대의 신좌파입니다. 이는 서양 좌파에서 가장 중요한 잡지 『뉴레프트리뷰』의 역사와 큰 관련이 있습니다. 『뉴레프트리뷰』는 1950년대 영국의 두 잡지가 합병해서 1960년에 정식으로 창간되었습니다. 1963년에는 재정 위기를 포함해서 커다란 위기가 발생했습니다. 사실상 앤더슨이 이 잡지를 사서 『뉴레프트리뷰』의 소유자가 되었고 주도권도 전면적으로 가져왔습니다.

저는 참고문헌에 리처드 호가트의 『교양의 효용The Uses of Litera-cy』도 추가했습니다. 호가트는 버밍엄대학 현대문화연구소의 초대 소장이고 윌리엄스와 같은 세대입니다. 두 사람의 경력과 스타일에는 유사한 부분이 있습니다. 윌리엄스, 호가트, 톰프슨 세 사람은 1세대 신좌파라고 불립니다. 세 사람의 특징은 완전히 영국의 경험에 집중했고 영국의 전통에 깊이 침잠했다는 점입니다. 그러나 1964년 앤더슨이 앞장서서 제기한 비판에서는 영국의 전통 전체가 철두철미한 보수주의 전통이고 영국 노동자 계급의 전통도 보수적이고 반동적이기까지 하다고 보았습니다. 그래서 근본적으로 노동자 계급의 전통을 포함한 영국의 전통 전체를 철저하게 비판했습니다.

1964년 전후의 『뉴레프트리뷰』(관련 논문은 훗날 출판된 페리 앤더슨의 저서 『영국 질문』에 수록되었다)를 보면 영국이 확실히 특별했음을 알 수 있습니다. 영국의 사회주의 운동은 노동당과 긴밀하게 연관되어 있었습니다. 윌리엄스 등은 모두 노동당 정치와 밀접한 관계를 맺었습니다. 그러나 1965년부터 1968년 무렵까지의 세대는 영국의 전통 전체를 전면적으로 부정하면서 공세를 펼쳤습니다. 그들이 발표한 첫 번째 글에서는 현대의 위기가 영국 17~18세기 혁명이 철저하지 못한 데서 비롯되었고 영국 노동자 계급이 노동귀족을 낳았으며 노동운동 전체가 완전히 변질되었다고 말합니다. 물론 이 말은 일찍이 마르크스가 했습니다. 그러나 앤더슨 세대에서는 영국의 전통 내부, 그이전 노동당의 좌파 전통, 기존의 모든 노동자 계급 운동 전체를 두고한 말입니다. 거의 모두를 전반적으로 부정하는 심리로 근본에서부터 보수적이라고 판단했습니다. 그래서 영국 전통에 대한 긍정적인 견해, 가령 윌리엄스와 같은 견해는 그 어떤 것도 비판해야 했습니다. 그런 견해 자체가 철저하지 못하며 윌리엄스든 톰프슨이든 확실한 이론이 없다고 생각했습니다. 윌리엄스의 『문화와 사회』 초판 서문 마지막을 보십시오. 윌리엄스는 자신들에게는 분명 아주 깊이 있는 영국 경험론의 전통이 있고 이론을 반대한다고 강조했습니다. 21쪽(중역본 기준, 이하 동일) 2문단을 보십시오. 윌리엄스는 이렇게 말합니다.

내가 채택한 방법은 일련의 추상적 문제를 고찰하는 것이 아니라 개개인이 내놓은 담론을 고찰하는 것이다. 나의 기질과 소양으로 볼 때 이렇게 개인이 직접 논증한 담론을 발견하고 고찰하는 것이 체계적이고 추상적인 문제를 고찰하는 것보다 더 재미있기 때문이다.

그래서 앤더슨 세대는 첫 번째로 유럽, 특히 프랑스의 이론, 그중에서도 알튀세르의 이론을 다량 수입했습니다. 이론과 역사가 어긋나는 것을 이용해야 강한 비판의 힘이 생긴다고 보는 것이 그들의 경향입니다. 이 모든 것의 배후에는 좌파의 대토론이 있습니다. 이것이 텍스트 자체의 아주 재미있는 특징입니다. 사실 이런 특징은 우리에게 몇 가지 좋은 전통을 보여주어 우리가 생각하게끔 해줍니다.

우선, 텍스트 자체만 보면 그것은 서양 좌파가 아주 엄숙하고 진지하게 정리한 영국 보수주의 전통입니다. 특히 1편 "19세기 전통"이 그렇습니다. 저는 여기서 하나의 잠재적인 텍스트를 제기할 수 있습니다. 그것은 바로 중국입니다. 우리는 중국이 서양을 수입한 것이 옌푸에게서 시작되었다고 알고 있습니다. 옌푸가 수입한 것은 이른바 영국 사상이기도 합니다. 첸중수는 훗날 옌푸를 비판합니다. 그의 식견이 얕고 자질이 부족해서 올더스 헉슬리처럼 비교적 조잡한 것만 좋아할 수밖에 없다고 말합니다. 섬세하고 깊은 것을 제대로 이해하지 못했다고 이야기합니다. 이 비판 자체는 그리 공평하지는 않아도 맞는 말입니다. 그러나 우리는 이렇게 말할 수 있습니다. 중국이 서양을 수입할 때는 특수한 역사적 시기였기 때문에 이론의 일부를 선택해서 수입했고 서양 문화 배후의 아주 복잡하고 넓고 깊은 함의를 간과했다고요. 이것은 우리에게 많은 것을 생각하게끔 합니다. 이것이 첫 번째 문제이며 우리가 특히 주목해야 할 것입니다. 윌리엄스에게는 왜 보수주의 전통이 좌파의 전통이어야 했을까요? 동시에 좌파가 비판적으로 흡수하고 소화하며 전환하는 전통이어야 했을까요? 이것은 아주 재미있는 문제입니다.

두 번째 문제는 당연히 윌리엄스의 토대 위에서 우리가 1970년 이후 서양 좌파의 사상, 문화연구 분과 전체의 사상을 다시 고찰해야 한다는 것입니다. 우리는 결코 현재의 문화연구, 현재 서양 좌파가 믿는 진리를 받아들일 수 없습니다. 저 개인은 1970~1980년대 이후 서양 좌파와 서양 문화연구 문제가 아주 중요하다고 생각합니다. 과연 윌리엄스가 맞는지, 그 후의 문화연구가 맞는지 자체가 아주 중요한 쟁점이며 무수한 문제가 파생될 수 있습니다.

이런 문제들은 아주 중요합니다. 이를 기반으로 우리는 대규모 시장경제가 형성된 1980년대 이후 중국의 30년 역사를 생각하고 19세기 이래 중국이 최초로 서양 사상을 수용한 역사를 새롭게 고찰할 수 있습니다. 다른 한편으로 중국이 세계화에 처하고 각종 서양 학술 사상에 에워싸인 상황에서 우리는 어떻게 이처럼 주도적 지위를 차지하는 학문 주류를 대해야 할까요? 로마 연구든 탈구조주의 연구든 페미니즘이든 그 어떤 것도 중국의 학자는 자신의 눈으로 보아야 합니다. 그들의 내재적 논리를 근거로 그들이 제기한 이런 문제가 어떻게 생겨났는가, 이것이 우리 자신의 문제인가, 그들의 문제가 근본적으로 틀린 것은 아닌가를 보아야 합니다. 우리는 이 모든 문제를 생각해야 합니다.

이제 텍스트로 들어가겠습니다. 책 제목에서 '1780~1950년'을 빼놓고 번역했습니다만, 아주 중요한 부분이고 제목에서 빼놓을 수 없습니다. 문화는 시간과 장소를 초월한 추상적 개념이 아니라 특정한 역사, 장소, 시간에 만들어졌기 때문입니다. 이 점을 생각하지 않았다면 이 책을 쓸 수 없었을 것입니다. 그래서 '1780~1950년'을 생략해서는 안 됩니다. 게다가 중국어판에는 '영국'을 덧붙여야 합니다. 즉, 중국어판 제목은 "문화와 사회, 1780~1950년, 영국"이어야 합니다. 이렇게 해야 완전한 번역이 됩니다. 서문은 1963년판입니다. 13쪽 첫머리부터 보겠습니다.

문화 관념과 현대에 통용되는 문화라는 단어는 산업사회라고 불리는 시기에 영국 사상으로 들어왔다. 이 책은 이러한 발견을 책 구성의 원칙으로 삼는다.

문화라는 문제는 처음부터 자본주의와의 관계 속에 놓여 있었습니다. 문화의 근본적인 문제는 문화와 자본주의의 관계입니다. 자본주의 문제를 떠나서 문화 문제를 논하는 것은 과녁 없이 활을 쏘는 것과 같다는 것이 핵심이자 『문화와 사회』의 기본 관점입니다. 이 책의 핵심은 19세기 이후 영국 사회의 변천을 반영했다는 것입니다. 이러한 변천이 문화 개념이 출현한 이유입니다. 그래서 우리가 책을 읽을 때는 반드시 몇 년도에 출판되었는지를 보고 어떤 역사적 배경이 있는지를 이해해야 합니다. 책마다 무엇을 비판하고 무엇에 답하는지가 담겨 있습니다. 맥락을 벗어나서 읽는다면 완전히 틀리게 이해할 수 있습니다.

다음으로 15쪽 서론을 봅시다. 서론은 1958년 초판에 실린 것입니다. 주목할 부분은 20쪽입니다. 서론에서는 주로 제가 앞에서 언급한 다섯 가지 용어, 즉 산업, 민주, 계급, 예술, 문화를 다룹니다. 이

용어들은 1780년 이전에는 뜻이 달랐습니다. 모두 산업혁명 시기에 새로운 의미를 부여받았습니다. 핵심적인 부분은 20쪽 두 번째 문단 중간 부분입니다. 그는 문화의 개념을 콕 짚어 고찰하려 합니다. 논의가 진행되면서 결과는 확장되어 아주 크고 보편적인 사상운동이 됩니다. 이 문단의 여덟째 줄에서는 이렇게 말합니다.

> 이 과정과 그 복잡한 방식은 두 가지 보편적 반응을 융합했다. 첫 번째 반응은 어떤 도덕 활동과 지식 활동이 사실상 새로운 사회를 태동시키는 역량과 구별된다는 것이다.

자본주의와 산업혁명 같은 사회개혁 운동이 일어난 것 이외에 또 다른 종류의 도덕과 사상 활동이 있었는데 이는 새로운 사회를 태동시킨 개혁의 힘과 다르고 분리되어 있다는 의미입니다. 이 내용을 읽고 저는 1980년대의 중국이 떠올랐습니다. 당시에는 개혁파와 반개혁파 양대 진영이 있었습니다. 대부분 개혁파였습니다. 당시 나와 류샤오평劉小楓, 장쉬둥張旭東이 문화 번역을 했는데 경제를 하는 사람들이 늘 와서 어깨를 두드리며 말했습니다. "아이고, 우리는 모두 개혁파죠." 저는 늘 제가 개혁파와 무관하다고 생각했습니다. 당시 저는 경제개혁에 조금도 관심이 없었습니다.

여기서 윌리엄스의 말은 이런 개혁운동 이외에 다른 도덕적, 지적 활동이 있었다는 뜻입니다. 이것이 문화의 첫 번째 의미입니다. 그리고 두 번째 의미를 여기서는 "사람들의 흥미를 끄는 영역"이라고 번역했는데, 이는 정확하지 않습니다. 원의는 인간으로서의 상소 법정입니다—이것은 아주 서양적인 용법입니다. 칸트는 『순수이성 비판』에서 이성은 인간 상소 법정의 유일한 최고 재판관이라고 했습니다—문화야말로 사회개혁, 경제개혁을 재판합니다. 문화는 사회개혁보다 높습니다. 그리고 개혁 이외의 또 다른 경로입니다. 이처럼 문제는 복잡해졌습니다. 다음 두 문장은 더욱 긴요합니다.

> 앞서 말한 새로운 의미에서 문화는 새로운 생산양식, '산업'에 대한 반응에만 그치는 것이 아니다. (…) 문화 관념이 산업주의에 대한 반응이기만 하다면 사정은 비교적 간단해진다. 그러나 그것이 새로운 정치 사회적 발전, '민주'에 대한 반응이기도 하다는 점은 아주 분명하다.

즉, 영국이라는 사회에서는 절대대수가 문화라는 이름으로 자본주의를 비판하는 것을 크게 의심하지 않았습니다. 그렇다면 문제는 어디에 있을까요? 문제는 문화에 민주주의에 대한 비판도 함축되어 있다는 것입니다. 이 문제가 커지면 커다란 논쟁이 벌어질 것입니다.

윌리엄스가 이 책의 1편 "19세기 전통"에서 주로 다루는 문제는 문화와 자본주의의 관계입니다. 2편 "중간 시기"와 3편 "20세기의 견해"에서는 문화와 민주주의의 관계를 더 많이 논합니다. 더 정확히 말하자면 문화와 평등의 관계입니다. 문화와 평등의 관계는 인류에게 가장 복잡하고 깊으며 난해한 문제입니다. 문화가 모종의 심미적 기준, 문화적 기준을 의미하기 때문에 여기에는 불평등이 함축되어 있습니다. 평등 관념으로 문화를 요구한다면 1970년 이후 모든 문화는 패권이고 모두가 상층 통치 계급이 하층 계급의 반항을 동화하고 마비시키며 해소하는 중요한 보루입니다. 이것은 사실상 평등의 이름으로 문화를 반대하는 것입니다. 그 밖에 이 책에서 윌리엄스는 문화라는 이름으로 민주주의와 평등에 반대하는 것을 더 많이 언급하면서 이 문제를 다루는 데 공을 들입니다. 우리는 그가 더 합리적이고 충분한 해석을 했는지 볼 것입니다. 이 문제의 복잡성은 천천히 보게 될 것입니다. 문화와 자본주의의 관계, 문화와 민주주의 또는 평등의 관계는 윌리엄스 책의 중심 문제입니다. 이것이 이 책의 서론입니다. 보통 책 전체를 다 읽은 후 되짚어서 서론을 다시 보면 더욱 확실히 알 수 있습니다. 서론은 통상 책을 다 쓴 뒤에 쓰기 때문입니다.

이어서 본문을 보겠습니다. 1편 1장 첫 문장은 이렇습니다.

산업혁명 시기 영국의 분위기는 대비로 가득했다.

(이하 생략)

2010년 8월 13일 오후

하편

대학

大學

부강에서
품격으로

從富強走向文雅

이 제목은 시대에 좀 맞지 않을 수도 있습니다. 금융 쓰나미와 취업 난이 판치는 마당에 품격이 웬 말인가요? 이 말은 다음과 같이 해석 할 수 있습니다. 홍콩에는 "경제 불황과 취업난이 심할 때가 바로 공 부하기 가장 좋은 때"라는 말이 있습니다. 이 말은 일리가 있습니 다. 홍콩에서는 지금 금융 공황이 본토보다 심합니다. 취업이 더 잘 된다면 대학에서 공부할 필요 없이 일자리를 찾을 수 있습니다. 하나 의 예로, 최근 몇 년 동안 마카오에 아주 큰 카지노가 개장되었는데 누가 공부를 할까요? 고등학교를 졸업하고 카지노에 가서 딜러를 한 다면 좋은 직업을 가진 것입니다. 4년제 대학을 졸업한 다음에도 그 보다 더 많은 돈을 벌 일자리를 찾을 수는 없습니다. 하지만 마카오 에 카지노가 개장된 후 큰 문제가 발생했습니다. 세대 간 충돌이 일 어난 것이죠. 부모 세대는 힘겹게 근면하고 성실하게 일했습니다. 본 래 자식들이 공부를 잘하기를 바랐습니다. 하지만 아이들은 고등학 교를 졸업한 뒤 카지노 딜러를 하는데 부모보다 월급이 많습니다. 월 급이 많다고 부모를 얕보고 소비하는 방식도 부모와 다릅니다. 상상 해보세요. 카지노가 문을 닫거나 인원 감축을 해서 아직 젊은 이 사

이 글은 2009년 4월 11일 봉황위성TV에서 방송된 필자의 강연 기록을 정리한 것이다.

람들이 일자리를 잃는다면 학교에서 장학금을 주고 생활비까지 줍니다. 그렇다면 공부하기 제일 좋은 때 아닌가요? 그래서 홍콩에서는 최근 이런 광고가 적지 않습니다. "일하기 좋지 않은 때가 공부하고 연수하기 좋은 때다." 광고를 참 잘합니다. "부강에서 품격으로"라는 문제를 제기한 이유는 허풍을 떨려는 것이 아니라 대중이 생각하는 문제를 말하기 위해서입니다.

이미 품격으로 향해야 할 때가 왔다

개혁개방 30년 동안 중국의 거대한 경제적 성과는 그 무엇도 필적할 수 없습니다. 문제가 얼마나 있든 간에 전체 인구가 빈곤에서 탈출하는 속도가 이렇게 빠른 사례는 인류사에 없을 것입니다. 그러나 다른 한편으로 이런 현대화는 '단일한 현대화'라고 할 수 있습니다. 최근 30년, 특히 1990년대 이후에는 거의 경제 한 분야, 즉 돈을 버는 분야만 있었습니다. 우리 모두가 경제에만 관심을 가졌고 다른 말은 하지 않았습니다. 경제에만 관심을 갖고 돈 버는 것만 말한다면 비교적 저급한 사회입니다. 경제가 아주 잘 발전했더라도 다른 사람에게 존경받을 수 없습니다.

문명사회에서 가장 중요한 상품은 무엇인가요? 사람입니다. 이 사회, 이 문명이 길러내는 사람입니다. 자질과 기질이 아주 좋고 교양 있는 사람인가요, 살만 찌고 무식하며 교양 없고 재산만 많은 사람인가요? 답은 결코 복잡하지 않습니다. 굳이 마카오를 예로 들 것도 없습니다. 세계에는 수많은 석유 수출국이 있습니다. 그들은 석유에 힘입어 아주 부유합니다. 그런데 그들이 존경을 받나요? 하나의 문명사회, 특히 중국과 같이 큰 나라에서 단순히 돈만 많은 사람은 사람들로부터 존경받지 못합니다. 중국이 수천 년 문명을 지닌 국가라는 것은 더 말할 필요도 없습니다. 따라서 우리는 중국인에게 더 높은 것을 요구해야 합니다. 중국이 부상하려면 필연적으로 문화적 부상도 요구됩니다. 결코 경제적 부상에만 그쳐서는 안 됩니다. 단순한 경제적 부상만으로는 부족하기 때문입니다.

다들 알고 있듯, 유대인은 돈을 잘 벌지만 상당히 긴 시간 동안 유럽에서 유대인의 이미지는 오늘날 석유 수출국과 같았습니다. 세익스피어가 16세기 말에 쓴 명희곡 『베니스의 상인』은 서양인이 본 중세 유대인의 이미지를 대략적으로 보여주었습니다. 여기에는 두 가지 특징이 있습니다. 하나는 그들이 기독교를 믿지 않는다는 것, 다른 하나는 그들이 고리대금업을 하는 상인이라는 것입니다. 18~19세기 이후 유대인 중에서 과학자, 예술가, 음악가가 나왔습니다. 인재가 배출된 것입니다. 예를 들면, 서양사상사, 특히 예술사를 연구하는 사람이라면 누구나 서양의 바르부르크 연구소Warburg Institute를 알 것입니다. 예전에는 독일의 바르부르크에 있었고 지금은 영국의 런던에 있습니다. 히틀러가 집권한 뒤 전부 영국으로 옮겼는데, 이전 과정이 아주 놀랍습니다. 아주 성공적인 문화 이전이었습니다. 아비 바르부르크 자신이 바로 유대인 집안의 장자였습니다. 유대인 가정은 대부분 장자가 재산을 상속하고 둘째, 셋째, 넷째는 다른 일을 합니다. 바르부르크 본인은 학창 시절에 사업을 싫어했고 동생과 거래를 했습니다. 그는 가족 승계권을 넘겨주는 대신 하나의 조건을 걸었습니다. 책을 사고 싶은 만큼 사주고 무조건적 지원—아무리 비싼 책도 어디서든 가지고 와야 한다고 했습니다—을 해달라고 했습니다. 그래서 바르부르크 연구소에서 가장 유명한 것은 바르부르크 도서관입니다. 제가 이 사례를 들면서 하고 싶은 말은 이런 사람—돈을 벌고 사업하는 것만 인생의 최고 이상으로 삼지 않는 사람—이런 민족이 재미가 있고 창조력이 있으며 다른 창조적 영역에서 사람들의 존경을 받을 수 있다는 것입니다. 저는 인류에게 하나의 천성이 있다고 생각합니다. 위대한 예술가, 과학자, 음악가를 보면 우리는 숙연해지고 존경하는 마음이 생깁니다. 뭐라 설명할 방법은 없습니다. 저는 여기에 사람이 사람답게 되는 근본적인 원칙, 동물과 다른 점이 있다고 생각합니다.

그래서 앞으로 우리는 품격의 문제를 생각해야 합니다. 지금까지의 개혁개방 30년 동안 우리는 이 문제를 생각하는 데 그리 큰 시간을 들이지 않았습니다. 1980년대의 문화 토론이 일정한 역할을 했지만 막 시작했을 때 초점이 경제로 바뀌었습니다. 1994년 무렵 왕샤오밍王曉明, 장루룬張汝倫 등 상하이 학자가 인문정신 문제를 제기하려 했습니다. 그러나 곧 좌절했습니다. 아주 이해할 만합니다. 사람들은 '그들이 정신병에 걸렸나?' '왜 고상함을 말하나?'라고 생각했습니다. 저는 그들이 제시한 몇 가지 주장에 대해서는 아직 판단을 유보합니다. 지식인의 인문정신 같은 것이요. 제가 관심을 갖는 것은 지식인의 인문정신이 아니라 민족 전체의 문화적 소양과 자질입니다. 지식인은 자신이 대단하다고 생각해서는 안 됩니다. '지식인의 인문정신'에는 지식인의 우쭐거림이 담겨 있을 뿐입니다. 사람들을 아주 불편하게 합니다.

저는 대체로 30년 동안의 개혁개방을 거치면서 현재 부유함의 수준이 이미 아주 그럴듯하게 올라섰지만 현재 우리 사회는 아직 비루하고 조야하며 거칠고 그리 교양이 높지 않은 사회라고 생각합니다. 다음 30년 동안 우리는 문화 문제를 말해야 합니다. 이전 30년의 과정은 불가피했습니다. 지나친 완전무결함을 요구해서는 안 됩니다. 그래서 1990년대는 확실히 아직 문화를 말할 때는 아니었습니다. 그러나 지금은 가능합니다. 현재 부의 수준은 사실 우리의 상상을 뛰어넘었습니다.

최근 경제학자 지인 몇 명이 제게 표 하나를 주었는데, 저는 그것을 보고 아주 놀랐습니다. 그 표에는 2007년 중국 각 성의 GDP 수치와 그에 해당되는 국가가 기록되어 있었습니다. 중국의 적지 않은 성이 거의 유럽의 중등 선진국에 맞먹었습니다. 예를 들면, 첫째가 광둥성입니다. 2007년 GDP를 달러로 환산하면 4446억 달러이고 벨기에에 맞먹습니다. 벨기에는 세계 경제 순위 17위입니다. 그리고 이 경제학자들은 중국이 사실 아직도 저평가되어 있다는 점을 특히 환기했습니다. 달러 환율에 따라 환산한 것이라는 점이 그 이유입니다. 실제 구매력에 따르면 중국은 그보다 높습니다. 2위는 대만

성인데 세계 19위 스웨덴에 해당합니다. 3위 산둥성은 세계 23위 노르웨이에 해당합니다. 4위 장쑤성은 세계 25위 노르웨이, 5위 저장성은 세계 27위 덴마크에 맞먹습니다. 상위 5개 성만 해도 아주 대단합니다.

물론 이것은 GDP이지 1인당 소득이 아니라는 사람들의 반박을 곧 떠올릴 수 있습니다. 그러나 곧 하나의 예를 들 수 있습니다. 바로 홍콩입니다. 홍콩의 1인당 소득은 미국보다 높습니다. 홍콩은 세계에서 가장 부유한 곳 중 하나입니다. 물론 홍콩의 빈부 격차도 전 세계에서 상위권입니다. 홍콩의 공무원, 관료, 대학 교수의 임금은 모두 전 세계에서 가장 높습니다. 그러나 홍콩의 문화와 부의 수준이 완전히 비례하는 것은 아닙니다. 예전에 홍콩 사람들은 스스로 홍콩이 문화의 사막이라고 했습니다. 말 나온 김에 말하자면 학자들 몇 사람이 너무 낯간지러운 짓을 해서는 안 됩니다. 그들은 항상 낯간지럽게 홍콩을 치켜세웁니다. 홍콩에 라오쭝이饒宗頤가 있으니 당연히 문화가 있다고 말합니다. 이것은 아첨입니다. 그가 얼마나 큰 문화적 영향력을 발휘하고 문화적 분위기를 만들었는지 보십시오. 없습니다. 여기에 홍콩의 문제가 있습니다. 저는 결코 홍콩을 가혹하게 비난하려는 것이 아닙니다. 홍콩에는 분명 좋은 점이 많습니다. 그러나 문화의 차원에서 홍콩은 아주 실망스럽습니다.

여기에는 아주 간단한 지표가 있습니다. 홍콩에는 공부하는 사람이 거의 없습니다. 그곳에서는 약간 진지한 학술서가 출판되면 잘 팔리지 않습니다. 홍콩의 1인당 소득 수준은 대만보다 크게 높습니다. 그러나 문화적 분위기는 대만보다 못합니다. 저는 홍콩중문대학에서 객원교수를 한 적이 있는데, 홍콩 학생들의 수준이 갈수록 떨어진다는 느낌을 받고 더 가르칠 힘이 나지 않았습니다. 여기에는 큰 이유가 하나 있습니다. 저는 예전에 중국 대륙에서 가르친 적이 없는데, 최근 2년 동안 중국 대륙에서 가르친 뒤에는 홍콩에서 가르치기가 더 싫어졌습니다. 중국 대륙의 대학생은 아주 훌륭합니다. 그들의 지식욕과 지식의 양은 아주 좋습니다. 그러나 저는 여기서 강조하고 싶습니다. 중국 대륙의 대학생은 상대적으로 홍콩의 대학생보다 자질이 아주 좋지만 우리 대학 제도는 홍콩보다 크게 뒤떨어져 있습니다. 홍콩의 일반 대학은 제도 인프라 측면에서 우리보다 더 완비되어 있습니다. 그러나 홍콩의 문화적 분위기는 그리 좋지 않습니다. 사회 전체가 너무 산업화되어 있습니다. 경제, 경제, 경제, 취업, 취업, 취업이 전부입니다. 이러니 학생들은 배움에 그렇게 관심이 많지 않습니다. 그들은 강좌를 잘 듣지도 않습니다. 자신들과 무관하기 때문입니다.

중국 문명의 기조에 대한 자기 확신

그래서 지금은 크게 두 방면의 일을 해야 합니다. 하나는 커다란 교육적 분위기입니다. 이 부분에서 사실 저는 오히려 낙관적인 편입니다. 공자에게 감사해야 합니다. 공자가 남긴 전통에 감사해야 합니다.

중국인은 전반적으로 배우는 것을 아주 존중합니다. 배움에 대한 어떤 갈망이 있습니다. 요 몇 년 동안 저는 직간접적으로 적지 않은 사업가를 알게 되었습니다. 그들은 모두 사업에 몰두하느라 그리 많이 배우지 못했습니다. 그러나 자신의 아들딸이 좋은 교육을 받기를 바라고 꼭 사업을 하라고 하지는 않습니다. 가장은 자신이 공부하지 못했다고 생각하지만 아이들만은 잘 교육받은 사람이기를 바랍니다. 중국 사회의 이 세대의 정서로 볼 때 이는 여전히 상당히 보편적인 심리입니다. 이런 비용과 자본은 다음 단계의 문화를 창조하는 잠재력이 됩니다. 그러나 저는 한편으로 걱정도 됩니다. 이 자본이 다시 쓰이지 않는다면 소모되고 말 것이기 때문입니다. 현재의 가장들은 아직은 비교적 전통적입니다. 젊은 세대가 부모가 된다면 이런 면이 없을 수도 있습니다. 홍콩, 미국의 가장에게는 이런 전통이 없습니다. 교육 면에서 어떠해야 한다는 생각이 없는 것이죠.

최근 몇 년 동안은 교육적 온도가 상승하는 것을 느낄 수 있었습니다. 많은 이가 여기에 이견을 가졌습니다. "이런 현상은 거짓된 것이다" "난장판이다"라면서요. 지금은 무엇이든 모십니다. 황제를 모셨다가 공자를 모셨다가 노자를 모십니다. 그리고 모두가 앞다투어 말합니다. "너희가 황제를 뺐으니 우리도 황제를 뺀다." 이런 식입니다. 분명 여기에는 부족한 점이 있습니다. 그러나 너무 다 갖출 필요는 없습니다. 모시는 것이 그러지 않는 것보다 낫습니다. 즉, 비록 난장판이라도 이런 과정이 있어야 제사라는 문제를 중시하기 시작합니다. 이것은 긍정적이고 모두가 누릴 수 있는 일입니다. 아무래도 아무도 관심을 갖지 않는 것보다는 좋습니다. 왜 난장판일까요? 예전에는 도대체 어떻게 제를 올려야 하는지 아무도 몰랐기 때문입니다. 행동해야 알 수 있습니다. 먼저 학자가 고증을 하고 후학들이 어떻다고 말을 해야 한 걸음씩 완성됩니다. 아무도 관심을 갖지 않는다면 영원히 일어설 수 없습니다.

사실상 '부강에서 품격으로'라는 문제는 제가 베이징올림픽 개막식을 볼 때 갑자기 머릿속에서 떠올랐습니다. 저는 베이징올림픽 개막식을 아주 높이 평가합니다. 비록 몇 가지 비판이 있지만 비판하는 사람들은 모두 제대로 알지 못하고 그러는 것입니다. 예를 들면, 홍콩의 군소 신문 칼럼 작가들은 괴상하게 말합니다. 이래라저래라 하며 "중국이란 이런 것이다"라고 말합니다. 그러나 이런 비판은 금방 없어졌습니다. 이런 군소 신문들은 하나같이 서양이 어떻게 말하는지를 따르는데, 서양이 모두 찬사를 보내자 그들도 자연히 목소리를 내지 않았습니다.

사실 올림픽 개막식에서 가장 두드러진 중심 정취는 족자와 그것이 천천히 펼쳐지는 장면이었습니다. 다른 것은 모두 그다음입니다. 이런 중심 정취가 없다면 모든 것은 지리멸렬해집니다. 이런 중심은 중국 문화에서 가장 고상한 차원을 두드러지게 합니다. 이것은 문인화의 경지, 사대부 문화의 경지인데, 아주 경탄스럽습니다. 이런 기본 가락이 있어야 다른 모든 것도 존재할 수 있습니다. 이것을 떼어놓으면 다른 것을 아무리 화려하게 해도 어떤 인상도 남지 않습니다. 그래서 저는 우리가 많은 중국적 요소를 첨부했다는 그 후의 선전에 아주 불만입니다. 이 또한 우리 문화가 성숙하지 않다는 것을 보여줍니다. 개막식 전체는 명백히 중국 문명의 기조에 다른 요소를 많이 더했습니다. 어떤 다른 기조에 중국적 요소를 더한 것이 아닙니다. 서양인이어야 이런 말을 할 수 있습니다. 기조가 서양이니까요. "많은 중국적 요소를 첨부했다"라는 말은 현명하지 않습니다. 자신의 문명에 대한 믿음이 없다는 것을 보여주는 것입니다. 우리는 이것이 바로 중국 문명의 기조라고 선뜻 말하지 못합니다. "문명화되고 품격 있는 것이 드러났다"라고 말하는 것입니다. 어떤 의미에서 2008년 베이징 올림픽 개막식이 서양에 준 울림은 중국의 메달 획득 수보다 클 것입니다. 개막식에서 크고 아름다운 중국을 갑자기 펼쳐 보여주었기 때문입니다.

올림픽 개막식에서 부각된 것을 기초로 어떻게 제도적이고 체제적인 수단을 사용해야 우리가 품격 있는 문화를 추구하고 동시에 민간문화를 발양하도록 관철할 수 있을까요? 이 커다란 문화적 분위기 문제야말로 우리가 진정으로 생각해야 할 것입니다. 우리는 현대사회가 도대체 무엇인가를 사실 그리 많이 생각하지 않았습니다. 중국이 이미 아주 복잡한 현대사회로 진입했다는 것도 알아차리지 못했습니다. 현대사회에서 대학은 도대체 어떤 역할을 해야 하는가? 언론은 어떤 역할을 해야 하는가? 기업의 책임은 무엇인가? 이런 문제들은 1990년대부터 제대로 토론되지 않았습니다. 최근에 와서야 토론이 시작되었습니다. 우리는 거의 모든 노력을 경제, 생산력, GDP에만 쏟아부었습니다. 11차 5개년 규획(2006~2010년 장기 경제계획.

2005년 10월에 통과되어 2006년에 공표되었다. 후진타오의 지도 이념인 과학발전관 관철을 명기했다―옮긴이)에서 사회의 조화로운 발전 문제가 제기되었고 그다음 단계로 문화 문제가 부각될 것입니다.

대학은 현대사회의 문화적 문지기다

문화에는 높고 낮음의 구분이 있습니다. 저는 홍콩에서 올림픽 개막식 중계방송을 보았는데 개막식이 끝난 뒤 텔레비전 중계 프로그램 화면이 바뀌더니 한구석에서 갑자기 연예인 몇 명이 튀어나와서 몸을 비틀면서 노래했고 순간 파리 한 마리를 씹은 것처럼 괴로웠습니다. 저는 이 연예인들을 공격하려는 것은 아닙니다. 이런 상황에서는 그야말로 극도로 참을 수 없었음을 말하는 겁니다. 수준 차가 현저했습니다. 이런 연출은 이도 저도 아닙니다. 이는 결코 나이 많은 사람의 편견이 아닙니다. 젊은 사람들도 이런 느낌을 받았을 것입니다.

우리는 문화를 세 차원으로 나눌 필요가 있습니다. 바로 고급문화, 대중문화, 민간문화입니다. 민간문화와 대중문화의 구별은 1950년대와 그 후 몇십 년 동안 논란이 되었습니다. 대중문화는 거의 현대 대중매체와 시장에서 만들어낸 것입니다. 반면 민간문화는 시장의 효율과 이익 추구를 위한 것이 아니라 일반인이 발산한 것이고 민간 생명의 상징입니다. 이런 구별은 아주 중요합니다. 고급문화가 발전하려면 민간문화로부터 영감을 끊임없이 흡수해야 합니다.

그러나 현대사회의 문화적 위기는 고급문화든 민간문화든 할 것 없이 모두 대중문화에 흡수되어 모조리 시장화, 대중매체화가 된다는 점입니다. 현대에 인터넷과 텔레비전이 발전한 이후로도 민간문화는 더 잘 발전할 수 있습니다. 기존의 민간문화는 전파가 쉽지 않다는 번거로움이 있었습니다. 그것은 통상 지방적이었고 외부에서는 알지 못했습니다. 그러나 방송을 통하면 중국인의 일상생활과 민간에서 발산하는 왕성한 생명력을 볼 수 있습니다. 대중문화가 무엇인가요? '슈퍼걸'(2004년부터 2016년까지 중국에서 방영된 오디션 프로그램—옮긴이)입니다. 슈퍼걸을 대규모로 제작하는 것은 아주 나쁜 현상입니다. 슈퍼걸은 대중매체와 시장 기제를 촉진해서 만들었습니다. 이것은 다른 문화를 훼손할 수 있습니다.

우리는 반드시 현대사회의 몇몇 주요 기제가 어떤 역할을 하고 있는지를 인식해야 합니다. 대학이 맡은 역할을 대체할 곳은 없습니다. 저는 대학이 대중매체보다 수준이 높아야 한다고 강조합니다. 왜 그럴까요? 현대의 대중매체는 태생적으로 세속적 특징을 갖습니다. 그것은 상업 기제의 일부이고 전체 이익 추구 기제의 일부이기 때문에 필연적으로 세속적일 수밖에 없습니다. 그러나 대학은 세류에 영합해서는 안 됩니다. 대중매체의 수준은 대학의 수준에 달려 있습니다. 프로그램 제작자, MC 등 대중매체 종사자는 당연히 모두 대학에서 길러냅니다. 당정 간부도 대학에서 길러냅니다. 따라서 큰 문화적 분위기를 말할 때 우리는 반드시 이 몇 가지를 확정해야 합니다. 대학은 대중매체보다 수준이 높습니다. 대학은 현대사회에서 문화적 문지기의 역할을 해야 합니다. 현대 대중매체는 이런 역할을 해낼 수 없습니다. 대중매체가 이런 역할을 하면 문화가 통속적으로 변하고 저급한 취미가 되리라는 점은 필연입니다. 우리는 이 차이를 새롭게 인식해야 합니다. 특히 현대의 대학이 도대체 무엇인가를 새롭게 강조해야 합니다.

저는 미국의 대학이 아주 성공했다고 생각합니다. 어떤 의미에서 미국의 대학은 현대사회의 기적입니다. 현대사회는 고도로 공리적이고 상업화된 시장이 움직이는 사회입니다. 그 사회가 해결해야 하는 중심 문제는 '고도로 상업화된 사회에서 대학이 어떻게 공리적이거나 상업화하지 않고 시장의 영향을 받지 않도록 하는가?'입니다. 이 문제를 해결하지 못하면 대학은 대학이 아니게 됩니다. 사람들은 대학에 가서 공부하지 않고 생각하지 않고 돈을 법니다. 미국 최고 대학의 최고 가치는 돈이 아닙니다. 여전히 진선미를 추구하는 것입니다. 이러려면 반드시 일련의 제도로 대학생이 재학 기간, 특히 학부 재학 기간 동안 상업사회와 최대한 격리되도록 보장해야 합니다. 우리가 주목해야 할 것이 있습니다. 미국의 대학에는 가장 돈을 잘 버는 단과대학, 특히 경영대학, 법과대학 등이 모두 대학원에 속해 있습니다. 반드시 학부를 졸업한 후에야 입학시험을 볼 수 있습니다. 이러면 대학 학부 단계에서는 거의 안정적으로 공부할 수 있고 초기에는 전공을 나누지 않도록 보장할 수 있습니다.

현재 우리의 상황은 어떤가요? 경영대학에 입학하면 아주 거만해져서 문사철을 무시합니다. 문사철은 주눅 들어 있습니다. 이런 대학이 어떻게 잘 운영될까요? 돈과 돈벌이를 대학의 최고 가치와 상징으로 삼지 말아야 합니다. 대학은 반드시 대학의 최고 가치와 상징이 무엇인지를 확인해야 합니다. 돈은 결코 아닙니다. 최고의 대학이나 진정한 일류대학이 없으면 돈을 최고의 가치로 볼 수 있습니다. 이런 대학이 있으면 누구도 괴롭히지 않습니다. 대중매체도 괴롭히지 않고 경영대학과 법과대학도 괴롭히지 않습니다. 모든 것이 본래 있어야 할 자리에 있게 됩니다. 경영대학과 법과대학이 중요하지 않다는 말이 아닙니다. 어떻게 해야 하는가를 말하는 것입니다. 최근 몇 년 동안 중국에서 대규모로 시장경제가 발전하면서 경제와 법률 인력이 급하게 필요했습니다. 그래서 경영대학과 법과대학이 질적 수준은 따지지 않고 대규모로 운영되었습니다. 이는 아주 자연스럽고 이해할 수 있는 일입니다. 그러나 이런 상황이 오래 지속되어서는 안 됩니다. 오래 지속된다면 이 나라에는 돈 냄새만 나고 문화적 풍토는 없을 것입니다. 이것은 우리가 받아들이고 용인할 수 있는 목표가 아닙니다.

그래서 저는 다음 30년부터는 우리가 일련의 고려를 해야 한다고 생각합니다. 즉, 어떻게 하면 우리 나라의 현대화를 통해 경제적 부와 군사력을 강화하는가 하는 것뿐만 아니라 어떻게 해야 우리 인민이 응당 높은 수준의 교육을 받고 높은 수준의 교양을 지닌 인민이 될 수 있는가를 생각해야 합니다. 이럴 때 중화민족이 존중받을 수 있고 예의 있는 나라 중국의 위대한 전통을 존중할 수 있습니다.

세계화 시대
중국 대학의 일반교육

全球化時代的中國大學通識教育

사회자 장쉬둥 교수 먼저 이렇게 추운 날씨에 강연을 들으러 온 여러분을 환영합니다. 저는 여기서 간양 선생님의 영향력을 설명하려 합니다. 간양 선생님의 약력은 소개하지 않겠습니다. 중국의 문화, 교육, 사상이 지난 25년에서 30년 동안 겪은 변화와 발전에 관심 있는 사람이라면 간양이라는 이름과 영향력을, 그가 제기한 문제와 일으킨 논쟁을 모르지 않을 것입니다. 이것은 전체 중국 현대사상사의 한 장면입니다. 최근 몇 년 동안, 사실 짧지 않은 시간 동안 간양 선생님의 관심이 대학 이념, 대학 교육, 대학 개혁으로 옮겨갔다는 점은 명백합니다. 핵심 문제는 바로 일반교육입니다. 저는 오늘 우리 베이징대학 비평이론센터와 베이징대학 교무부가 합동으로 간양 선생님을 베이징대학으로 초청해서 강연을 듣게 되어 매우 기쁩니다. 강연 제목은 "세계화 시대 중국 대학의 일반교육"입니다. 먼저 배경을 간단히 소개하겠습니다. 저희는 올해 여름 중국문화포럼과 공동으로 베이징대학에서 전국 제4차 일반교육 하계 워크숍을 개최했습니다. 많은 사람이 참석했고 일주일 동안 열렸습니다. 베이징대학의 교수 몇 명과 인민대학의 류샤오평劉小楓 교수 등 우리는 수차례 일반교육 고전

이 글은 2010년 12월 17일 베이징대학에서 열린 강연을 기록한 것이다. 베이징대학 비평이론센터의 녹취록을 정리했다.

독회와 교육 시범회를 조직했습니다. 아주 성공적이었습니다. 이는 베이징대학이 일반교육 이념을 탐색하고 교육 개혁 실험을 하는 데 아주 큰 자극이 될 것입니다. 간양 선생님은 오늘 우리에게 이번 강연을 하지만 한편으로 베이징대학 각 단위의 많은 구성원과 교류했습니다. 그가 앞으로 종종 베이징대학에 오기를 바라고 베이징대학이 학부 교육과 대학 이념을 토론하고 탐색하는 부분에서 간양 선생님이 이끄는 중산대학 리버럴아츠 칼리지博雅學院와 교류 협력을 강화하기를 희망합니다. 마지막으로 베이징대학 비평이론센터에 대해서 몇 말씀 설명하려고 합니다. 아마 오늘 온 학생 중 상당수가 이 기관을 모를 것입니다. 본 센터는 올해 초 정식으로 창립 허가를 받은 신규 기관이고 비교적 급이 높은 연구기관입니다. 저희는 주로 다음과 같은 몇 가지 일을 합니다. 국내 자매학교, 해외 대학 연구기관과 인문학 영역에서 교류 협력을 추진합니다. 베이징대학을 근거로 삼아 비판적, 분석적, 창조적 사유와 토론을 모색하고 실험합니다. 하계 워크숍을 성공적으로 주관한 후에는 베이징대학의 관련 부서와 학부 교육 실험의 발전을 모색합니다. 가장 핵심적인 부분은 일반교육과 고전 읽기입니다. 이 몇 가지 개념은 중국 대학의 이념과 같은 범주입니다. 저는 지난 몇 년 동안 이 부분에 가장 힘을 쏟고 진지하게 깊이 생각한 사람이 바로 간양 선생님이라고 생각합니다. 결코 의례적인 수사가 아닙니다. 우리가 한 이 몇 가지 일만 해도 모두 간양 선생님에게 자극받고 시사점을 얻은 것입니다. 올 하계 워크숍의 프로그램은 사실 모두 간양 선생님의 아이디어에 따랐습니다. 그래서 베이징대학의 각급 지도자가 보고 아주 마음에 들어 했습니다. 베이징 대학에서는 각 단위에서 늘 이런 개혁을 추진했기 때문에 학술계의 학자들도 각자의 학문 영역에서 이런 일을 했고 상하가 협력해서 자연히 같은 일을 했습니다. 제 생각에 이는 아주 보기 힘든 국면입니다. 다른 것은 더 말하지 않겠습니다. 오늘 간양 선생님께 한 시간에서 한 시간 30분 동안 강연을 청하겠습니다. 그의 강연이 일찍 끝나면 바로 끝내겠습니다. 간양 선생님이 아직 저녁식사를 못했기 때문에 우리는 쉴 기회를 드려야 합니다. 그럼 여러분, 저와 함께 간양 선생님의 강연을 청해 듣겠습니다.

간양   감사합니다, 장쉬둥 교수님. 여러 교수 학생 여러분, 감사합니다. 이 자리에 계신 몇 분은 제가 최근 몇 년간 한 일을 잘 알고 있습니다. 바로 중국 대학의 일반교육입니다. 저 자신은 이 일이 다른 어떤 것보다 중요하다고 생각합니다. 그러나 최근 몇 년 동안 저는 일반교육을 운영만 했지 이념을 말한 적은 없습니다. 오늘 베이징대학에 돌아와서는 조금 다른 것을 생각해보았습니다. 저는 이념 방면의 문제를 말하려 합니다. 그래서 오늘의 강연 제목은 다른 대학에서의 강연 제목과 약간 다릅니다. 다른 대학에서 저는 대부분 중국 대학의 일반교육을 단순히 강연했습니다. 그러나 오늘의 강연 제목은 "세계화 시대 중국 대학의 일반교육"입니다. 이념이라는 이 유일한 문제의 경우 우리가 대부분의 시간 동안 일반교육을 논할 때 저는 그다지 흥미가 없었습니다. 저는 이것이 거짓 명제라고 생각했습니다. 그러나 오늘은 이념 문제를 말하겠습니다. 제가 논하는 "세계화 시대 중국 대학의 일반교육"은 두 가지로 나눌 수 있습니다. 첫 번째는 앞부분의 "세계화 시대의 중국 대학"입니다. 이것은 중국 대학이 총체적으로 직면한 문제입니다. 일반교육은 세계화 시대에 중국 대학이 직면한 문제의 일부입니다. 오늘 말하는 이념 문제는 바로 "세계화 시대'가 중국 대학에 도대체 어떤 의미인가?"입니다. 특히 베이징대학과 같은 곳에서 무엇을 의미하는지 말하고 싶습니다.

세계화 시대

물론 세계화 시대는 각국이 모두 직면한 문제입니다. 그러나 나라마다 사정이 다릅니다. 소국과 대국이 다르고 문화 전통이 있는 나라와 없는 나라가 다릅니다. 그래서 중국의 상황은 아주 특별합니다. 먼저 우리는 중앙 지도자부터 대학 지도자, 교수까지 모두 중국 대학을 세계 일류대학으로 만들고 싶어합니다. 베이징대학과 칭화대학이 물론 가장 앞장섭니다. 저는 여기에 이견이 없습니다. 우리는 모두 베이징대학과 칭화대학이 세계 일류대학이 되기를 바랍니다. 문제는 '어떻게 세계 일류대학이 되느냐'입니다. 어떤 기준으로 세계 일류대학이 되는 것일까요? 이 문제를 떠올리면 우리는 기준이 아주 모호하고 많이 변했음을 알 수 있습니다. 지금 하나의 예를 들어보겠습니다. 2006년 영국의 『타임스』에서 처음으로 세계 대학 순위를 발표했습니다. 당시 베이징대학은 16위였고 홍콩대학은 50위 밖이었다는 것은 틀림없는데—당시 저는 홍콩대학에 있었고 지금까지도 홍콩대학 소속입니다—정확한 것은 기억이 나지 않습니다. 아마 69위였을 것입니다. 그다음 해에 『타임스』에서 순위를 발표했을 때 베이징대학은 15위로 한 단계 올라섰고 홍콩대학은 열 단계를 올라서 69위에서 59위가 되었습니다(59위에서 49위 사이일 수도 있습니다). 저는 아주 정확히 기억합니다. 홍콩대학 총장이 우리 전체 교수와 학생에게 안내문을 보냈는데, 저도 모르게 비웃으며 말했습니다. "당신네 홍콩대학이 베이징대학보다 못하구나. 차이가 그렇게 많이 난다!" 홍콩대학 사람들은 저보고 베이징대학 출신이라 모교에 대한 정서가 있다고 했습니다. 그러나 저는 정말로 베이징대학이 당연히 홍콩대학보다 좋다고 생각합니다. 진지합니다. 여러분이 어떻게 생각할지는 모르겠지만 당연히 제가 말하는 베이징대학은 그때의 베이징대학, 1980년대의 베이징대학입니다. (전체 웃음) 지금은 저도 어떻게 말해야 할지 모르겠습니다. 저는 베이징대학이 홍콩대학, 대만대학보다 좋다는 것을 조금도 의심하지 않습니다. 비교할 만한 대학이 어디일까요? 싱가포르대학 같은 곳이 있네요. (…) 최근 2년 동안 여러분은 관심을 갖지 않았을 테지만 같은 기관에서 발표한 자료에서 홍콩대학이 아시아 1위, 싱가포르대학이 2위이고 도쿄대학이 그 뒤였습니다. 베이징대학은 몇 위였을까요? 저는 모릅니다. 어쨌든 뒤에 있습니다. 여러분은 생각해보지 않으셨나요? 이런 결과가 평가 기준이 아주 임의적이라는 점을 잘 설명해주는 것 아닐까요? 한 대학교가 설립되고 발전하려면 많은 시일이 필요합니다. 어떻게 불과 4~5년 동안 하나는 15위였고 하나는—조금 앞선 순위로 말한다면—45위였는데 불과 4~5년이 지나고 하나는 10위권 안에 들고 하나는 (…) 베이징대학은 올해 몇 위인가요? 베이징대학 학생인 여러분은 알겠지만 저는 모릅니다. 어쨌든 앞 순위에서는 찾을 수 없습니다. 저는 오늘 베이징대학보다는 중국인 자체를 말하려 합니다. 중국인에게는 하나의 병폐가 있기 때문입니다. 중국인은 스스로를 낮게 평가합니다. 베이징대학 학생도 베이징대학이 뒤쳐져 있다고 생각합니다. 도쿄대학을 말해볼까요. 간단히 말해서 홍콩대학, 싱가포르대학이 어떻게 도쿄대학보다 좋을까요? 저는 그럴 수 없다고 생각합니다. 학문적 축적, 각 분야의 연구, 우리 주변 학자의 인상부터 그렇습니다. 노벨상 수상자가 세속적 기준이 된다고까지는 말하지 않더라도 저는 불가능하다고 생각합니다. 저는 평가 기준이 변했다고 추측합니다. 홍콩대학과 싱가포르대학이 아시아 1, 2위이고 도쿄대학의 앞 순위에 있는 유일한 이유는 그 대학들이 영어로 강의하고 도쿄대학이 일본어로 강의한다는 것입니다. 즉, 최근 2년 동안의 평가 기준은 국제화 수준이었습니다. 이 국제화 수준이라는 것이 참 골치 아픕니다. 여기에는 영어의 문제가 숨어 있기 때문이죠.

국제화가 우선순위가 되면 베이징대학 같은 중국의 대학에는 아주 골치 아픈 문제가 생깁니다. 국내 대학에서 학생 교환을 하는 것이 번거로워집니다. 언어 소통 문제가 있기 때문입니다. 학생 교환은 통상 두 학교가 협정을 맺어서 이루어집니다. 이론적으로 이 학교 학생을 저 학교로 보내야 하는데 중국의 상황에서는 모두 가기만 하고 오지는 않습니다. 오는 학생은 적고 가는 학생은 많습니다. 이런 상황이 오래되다 보니 두 학교에서는 정원을 낮춥니다. 예를 들면, 제 집이 지금은 아직 홍콩에 있기 때문에 하는 말이지만 그들은 홍콩대학과 홍콩중문대학, 대륙의 교환학생 정원이 줄어들고 있다고 말합니다. 홍콩의 대학생이 대륙에 가고 싶어하지 않기 때문이죠. 교환이 어렵다는 말입니다. 대만대학과의 교환도 어렵습니다. 그러나 그것은 별개의 문제입니다. 그들은 현재까지도 중국 대학의 학점을 공식적으로 인정하지 않습니다. 그러나 먼저 국제화 수준이 영어라는 것을 말하려 합니다. 여기에는 문제가 있습니다. 즉, 영어가 일류대학을 평가하는 기준이 된다면 베이징대학은 아주 심각한 문제에 부딪힙니다. 베이징대학도 홍콩대학처럼 영어를 전면적으로 사용하는 대학으로 변해야 할까요? 그렇게 해야 할까요? 할 수 있을까요? 가능할까요? 이 모든 것이 문제입니다. 저 개인적으로는 할 수도 없고 될 수도 없다고 봅니다. 홍콩은 작습니다. 홍콩에는 대학이 8개 있습니다. 솔직히 말해서 홍콩대학─홍콩대학은 본래 진정으로 영어 강의를 전면 시행하는 유일한 대학입니다─학생의 영어 실력이 그나마 낫고 홍콩중문대학 학생의 영어 실력은 그보다 한참 뒤떨어집니다. 영어 강의의 전면 실시는 사실 아주 어렵습니다. 학생과 교사 모두 못 알아듣습니다. 홍콩이공대학, 홍콩시티대학, 링난대학 등 다른 대학 학생의 영어 실력도 사실 아주 뒤처집니다. 그런데 이런 조건에서 모든 대학이 강제적으로 영어로 방향을 틀면 어떤 문제가 생길까요? 교수가 영어로 말하면 학생은 교수에게 이렇게 말합니다. "광둥어로요, 광둥어로요. 못 알아듣겠어요, 못 알아듣겠어요!" (일동 웃음) 나이 든 교수에게는 하나의 문제가 생깁니다. 광둥어를 쓴다 치면 시험은 어떻게 치를까요? 시험지를 반드시 영어로 만들어야 한 다면 어떻게 하나요? 여기서는 하나의 예를 들었을 뿐입니다. 세계화 시대가 가져온 문제는 바로 영어를 쓰지 않는 대학은 아주 심각한 도전을 받는다는 점입니다. 방금 제가 말한 학생 교류의 문제도 포함 됩니다. 사실 국제 교류 문제도 유럽의 비영어권 국가가 맞닥뜨린 아 주 골치 아픈 문제입니다.

저는 먼저 문제 하나를 제기했을 뿐입니다. 실제적인 질문은 이 런 것들입니다. '평가 기준은 도대체 무엇인가?' '누가 정한 기준인 가?' '중국인에게는 자신이 기준을 정할 권한이 없는가?' '중국인은 문제를 생각하나?' '중국인은 세계화 시대에 자신의 문제를 어떻게 생각하는가?' 저는 반드시 앞으로 문제가 생길 것이라고 생각합니다. 우리가 자신의 처지를 생각하지 않고 외재적 기준에만 영합한다면 우리 대학은 갈수록 곤란해질 것입니다. 사실대로 말해서, 저는 홍콩 대학에 많은 기간 재직했지만 아주 좋은 대학이라고 생각하지는 않 습니다. 더군다나 일류대학도 아닙니다. 누구를 좋게 말하는 것은 중 요하지 않습니다. 저는 여기서 저들을 욕하는 것이 아니라 객관적으 로 말했을 뿐입니다. 왜 제가 추호도 의심 없이 베이징대학이 홍콩대 학보다 좋다고 말했을까요? 홍콩대학에서는 사색하고 학문하는 분 위기를 전혀 느끼지 못했기 때문입니다. 홍콩의 학생은 강의를 들을 때 어떤 호기심도 없습니다. 제가 오늘 홍콩대학에서 프로그램을 말하면 그 누구도 오지 않습니다. 오는 사람은 전부 선생님이고 학생은 없습니다. 저는 매년 홍콩대학에서 강좌를 열지만 학생은 1명도 오지 않았습니다. (일동 웃음) 우리가 모신 선생님은 모두 수준이 높습니다. 여러분이 잘하는 일본어를 연구하는 일류 학자도 있습니다. 예를 들면, 우리가 A를 모셨다고 합시다. 아주 유명한 하버드대학 교수입니다. 그리고 정부가 초청한 사람이지 대학에서 초청한 사람이 아닙니다. 그분은 실력이 아주 좋습니다. 그러나 11명이 앞뒤로 드문드문 앉았을 뿐입니다. 게다가 같은 시간에 오지도 않았습니다. (일동 웃음) 강좌를 어떻게 운영해야 할지 몰라 아주 힘이 듭니다. 강의를 들으러 오는 사람이 없습니다. 손님을 존중하지 않는 것 같습니다. 그분은 본인이 이렇게나 부족해서 아무도 안 왔다고 오해합니다. 그분은 어느 교수가 와도 이렇다는 것을 모릅니다. 딱 한 부류만 인기 있습니다. 바로 스캔들 있는 연예인입니다. 반드시 스캔들이 있어야 합니다. 스캔들이 없으면 그다지 흥미를 느끼지 않습니다. (일동 웃음) 이것이 바로 홍콩의 대학에 대한 저의 총체적 인식입니다. 그들은 일류대학이 될 수 없습니다. 캠퍼스 전체적으로 지적 호기심이 없습니다. 아주 단순합니다. 지식을 추구하려는 욕구는 전적으로 인간의 호기심에 달려 있습니다. 중국 학생의 가장 좋은 점 중 하나는 호기심이 있고 지식을 추구하려는 욕구가 있다는 점입니다. 저는 이것이 중국 학생의 가장 우수한 점이라고 생각합니다. 그래서 저는 이 문제를 생각할 때 느낌이 좀더 강렬합니다. 대체로는 제가 홍콩대학에서 일하기 때문입니다. 홍콩대학이 아시아에서 제1대학이 된다는 말에 저는 코웃음 칩니다. 물론 홍콩대학 총장은 기분이 나쁘겠지만, 저는 그런 명성이 어울리지 않는다고 생각합니다. 이 말은 당연히 베이징대학 캠퍼스 안에서만 하는 것입니다. 밖으로 새나가지 않기를 바랍니다. 제가 그들에게 편견이 있는 것 같지만 이건 편견이 아닙니다. 저는 아주 객관적으로, 지식인인 저의 시각으로 말하는 것입니다. 그곳에는 공부하는 분위기도 없고 공부하는 곳도 아닙니다. 학생들의 자질은 괜찮지만요.

제가 말하려는 첫 번째는 평가 기준의 문제입니다. 그것 말고도 하나 더 있습니다. 세계화 시대가 부여한 영어의 주도권 지위 기준 점유 문제입니다. 이 점이 아마 중국 대학이 세계 일류대학에 되려고 노력하는 데 커다란 장애와 곤란이 될 것입니다. 이 문제는 후스가 100여 년 전에 예리하게 통찰했습니다. 그는 미국으로 유학을 간 지 얼마 지나지 않아 아주 중요한 글을 썼습니다. 예전에도 몇 번 인용한 「비유학편非留學篇」입니다. 비非는 부정의 의미입니다. 후스는 하나의 문제를 발견했습니다. 그 시대의 중국인은 당연히 중국이 사상적, 학술적, 문화적으로 모두 아주 높은 수준에 도달하기를 바랐습니다. 그러나 그는 발견했습니다. 현재의 상황대로라면 같은 일류의 인재라도 저들처럼 할 수 없다고요. 왜 그럴까요? 후스는 말했습니다. '두 사람의 지능지수가 완전히 같다고 가정해보자. 한 사람은 중국인이고 한 사람은 미국인이다. 두 사람은 모두 일류 인재다. 하지만 마지막까지 가보면 중국인이 미국인을 분명 못 따라간다. 왜 그런가? 중국인은 시간의 절반을 영어를 하는 데 써야 한다. 사람의 시간과 정력은 유한하다. 똑같이 지능지수가 좋다는 조건에서는 매분 매시간의 정력이 빠짐없이 아주 중요하다. 당신이 시간과 정력을 다른 일에 쓸 때도, 모두가 동일한 과제에서 점수를 딸 때도, 이 시간의 경쟁은 완전히 시간과 정력의 경쟁이다.' 후스는 말했습니다. '보아라. 우리는 소학교 때부터 영어를 공부하는 데 얼마나 많은 시간을 쏟아야 하는가? 이러면 중국의 일류 인재는 미국에 가서 이류 인재가 될 수밖에 없다. 그는 그렇게 많은 시간을 들여야 한다.' 여러분이 영어를 공부하는 데 얼마의 시간을 들이는지를 계산해보세요. 지금 베이징대학에서도 많은 시간을 들이고 있습니다. 저는 여러분에게 말합니다. 여러분이 지금 유학을 간다면 지금의 영어는 전부 쓸모없습니다. 다시 영어 작문 수업을 들어야 하고 영어를 공부하는 데 시간을 소비해야 합니다. 저는 후스가 당시 학술 지도자로서 중국의 학생 발전, 대학 발전 문제를 예리하게 간파했다고 생각합니다. 후스는 「비유학편」에서 아주 중요한 문제를 제기했습니다. 제가 그것을 일상용어로 바꾸어보겠습니다. '중국 대학이 세계 일류대학으로 변모하려면 궁극적으로는 유학을 중단해야 한다. 즉, 중국인은 영어를 공부하는 데 그렇게 많은 시간을 들일 필요가 없다. 그래야 중국 대학이 세계 일류대학이 될 가능성이 있다.'

또 하나 묻겠습니다. 일류대학이 뭐죠? 지금 베이징대학의 교수가 모두 미국 대학에서 박사학위를 받았다고 칩시다. 그러면 베이징대학은 일류인가요, 이류인가요? 틀림없이 이류입니다! 홍콩대학의 모든 교수와 직원이 당연히 영어로 박사학위를 받았던 것처럼 틀림 없이 그곳은 이류대학입니다. 왜냐하면 스스로는 이런 인재를 배출 하지 못하기 때문이죠. 베이징대학에서 앞으로 모든 교수를 영미권 대학에서 박사학위를 받은 사람만으로 채운다면 베이징대학은 분명 이류대학, 심지어 삼류대학이 될 수밖에 없습니다. 필요한 인재를 스 스로 길러내지 못하기 때문입니다. 진정한 일류대학이라면 베이징대 학에서 배출한 박사를 베이징대학 자체뿐 아니라 옥스퍼드대학, 케 임브리지대학, 하버드대학에서도 앞다투어 원해야 합니다. 그래야 일 류대학입니다. 저는 외부 인재의 영입을 반대하지 않습니다. 지금 이 단계에서는 필요합니다. 저는 세계 일류가 되려는 대학이라면 후스 가 제기한 문제를 다시 생각해야 한다고 봅니다. 후스 세대의 모든 사람은 이 문제를 토론할 필요가 없었습니다. 물론 그 시대에는 유학 을 중단하려면 중국 대학에 일류 학술이 있어야 한다고 생각했습니 다. 그러나 후스가 제시한 관점은 이론의 여지가 없었습니다. 모두가 동의했습니다. 천인커陳寅恪는 칭화대학 건학 20주년에 짧고도 중요한 글을 썼습니다. 중국의 각 분야 학술 상황을 말하면서 이 문제도 말 했습니다. 1947년에 와서야 후스가 베이징대학 총장으로 재직할 때 중국의 대학 발전 10개년 계획을 내놓았습니다. 이때 이 문제를 생 각했습니다. 그러나 제가 후스의 논점을 다시 제기하면 모두들 저를 정신병자 취급합니다. 본래 이 문제는 당시에는 말하지 않아도 알 수 있었습니다. 특히 베이징대학의 학생과 교수는 당연히 이 문제를 생 각했습니다. 그렇지 않으면 어떻게 베이징대학이라고 부를 수 있을까요? 베이징대학이 성실하게 2등 시민을 교육하고 유학을 가라고 요구한 채 한 해 한 해가 간다면 베이징대학은 사실 영미권 예비 학교인 것 아닌가요? 어떻게 세계 일류대학이 될 수 있나요? 불가능합니다. 심리적으로 중국이 세계 일류대학을 건설하려면 목표가 있어야 합니다. 이 목표를 달성하려면 몇 년이 걸릴 수도 있습니다. 그러나 목표가 확실하기만 하다면 세계 일류대학을 건설할 수 있습니다. 그리고 이렇게 인구가 많고 역사가 유구하며 스스로의 문화가 두텁게 축적된 나라에서는 가능합니다. 홍콩대학, 싱가포르대학은 이런 목표를 제시할 필요가 없습니다. 이 학교들에 가장 경제적인 방법은 사람을 보내는 것입니다. 제가 홍콩대학에 건의하지만 홍콩의 8개 대학 어디서도 이렇게 할 필요가 없습니다. 학생을 유학 보내기만 하면 됩니다. 대학을 운영하는 데는 돈이 아주 많이 듭니다. 하지만 인력 양성의 목표가 유학을 보내는 것인데 왜 대학을 운영하나요? 그럴 바엔 돈을 주민들에게 나누어주고 집집마다 모두 그 돈으로 유학하게 하는 편이 낫지 않나요? (일동 웃음) 아주 간단하지 않습니까? 게다가 한 방에 영구적인 효과를 냅니다. 대학을 운영할 필요가 전혀 없는 거죠. 경제학 원리로 본다면 이 방법이 가장 경제적이라는 것은 분명합니다. 취업 문제를 해결하려면 직업 고등학교, 직업교육이면 됩니다. 마카오도 있군요. 대학이 왜 필요합니까? 필요하지 않습니다. 이것이 바로 제가 제기하고 싶은 문제입니다. 세계 일류대학을 건설할 때 목표가 이렇게 명확하지 않으면 많은 문제에 맞닥뜨려 도대체 어떻게 해야 할지 모르게 됩니다.

다시 한번 강조합니다. 제가 오늘 유학을 중단하자는 후스의 관점을 제시하는 것은 유학을 금지하자는 말이 아닙니다. 유학은 앞으로도 계속 마음대로 가면 됩니다. 모두 자신의 흥미에 따라서 가면 됩니다. 후스가 유학 중단을 말할 때 베이징대학이나 중국 대학이 자기 사람을 기를 수 없다고 말한 것이 아닙니다. 후스의 핵심 의도는 자기 양성일 것입니다. 다른 분야, 프랑스어를 배우려면 프랑스로 갈 필요가 있고 예술을 공부하려면 이탈리아로 갈 필요가 있습니다. 이럴 때는 유학을 가야 하죠. 그러나 반드시 교육, 학술, 대학 체제의 식민지 상태에서 완전히 벗어나야 합니다. 그러지 않으면 일류대학이 될 수 없습니다. 저는 홍콩대학이 일류대학이라고 생각하지 않습니다. 그곳에서는 창의적인 문제를 다룰 수 없습니다. 일류 인재는 현재 떠도는 생각을 깨뜨리고 새로운 생각을 제시해야 합니다. 이미 정해진 흐름과 변형 위에서 글을 쓰는 것이 아닙니다. 이래야 일류 인재입니다. 이류 인재는 모두 다른 사람을 따라 합니다. 베이징대학은 확실히 일류 인재를 양성해야 합니다. 베이징대학에는 이러한 조건이 있어야 합니다. 그러나 지금 베이징대학에 이런 생각이 있는지 저는 모릅니다. 2003년부터 2005년 사이에 제가 이런 문제를 제기할 때 많은 사람이 제가 정신이 나갔다고 생각했습니다. 도대체 누가 정신이 나간 건지 정말 모르나요? (일동 웃음) 저는 이것이 세계화 시대에 중국 대학의 이념에서 정말 고려해야 할 문제와 관련이 있다고 생각합니다. 베이징대학을 포함한 중국의 대학에서 교환학생을 가르칠 때 학생의 편의를 위해 외국에서 돌아온 가장 우수하고 젊은 교원들이 외국인 학생 수업을 담당합니다. 저는 이런 방법은 좀 생각해봐야 한다고 생각합니다. 자원 낭비이기 때문입니다. 상대국에서 온 학생들은 결코 말 그대로 우수한 학생은 아닙니다. 많은 경우 석사학위 수준입니다. 장기적인 관점에서 교환학생과 모두가 함께 수업을 들어야 합니다. 가장 우수한 교원이 영어를 할 줄 안다고 차출해서 이 학생들을 가르치게 하면 그 교원의 시간과 정력을 낭비하는 것은 필연입니다. 베이징대학 학생에게 잘 가르칠 수 없는 것입니다. 베이징대학에서 가장 우수한 교원은 베이징대학 자체의 학생들에게 수업해야 합니다. 외국에서 온 학생들도 뒤따라서 들어야 합니다. 영어 강의도 베이징대학 학생이 먼저 들어야 합니다. 그렇지 않으면 자원 배분이 불합리합니다. 저는 이것이 세계화 시대에 중국이 직면한 아주 실질적인 문제라고 생각합니다. 여기에는 자신의 자원을 어떻게 배치하느냐도 포함됩니다. 국제 교류는 아주 필수적이고 필요합니다. 그러나 어떻게 해야 하냐면 반드시 베이징대학 학생을 가장 먼저 고려해야 합니다. 그러나 중국 대학에서는 모든 것을 외국 교환학생을 위해서 설계합니다. 그들이 최대 수혜자입니다. 많은 자원과 정력을 그 문제에 쏟아부어서는 안 됩니다. 저는 많은 대학에 이런 문제가 있다고 생각합니다. 실질적으로 해결하는 방법은 아주 간단합니다. 중국 학생이 영어 수업에 들어가면 문제가 없습니다. 베이징대학, 칭화대학, 중산대학 학생이 영어 수업을 듣는 것은 근본적으로 괜찮습니다. 모두 같이 들으면 됩니다. 따로 떼어서 과목을 개설할 필요가 없습니다. 별도로 개설하면 인위적으로 외국 학생과 중국 인민을 떼어놓아서 학생끼리 접촉할 수 없게 한다고 느낄 것입니다.

미국 대학의 일반교육

지금까지 중국 대학이 세계화 시대를 맞으면서 갖게 되는 문제를 전반적으로 말씀드렸습니다. 문제는 사실 아주 많습니다. 그러나 시간 관계상 오늘은 다른 문제는 제쳐두겠습니다. 우선 세계화 시대의 중국의 일반교육만 다루겠습니다. 세계화가 가져온 또 다른 문제는 모든 나라가 세계적 지평의 경쟁에 처해 있다는 것입니다. 어느 나라든 자신의 현실적 상황을 고려하지 않고 일률적으로 외재하는 보편성의 기준에 영합하는 듯합니다. 그렇기 때문에 일련의 문제가 생깁니다. 일반교육에서는 베이징대학을 비롯한 중국의 모든 대학이 미국 대학을 모델로 삼아 참조하고 있습니다. 이 점은 의심할 바 없습니다. 저는 이것이 절대적으로 정확하고 아무 문제도 아니라고 생각합니다. 지금 전 세계에서 일반교육에 성공한 나라는 오직 미국밖에 없습니다. 홍콩과 대만은 모두 성공하지 못했습니다. 이제 저는 운영 측면의 문제를 논하려 합니다. 운영 면에서 무엇이 성공이고 성공이 아닌지를 바로 볼 수 있습니다. 그러나 문제는 미국 대학을 참고할 때 어느 시대의 기준을 참고하느냐입니다. 하버드대학은 2009년에 새로운 일반교육 방안을 발표했습니다. 이것이 바로 베이징대학이 참고해야 할 방안일까요? 절대로 그렇지 않습니다. 솔직히 말해서 이 방안은 배울 것이 없고 조금도 가치가 없습니다. 1980년대의 방안을 베끼기도 했지만 사실 그리 뛰어나지 않습니다. 중국 대학에서는 도대체 미국 대학의 일반교육의 정수가 어디에 있는지를 확실히 생각해야 합니다. 우리는 미국 대학에서 겉껍데기 말고 정말로 좋은 것을 배워야 합니다. 아주 중요한 방법은 그들 100년의 역사를 보는 것입니다. 1920년대부터 지금까지 100여 년간 미국 일반교육의 역사 전체를 보아야 합니다. 하버드대학 총장은 자신의 대학을 방문한 다른 대학 총장들에게 이렇게 말했습니다. "여러분은 절대로 하버드대학을 모방해서는 안 됩니다. 하버드대학의 모든 새로운 방안은 하버드가 가지고 있던 오류를 고친 것이기 때문입니다. 여러분이 하버드대학의 이전 방안이 어떻게 만들어졌는지를 이해하지 않고 단순히 현재의 방안을 모방하고 베끼는 것은 아무 의미가 없습니다. 왜냐하면 여러분은 그것이 어떤 문제를 해결하려고 했는지를 모르기 때문입니다. 모든 방안은 자신의 상황에 따라 조정됩니다." 여기서 우리는 질문합니다. 우리가 주로 참고할 표준은 무엇이어야 할까요? 저는 미국의 일반교육을 역사적 단계로 나누어 고찰해야 한다고 생각합니다. 2009년 하버드대학 방안의 경우는 수용할 가치가 하나도 없으며 하버드대학 내부에서도 형편없다고 비판받았습니다. 비록 그들의 토론이 상당히 진지했더라도요. 2002~2003년 즈음에 토론이 시작되었습니다. 그리고 5년 정도 토론한 뒤인 2007년에야 기본 방안이 나왔습니다. 기본 방안이 나온 후 교수들로부터 형편없다고 비판받았습니다. 그래서 2007년에는 선뜻 집행할 수 없었고 2009년에 와서야 얼마간 조정을 하고 실행하기 시작했습니다.

저는 미국 대학의 일반교육이 중국 대학의 일반교육과 밀접한 관련이 있다고 생각합니다. 미국 대학의 일반교육은 대체로 크게 두 단계로 나뉩니다. 첫 번째 단계는 1920년대 컬럼비아대학부터 1930년대 시카고대학까지입니다. 가장 큰 토론은 1930년대부터 1940년대까지 로버트 허친스가 시카고대학 총장이었을 때 미국 전역에서 벌어진 대규모의 토론이었습니다. 그 후 1945년 제2차 세계대전이 끝난 후 하버드대학에서 이른바 레드북—『자유사회의 일반교육General Education in a Free Society』—을 발표했습니다. 이 책은 미국 대학이 현대적 조건에서 일반교육을 재건하려는 가장 완결된 노력을 상징합니다. 가장 먼저 이 문제부터 생각해보아야 합니다. 그 후 1987년 스탠퍼드대학의 일반교육 개혁—당시의 개혁은 미국 전역에서 최대의 정치적 파동이 되었습니다—은 새로운 발전 단계를 상징합니다. 좀더 단순화하면, 1920년대부터 1945년까지가 하버드대학의 레드북 단계입니다. 이 레드북은 베이징대학에서 곧 출판하게 됩니다. 출판사에서 최근 저에게 서문을 써달라고 재촉했습니다. 여러분에게 이 책을 추천합니다. 저는 미국 대학의 일반교육을 제대로 이해하려면 컬럼비아대학의 보고서나 허친스가 쓴 『미국의 고등교육The Higher Learning in America』, 그리고 하버드대학의 1945년 레드북을 보아야 한다고 생각합니다. 이 책들이 중국 대학에 가장 도움이 됩니다. 초기부터 보면 왜 일반교육이 다시 미국 대학의 가장 중요한 요소가 되었는지를 알 수 있는데, 과정은 아주 명확합니다. 하버드대학은 원래 비학술 체제이고 완전히 칼리지 성격이었습니다. 19세기에는 엄격히 말하면 대학이 아니라 중국의 단교團敎(공산주의 청년단 간부학교를 말한다―옮긴이)에 해당했습니다. 보스턴 지역의 지도자를 기르는 것이 목표였기 때문입니다. 포지션이 아주 명확했습니다. 물론 그곳의 교육 방식은 아주 고전적인 옥스퍼드대학, 케임브리지대학식의 교육으로 그리스어, 라틴어 등을 배우는 것입니다. 그래서 19세기 후반에 미국 대학은 연구형 대학으로 전환한 이후에 전문교육을 강조했습니다. 그런데 1920년대에 와서 큰 문제가 발생했습니다. 그래서 다시 일반교육 문제로 돌아갔고 컬럼비아대학에서 이를 시작했습니다. 특히 1945년 하버드대학의 레드북을 본다면 그들이 생각한 중심 문제가 무엇인지 알 수 있습니다.

1945년 하버드대학의 보고서를 하버드 레드북이라고 부르는 이유는 표지가 빨간색이기 때문입니다. 이 책은 제2차 세계대전 이후 미국 대학의 일반교육에 아주 널리 영향을 주었습니다. 당시 하버드대학 총장은 하버드대학 문리대 학장과 가장 우수한 교수들로 구성된 위원회를 구성했습니다. 이 위원회에서는 2년 반 동안 일주일에 한 번, 한 번에 여덟 시간씩 토론했습니다. 그 결과로 하버드 레드북을 만들었습니다. 이 위원회를 구성할 때 위원회의 첫 번째 임무는 바로 중등교육과 대학 교육을 연관 지어 생각하는 것이었습니다. 그래서 부제에 하버드대학 학생의 교육 문제를 내세웠지만 많은 지면에서 중등교육을 언급했습니다. 이들은 중등학교의 일반교육을 대학에서 설계해야 한다고 보았습니다. 이것은 양보할 수 없는 문제였습니다. 이 레드북은 1980~1990년대 미국의 교육에 관한 토론에서 끊임없이 비판받았습니다. 저는 이런 비판에 일리도 있지만 대부분 왜곡이라고 생각합니다. 사실 저는 1945년의 이 책이 아주 깊이 있는 정치철학 문헌이자 사회학 분석 문헌이라고 생각합니다.

　왜 수많은 일류 학자가 2년 반 동안 미국의 일반교육 문제를 생각했을까요? 하버드 레드북에서는 '일반교육General Education'이라고 했고 '자유교육Liberal Education' 개념을 사용하지 않았습니다. 1950년 시카고대학도 '일반교육' 개념을 사용해서 『일반교육의 이념과 실천』이라는 방안을 제출했습니다. 그 기본 관념은 당시에는 아주 명확했습니다. '자유교육'은 사람들에게 소수만을 위한 것이라는 느낌을 주기 쉽습니다. 이것은 낡은 경전 교육입니다. 그러나 일반교육은 바로 전통적 자유교육이 실천적으로 유지될 수 없는 상황에서 제시되었습니다. 여기서 중요한 문제는 대학의 확장 문제입니다. 모집하는 학생 수가 적었던 예전에는 당연히 비교적 높은 교육 수준을 유지할 수 있었습니다. 그런 교육 방안을 유지하기도 비교적 쉬웠습니다. 그러나 모집 인원이 늘어나자 각양각색의 사람들이 들어왔습니다. 우리는 미국을 신화처럼 보아서는 안 됩니다. 미국도 어려웠습니다. 시카고대학의 일반교육 이념은 미국 전체에서 가장 훌륭합니다. 다른 대학과는 다릅니다. 일반적인 대학의 일반교육은 대학 1~2학년 때 시행됩니다. 그런데 허친스 총장의 이념은 4년 내내 일반교육을 하는 것입니다. 그러나 실제로는 관철되지 않았습니다. 이 이념은 시카고대학이 아니라 다른 대학에서 관철되었습니다. 그것은 바로 리버럴아츠 칼리지(인문학, 사회과학, 자연과학 기초 과목으로 교육과정을 운영하는 대학. 소규모로 운영되며 비판적 사유, 소통 역량, 폭넓은 사고력 배양을 지향한다―옮긴이)입니다. 현대의 대학은 현대사회의 문제를 고려해야 하고 엄격한 의미의 전통적 자유교육은 결코 현대의 사회과학을 포함할 수 없습니다. 그래서 현대의 대학에서는 불가능합니다. 미국에 비교적 좋은 것이 두 가지가 있습니다. 자유교육 대학에서는 대부분 비교적 전통적인 방법을 채택합니다. 허친스가 시카고 칼리지를 운영하려고 했을 때 교수회의에서 세 번 부결되었습니다. 1930년대 전반에 걸쳐 시카고대학은 내전 상태였습니다. 미국의 현대 대학의 기원은 바로 시카고대학입니다. 우리는 하버드대학을 먼저 말하지만 사실 근본적으로 이곳은 대학이 아니었습니다. 최초에는 해당 교과의 인재만 다닐 수 있었습니다. 미국 초기의 교육은 모두 교회의 몫이었습니다. 18세기까지 그랬습니다. 미국에서 가장 유명한 헨리 애덤스의 교육론을 보면 하버드대학의 교육은 사실 4개월이면 충분했고 근본적으로 시간 낭비였습니다. 그리스어 학습에서는 호메로스 서사시 한 권은 고사하고 단 1장도 읽지 않았습니다. 헨리 애덤스의 교육론은 물론 이후 미국의 교육 이념에서 가장 깊이 있고 영향력 있는 텍스트입니다. 여기에는 하버드대학의 교육만을 논한 장이 있습니다. 하지만 우리는 그것을 신화처럼 여겨서는 안 됩니다.

　　미국 최초의 현대 대학은 존스홉킨스대학과 시카고대학입니다. 시카고대학은 1892년에 설립되었습니다. 그래서 미국의 현대 대학은 시작된 시기가 우리보다 이르지 않습니다. 왜 허친스와 교수들이 그처럼 날카롭게 대립했을까요? 시카고대학은 사회과학 위주였기 때문에 사회과학은 당시 인문과학과 심각하게 충돌했습니다. 허친스는 전통적인 자유교양교육liberal arts education 이념을 도입하려 했고 4년 교육을 관철하려 했습니다. 그래서 교수회의에서 세 번이나 부결되었습니다. 이 논쟁은 미국의 교육에 아주 크게 영향을 주었으며 시카고 전쟁이라 불립니다. 논쟁의 한쪽 편은 문과 대표인 허친스입니다. 다른 한쪽의 대표는 생리학 교수였습니다. 그는 일부러 실험실에서 입는 가운을 입고 실험실에서 회의실로 직행했습니다. 그는 회의실에 오자마자 이렇게 말했습니다. "나는 작업실에서 나왔다. 우리는 사실을 조사하고 있다. 당신들이 말하는 인문적 가치는 다 개소리다."

우리는 일반교육을 말합니다. 한편으로 일반교육은 아주 중요하지만, 다른 한편으로 우리는 아주 현실적입니다. 현대사회는 많은 부분에서 전통사회와 다릅니다. 예전의 방식을 완전히 따를 수는 없습니다. 일반교육은 대부분 근대성 문제로 향합니다. 근대사회 특유의 문제를 겨냥해서 만들어졌습니다. 중국인은 미국과 서양의 것을 신화화하는 것을 좋아하므로 일반교육, 자유교육 하면 바로 고대 그리스를 떠올립니다. 하지만 사실은 그렇지 않습니다.

1945년 하버드대학 레드북의 방안은 두 가지 중요한 문제를 해결하는 데 역점을 두었습니다. 첫 번째 문제는 전통의 변천입니다. 근대성의 특징은 바로 사회 변천의 속도가 매우 빠르다는 점입니다. 이러한 사회에서 시대와 시대는 어떻게 이어지고 연관을 맺을까요? 이것은 일반교육이 해결해야 할 문제입니다. 변화 속에 불변이 있지 않으면 세대 간의 소통이 불가능합니다. 이것은 역사 공동체를 어떻게 구성하느냐의 문제입니다. 중등학교에서부터 일반교육을 실시해야 하는 이유는 당시 미국인의 4분의 3이 대학에 가지 못했기 때문입니다. 그래서 일반교육을 완전히 대학에서만 실시한다면 사회 전체에 이탈 현상이 일어납니다. 대학을 간 4분의 1과 대학을 가지 못한 4분의 3이 이념적으로나 사상적으로 하나의 민족 공동체를 구성할 수 없습니다. 저는 천춘성陳春聲의 관점에 아주 동의합니다. 그는 "무엇을 가르쳐도 좋다. 하지만 언제나 역사문명 공동체 개념을 가져야 한다. 바로 이 문제를 고민하기 때문에 연속성을 강조하려 한다"라고 말합니다.

두 번째 문제는 현대사회가 고도로 분화된 사회라는 사실입니다. 사회집단 간의 이념과 풍속은 모두 다릅니다. 이들 사이에 어떤 공통된 점이 있어서 하나의 공동체를 이룰 수 있을까요? 일반교육의 이념적 목표는 아주 명확합니다. 하버드대학에서는 2년 반의 기간 동안 사실상 근대성 문제를 토론한 것입니다. 현대사회가 교육 이념에 준 충격을 토론했습니다. 여기에는 대학의 확장도 포함됩니다. 우리는 현재 중국 대륙도 그렇고 홍콩도 그렇고 대학이 확장되는 것을 못마땅해합니다. 하지만 사실 그럴 필요는 없습니다. 대학이 확장되면 필연적으로 혼란이 생겨나고 교육의 질이 저하됩니다. 이런 문제를 극복하려 노력해야 합니다. 제2차 세계대전 이후 대학은 줄곧 확장했습니다. 1870년에 미국의 고등학생 수는 6만 명밖에 안 되었지만 1945년에는 700만 명이었습니다. 그중 4분의 3은 대학에 가지 못했습니다.

우리는 하버드대학 위원회만큼 일반교육에 대한 높은 식견을 갖고 중국 사회가 적극적으로 변하고 교육의 수준이 높아지는 상황에서 무엇이 공통적인 것이고 우리는 어떤 시민을 길러내고 싶어하는지, 어떤 사람이 중화문명 공동체의 전수자인지를 살펴보아야 합니다. 그렇다면 중등학교와 대학은 연계성을 갖게 되고 반드시 중복될 것입니다. 많은 고전이 부단히 중복됩니다. 초등학교에서는 약간만 가르치고 중등학교에서는 이를 심화하며 대학에서는 더욱 심화해야 합니다. 아리스토텔레스 윤리학을 중등학교 때부터 대학 때까지 읽고 석사부터 박사까지 읽는 것이 뭐가 이상한가요?

왜 이 레드북을 "자유사회의 일반교육"이라고 불렀을까요? 자유사회가 무슨 뜻이죠? 왜 자유사회에 일반교육이 특별히 필요하죠? 이 문제를 반드시 생각해야 합니다. 저는 아주 간단히 말하려 합니다. 현대사회는 자유사회라고도 민주사회라고도 할 수 있습니다. 그 특징은 바로 사회가 점점 다원화되고 원심력이 강해지며 공통성이 적어지고 권위가 붕괴된다는 것입니다. 이런 상황에서 공통된 교육이 없고 사람들이 저마다 완전한 자유를 누리면서 하고 싶은 대로 한다면 사람과 사람 사이의 소통에 문제가 생길 것입니다. 그래서 레드북 서문에서는 고대 그리스의 격언 두 마디를 인용했습니다. 투키디데스의 『펠로폰네소스 전쟁사』에 나오는 아주 유명한 페리클레스 연설입니다. 대체적인 의미는 이렇습니다. "우리가 고상해지는 데 호메로스가 꼭 필요하지는 않다. 우리는 저마다 스스로 역사를 창조하기 때문이다." 이것이 바로 자유인의 아주 호방한 모습입니다. 호메로스는 그리스인 전체의 스승이었기 때문에 그리스인은 모두 호메로스에 대한 교육을 받았습니다. 그리스인이 그리스인답게 되는 아이덴티티를 가르쳤으며, 이것이 그리스인 공통의 문화유산입니다. 아주 좋은 말입니다. 우리가 고상해지는 데는 호메로스의 가르침도 호메로스의 존재도 필요하지 않다는 말에는 아주 철저한 자유주의가 깃들어 있습니다. 그러나 철저한 자유주의는 교육 자체를 근본적으로 불가능하게 합니다. 누군가를 교육할 권한이 누구에게 있을까요? 당신은 무슨 자본으로 나를 교육할까요? 나는 자유인인데 왜 당신의 교육을 받아야 할까요? 철저한 자유주의는 철학적 측면에서 교육을 아주 어렵게 합니다. 두 번째 격언은 플라톤의 『국가』에서 나옵니다. 대체적인 의미는 이렇습니다. "우리가 아이들이 어렸을 때 시비를 가리지 않도록, 무언가를 듣고서 좋고 나쁨을 가리지 않도록, 참과 거짓을 분별하지 않도록 할 수 있을까? 그렇다면 어떻게 공화국 시민을 길러낼 수 있을까? 즉, 교육은 좋은 것, 선한 것, 참된 것을 아이들에게 가르치는 것이지 거짓된 것, 추한 것, 악한 것을 가르치는 것이 아니다." 이 격언은 상대적인 것을 지향합니다. 앞의 격언은 자유사회의 분열을 말합니다. 자유사회에서 사람들은 저마다 자신의 흥미에 따라 자유롭게 나아가기를 바랄 뿐 아니라 충분히 그렇게 할 수 있습니다. 만약 이를 규범으로 규제하지 않으면 교육이 필요 없다는 의미가 됩니다. 그다음 격언은 자유라는 상황에서 공동의 교육, 이념, 신앙이 필요하다는 것입니다. 레드북에서 뒤의 격언을 인용하면서 언급한 것은 바로 이런 문제입니다. 즉, 다원사회에서 교육의 공통성입니다. 일반교육은 엄격히 말해서 공통교육common education입니다. 대학에서 어느 학과 사람인지를 불문하고 이해할 필요가 있는 것은 무엇일까요? 조금 더 분석해보면 대학의 전문화는 다원화의 아주 강한 표현입니다. 중국인은 분야가 다르면 서로를 이해하지 못합니다. 공통의 언어가 없으면 소통이 완전히 불가능합니다. 이는 사실상 다원사회에서 원심력이 아주 강하고 공통의 언어가 없다면 대학의 공통교육을 어떻게 재건하는가의 문제를 말하는 것입니다. 그런데 자세히 봅시다. 컬럼비아대학, 시카고대학, 하버드대학에서 1920년대부터 1960년대의 학생운동 이전까지 공통교육이 구축한 형식은 무엇이었을까요? 서양 문명입니다. 그래서 미국 대학의 일반교육에 비록 아주 많은 과목이 있지만 중심은 서양 문명 과목입니다. 여기에 일반교육 전체의 핵심이 있습니다. 실제로 보면, 정말로 참고할 필요가 있고 미국을 가장 대표하는 대학은 하버드대학이 아니라 컬럼비아대학과 시카고대학입니다. 컬럼비아대학은 현재까지 거의 1920년대의 전통을 유지하고 있습니다. 제 생각에는 이곳의 일반교육이 가장 이상적이고 베이징대학에서 가장 발전시켜야 할 조건을 갖추었습니다. 컬럼비아대학의 일반교육에서는 모든 학생이 1학년 두 학기 동안 공부해야 하는 과목이 있습니다. 바로 인문 문학literature of humanities입니다. 여기에는 문예학art of humanities, 즉 인문 고전 학습도 포함되기 때문에 고대 그리스의 호메로스부터 20세기 문예학까지 읽습니다. 이 문예학은 결코 현재 알고 있는 문학예술이 아닙니다. 플라톤, 아리스토텔레스 등의 여러 사상이 모두 문예학이 될 수 있습니다. 물론 베이징대학의 한 학년 학생은 2000여 명이고 컬럼비아대학의 한 학년 학생은 아마 1000명 정도일 것입니다. 그곳에서는 교수 80명이 이 과목을 동시에 개설합니다. 모두가 같은 것을 가르칩니다. 문학원 교수는 3년 안에 반드시 한 번은 이를 가르쳐야 합니다. 모든 중심 텍스트는 변할 수 없습니다. 가령 15개 텍스트가 있는데 그중 2개 정도는 조정할 수 있지만 전부를 바꿀 수는 없습니다. 시카고대학도 대체로 같습니다. 과목마다 텍스트 4개가 있고 이 텍스트는 누가 가르치더라도 바꿀 수 없습니다. 바꿀 수 있는 것은 교수마다 자신이 중요하게 생각하고 첨부하는 참고자료뿐입니다. 이것이 바로 공통교육입니다. 대학에서는 서양 문명의 전통이 미국 사회에서 이렇게 다원사회를 품는다고 생각합니다. 모든 대학생이 공통의 자원을 교육받는데, 그들의 근본 문제의 배후에는 다음과 같은 하나의 사회철학적, 정치철학적 고려가 있습니다. 어떻게 하면 이토록 새롭고 현대적이며 개별적인 국가가 공통의 것, 공통의 언어, 공통의 문화 계승을 가질까? 사실 이것이 미국 일반교육의 중심입니다.

사실 미국 대학에서는 자연계열 과목의 일반교육을 그리 잘하지 못합니다. 예를 들면, 컬럼비아대학은 오랫동안 두 과목만 개설했습니다. 하나는 인문과학이고, 다른 하나는 사회과학입니다. 이것은 필수과목입니다. 사회과학은 "현대 문명contemporary civilizations"이라고 합니다. 그러나 현대 문명도 마찬가지로 고대 그리스에서부터 가르치고 목적도 아주 분명합니다. 고대 그리스·로마 문명이 여전히 현대 문명의 일부분이고 현대 미국 문명이 여전히 서양 문명의 전통에 뿌리내리고 있다는 점을 강조하려는 것입니다. 이 두 과목은 여전히 컬럼비아대학에서 가장 주된 과목입니다. 예전에는 전교생이 반드시 들어야 할 필수과목이 없었습니다. 자연과학 과목은 개설되기 어렵습니다. 미국 대학에서 일반적인 학부생에게 요구되는 수학 실력은 우리보다 아주 낮았습니다. 중국 대학에서 학생에게 요구하는 수학 실력은 매우 높습니다. 미국 대학의 자연과학 일반교육은 대부분 개론 과목입니다. 그래서 제가 왜 방금 일반교육 전통이 1960년대 학생운동 때에 와서 충격을 받았다고 말했냐면 이 대학생 필수과목 때문이었습니다. 1960년대 학생들이 저항할 때 외친 중요한 구호는 바로 필수과목 폐지였습니다. '내가 듣고 싶은 과목을 듣겠다. 완전히 자유롭게 풀어놓아라'였습니다. 그 후 많은 학교가 필수과목을 없앴습니다. 그런데 그 결과 교육의 질이 대폭 하락했습니다. 왜 나중인 1978년에 하버드 보고서가 나왔을까요? 사회 전체, 특히 학부모들이 극도로 불만족스러워했습니다. 대학 교육의 질이 갈수록 떨어지자 다시 필수과목을 회복해야 한다고 생각했습니다. 이것이 1978년의 하버드 보고서에 영향을 주었습니다. 솔직히 말해서 이 보고서에 그리 뛰어난 부분은 없습니다. 그러나 이는 1960년대의 학생운동 이후 필수과목을 다시 회복하라는 요구를 상징하고 있습니다. 1987년 스탠퍼드대학의 개혁은 왜 미국 전역에서 가장 민감한 정치적 문제로 변했고 모든 정치가가 입장을 표명해야 했을까요? 1987년 스탠퍼드대학의 개혁은 당시 몇 년 동안 일반교육의 방향을 어느 정도 세운 것이었습니다. 이는 미국의 이데올로기 변화와 관계가 있습니다. 그 변화는 이른바 서양 중심론에 대한 반대였습니다. 그래서 비서양 문명에 대한 이해를 강화하려 했습니다. 스탠퍼드대학의 과목은 사실 기존의 서양 문명 고전 읽기의 토대에 비서양 텍스트를 더한 것입니다. 과목마다 4종의 읽기 교재가 있다면 앞부분은 여전히 같은데 뒷부분에 『노자』나 『장자』, 일본이나 인도의 교재를 더하는 식이었습니다. 이런 것을 조금 더했을 뿐인데 왜 정치적 파장이 일어났을까요? 이것이 서양과 미국의 정체성을 해친다고 여겼기 때문입니다. 미국의 보수주의자 전부가 뛰쳐나왔습니다. 미국의 정체성은 서양 문명이지 동양의 난잡한 것이 아니라며 당시에 토론이 아주 격렬하게 벌어졌습니다. 스탠퍼드대학의 개혁은 가장 근본적이어야 했지만 아주 비근본적인 것 같습니다. 한 학기에 배우는 4~5권 중 중국 또는 인도, 일본 또는 남미의 것을 단지 두 작품 정도 더했을 뿐입니다. 그러나 이런 방향이 제시되어서 최근 몇 년 동안 하버드대학을 포함한 미국 대학의 일반교육 개혁이 비판받았습니다. 예를 들면, 하버드대학은 2009년 고전의 색채를 약화하자고 주장했습니다. 제 생각에 중국인은 반드시 이 말을 자세히 분석해야 합니다. 당시 미국의 맥락에서는 1920년대 이후 고전 읽기가 극도로 강화되고 고도로 제도화된 상황에서 강도를 낮추자는 말입니다. 만약 우리가 이것을 근거로 하버드대학에서 고전의 색채를 줄였으니 우리도 고전 읽기를 하지 말자고 주장하는 것은 대단한 잘못입니다.

세계화 시대는 여러분이 근본적 차이를 잊도록 합니다. 그 차이는 본래 아주 강고하게 구축된 전통 교육 체제에서 규정한 것이지만 중국 대학에는 아직 이 전통 교육의 기초가 다져지지 않았습니다. 만약 우리도 미국의 현재를 따라 한다면 우리에게는 기초를 다지는 과정이 완전히 없어질 것입니다. 저는 중국 대학이 미국의 1920년대부터 1960년대까지를 주의 깊게 참고해야 한다고 생각합니다. 그래야만 일반교육이 제대로 뿌리를 내릴 수 있습니다. 미국의 모든 기본 교육 제도는 그 시대에 형성되었습니다. 현재의 개혁이 가장 중요한 것은 아닙니다. 모두 기존의 토대 위에서 조정된 것입니다. 게다가 학교마다 각자의 중점, 교수 역량 등 특수한 상황이 다를 수 있습니다. 이런 구분은 크게 중요하지 않습니다. 여기에는 두 가지 문제가 있습니다. 좋은 쪽으로 보면, 미국의 컬럼비아대학 등은 지금 모두 우리와의 협력에 진정성을 보입니다. 제가 최근 몇 년 동안 국내에서 일반교육을 하는 동안 해외에서 협력하자고 저를 찾아오는 사람이 아주 많았습니다. 미국이 지금 관심을 갖는 부분은 이른바 글로벌 핵심과목global core course입니다. 전에는 서양 고전 중심이었는데 지금은 중국 등 비서양의 고전을 늘리고 싶어합니다. 여기서 비교적 좋은 점은 그들이 확실히 이러한 변화를 원하고 오랜 서양 중심적 경향을 바꾸려 한다는 것입니다. 그러나 실질적으로는 도리어 서양 중심론이 강화될 수 있습니다. 미국을 비롯한 서양의 학술 체제 인프라와 이론적 성격이 더 우월하다는 것을 인정해야 합니다. 서양 학계는 비서양 문명에 진입할 때 그것을 재조직하고 재조합합니다. 예를 들면, 중국의 전통문화는 현재 해외 중국 학계로부터 커다란 도전을 받고 있습니다. 그들의 이론 구축 능력이 더 강합니다. 그들은 자신들의 문제에 근거해서 새로운 문제를 제시할 수 있습니다. 그들에게는 자신들만의 우위가 있기 때문입니다. 그러나 우리는 또 이렇게 물어야 합니다. 특히 오늘날 미국의 신예 중국학자가 중국어를 포함해 중국의 전통, 고전 등을 얼마나 많이 알까요? 저는 오늘날 미국의 중국학자가 정통하지 않은 것은 아닌지 의문을 품습니다. 아주 많은 학자가 의심스럽습니다. 이런데도 우리가 이런 협력에 에너지를 소모한다면 국내 대학에서 특별히 필요한 일반교육 과정 체제를 발전시킬 수 없을 것입니다. 중국 대학에 필요한 것이 무엇일까요? 미국의 사례를 가져오는 것입니다. 사실 중국은 현재 경제발전 면에만 아주 급진적인 것이 아닙니다. 중국의 30년 개혁과 아주 유사하게 미국의 대규모 산업화, 현대화 전체가 1830년부터 1970년 사이에 이루어졌습니다. 1929년 경제 대공황은 단절기입니다. 1900년대 전후가 미국의 가장 열광적인 시기였습니다. 우리의 1990년대와 아주 비슷합니다. 보세요. 모든 소설과 토론에서 이런 문제를 다룹니다. 사회 전체가 완전히 무질서해지고 무법천지였다고 합니다. 유명한 소설 『민주주의De-mocracy』를 보면 위아래 할 것 없이 뇌물을 주고받습니다. 그래서 새로운 전체 질서를 정돈한 것이 대부분 1929년 경제 대공황 이후 루스벨트의 뉴딜 정책입니다. 대학도 이런 역사적 단계에서 개혁했습니다. 그래서 1937년 허친스 총장의 『미국의 고등교육』을 '중국의 고등교육'으로 바꾼다면 거의 손댈 것이 없습니다. 오늘날 중국 대학의 현재 상황에 완전히 적합합니다. 이 책의 중국어판은 있지만 그리 만족스럽지 못합니다. 그러나 읽어볼 만은 합니다. 이 책에서 중국의 현재와 아주 비슷한 상황을 볼 수 있습니다. 바로 이런 상황에서 미국 대학에서는 일반교육을 고민하고 대학의 교육 질서를 재정비하고 인심을 다시 수습했습니다. 궁극적으로 무엇이 공통의 가치 관념이고 무엇이 중요한지를 토론했습니다. 그러나 우리는 아마도 하나의 문제에 직면할 것입니다. 원심력이 아주 강한 현대사회에서 그들이 찾아낸 공통의 것은 서양의 문명 전통입니다. 저는 오늘날의 중국도 이런 문제에 직면했다고 생각합니다. 중국의 현재 사회는 아주 현대적이고, 솔직히 말해 중국은 지금 아주 자유롭고 무엇이든 있습니다. 중국 대학에도 공통의 것이 있어야 하는데, 그것은 무엇일까요? 중국의 문화 전통을 중국 일반교육의 핵심으로 삼으려 해야 할까요? 일반적인 상황에서 저는 이 문제를 많이 말하고 싶지 않습니다. 곧바로 이데올로기의 문제로 돌변하기 때문입니다. 그러나 저는 적어도 이 문제만큼은 아주 이성적인 시각에서 생각하고 싶습니다. '무엇이 우리의 공통 인문학, 공통 문화인가? 중국에는 이것이 있는가? 없다면 중국은 과연 무엇인가?' 이만큼 큰 중국, 이렇게 긴 문명에 공통의 문화가 없다면 불가사의한 일입니다.

중국 대학 일반교육의 기본 관념

그래서 저는 대체로 중국 대학의 일반교육에 두 가지 기본 관념이 있어야 한다고 생각합니다. 즉, 세계화 시대에 중국 대학에서 일반교육 핵심과목을 개설하려면 다음 두 가지 점을 고려해야 합니다. 하나는 중국 문명을 재인식하는 문제입니다. 여기서는 일반교육 과목을 통해 중국 대학생이 중국 문명의 제도적, 사상적, 문화적인 것을 다시 생각하도록 해야 합니다. 여러분은 비판할지 모릅니다. 지금 우리는 항상 스스로를 근본적으로 대단하지 않다면서 경멸합니다. 저는 개인적으로 중국의 것을 신성불가침의 것으로 간주하는 데는 반대합니다. 그러나 이는 중국 대학의 교육 이념에서 아주 중요하며 따라서 이것을 이해해야 한다고 생각합니다. 물론 이런 생각에는 문제가 없지만 나중에 토론할 필요는 있습니다. 다른 하나는 세계화 시대의 문제입니다. 저는 중산대학에 정식으로 적을 두었습니다. 중산대학에 설계해준 일반교육 분류는 현재 다른 대학의 분류와 다릅니다. 중산대학은 이를 받아들였습니다. 첫 번째는 중국 문명 과목입니다. 모든 학생은 반드시 중국 문명 과목을 4학점 이수해야 합니다. 중국 문명에는 중국의 환경사, 종교사, 예술사, 제도사 등이 포함되는데, 학생은 이 중에서 선택합니다. 반드시 4학점을 선택해야 합니다. 두 번째는 세계적 시야, 세계화 과목입니다. 고전 읽기도 있습니다. 나머지 하나를 저는 과학기술 경제사회라고 부릅니다. 저는 단독으로 자연과학이나 사회과학을 어느 정도 배워야 한다고 생각하지 않습니다. 이런 과목은 본래 일반교육에 부합하지 않습니다. 저는 오늘날의 과학이 기존의 관념, 이를테면 수학, 물리, 화학 같은 것을 따르지 말아야 한다고 생각합니다. 오늘날의 학생에게 더 중요한 것은 21세기에 인류 사회에 가장 큰 영향을 준 과학의 발전을 생각하는 것입니다. 저는 하나는 환경과학이고 다른 하나는 생명과학, 그리고 지리과학이라고 생각합니다. 지리과학은 공간 관념의 많은 문제를 다룹니다. 도시계획 문제 등도 포함합니다. 저는 과학 분야를 포함했으면 합니다. 이는 과학기술과 사회의 관계를 강조하는 것이지 단순히 과학 분야의 지식을 공부하는 것이 아닙니다. 그리고 저는 서로가 몇 가지 문제를 공유해야 한다고 생각합니다. 단순히 자연과학이나 사회과학을 얼마나 배우느냐가 아닙니다. 저는 이런 방식을 크게 내세우지 않습니다. 물론 이것은 저 개인의 분류입니다. 중산대학은 이 일반교육을 현재 시행하고 있습니다. 제가 말한 것에는 대체로 두 가지 중심점이 있습니다. 하나는 중국 문명의 고전―여기에는 중국 제도사도 포함됩니다―에 대한 것으로 중국의 일반교육에서 아주 중요한 부분입니다. 저는 이론적으로는 중국인이 공통적으로 이 공통의 문화유산을 학습해야 한다고 생각합니다. 비판 자체도 중요한 구성요소입니다. 결코 신성화해서 신봉하지 말아야 합니다. 저는 그런 것에 동의하지 않습니다. 이것이 제가 국내 몇몇 유학자와 다른 점입니다. 저는 결코 중국의 공통 문화유산을 신성한 것이라고 생각하지 않습니다. 물론 신성함은 있습니다. 우선은 그것을 중요한 고전 텍스트로 삼아서 공부해야 합니다. 다음으로 완전히 토론하고 논쟁할 수 있어야 합니다. 교조로 취급하고 모두가 어떻게 따라야 하는지를 말해서는 안 됩니다. 다른 한편에서는 여전히 무게중심을 서양 문명에 대한 인식에 두려고 합니다. 이런 면에서 홍콩, 대만은 분명 저의 의견에 동의하지 않을 것입니다. 학술계에서는 최근 몇 년 동안 이른바 반서양 중심주의와 잡다한 문화주의가 유행하고 있습니다. 이런 상황에서 중국의 세계화 정도가 높은 것보다 인도, 말레이시아, 인도네시아의 것을 많이 배우는 것이 중요하다고 말합니다. 하지만 저는 이런 일은 이론상으로 가능하지만 실제로는 불가능하다고 봅니다. 중국이 직면한 중요한 문제는 여전히 중국과 서양이라는 문제입니다. 중국 이외의 다른 모든 문화가 서양과 같다고 하는 것은 아닙니다. 저는 이런 생각은 현실에 맞지 않는다고 생각합니다. 사실 그 국가들, 예를 들면 말레이시아나 인도의 역사는 모두 서양인이 연구했습니다. 인도사의 첫 번째 책은 영국인이 썼습니다. 이런 것 자체가 바로 서양화된 것입니다. 여러분이 말레이시아를 연구한다면 서양 학술의 눈에 비친 말레이시아를 연구할 가능성이 있습니다. 이런 많은 문제가 있습니다. 그래서 저는 여전히 중국과 서양의 고전과 전통을 가장 중요하게 보아야 한다고 강조합니다. 물론 조건이 되는 학교에서는 산스크리트어, 인도어, 일본어를 가르쳐도 좋습니다. 그러나 중국 대학의 현재 상황에서는 중국과 서양의 고전과 전통을 비교적 가장 잘 시행할 수 있고 교수의 자질도 좋습니다. 많은 대학에서 대부분 일본인을 찾을 수 없습니다. 저는 일본을 연구해야 한다고 주장하지만 일본 연구자를 찾기는 어렵습니다. 베트남, 인도, 싱가포르를 연구하는 괜찮은 연구자도 적습니다. 이들을 맹목적으로 찾을 필요까지는 없습니다.

앞에서 말한 내용은 이념의 문제와 관계가 있습니다. 이제 두 가지 문제를 말하려 합니다. 먼저 우리가 통상 말하는 이념의 문제는 근본적으로 문제가 되지 않으며 모두가 아주 열렬히 토론하는 것도 제가 보기에는 문제가 아닙니다. 예를 들면, 일반교육을 하려면 문과와 이과를 아울러야 합니다. 이 의견에 반대할 사람은 없을 것입니다. 그러나 이것은 공허한 말입니다. 어떤 기준을 제시하지 않으면서 어떻게 문과와 이과를 아우릅니까? 우리 모두는 어느 정도 문과와 이과를 겸비하고 있습니다. 글자를 아는 것은 문과이고 스스로 계산할 수 있는 것은 이과가 아닌가요? 그래서 문과와 이과를 아우를 수 있는 관건은 어느 정도에 도달해야 문과와 이과를 아울렀다고 할 수 있는가입니다. 만약 하나의 기준을 찾지 못했다면 하루 종일 일반교육은 문과와 이과를 아울러야 한다고 외치기만 할 것입니다. 저는 이것은 헛소리에 불과하다고 생각합니다. 수학, 물리, 화학은 얼마나 해야 하나? 반대로 인문, 문학, 역사, 철학은 얼마나 해야 하나? 만약 하루 종일 공허한 차원에서 문과와 이과를 함께 학습해야 하다고 말한다면 솔직히 말해서 자연과학자가 이 사안을 가장 즐겨 말할 것인데, 그들은 인문학적 기준을 모르기 때문에 당시唐詩와 송사宋詞 두 수만 읊으면 아주 많이 배웠다고 생각합니다. 그래서 저는 이것이 헛소리이고 관철할 수 없으며 하나의 기준을 정할 수 없다고 생각합니다. 또한 아주 유행하는 말이 전인교육whole man education입니다. 며칠 전 저는 홍콩침례대학 신임 총장 취임식에 갔습니다. 침례대학의 목표는 전인교육입니다. 물론 이상은 좋고 이론적으로도 좋습니다. 생각이 아주 깊습니다. 문제는 과연 무엇이 '전全'인가, 얼마나 되어야 '전'인가입니다. 아주 솔직히 한마디 하겠습니다. 현재 우리는 세계적 포스트모던 사회에 살고 있습니다. 포스트모던 사회에서 사람들은 모두 파편화되어 있습니다. 뿔뿔이 흩어질 것을 내세우는데 어떻게 '전인'의 기준을 세울까요? 전인교육이 이 포스트모던 이론과 사조를 전면적으로 비판하는 것이라면 이것은 자신과 남을 모두 속이는 것 아닌가요? 여러분의 모든 생활방식, 대학에서 내세우는 모든 것이 포스트모던 사회에서 파편화된 것입니다. 바로 전인을 반대하는 것입니다. 전인은 영혼의 전인을 말하는데, 이런 것은 근본적으로 없습니다. 그렇다면 어떻게 말할까요? 전인은 아주 비현실적입니다. 이런 구호가 좋기는 합니다. 그러나 우리가 일반교육을 생각하는 데는 큰 의미가 없습니다. 다룰 수 있는 문제로 바뀔 수 없습니다. 그래서 저는 다음으로 다룰 수 있는 문제를 말하려 합니다. 더욱 유행하는 또 다른 말은 일반교육은 시민교육이어야 한다는 것입니다. 이 말은 틀리지 않습니다. 하지만 무엇이 시민교육인가요? 어떻게 해야 시민교육이 충분히 될까요? 미국의 학자는 걸핏하면 시민교육을 말합니다. 그리고 단체 활동을 말합니다. 중국 대학에서 단체 활동은 현재 너무 적은 것이 아니라 너무 많아졌습니다. 저는 중산대학에 리버럴아츠 칼리지를 설립할 때 하나의 엄격한 규정을 만들었습니다. 학생들은 단체에 가입할 수 있지만 두 군데를 넘어서는 안 된다는 것입니다. 둘이면 충분합니다. 현재 중국 대학생은 무엇이든 하고 싶어하는데, 공부는 하기 싫어합니다. 단체에는 모두 참가하려 합니다. 단체가 많아져서 중산대학에는 '백단대전百團大戰'이라는 것이 생겼습니다. 11월이 되어 신입생이 들어오면 수백여 개 단체가 학생 쟁탈전을 벌입니다. 이때는 기본적으로 수업에 들어갈 수 없습니다. 신입생은 방해를 받아서 어쩔 줄 몰라 합니다. 어떤 단체가 좋다 나쁘다 합니다. 단체 활동은 교육을 심각하게 방해합니다. 저는 분명히 말합니다. 저는 단체를 반대하지 않습니다. 학생들에게 단체에 가입하라고 권합니다. 그러나 두 군데를 넘어서는 안 됩니다. 어떤 사람은 이것이 시민교육이라고 말하지만 저는 그렇지 않다고 생각합니다. 시민교육에서는 첫 번째로 독립적 사고력을 요구합니다. 모두 동의할 것입니다. 그러나 무엇이 독립적 사고력인가요? 어떻게 해야 독립적 사고력을 기를 수 있을까요? 저는 책을 읽지 않으면 독립적 사고력을 기를 수 없다고 생각합니다. 깊이 읽고 많이 읽지 않으면 이른바 독립적 사고는 신문의 뒤꽁무니를 따라다니며 침을 흘리는 것에 불과합니다. 그래서 최근 2년 동안 저는 거의 이념 문제를 말하지 않았습니다. 이런 문제에는 그리 흥미가 없고 다룰 수도 없습니다.

다음으로는 제가 생각하는 운영에 대해서 말하려 합니다. 일반 교육은 두 가지 프로그램으로 운영됩니다. 하나는 읽기이고 다른 하나는 토론 또는 소그룹 토론입니다. 미국의 상위 50개 대학에서는 토론을 합니다. 모든 대학이 그런 것은 아닙니다. 미국의 수많은 대학은 솔직히 말해서 그리 신통치 않습니다. 하지만 상위 50개 대학이 중국 대학보다 좋습니다. 무엇이 좋을까요? 4년 동안 그런 대학에서는 평범한 사람을 엘리트로 길러냅니다. 제가 시카고대학에 막 도착했을 때 시카고대학 학생을 어떻게 저와 비교할까 생각했습니다. 너무 뒤떨어져 있었습니다. 바보처럼 아무것도 몰랐습니다. (일동 웃음) 그냥 어리버리해 보였습니다. (일동 웃음) 당시 저는 시카고대학이 어떻게 베이징대학과 견줄 수 있을까 생각했습니다. 그곳의 학생들은 그리 우수하지 않았습니다. 그러나 저는 제가 저들과 달리 오랜 세월 지식 청년이었음을 잊었습니다. 그러나 저는 그들이 매년 향상되는 것을 보았습니다. 저는 가장 큰 문제가 독서량이라고 생각합니다. 중국 학생의 독서량은 미국 학생에 훨씬 못 미칩니다. 이것이 가장 큰 문제입니다. 독서량이 부족하면 학생의 수준은 근본적으로 향상되지 않습니다.

소그룹 토론도 있습니다. 저는 홍콩, 대만에서 좌담회를 할 때 일반교육에 관해서는 딱 두 가지만 묻습니다. 무엇을 읽는가? 매주 읽기 진도는 얼마나 나가는가? 무슨 책을 읽는가? 두 번째는 얼마나 읽는가? 독서 리스트 없이 그럴듯한 일반교육 책자만 가져오는 것은 아무 소용이 없습니다. 현재 일반교육은 전 세계의 모든 대학에서 합니다. 대만대학이나 홍콩의 8개 대학에 가보세요. 모든 대학에서 아주 그럴듯하게 인쇄된 일반교육 책자를 꺼내놓습니다. 아름다운 것이 눈에 가득 차고 아주 예쁩니다. 그러나 저는 근본적으로 이런 책자를 보지 않습니다. 저는 이것이 어떻게 된 일인지 다 압니다. 저는 두 가지 사안만 묻습니다. 나에게 여러분이 생각하는 가장 좋은 과목을 말해봐라. 여러분이 매주 읽는 교재는 무엇인가? 매주 진도는 얼마나 나가는가? 20쪽? 30쪽? 40쪽? 80쪽? 100쪽? 얼마나 읽는지 말하지 못하면 소용없습니다. 소그룹 토론은 있을까요?

없습니다. 이러면 일반교육은 없는 것이나 마찬가지입니다. 일반교육은 아주 간단합니다. 기준을 제시하지 않는다면 중국에서 985프로젝트(중국 정부에서 세계 일류대학, 세계 수준의 연구형 대학을 육성하기 위해 실행한 프로젝트. 1998년 5월 4일에 정책이 공표되었고, 1999년부터 39개 대학을 시행 대학으로 선정했다 ─ 옮긴이)를 시행하는 대학은 모두 일반교육 기준을 완성한 것으로 보입니다. 어느 대학에 공통선택 과목이 없나요? 모두 있습니다. 모두가 적어도 형식상으로는 선택하도록 규정해놓았습니다. 베이징대학은 학부생에게 몇 학점을 선택하도록 하나요? 12점? 16점? 중산대학은 16학점을 요구합니다. 교육부는 최고 16학점, 최저 12학점을 요구합니다. 일반선택 과목이라고도 하고 공통선택 과목이라고도 합니다. 기준을 제시하지 않으면 중국 대학은 이미 일반교육을 완성한 것과 다름없습니다. 일반교육을 다시 말할 필요가 없습니다. 문제는 '지금은 어떤 일반교육을 하고 있는가?' '핵심과목은 무엇인가?'입니다. 과목의 질이 보장되지 않으면 이를 꼭 해야 할 필요는 없다고 봅니다. 현재 이미 있기 때문입니다. 게다가 과목의 질을 거론하지 않는다면 과목의 운영 방식도 허튼소리이며 결코 제대로 되지 않습니다. 그래서 저는 반드시 일정한 독서량과 소그룹 토론이 있어야 한다고 말합니다. 그러나 이 두 가지 면에서 중국의 모든 대학, 그리고 베이징대학도 마찬가지로 잘하지 못하고 있고 제대로 하지 못합니다. 아주 간단한 이유가 있기 때문입니다. 중국 대학에는 과목이 너무 많습니다! 저는 학교에 갈 때마다 아주 기본적이고 간단한 질문을 합니다. 이 문제는 생각할 가치가 있다고 봅니다. 왜 미국의 최고 일류대학의 수강과목이 그렇게 적을까요? 하버드대학 학부 4학년은 중국과 체제가 같습니다. 4년 8학기에 32과목이면 졸업합니다. 학기당 4과목입니다. 예일대학은 좀더 많아서 36과목입니다. 시카고대학, 스탠퍼드대학은 1년 3학기이고 1학기당 3.5과목입니다. 과목이 이렇게 적기 때문에 과목마다 일정한 독서량을 정하고 반드시 완성할 수 있습니다. 소그룹 토론은 무엇을 하는 것일까요? 읽었는지를 검사하는 것입니다. 모두가 발언해야 합니다. 이 발언은 침을 튀기며 말하는 것이 아니라 독서의 토대 위에서 토론하는 것입니다. 독서에 기반을 두지 않은 토론은 침만 튀기는 것입니다. 매 학기 3~4개 과목마다 아주 많이 읽도록 하기 때문에 매 과목의 교육 강도가 상당히 높습니다. 그러나 과목 수는 중국보다 아주 적습니다. 제가 미국에서 돌아온 후 처음으로 칭화대학에서 강의할 때 칭화대학, 베이징대학, 인민대학 3개 학교의 학생이 제 강의를 들었습니다. 저는 이들 대학뿐 아니라 푸단대학, 중산대학까지 거의 모든 대학이 특히 학부 1, 2학년에서 모두 11~12개 과목, 심지어 15개 과목을 듣는다는 것을 알고 아주 놀랐습니다. 이것은 분명 좋지 않은 일입니다. 만약 한 학기에 12과목을 듣는다면 적어도 5과목에서 6과목은 힘을 들일 필요가 없고 수강할 필요가 없습니다. 그대로 내버려두어도 됩니다. 미국의 시카고대학, 컬럼비아대학에서는 대강 듣고 넘길 수 있는 과목이 없습니다. 어쩌다 5과목을 들을 수 있지만 6과목은 근본적으로 선택할 수 없습니다. 선택해도 계속 공부할 수 없습니다. 독서량을 채울 수 없고 과제를 낼 수 없으며 소그룹 토론에 참가할 수도 없습니다. 중국 학생의 능력이 그렇게 좋은가? 11~12과목 모두에서 그렇게 많이 읽을까? 이렇게 생각하면서 당시 저는 아주 놀랐습니다. 중국 학생이 아주 대단한 줄 알았습니다. 나중에는 그렇지 않다고 생각하게 되었습니다. (일동 웃음)

그래서 저는 일반교육의 첫 번째 문제가 질의 문제라고 생각합니다. 질을 따지지 않으면 안 하느니만 못합니다. 공통선택 과목은 항상 있습니다. 모두가 대충 듣기만 하면 그만입니다. 현재 일반교육의 진정한 위기는 바로 우수한 교수일수록 더 일반선택 과목을 가르치지 않으려고 한다는 데 있습니다. 왜 그럴까요? 지금 베이징대학에 제가 아는 사람이 많아졌는데, 당시의 학우든 지금 새로 알게 된 사람이든 베이징대학도 이런 상황이라는 것을 발견했습니다. 같은 과목인데도 기준을 제시할 수 없습니다. 예를 들면, 역사학과 교수는 역사학과 학생이 전공과목을 수강할 때 자신의 기준을 제시할 수 있고 일정한 독서량을 채우라고 요구할 수 있습니다. 학생도 이를 완수할 수 있습니다. 또한 그는 이 학생이 누구인지 압니다. 하지만 일반교육 과목에는 여러 단과대의 다른 학과 학생이 모두 있습니다. 교수는 그들이 누구인지 기본적으로 파악할 수 없습니다. 오늘도 베이징대학 교수들과 이 문제로 대화했습니다. 담당 교수도 좋고 과목도 좋은 공통선택 과목을 200여 명이 선택했습니다. 그러나 선택한 사람은 수업에 들어오지 않았고 들어온 사람은 모두 청강생이었습니다. (일동 웃음) 문제는 바로 여기에 있습니다. 중국의 학생이 수업을 들으려 하는 것은 좋습니다―홍콩대학보다 훨씬 좋습니다. 그들은 수업을 들으려 하지 않으며 호기심이 없습니다―수업을 듣기를 바라고 어떤 과목은 수강하고 싶어합니다. 그러나 읽고 싶어하지는 않습니다. 그래서 독립적 사고력을 기를 수 없습니다. 저는 항상 참지 못하고 독립적 사고력 문제를 말하지만 제가 이런 이야기를 듣는 경우는 적습니다. 읽지 않으면 어떻게 독립적으로 생각할 수 있나요? 독립적 사고란 지금 여러분 앞의 몇 가지 생각을 이해하고 분석할 수 있다는 것을 의미합니다. 이성으로 분석과 판별을 거쳐야 독립적 사고를 한다고 할 수 있습니다. 읽지 않으면 당연히 신문 지상의 말만 하게 됩니다. 근본적으로 신문 수준이며 독립적 사고력을 거의 발휘할 수 없습니다. 말만 잘하는 것입니다. 여기에 미국과의 차이가 있다고 생각합니다. 미국에서 좋은 편에 속하는 대학은―물론 미국 대학을 미화할 필요는 없습니다. 최근 몇 년 동안 여러 분야의 상황이 아주 심하게 쇠락했습니다―시카고대학을 포함한 가장 좋은 대학의 학생 수준이 예전의 학생보다 뒤떨어진 것 같습니다. 예전보다 공부를 잘하지 못합니다. 예전에는 학생들이 전부 시카고대학 학생 식당에서 학술 문제를 말했습니다. 어느 곳에 있든 학생들은 모두 학술에 관해 말했습니다. 이런 학풍은 아주 놀랍습니다. 이것은 그들의 비교적 좋은 점입니다. 독서량이 그렇게 많은데도 매 학기 3~4과목을 듣습니다. 과목마다 독서량이 아주 많습니다. 그리고 학부생 과목은 대부분 일주일에 두 번으로 나누어 수업합니다. 과목 수는 적지만 부담은 무겁습니다. 일주일에 한 번 수업을 듣고 금요일에 토론합니다. 매주 이렇게 합니다. 한 과목을 들으면 곧 한 단계 향상됩니다. 중국에서 많은 학점을 이수하고 많은 과목을 듣지만 아무 수확이 없는 경우와는 다릅니다. 베이징대학의 교과 과정표와 시카고대학의 교과 과정표를 비교하면 중국의 과목이 그들보다 더 많다는 점을 발견할 것입니다. 중국은 철학을 너무 전면적으로 이해합니다. 무엇이든 다 알고 이해합니다. 저들은 아주 드문드문 몇 과목만 수강할 뿐입니다. 데카르트, 스피노자, 16~17세기 철학, 칸트 등에 대한 강의가 몇 개 없습니다. 중국은 얼마나 됩니까? 과목이 무궁무진합니다. 이 점을 지적해야 합니다. 왜 저들은 그렇게 과목이 적은데 효과는 클까? 사실 이것은 우리가 항상 하는 말로 귀결됩니다. 대학은 역량을 배양하는 곳이지 머릿속에 다량의 기성 지식을 들이붓는 곳이 아니라는 것입니다. 그들은 과목 수는 비록 적어도 깊이가 있고 많은 양의 책을 읽기 때문에 학습 능력이 배양됩니다. 지식을 제대로 배우려고 한다면 나중에 알아서 공부할 수 있습니다. 교수가 모든 것을 머릿속에 채워넣지 않습니다. 중국의 상황에서는 만약 교수가 강의에서 모든 것을 여러분에게 채워주지 않으면 공부를 하지 않을 것입니다. 정말로 우수한 학자와 학생은 분명 스스로 학습하는 능력이 좋습니다. 솔직히 말해서 이것은 1977, 1978년도 입학생들의 가장 큰 특징이기도 합니다. 그들은 대부분 스스로 공부하는 학생입니다. 수업에 출석만 하는 학생이 아닙니다. 그때 우리 중 가장 우수한 학생은 모두 수업에 들어오지 않았습니다. 우리는 수업을 빠지는 때면 모두 스스로 공부했습니다. 정말 좋은 대학이라면 과목 수가 많지 않습니다. 그러나 중요한 몇 과목, 심지어 한두 과목을 통과하면 여러분은 훈련하게 됩니다. 여러분은 역사 과목을 수강하면 역사학의 사고방식이 대체로 무엇인지를 알게 됩니다. 역사 문헌을 어떻게 찾는지도 알려줍니다. 그러면 스스로 읽을 수 있습니다. 역사학을 강의할 때 어떻게 하더라도 25사史를 처음부터 끝까지 여러분에게 다 가르칠 수 없습니다. 그건 불가능합니다. 그래서 중심 문제를 선택해야 한다는 것입니다. 비교적 짧고 작은 과목이라도 분량은 한 과목처럼 되어야 합니다. 이래야 한 과목입니다. 저는 이것이 핵심이라고 생각합니다. 그러나 현재 중국의 교과과정 체제를 바꿀 수 없다면 우리는 이렇게 할 수 없습니다. 제가 2006년 칭화대학에서 강의할 때의 일입니다. 당시 베이징대학 교수들과 의견을 교환하던 중 이 문제를 발견했습니다. 학생들은 아주 우수합니다. 예를 들면, 저는 첫 번째 수업에서 셰익스피어를 강의했습니다. 모두 가장 우수한 이공계열 학생들이었습니다. 그 학생들은 저처럼 일반교양 과목 수업을 하는 사람이 없다고 말했습니다. 저는 수업 자료로 소그룹 토론을 하라고 했습니다. 학생들은 그렇게 할 수 없다고 했습니다. 다른 12과목도 들어야 하기 때문입니다. 그들은 제가 가르치는 과목에 적어도 전체 시간의 반 정도를 투입하면 다른 과목은 어떻게 준비하느냐고 말했습니다. 저는 이것이 우리가 해결해야 할 장애라고 생각합니다. 또 다른 것은 소그룹 토론입니다. 소그룹 토론은 모든 박사과정생이 조교를 해야 함을 의미합니다. 그들이 교육을 이끌도록 하기 위해서입니다. 이것은 미국의 기본 관념입니다. 아주 간단합니다. 장학금을 받으면 조교를 해야 합니다. 중국 대학은 모두가 장학금을 받는데 도무지 장학금이라고 생각하지를 않습니다. 아마 불변의 진리인 것 같습니다. 사실 이러면 안 됩니다. 홍콩대학은 베이징대학보다 좋지 않지만 제도적 인프라는 완비되어 있습니다. 소그룹 토론도 있습니다. 모든 박사과정생이 조교를 해야 한다는 데는 대체로 이의가 없습니다. 제가 홍콩대학에 있던 마지막 몇 년 동안 강의할 때 조교는 모두 중국의 박사과정생이었습니다. 모두 중국 대륙에서 왔습니다. 중국 대륙에서는 해본 적이 없고 홍콩에서만 할 수 있으며 배우기도 어렵지 않습니다. 홍콩대학은 박사과정이 3년입니다―중국보다 1년 적습니다. 베이징대학 박사과정은 4년입니다. 다른 대학은 모두 3년입니다―2년 4학기 동안 조교를 해야 하고 3년째에는 논문을 씁니다. 이것이 규정입니다. 장학금을 받으면 이렇게 해야 합니다. 그러지 않으면 장학금이 없습니다. 미국도 마찬가지입니다. 장학금을 받으면 누구나 조교를 해야 합니다.

　　이것이 바로 운영상 가장 핵심적인 두 지점입니다. 이것을 관철하지 않는다면 우리는 일반교육의 기준을 세울 수 없습니다. 기준이 없으면 일반교육은 방향을 찾지 못합니다. 그리고 결국 반드시 오늘날과 같은 문제가 발생할 것입니다. 우수한 교수일수록 가르치기를 원하지 않을 것입니다. 결국 대다수 학교에서 이런 문제가 나타납니다. 일반교육 과목은 모두 실력이 처지는 교수가 가르칠 것입니다. 이 말은 그들을 배격하는 의미가 아닙니다. 그들이 원하지 않는 데다 학과마다 본위주의가 있으니 당연히 가장 우수한 교수가 전공과목을 강의합니다. 베이징대학의 상황은 좀 나을 것입니다. 많은 우수한 교수가 일반교육 과목을 가르칩니다. 그러나 많은 학교에서 우수한 교수는 일반교육 과목을 가르치기를 원하지 않습니다. 그래서 악순환이 발생합니다. 학생도 수업을 잘 듣지 않습니다. 학점을 채우는 과목일 뿐이죠. 이것은 상당히 보편적인 상황입니다. 최근 몇 년 동안왜 일반교육이 다시 논의될 수 있었을까요? 사실 2005년을 돌아보면 알 수 있습니다. 그때 여러 대학의 교수가 샹산香山에서 학술회의를 열었는데, 수십 개 대학에서 약 200여 명의 교수가 참석했습니다. 그때 저는 회의 집행 주석이었습니다. 중국 대학의 일반교육에 대해토론하면서 모든 대학이 이 문제에 봉착했다는 것을 발견했습니다. 사실상 일반선택 과목, 공통선택 과목을 운영할 수 없었습니다. 어떤교수는 "쉬운 과목이 되었다"라고 말했습니다. 기본적으로 우수한 교수가 가르치지 않습니다. 당시 위안페이 칼리지元培學院 교수가 베이징대학을 대표해서 종합했습니다. 다른 교수들은 중국 20여 개 대학의 문제를 종합했습니다. 저는 중심 문제를 해결하기가 아직도 좀 어렵다고 봅니다. 학부 교과과정 체제가 크게 개혁되지 않는다면 일반교육이 실시되기는 아주 어려울 것입니다. 그러나 여전히 할 수 있습니다. 저는 현재 중국에서 비교적 현실적인 방법이자 실제로도 그런방법은 이중 체제라고 생각합니다. 한편으로 중국의 현재 상황에서모든 대학이 단기간에 하나의 기준이 비교적 완벽하고 질도 높은 일반교육에 도달하는 것은 가능하지 않습니다. 베이징대학도 마찬가지입니다. 그렇게 되려면 대체로 두 가지 방안을 실천해야 합니다. 한편으로 대학 전체 학생의 범위 안에서 단계적으로 일반교육을 추진하고 다른 한편으로 각 지역에서도 추진하는 것입니다. 즉, 전체 체제가 아닌 부분 체제의 칼리지나 스쿨을 운영하는 것입니다. 베이징대학의 위안페이 칼리지, 난징대학의 쾅야밍 아너스 스쿨匡亞明學院, 저장대학의 주커전 아너스 칼리지竺可楨學院, 중산대학의 리버럴아츠 칼리지가 이에 해당합니다. 이 작은 칼리지와 스쿨의 시범적 실험이 중국 대학에 교과과정 체제 설치의 시범과 모색 사례를 제공합니다. 규모가 작고 인원도 적기 때문입니다. 설령 잘되지 않아도 그 영향은 크지 않을 것입니다. 저는 작년부터 중산대학에 재직하고 있습니다. 리버럴아츠 칼리지의 과목은 적은 편이지만 매우 중량감이 있습니다. 미국의 방법에 가깝습니다. 제 과목은 일반적으로 아주 적습니다. 저는 학기당 4과목 정도를 강의합니다. 이것이 하나의 방안입니다. 다른 하나의 방안은 학교 전체에서 비교적 단계적으로 일부 과목부터 일반교육을 먼저 시행하는 것입니다. 이에는 특히 청장년 교수가 적극적입니다. 처음부터 보편적인 요구를 할 수는 없을 것입니다. 그건 사실상 불가능합니다. 완전히 이상적인 형태로는 할 수 없습니다. 좀더 현실적으로 해야 합니다. 이것이 바로 제가 생각하고 있는 방안입니다. 이 방안으로 돌아가보겠습니다. 세계화 시대에 중국 대학에서 일반교육을 할 때 자신의 현실적 상황과 역사를 생각해야 합니다. 우리는 예전에 일반교육을 해본 적이 없습니다. 일반교육의 귀결점은 소련식 대학 체제에서 비교적 현대적인 조건에 부합하는 체제로 전환하는 것입니다. 현재 중국의 대학 체제는 기본적으로 소련식입니다. 소련 체제는 바로 학부에서부터 고도로 전문화하는 것입니다. 이는 나름대로 장점이 있습니다. 특히 1950~1960년대 대학원생이 없던 시절에는 10년 안에 자격을 갖춘 이공계열의 기사와 기술자를 육성해서 국가 산업화의 수요를 충족할 수 있었습니다. 그래서 장점이 없다고 말할 수는 없습니다. 매우 큰 장점이 있습니다. 그러나 현재의 상황은 다릅니다. 베이징대학에서는 석사과정생의 수가 학부생의 수를 이미 훨씬 뛰어넘었습니다. 제대로 전문화하려면 반드시 석사, 더 나아가 박사까지 이수해야 합니다. 그래서 모든 전공과목의 부담을 학부생에게 지울 필요가 없습니다. 어쨌든 학부생에 대한 일반교육을 모든 대학에서 해야 한다고 생각하는 데는 이런 이유도 있습니다. 메커니즘을 바꾸려면 아주 어렵습니다. 특히 운영 차원에서 그렇습니다. 그래서 저는 운영 차원의 문제만을 말합니다. 운영을 언급하지 않으면 문과와 이과의 소통, 전인교육, 시민교육은 모두 허튼소리가 됩니다. 이런 교육을 운영 가능한 교과과정 체제에서 실행해야만 합니다. 핵심과목을 어떻게 설치하느냐, 어떤 과목을 핵심과목에 포함할 수 있느냐, 과목별 독서량은 대략 얼마로 정하느냐, 한 학기에 토론을 몇 번 하느냐 하는 점을 제도화하고 운영하면 중국의 일반교육은 가능합니다. 이는 베이징대학에 대한 저의 바람이기도합니다. 베이징대학은 중국에서 가장 좋은 대학이어야 하며 가장 잘할 수 있어야 합니다. (일동 박수)

대학 일반교육의
두 중심고리

大學通識教育的兩個中心環節

1995년 전 국가교육위원회가 화중華中 지역에서 '문화소양교육 시범 단위 업무회의'를 개최한 후 중국의 많은 대학에서 여러 가지 방식으로 '대학 일반교육'의 발전을 추진했다. 현재 직면한 문제는 '기초적인 실험을 거친 후 중국 대학의 일반교육은 도대체 어떻게 다음 단계로 나아가야 하는가?'다. 예를 들면, '문리대학'(학부대학)을 설립할 것인지, 일반교육 시간을 1년 또는 2년으로 할 것인지, 그리고 해외, 특히 미국의 일반교육 경험을 어떻게 볼 것인지(현재 각 학교는 사실상 미국 대학을 주로 참고한다) 등이다.

나는 중국 대학에서 일반교육General Education을 시행하려면 가장 먼저 형식주의와 외형적 모방을 힘써 경계해야 하고 실질적인 축적에 힘써야 한다고 생각한다. 일반교육의 기본은 우선 일반교육의 이념과 관련된 과목과 교육 방식을 구현하는 것이다. 만약 과목과 교육 방식에서 일반교육의 이념을 실천할 수 없다면 다른 모든 개혁, 예를 들면 '문리대학' 등은 큰 의미가 없다. 반대로 과목과 교육 방식 측면에서 일반교육 이념을 구현할 수 있다면 다른 외재적 형식은 반드시 대규모로 고칠 필요가 없다. 우리는 대가와 고민이 비교적 적은

_____
이 글은 『독서讀書』 2006년 제4호에 실렸다.

점진적 개혁의 길을 찾아야 한다.

나는 여기서 중국 대학의 일반교육이 더욱 실질적인 효과를 내는 길을 제시하려 한다. 일반교육의 '공통핵심 과목the common core course'의 개설과 '조교 제도'의 수립이라는 두 중심고리다. 나는 이 방안이 대가는 비교적 적지만 효과는 비교적 큰 온건한 길이자 좀더 쉽게 운영할 수 있는 길이라고 생각한다. 우선 일반교육의 '공통핵심 과목'에서는 얼마 동안은 대학의 현행 과목 체제를 바꿀 필요가 없고 교육부가 이미 규정한 '소양교육 과목'(공통선택 과목)을 가장 효과적으로 충분하게 이용하도록 하기만 하면 된다. 그러나 최근 국내 대학에서 유행하는 공통선택 과목 방식은 반드시 고쳐야 한다. '조교 제도'는 대학원생이 학부생 과정, 특히 일반교육 과목의 조교를 하는 것이다. 이 제도는 학부생의 일반교육을 강화하는 동시에 그 자체로 박사과정생과 석사과정생을 성장시키는 중요한 방식이다. 이것은 외국 대학에서 실행하고 있는 보편적인 방법이기도 하다. 미국 대학의 박사과정생은 졸업한 후 대부분 아주 빨리 교육 업무를 맡고 학생과 소통하는 우수한 능력을 갖춘다. 이것은 그들이 대학원 과정을 밟을 때 대부분 실행했던 것과 큰 관련이 있다. 돌아보면 중국은 최근 대학원생을 다수 모집했다. 그러나 박사과정생과 석사과정생은 거의 대부분 교육 업무에 참여하지 않는다. 사실 이 때문에 중국 대학의 대학원생은 기본적인 학술 훈련 측면에서 심각한 결함을 갖게 된다. 이들은 거의 모두 대학 장학금을 받는다. 해외 대학과 같은 방식에 따라 장학금을 받는 학생은 조교 업무를 해야 한다고 규정할 만한 이유가 있다.

　그러나 지금은 우선 반드시 중국의 각 대학에서 최근 '소양교육 과목'을 운영하고 있는 방법을 점검해야 한다. '소양교육 과목' 또는 공통선택 과목은 본래 중국 대학에서 일반교육을 시행하기 위한 노력의 일환이었다. 그러나 나는 개인적으로 현재 각 학교에서 보편적으로 채택하는 공통선택 과목 방식이 중국 대학의 일반교육에 대한 노력을 무산시킬 것 같다. 그 이유는 여전히 일반교육에 대한 오해 때문이다. 현재 각 학교의 공통선택 과목은 대부분 모두 미국 대학의 일반교육 체제를 모방해서 설계된 것이다. 예를 들면, 보편적으로 일반교육 체제를 다섯 가지 또는 여섯 가지 영역으로 나누고 각 영역에서 최소 한 과목을 선택하도록 규정한다. 따라서 얼핏 보기에 이 공통선택 과목은 미국의 일반교육 과목과 유사하게 느껴진다. 그러나 사실 이 과목들은 미국 대학의 일반교육 과목과는 성격이 완전히 다르다. 근본적인 차이는 이렇다. 미국 대학의 일반교육 과목은 학부생이 1, 2학년 때 공부하는 주요 과목과 기본 과목, 즉 이른바 '핵심과목'이다. 따라서 엄격한 교육 조건과 훈련 조건이 있다. 시카고대학에서는 학부 4년 동안 42개 과목을 수강해야 한다. 그중 절반인 21과목이 전교 '공통핵심 과목', 즉 일반교육 과목이다. 이 과목들은 1, 2학년 학부생 전체의 공통된 주요 과목이자 기초 과목이다. 과목별로 요구하는 점도 아주 엄격하다. 그러나 중국의 현행 대학 체제에서 공통선택 과목은 학부생의 주요 과목 이외의 부가 과목이다. 따라서 교육 체제에서는 사실상 가외의 것, 부차적인 것, 있어도 되고 없어도 되는 것, 기껏해야 금상첨화 과목이다(이공계 학과에서는 특히 그렇다). 그래서 이 과목들 대다수는 어떤 엄격한 학습 요구나 훈련이 없고 종종 학생들이 학점을 따는 수단이 된다. 아니면 기껏해야 과정 이외에 흥미를 더해주는 과목이다.

간략히 말해서, 중국 대학의 일반교육에 대한 오해는 일반교육을 학부의 주요 과목이자 기초적인 학술 훈련으로 간주하는 것이 아니라 주요 과목 이외에 학생들의 흥미나 지식의 폭을 '확대'하는 과목으로 본다는 데 있다. 결국은 전통적인 '전문주의'가 변하지 않는다는 전제로 학생에게 '쿠키'를 더 주는 것일 뿐이다. 따라서 구체적인 방법으로 현재 학점이 한정된 '공통선택 과목'을 효과적으로 이용해서 일반교육의 '공통핵심 과정'을 설계하는 것이 아니라 공통선택 과목의 범위와 수량을 부단히 넓히는 것만을 편향적으로 추구한다. 마치 일반교육의 목표가 바로 '무엇이든 조금씩 아는 것'이라는 인상을 준다. 따라서 선택할 수 있는 공통선택 과목의 영역이 더욱 전면적이 되고 과목 수가 많아지면 일반교육이 더 잘되는 것처럼 생각한다. 만약 이런 방식으로 일반교육을 계속 실행한다면 중국 대학에서 일반교육을 발전시키려는 노력은 사실상 물거품이 될 수 있다. 다시 10년, 20년이 지나도 어떤 결과를 얻을 가능성은 크지 않다.

중국 대학에서 현재 '공통선택 과목' 학점은 본래 10학점으로 제한되어 있다(교육부는 10학점 이상으로 규정한다. 칭화대학은 13학점, 베이징대학은 16학점으로 최고다). 나는 적합한 방법이 이 소중하고 한정된 공통선택 과목 학점을 효과적으로 이용하고 미국 대학의 '핵심

과목'의 과학적 교육 방법과 학생에 대한 엄격한 요구를 참조하는 것
이라고 생각한다. 우선 전체 학교의 일반교육에서 가장 기초가 되는
'핵심과목'을 개발하는 데 역점을 두고 양이 아닌 질을 추구하자. 이
런 질 좋은 '핵심과목'이 점점 축적된 토대 위에서 마침내 비교적 완
비된 일반교육 과목 체계를 형성할 수 있다. 따라서 우리는 미국의
일반교육 모델을 참고할 때 미국 대학의 '핵심과목'과 엄격한 교육 방
식, 훈련 조건에 우선적으로 역점을 두어 고찰해야 한다. 이런 방식
이야말로 우리가 특히 배울 만한 것이다. 그러나 중국 대학은 종종
맹목적으로 미국의 일반교육 과목의 외재적인 분류 방식에 주목한
다. 오히려 중국의 현재 공통선택 과목이 사실상 미국 대학의 일반교
육 과목과 결코 대등하지 않는다는 점은 언제나 간과한다. 미국 대
학의 일반교육 과목이 어떻게 분류되든—시카고대학은 6개 영역, 하
버드대학은 7개 영역, 스탠퍼드대학은 9개 영역이다—그들의 공통점
은 이 과목들이 학부생 1, 2학년 동안의 '핵심과목'이라는 사실이다.
이 '핵심과목'들은 모두 엄격하게 설계되었고 엄격한 학습을 요구한
다. 그리고 통상 이 대학들의 정수와 품격이 여기에 깃들어 있다.

스탠퍼드대학에서는 일반교육 과목을 9개 영역으로 나누었다.
가장 유명한 것은 각 학교에서 가장 중요하게 생각하는 첫 번째 영
역, 즉 '각종 문화Culture, 관념Ideas, 가치Values'(약칭 CIV)다. 이 과목
들은 학부생이 1학년 때 필수적으로 이수해야 하는 핵심과목이다.
3학기(스탠퍼드대학은 1년 3학기제다) 연속으로 학기당 1과목 5학점, 매
주 5시간 수강한다. 그리고 매주 3~4시간 토론을 하는데 토론 시간

은 최소 2시간이다. 토론수업 방식으로 15명 내외로 반을 구성한다(박사과정생이 조교가 되어 토론을 지도한다). 학생은 통상 학기마다 이 CIV 핵심과목 중 몇 과목을 선택한다. 과목마다 학교 전문위원회의 심의와 비준을 거친다. 그러나 그 내용은 하나도 예외 없이 고전 저작 읽기와 토론이다. 그중 "고금 유럽" 과목의 경우 토론해야 할 읽기 자료를 지정한다. 플라톤의 대화편 2종, 아리스토텔레스의 『정치학』, 『성경』, 아우구스티누스의 『참회록』, 중세 영국의 문학작품 『캔터베리 이야기』, 마키아벨리의 『군주론』 등이다. 모두 서양 전통 고전이고, 비서양 고전으로는 『코란』이 있다.

미국 전체 일반교육의 공인된 중심지인 시카고대학의 경우 일반교육 과목이 학부생 과목 전체의 반을 차지하고 6개 영역으로 나뉜다. 학부생은 반드시 최소한 다음 21개 핵심과목을 필수적으로 이수해야 한다. 인문학 3과목, 사회과학 3과목, 문명연구 3과목, 외국 언어문학 4과목, 수리과학 2과목, 자연과학 6과목이다. 그중 사회과학 '공통핵심 과목'의 경우 시카고대학 사회과학대학에서 사회과학 핵심과목 3과목만을 제공하는 것이 전부다. 세 과목의 명칭은 각각 "부, 권력, 미덕" "자아, 문화, 사회" "사회정치 이론 고전"이다. 그러나 이 세 과목은 3학기 연속 수강과목이므로 9과목에 해당한다. 학생은 그중 3과목을 선택한다. 즉, 그중 한 과목을 선택해서 3학기 이어서 수강할 수 있고 과목별로 하나를 선택할 수도 있다. 그러나 모든 학부생은 3개 학기에 사회과학 핵심과목 3과목을 필수적으로 이수해야 한다. 구체적인 교육 방식과 조건은 통상 소그룹 토론이고 수천 명이 듣는 대형 강의도 있다. 그러나 토론 과목에서는 소그룹으로 나누어야 한다. 물론 많은 박사과정생이 조교로 참여한다. 예를 들면, 1990년대의 "부, 권력, 미덕" 과목은 당시 시카고대학 학부 학장이 직접 강의했고 수강 신청한 학생은 1000명에 달했다(시카고대학 학부생은 3000명이다). 20여 명의 박사가 조교로 참여했고 조교 한 사람이 소그룹 2개를 지도했다. 그룹별 인원은 20명 정도였다. 이 과목은 매주 2교시였고 교시별 시간은 80분이었다. 학생은 과제를 매주 한 번씩 제출해야 하고 조교는 매주 소그룹 토론을 한 번 지도한다. 즉, 조교는 매주 2회 토론을 지도한다. 동시에 2개 소그룹 40명의 과제 첨삭 지도를 해야 하기 때문에 업무량이 상당히 많다고 할 수 있다. 또한 모든 조교는 매주 1회 담당 교수와 회의를 하고 각 소그룹의 상황을 점검하며 다음 주 과목 계획을 세운다.

이런 수업 방식은 학생에 대한 책임은 말할 것도 없고 학생에 대한 요구가 엄중하기가 두말할 나위 없다. 이 과목들의 구체적인 내용은 마찬가지로 예외 없이 고전 저작 읽기와 토론이다. 앞에서 말한 "부, 권력, 미덕"을 예로 들면, 연속 3학기 동안 매 학기 4~5개의 고전을 집중해서 읽기로 기획되어 있다. 보통 첫 번째 학기에는 플라톤, 아리스토텔레스의 저작이 주된 교재다. 두 번째 학기에는 토머스 홉스의 『리바이어던』, 애덤 스미스의 『국부론』과 『도덕감정론』, 에밀 뒤르켐의 『사회분업론』 등 4권을 읽는다. 세 번째 학기에는 반드시 카를 마르크스의 『공산당선언』, 막스 베버의 『프로테스탄트 윤리와 자본주의 정신』, 프리드리히 니체의 『도덕의 계보』와 『선악의 저편』이 포함된다. 시카고대학의 일반교육 과목은 특히 강도가 높기로 유명하고 쉽게 학점을 받을 수 있는 과목이 없다. 이 과목들은 모두 주요 과목이자 필수과목이기 때문이다.

이상 스탠퍼드대학과 시카고대학의 일반교육 핵심 과정의 교육 방식, 조교 제도, 학생의 토론수업과 논문에 대한 요구는 사실 하버드대학, 예일대학 등 미국 주요 대학에서 보편적으로 채택한 방식이다. 학교마다 과정의 특색은 있지만 일반교육 핵심과목의 질, 분량, 진지함, 엄격함 등은 거의 같다. 나는 여기서 특히 강조하고 싶다. 일반교육이 정말로 진행된다면 박사과정 대학원생이 조교를 하는 제도는 반드시 시행되어야 하고 그렇지 않으면 학부생 토론수업을 소그룹으로 하는 것은 불가능하다. 동시에 이런 조교 제도 자체가 바로 대학원생을 육성하는 중요한 방식이다. 그것은 대학원생의 기초 훈련을 강화하면서도 대학원생이 토론조를 이끄는 능력도 배양한다. 문제를 종합하는 능력, 뚜렷이 표현하는 능력, 타인을 존중하고 소통하는 능력, 과제를 수정하는 판단 능력 등을 기를 수 있다. 현대 중국 대학생들은 보편적으로 이런 훈련이 부족하고 이 분야의 역량도 대체로 약하다.

미국 대학의 일반교육 제도는 중국 대학이 일반교육을 발전시킬 때 분명 가장 참고할 만한 가치가 있다. 이런 제도가 학생들에게 높은 책임감을 요구하고 '엘리트 육성'이라는 대학 학부의 교육 목표를 아주 효과적으로 달성하기 때문이다. 미국의 주요 대학 학부의 일반교육 기본 제도에서 우리는 한 가지 가장 근본적이고 현재까지도 일관적으로 유지되는 두드러진 특징 하나에 주목해야 한다. 그것은 바로 미국 대학 학부의 일반교육은 사실상 인문사회과학 중심이라는 점이다. 이공대학만의 일반교육 과목에도 인문사회과학 과목의 비율이 아주 높다. 이 점이 대학 일반교육의 목표와 의의를 이해하는 데 아주 중요하다. 동시에 중국 대학에서는 바로 이 점을 간과하는 것 같아서 주요 대학의 세 가지 유형을 특별히 설명하려 한다.

첫 번째 유형은 모든 학부생에게 통일된 요구를 하는 대학이다. 하버드대학, 시카고대학, 스탠퍼드대학 등이 여기에 해당한다. 하버드대학의 경우 현재 학부 기본 체제에서는 과목 총수가 35개이다. 여기서 일반교육 과목은 8~10개다. 학생들은 필수적으로 7개 영역의 일반교육 과정 중 각 영역에서 1과목 이상을 선택해야 한다. 7개 영역은 외국 문화, 역사 연구, 문학과 문예, 도덕적 사고, 사회과학(사회 분석), 정량 추론(이 중 반은 사회과학 과목이다), 자연과학이다. 바꾸어 말해서, 인문사회과학의 핵심과목이 80퍼센트 가까이를 점한다. 이는 선택과목의 분포를 통해서도 알 수 있다. 2001년부터 2002년까지 2개 학기 동안 일반교육 7개 영역의 선택과목의 경우 문학과 문예 31개, 역사 연구 23개, 외국 문화 14개, 도덕적 사고 10개, 사회과학 9개, 정량 추론 7개(이 중 4개가 사회과학), 자연과학 17개다. 사실 하버드대학의 일반교육 과목은 전통적으로 '문학과 문예' '역사 연구' 영역의 과목이 가장 많다. 최근에는 '외국 문화' 영역의 발전을 특히 강조해서 이 영역을 일반교육 핵심과목의 최우선 순위로 끌어올렸다. 이 현재 7개 영역 분류는 2001년부터 시행된 것이다. 하버드대학에서 1978년에 최초로 시작했을 때 일반교육 핵심과목은 5개 영역으로 분류되었다. 여기서 인문사회과학은 4개 영역(문학과 문예, 역사 연구, 사회과학과 철학, 외국어와 문화)이고 자연과학이 1개 영역을 차지했다. 1985년 이후 하버드대학은 일반교육 핵심과목을 6개 영역으로 개편했고 인문사회과학 5개 영역(순서는 외국 문화, 역사 연구, 문학과 문예, 도덕적 사고, 사회과학), 자연과학 1개 영역으로 구성했다. 하버드대학과 비교해보면 시카고대학의 일반교육 핵심과목에서는 자연과학이 3분의 1을 차지한다. 앞에서 거론한 6개 영역 21개 핵심과목에서 인문사회과학은 13개 과목이고 수리와 자연과학은 8개 과목이다. 그러나 시카고대학의 일반교육의 중점, 즉 이른바 '시카고 모델'은 '서양 문명 고전' 읽기다. 이는 인문사회과학 핵심과목의 모든 과목에 관철된다. 스탠퍼드대학의 일반교육 과목은 9개 영역으로 분류된다. 여기서 인문사회과학은 6개 영역, 즉 3분의 2를 차지한다. 9개 영역의 중점은 앞에서 말한 것처럼 첫 번째 영역, 즉 이른바 '각종 문화, 관념, 가치'이고, 이 분야의 학점이 특히 많다.

두 번째 유형은 일반교육 과목에 대한 요구가 인문대학과 이공대학에 따라 다른 대학이다. 프린스턴대학이 대표적이라 할 수 있다. 프린스턴대학에서 이공대학 학생이 이수하는 일반교육 과목은 다음과 같다. 필수과목은 인문사회과학 7과목에 영어 작문 1학기, 외국어 2학기, 그 밖에 수학 4학기, 물리 2학기, 화학 1학기다. 문과대학 학생의 일반교육 과목은 영어 작문 1학기, 외국어 3~4학기, 역사, 철학, 종교 2학기, 문학, 문예 2학기, 사회과학 2학기, 자연과학 2학기이고, 수학, 컴퓨터 과목은 필수과목은 아니지만 권장된다. 여기서 이공대학 학생에 대한 인문사회과학 과목 수강 요구가 더 높은 데 비해 문과대학 학생에 대한 자연과학 과목 수강 요구가 낮다는 것을 알 수 있다.

세 번째 유형은 이공대학 학과 위주의 대학, 특히 MIT다. 이 대학에서 일반교육의 특징은 자연과학 과목이 결코 하버드대학, 시카고대학보다 많지는 않지만 과목의 성격이 완전히 다르다는 것이다. 하버드대학, 시카고대학의 자연과학 과목은 대부분 이른바 '비전공 과학 과목'(관념 소개 위주의 개론 과목)이다. MIT의 자연과학 일반교육 과목은 전문적인 수학, 물리, 화학, 생물 등이다. 이 점은 분명 중국 이공대학 학부생의 전공과목과 가장 유사하다. 그러나 다른 점은 MIT에서 이공대학 학생의 인문사회과학에 대한 수강 요구가 중국 대학의 이공대학보다 훨씬 높다는 사실이다. MIT에서는 이공대학 학생이 인문사회과학에서 최소한 8개 과목을 필수적으로 수강해야 하고 그중 최소한 3과목은 특정 영역에 집중되어 있다(가령, 역사, 철학, 문학 등이다). 여기서 말하는 인문사회과학 8개 과목은 그 질이나 양, 엄격성이 모두 시카고대학, 스탠퍼드대학 등의 같은 영역 과목보다 뒤처지지 않는다.

이상 세 가지 유형의 대학 중 미국에서는 첫 번째 유형이 가장 대표적이고 비교적 보편적이다. 그러나 나는 사실 두 번째와 세 번째 유형이 중국 대학에 지금 가장 참고할 만하다고 생각한다. 예를 들면, 베이징대학, 푸단대학, 우한대학 등 문리대 위주 대학은 프린스턴

대학의 이공대, 문과대 구분 계획을 더 많이 참고해야 한다. 중국에서는 현재 고등학교 때부터 문과와 이과를 나누고 있고 짧은 시간 안에 바꾸기는 어렵기 때문에 최소한 당분간 대학 일반교육에서는 문과 학생과 이과 학생의 수강과목을 나누는 것이 비교적 현실적이다. 동시에 이과 전통이 강한 중국 대학에서 비교적 참고할 만한 것은 MIT와 프린스턴대학 이공대학의 일반교육 계획이다. 그러나 중국 대학은 오히려 최근 '공통선택 과목'을 발전시킬 때 보편적으로 하버드대학의 분류를 맹목적으로 배웠다(가령 베이징대학의 공통선택 과목 설계는 완전히 하버드대학의 1978년 5분류법을 기계적으로 모방했다). 사실 이런 방법으로는 하버드대학의 일반교육을 실질적으로 배울 수 없다. 게다가 필연적으로 중국 대학의 일반교육은 갈수록 목적과 의의를 상실하고 결과적으로 이도 저도 아닌 것으로 변할 것이다.

　　여기서 가장 큰 문제는 미국 대학의 일반교육 과목이 중국 대학 1, 2학년의 주요 과목에 해당하고 현재 중국의 공통선택 과목에만 해당하지 않는다는 점이다. 사실 중국 대학의 공통선택 과목은 현재 학부생 학점 전체의 10분의 1에도 못 미친다. 그러나 미국 대학의 일반교육이 학부 전체 과목에서 차지하는 비율은 시카고대학은 절반, 하버드대학, 스탠퍼드대학 등은 3분의 1에서 4분의 1이며 통상적으로 5분의 1보다 높다. 현재 중국처럼 이렇게 제한된 학점의 공통선택 과목으로 미국의 일반교육 과목 전체의 분류를 모방하는 것은 완전히 명칭과 내용이 맞지 않는다. 가령 앞에서 말한 스탠퍼드대학 핵심과목의 제1영역은 과목당 5학점이고 3학기 15학점이다. 이 영역에서 핵심과목의 학점은 이미 중국 대학의 공통선택 과목 학점 전체를 뛰어넘는다(많아야 10~12학점이다). 중국이 현재의 공통선택 과목 학점을 한두 개 영역의 '핵심과목'에 충실하게 집중한다면 효과는 훨씬 좋아질 것이다. 중국이 형식상으로 미국 대학의 일반교육 분류를 답습하지 않는다면 해결 방식은 중국 학부 1, 2학년의 모든 과목을 미국의 일반교육 방식에 따라 전면 재편성하거나 공통선택 과목 학점을 최소한 전체 학점의 5분의 1 이상으로 끌어올리는 것이다. 그러나 현재 이는 다분히 비현실적이다. 게다가 형식적으로는 이렇게 할 수 있어도 근본적인 문제는 여전히 실질적 측면이다. 즉, 중국이 얼마나 교육 방식과 토론수업 계획에서 미국 대학처럼 엄격한 연구를 하는 '핵심과목'을 편성하느냐에 달려 있다.

나는 중국 대학이 일반교육을 발전시키는 길로 이론적으로 두 가지가 가능하다고 생각한다. 하나는 단번에 시행하는 것으로, 학부 1, 2학년의 교육 체제를 기존의 전공 발전 모델에서 전면적 일반교육으로 바꾸는 것이다. 푸단대학이 최근 '문리대학'을 설립한 것이 이러한 시도인 것 같다. 그러나 그것이 성공했는가는 외재적 형식이 아니라 실질적 효과에 따라 판단할 수 있다. 즉, 높은 질을 요구하는 '핵심과목' 교육 체제를 진정으로 수립했는가에 달려 있는 것이다. 현재 중국 대학에서는 이 길을 단기간에 실현할 수 없다. 비교적 가능한 것은 또 다른 길이다. 즉, 현재의 제한된 '공통선택 과목' 학점을 충분히 활용해서 일반교육 '핵심과목'을 중점적으로 개설하는 것이다. 여기서 중요한 것은 제한된 공통선택 과목 학점을 평균적으로 분배해서 외형은 근사하지만 실속은 없게 전 영역을 아우르지 말고 이 학점들을 중요한 영역에 배치해야 한다는 것이다. 이를 통해 학교 전체의 일반교육에서 가장 중요한 소수 영역의 '핵심과목'에 목적을 가지고 그것을 집중적으로 사용하는 것이다. 따라서 대학마다 각자 학교에서 지금 가장 발전시킬 필요가 있는 일반교육 '핵심과목'을 우선 확정해야 한다.

이상 미국 대학의 일반교육 계획 세 가지 중 중국 이공대학에서 가장 집중적으로 발전시켜야 할 일반교육 영역은 인문사회과학 핵심과목이다. 수리자연과학 측면에서 중국 이공대학의 1, 2학년 학생이 수강해야 할 과목 수와 공부량은 하버드대학이나 시카고대학 등의 학부생이 수강해야 하는 일반 자연과학 과목 수를 훨씬 뛰어넘는다. 따라서 중국 이공대학에서는 공통선택 과목을 정할 때 사실 '수리자연과학' 등의 영역 과목을 다시 배정할 필요가 전혀 없다. 공통선택 과목의 한정된 학점을 수준 높은 인문사회과학 핵심과목에 집중해야 한다. 내친 김에 말하자면, 이런 계획은 실제로 교육부가 문화소양교육 과목을 운영하려고 했던 애초의 의도에도 부합한다. 교육부는 1998년 2호 문서 「대학생 문화소양교육 강화에 대한 약간의 의견關於加強大學生文化素質教育的若幹意見」에서 명확히 밝혔다. "우리가 현재 진행하는 문화소양교육 강화 업무의 중점은 인문소양교육이다. 주로 대학생의 문학, 역사, 철학, 예술 등 인문사회과학 분야의 교육을 강화하는 동시에 인문계 학생의 자연과학 분야 교육을 강화함으로써 전체 대학의 문화적 품격, 심미적 정취, 인문적 수양, 과학적 소양을 향상하는 것이다." 이 정신에 근거해서 중국의 전통적 이공대학은 분명히 한정된 문화소양교육 과목의 학점을 인문사회과학 분야에 집중해야 한다. 동시에 이공대학의 일반교육은 MIT의 방법을 채용할 것을 고려해야 한다. 즉, 이공대학 학생의 인문학 공통선택 과목을 어느 한 영역에 집중시켜야 한다(MIT는 학생마다 어느 한 영역의 3과목을 필수적으로 이수하도록 규정한다). 예를 들면, 학생은 자신의 흥미에 따라 상대적으로 '중국 역사' '외국 문학' '예술' 과목 등에 집중할 수 있다. 이렇게 하면 주마간산 격으로 피상적으로 이해하는 것을 피하고 이공대학 학생이 인문학 영역을 비교적 깊이 이해하는 것을 도울 수 있다.

다른 한편으로 중국의 전통적 문리과 종합대학은 현재 '하버드 모델'을 하루 종일 입에 달고 다니는 이상한 심리를 먼저 극복해야 한다. 중국의 현실에 근거하여 문리과 종합대학은 사실 프린스턴 대학 등의 방법을 참고해서 인문대학와 이공대학의 일반교육에 대한 요구와 계획을 달리할 수 있다.

그러나 어떤 구체적 방법을 선택하든 가장 근본적인 것은 '핵심과목'의 교육과 훈련 방식에 엄격한 기준이 있어야 하고 과목을 교육하는 방식에서 소그룹 토론과 논문 요구 등 실질적 조치를 최대한 도입해야 한다는 것이다. 여기서도 완성도 높은 조교 제도를 수립해서 소그룹 토론 과목 계획을 실현하는 것이 필수적이다. 마지막으로, '핵심과목'의 내용 측면에서는 각종 겉핥기식의 '개론' 과목 방식을 탈피해서 고전 읽기와 토론 중심으로 점차 나아갈 필요가 있다. 그러나 이에 대해서는 다른 지면에서 논할 것이다.

문화사업으로서의 일반교육

제1회 전국 문화소양 일반교육 핵심과목 워크숍 참관기

우페이吳飛, 자오샤오리趙曉力

2007년 7월 26일부터 31일까지 중국문화포럼과 칭화대학이 공동 주관한 "제1회 전국 문화소양 일반교육 핵심과목 워크숍"은 최근 몇 년간 상당히 오랫동안 일반교육에 관한 논의를 거친 후 일반교육의 이념과 실천을 처음으로 전국의 각 대학에 퍼뜨린 활동이다. 2005년 6월 중국문화포럼, 칭화대학, 산터우대학은 상산香山에서 제1회 중국문화포럼 "중국 대학의 인문교육" 학술회의를 개최했다.[1] 2006년 3월부터 4월까지 홍콩대학 아시아연구센터 간양 교수는 칭화대학에서 실험적으로 "셰익스피어와 정치철학" 강의를 개설했다.[2] 『독서』 2006년 4월 호에 '일반교육'과 관련한 글들도 실렸다.[3] 이 일련의 노력은 모두 국내 교육계에서 큰 반향을 일으켰고 정부 관련 기관과 전국 각 대학에서 일반교육에 관심을 갖게 되었다. 2007년 여름에

원문은 『베이징대학교육평론北京大學教育評論』 2007년 제4호에 실렸다.

1 甘陽, 陳來, 蘇力 主編, 『中國大學的人文教育』, 北京: 三聯書店, 2006.

2 趙曉力, 吳飛, 『莎士比亞與政治哲學』: 以經典細讀和小班討論爲核心的一次通識課程試驗」, 『國外文學』 2006年 第4期.

3 甘陽, 「大學通識教育的兩個中心環節」; 蔡達峰, 「我們的通識教育: 關心人與社會的發展」; 郭齊勇, 「淺談大學人文教育, 國學教育的課程設置」; 舒煒, 「文化自覺: 大學本科教育理念與經典閱讀課程」.

열린 이 워크숍은 이러한 노력의 자연스러운 결과이자 이에 깊이를 더한 것이다. 집중 양성, 밀집 강의 등의 방식을 시도해서 일반교육의 이념을 전국의 대학으로 널리 퍼뜨렸다.

이번 워크숍은 전국에서 참가자를 모집해서 각지의 196명이 참가했다. 각지 대학의 교원, 간부, 대학원생이 참여했고 학부생도 일부 있었다. 워크숍은 간양, 류샤오펑, 리쉐친李學勤, 왕후이, 펑린彭林 등 유명 학자 5명이 강의하는 5개 핵심과목으로 구성되었다. 강의는 총 10차례 열렸고 한 번에 3시간이었다. 주제에 따라 그에 맞는 소그룹 토론이나 좌담이 배정되었다. 6일간의 계획은 다음의 표와 같다.

일자	오전	오후	야간
7월 26일	개막 연설	펑린(칭화대학 역사학과 교수), 문물 정선과 문화 중국	좌담회: 일반교육과 소그룹 토론제
7월 27일	펑린, 중국 고대 예의문명	간양(홍콩대학 아시아연구센터 연구원), 소포클레스 『오이디푸스왕』 상	좌담회: 중국 문화 일반교육 과목
7월 28일	간양, 소포클레스 『오이디푸스왕』 하	리쉐친(칭화대학 역사학과 교수), 『사기』 오제본기 상	소그룹 토론: 소포클레스 『오이디푸스왕』
7월 29일	리쉐친, 『사기』 오제본기 하	왕후이(칭화대학 중문과 교수), 루쉰「파악성론」	소그룹 토론: 『사기』 오제본기
7월 30일	왕후이, 루쉰「외침」「자서」	류샤오펑(중산대학 철학과 교수), 니체『안티크리스트』상	좌담회: 대학 루쉰 과목
7월 31일	류샤오펑, 니체『안티크리스트』하	소그룹 토론: 니체『안티크리스트』, 폐막식	

이번 워크숍에서는 몇 년 동안 일반교육에 관한 대토론을 거친 후의 이론적 논의의 성과를 전면적으로 보여주었다. 그러나 이것

은 결코 토론에서의 생각을 단순히 실천으로 옮긴 데 불과하지 않다. 이번 워크숍은 이론상으로 일반교육에 관한 논의를 첫 번째로 심화한 것이다. 몇 년간의 논의에서는 구체적인 제도 개혁과 교육 이념이 혼재되어 있었다. 많은 논자가 제도 조정에 더 집중했고 이 제도들 뒤에 있는 교육 이념에 대해서는 더 깊이 생각하지 못했다. 교육 이념에 주목하더라도 늘 그것을 상대적으로 독려해야 하는 교육 문제로 보았고 그것과 더 큰 사상문화적 배경의 밀접한 연관에 주목하지는 못했다. 간양은 2006년 『독서』에 발표한 「대학 일반교육의 두 중심고리」에서 '중국 대학의 일반교육 과목의 중심 임무는 사실 민국 시대 이후 단절된 우리의 문화 전통을 새롭게 근대적으로 정리하는 것이다'라고 말했다. 이번 일반교육 워크숍은 이런 이념을 집중적으로 반영했다. 강습반 과목 개설에서 특히 이 점을 집중적으로 구현할 수 있었다.

위 표에서는 몇 가지 주제를 도출할 수 있다. 과목을 개설한 배후의 문화적 이념이 자연스럽게 드러난다. 펑린의 중국 문화에 관한 두 차례 개론적 강좌 이외에 다른 네 과목으로 중국 고대, 중국 근대, 서양 고대, 서양 근대의 텍스트를 선별했다. 의도는 국내 최고 교수진의 강의를 통해 '고금의 논쟁' '중서의 논쟁'이라는 두 가지 핵심 실마리를 이 과목을 통해 드러내는 것이다. 이런 명칭만으로도 일반교육이 단순히 교육제도를 개혁하는 데 그치는 것이 아니라 독서를 통해 공허한 도덕적 덕목에서도 사유를 이끌어내고 가장 근본적인 학술 문제에 진입함으로써 인문적 소양을 길러내는 것임을 충분히 알 수 있다. 이 문제에 대한 논쟁과 정리는 워크숍 전체를 일관적으로 관통한다.

7월 26일 저녁의 좌담회에서는 많은 참가자가 자유발언 시간에 일반교육에 대한 자신의 이해와 기대를 피력했다. 지방 대학에 다년간 재직한 수많은 교원은 많은 대학생이 예의를 모르고 기본적인 소양이 부족해서 매우 걱정이라고 말했다. 그리고 학생이 교수에게 자리를 양보할 줄 모른다는 것 등 많은 예를 들었다. 그래서 참석자들은 일반교육의 방식으로 대학생의 도덕적 소양을 키우는 것이 아주 필요하다고 보았다. 그들의 이런 걱정이 현재 대학생에게 보편적으로 존재하는 도덕적 소양 문제를 반영하고 있다는 점은 의심할 바 없다. 그러나 문제는 도대체 어떤 교육 방법을 통해 이런 도덕적 소양 문제를 해결하느냐다. 도덕적 설교를 하느냐, 예의를 배양하는 것을 통하느냐, 아니면 다른 방법을 쓰느냐가 문제다.

이와 동시에 몇몇 참가자는 완전히 다른 이해를 제시했다. 그들은 전통적 교육제도의 문제가 지나친 전문화여서 학생들의 지식 체계가 지나치게 단일하고 폐쇄적이라고 보았다. 그들은 일반교육이 바로 학생들에게 더 많은 지식을 습득하게 해서 그들을 전공과 분과학문을 뛰어넘는 통섭적 인재로 변화시키는 것이라고 생각했다.

도덕적 소양 문제를 강조하는 참가자와 분과학문을 뛰어넘는 것을 강조한 참가자가 관심을 갖는 문제는 확연히 다르다. 그렇다면 그들은 이 워크숍에서 자신들이 얻어야 할 것을 얻어갈 수 있었을까?

이번 워크숍이 비록 현재의 교육제도를 개혁하는 데서 출발했고 이 두 구체적인 문제 역시 모두 강한 목적의식을 가지고 있지만, 이는 단순히 '머리가 아프면 머리를 고치고 다리가 아프면 다리를 고치는' 식의 제도 개혁은 결코 아니다. 더 깊은 차원에서 생각하면 사상학술계에서 가장 관심을 갖는 문제, 더 나아가 아주 큰 범위에서 중국 문화의 가장 핵심적 문제를 교육제도의 개혁과 연관 지어야 한다. 결국 교육은 사상문화의 일부다. 교육에 대한 사고 역시 사상문화의 변천의 대세에 대한 사고와 연관 지어야 한다. 교육제도로 충분히 대응하거나 동참하고 사상문화에 대한 탐구를 진행할 수 없으면 제도상의 조정에 그치고 그 의미는 아주 제한적이 된다. 사상과 학술계가 수십 년 동안 생각해온 중요한 성과를 교육 체제의 구축에 수용할 때 교육제도가 시대의 문제에 대응하고 신선하고 활력 있는 교육을 실천할 수 있다. 따라서 이 워크숍의 가장 큰 특징은 단순히 도덕적 소양 문제에만 주안점을 둔 것이 아니고 전공을 조화롭게 하는 데에만 국한된 것도 아니다. 동서고금의 문제에 대한 탐구를 교육을 실천하는 가운데 끌어들이고 학생을 사상문화의 근본 문제로 이끌어서 그들이 더 높은 차원에서 자신의 학습, 독서, 사고, 생활을 조직할 수 있도록 하는 것이다. 참가자들이 제기한 저 구체적인 문제 역시 이런 근본 문제를 탐구하고 논의하면서 해결할 수 있다.

이번 워크숍의 기획자 간양 교수는 1980년대 문화 토론의 주요 인사인 동시에 최근 20여 년 동안 계속 동서 문화의 큰 문제에 관심을 가졌다. 그는 현대 중국이 직면한 근본 문제를 '고금 중서의 논쟁'[4] 으로 개괄한다. 이는 중국의 사상문화에 대한 중요한 판단이다. 그리고 최근 간양 교수의 일반교육 문제에 대한 관심은 그가 자신의 사유 영역을 사상과 학술에서 교육으로 전환한 것을 보여주는 것이 아니라 교육 영역에서 고금 중서의 문제에 대한 탐구와 논의를 새롭게 진행하고 심화하려 한다는 것을 말해준다. 고금 중서의 문제가 중국 문화가 직면한 근본 문제라면 중국의 교육제도가 구현하고 있는 모든 문제는 그 근본 문제의 갖가지 반영에 지나지 않는다. 교육 문제를 해결하려면 반드시 이 근본 문제를 단단히 부여잡아야 한다. 그리고 고금 중서의 문제를 더 깊이 생각하려면 그것을 교육을 실천하는 가운데에서도 반드시 관철해야 한다. 학술적 사고와 교육적 실천은 근본적으로 동일한 문제다. 깊이 있는 학술적 사고 없이는 교육 문제의 본질을 해결할 수 없다. 그리고 절실한 교육적 실천이 없다면 학자들도 사상문화의 실질적인 발전을 이룰 수 없다. 교육과 학술을 결합하는 것이야말로 연구 중심 대학에서 일반교육을 시행하고 교육을 큰 문화 사업의 일부로 만드는 정도正道다.

따라서 교육과정을 설계할 때 간양 교수는 중국 문화에서는 고대의 『사기』 오제본기五帝本紀와 근대의 루쉰을 선택했고 서양 문화에서는 소포클레스와 니체를 선택했다. 고대의 두 텍스트는 모두 초기 고전으로 고전 문명의 함의를 구현할 수 있다. 근대의 두 텍스트는 최근의 것이면서 긴장과 충돌이 가득하다. 루쉰을 추가한 것은 니체

---

4   甘陽, 『古今中西之爭』, 北京: 三聯書店, 2006.

의 영향이 컸다. 그들은 서로 호응하고 두 고전 텍스트와 아주 선명히 대비된다. 이 고전 텍스트 몇 권을 진지하게 읽고 교수의 강의를 진지하게 듣기만 해도 참가자들은 자연히 고금 중서의 문제 안에 들어갈 수 있다.

일정이 반쯤 지났을 때 몇몇 참가자는 간양 교수에게 이렇게 말했다. "간 선생님, 제가 막 왔을 때만 해도 일반교육에 대해서는 하나도 몰랐습니다. 이제야 선생님의 진정한 뜻을 잘 알겠습니다. 선생님은 학생들이 책을 읽고 그 속에서 문제를 생각하고 해결하기를 바라시는 것이지요."

물론 이런 교육 방식을 사람들이 받아들일 수 있을지는 결코 간단한 문제가 아니다. 명확한 도덕교육을 더 바라는 참가자들도 많았다. 7월 30일 저녁에 열린 루쉰 좌담회에서 이런 차이가 확연히 드러났다. 좌담회에 초청받은 첸리췬錢理群 교수는 정신적 지도자로서의 모습으로 학생의 정신적 기질을 길러야 한다고 주장했다. 그러나 왕후이 교수의 루쉰 강의는 정반대의 스타일을 보여주었다. 그는 텍스트의 세밀한 분석과 냉정한 이해를 통해 학생들이 깊이 있게 생각할 것을 주장했다. 두 사람 모두 지지자가 많았다. 그러나 워크숍이 끝날 무렵 많은 참가자는 고전을 읽자는 주장을 받아들였다. 비록 구체적으로 시행할 수 있느냐의 문제는 세부적인 요소에 달려 있지만 말이다. 펑린 교수도 앞으로의 교육에 고전 읽기 과목이 더 많아지기를 희망했다.

고전 읽기 이외에 이번 워크숍에서 강조하려고 한 또 다른 과정은 조별 토론이다. 즉, 강의를 들은 후 학생들은 15명 미만의 소그룹으로 나뉘어 조교의 진행에 따라 텍스트 내용을 심층적으로 토론했다. 조별 토론은 미국의 일반교육에서 보편적으로 채택하는 방법이다. 예전에 중국의 일반교육을 토론하고 실시할 때 아주 강조한 측면이다. 그러나 조별 토론의 선결 조건은 조교든 토론에 참가하는 학생이든 모두 일정 시간 동안 준비해서 토론할 텍스트에 상당히 익숙해져야 한다는 점이다. 이렇게 짧은 시간의 집단 훈련에서 이런 조건을 충족하기란 어렵다. 강좌 주제 5개 중 3개 주제에 대해서만 조별 토론이 열렸다. 워크숍을 열기 아주 오래전에 참가자들은 인터넷에서 3개 주제의 읽기 자료를 내려받았다. 토론반의 조교(워크숍 실무진이나 참가자 중에서 선발했다)도 일찍 배정했다. 이렇게 했지만 참가자와 다수의 조교 모두 조별 토론에 익숙하지 않았다. 따라서 워크숍 조별 토론은 모의 토론 수준일 수밖에 없었다.

조별 토론을 강조하는 이유는 미국의 교육 모델을 맹목적으로 배우기 위해서가 아니라 앞에서 말한 고전 읽기와 긴밀하게 부합하기 때문이다. 앞서 말했듯, 고전 읽기를 통해 학생들은 동서고금 논쟁의 본질적인 문제에 대한 사고에 더 잘 진입할 수 있다. 이런 목표를 이루기 위해서는 학생들이 텍스트를 아주 능숙하게 읽을 필요가 있을뿐더러 텍스트 속의 난제를 반복적으로 분석하고 생각해야 한다. 조별 토론을 운영하는 근본적 의도는 교사의 강의와 학생의 읽기를 돕고 텍스트 속에 있는 사상적 문제를 더 세밀하게 드러내는 것이다.

이처럼 조별 토론을 개설하면 학생들은 텍스트의 내용을 더 적극적으로 읽고 생각한다. 그래서 주입되는 내용을 수동적으로 받아들이기만 하지 않는다. 학생과 교사 사이에는 양질의 상호작용이 형성되고 핵심과목은 상당한 분량의 압력과 난이도를 갖추게 된다. 지금 많은 학교에 설치된 공통선택 과목처럼 학생과 교사가 느슨하게 생각하거나 심지어 놀이나 적당히 하는 수준의 선택과목으로 생각하지 않게 된다.

　　조별 토론에서는 과목마다 상당히 많은 분량을 읽어야 하므로 학생들은 진지하게 대할 필요가 있다. 이에 따라 이수과목 수도 줄여야 한다. 현재 많은 학교의 상황을 보면 학생이 한 학기에 10여 과목을 수강하는 게 정상적이다. 이렇게 많은 과목의 스트레스를 받기 때문에 학생은 어떤 과목도 진지하게 공부할 수 없고 적당히 하게 될 뿐이다. 그러나 미국의 좀더 성숙한 일반교육 체제에서는 학생당 한 학기 수강과목이 서너 과목밖에 되지 않는다. 그들은 모든 과목에서 진지하게 독서하고 이를 진지하게 대한다. 일반교육을 개혁하려면 반드시 과목 수를 줄이고 과목의 질을 강조해야 한다. 그리고 조별 토론의 방식으로 학생이 텍스트를 깊게 읽도록 이끌어야 한다.

　　7월 26일 저녁에 열린 조별 토론에 관한 좌담회에서 간양 교수는 미국, 홍콩 등의 대학에서 조별 토론에 참가한 경험이 있는 참가자들과 푸단대학, 칭화대학 등 중국 국내 대학의 일반교육 시험에서 조교를 한 경험이 있는 참가자들로 패널을 조직했다. 모두들 조별 토론의 중요성과 구체적 실시 방안을 강조했다. 그리고 일반교육의 목적은 자유방임이 아니라 바로 과목의 질을 통해 학습을 강화해서 학생들이 일정 범위의 고전을 반드시 진지하게 읽고 일정한 학습 소양을 갖추며 기본적 문화 문제를 이해하도록 하는 것이라고 말했다.

7월 28일부터 워크숍의 세 과목에 대한 조별 토론이 세 차례로 나뉘어 열렸다. 과목별로 20명 정도의 6개 조가 구성되었다. 다수의 참가자가 조별 토론에 참가한 경험이 없고 시간이 촉박해서 읽을 시간이 없었기 때문에 조별 토론을 하기 전에는 모두들 토론의 질을 걱정했다. 그러나 세 차례 총 18개 반의 조별 토론에서 다수의 조별 토론이 아주 잘 이루어졌고 조직자의 예상을 벗어났다. 워크숍에 참가한 젊은 참가자, 즉 대학생, 막 졸업한 젊은 교육자들은 상대적으로 일반교육의 개념을 비교적 잘 받아들였고 교재도 충분한 시간을 갖고 읽었으며 토론에 아주 적극적으로 참가했다. 6개 조 중 앞의 3개 조는 젊은 참가자들로 구성되었다. 그래서 대부분 조별 토론 본래의 요구에 따라 토론이 잘 이루어졌다. 뒤의 3개 조는 대체로 나이가 비교적 많고 지방 대학에서 온 부교수 이상의 참가자들로 구성되었다. 정치활동 간부들도 있었다. 이 몇몇 조의 토론은 텍스트와 관련해서 깊이 있게 진행되지 않았다. 그러나 그중 다수 조 역시 일반교육과 관련 문제를 토론할 수 있었다. 분위기도 아주 활발했으며 상당히 큰 역할을 했다. 연령이 가장 높은 여섯 번째 조의 일부 참가자는 일반교육의 이념을 받아들이려 하지 않았고 한두 차례 토론에서 마찰이 있었으며 의견에 동의하지 않았다.

전체적으로 조별 토론은 이번 워크숍의 포인트다. 참가자들이 여기에 담긴 교육 이념을 이해하고 받아들이느냐와 별도로 그들은 이런 교육 방식에 깊은 인상을 받았다. 많은 이가 돌아간 뒤에 이런 교육 방식을 시도해보겠다고 했다. 그러나 많은 사람은 일반교육에서 이것이 가장 핵심적인 단계이면서도 가장 어려운 단계라는 것을 인정했을 것이다. 조별 토론으로 상당히 난이도가 높고 분량도 많은 핵심과목을 개설하려면 반드시 전체 과목 수를 줄여야 한다. 동시에 교사 역량을 구비하고 대학원생을 양성하며 강의실을 배정하는 등 상응하는 제도도 대규모로 조정해야 한다. 그러나 현재의 대학 교육 제도에서는 아마 이처럼 대규모의 변화를 이루기는 아직 어려울 것이다.

6일 동안의 워크숍이 끝나고 중국문화포럼에서는 샹산 와불사臥佛寺에서 제3회 연례 포럼을 개최했다. 주제는 '공자와 현대 중국'이고 베이징대학 철학과 천라이陳來 교수가 주관했다. 간양 교수는 워크숍과 포럼을 관련 없는 일로 취급하지 않고 워크숍 참가자들을 이 학술회의에 초청했다. 의도는 아주 명확하다. 일반교육이 고금 중서 논쟁에 관련되며 '공자와 현대 중국'이라는 주제는 바로 이 논쟁의 핵심 화제다. 따라서 이 참가자들을 토론에 참여하게 하면 워크숍 주제가 지속·심화되고 그들도 더 많이 배우게 된다.

6일간의 워크숍과 2일간의 학술회의에 참석한 후 대부분의 참석자는 큰 수확을 얻었다. 일반교육을 완전히 새롭게 이해했고 앞으로의 교육 개혁과 실천에 대해서도 새로운 생각을 많이 하게 되었다. 또한 이런 워크숍이 앞으로도 계속 개최되기를 희망했다. 워크숍에 참석한 몇몇 지방 대학의 정치활동 간부는 다음 해의 워크숍이 자신의 학교에서 개최되기를 희망했다. 참가자들의 생각은 대체로 다음 몇 가지로 정리된다.

첫째, 이념상으로 존덕성尊德性(도덕교육)과 도문학道問學(지식교육) 사이의 관계를 어떻게 이해하는가가 참가자들이 가장 많이 생각하는 문제가 되었다. 우리는 앞에서 이미 많은 참가자가 대학생의 도덕적 자질 저하를 걱정하고 이 워크숍에 참석했음을 확인했다. 학생들에게 성실하고 돈후하며 적극적으로 나아가려는 정신적 기질을 함양하는 것은 물론 일반교육이 직면한 중요한 임무다. 그러나 워크숍 참가자들은 일정이 끝난 후 좀더 깊은 텍스트 읽기와 학문적 사고를 통해 더욱 실질적인 사상 문제를 다루어야 이런 도덕적 문제를 근본적으로 해결할 수 있다는 점을 보편적으로 느꼈다. 이 문제를 확실히 한 것은 분명 이번 워크숍의 최대 성과 중 하나다.

둘째, 강의를 담당한 몇몇 유명한 교수는 고금 중서 문제를 아주 선명하게 드러냈고 그 후 와불사에서 열린 학술회의에서 참가자들이 상응하는 문제를 더 깊이 생각할 수 있게 했다. 이처럼 유명 교수의 강의는 결코 각 대학 교사들의 시범에 지나지 않는 것이 아니라 실질적인 문제를 생각하면서 교육의 근본 문제를 이해하게 해주었다. 참가자들은 고전 텍스트가 보여준 풍부한 함의와 서로의 사상적 긴장에 큰 울림을 받았다. 그리고 다수가 교육 문제는 바로 문화 문제이고 사상문화적 논의를 벗어나서 교육 문제를 공허하게 논하는 것은 아무런 의미가 없다는 점을 절감했다.

셋째, 앞의 두 가지 이론적 사유에 근거해서 참가자들은 또 일반교육에서 국제적 접속과 문화적 자각의 긴장을 점진적으로 알게 되었다. 미국의 일반교육과 핵심과목 제도를 참조하려는 것은 국제 사회와 접속하고 모든 것을 미국 기준에 맞추려는 목적이 결코 아니다. 정반대로 고전 읽기와 조별 토론이라는 미국발 제도는 모두 반드시 중국의 문화 문제 속에 단단히 뿌리 박혀야 한다. 그렇지 않으면 아무런 의미도 없다. 따라서 이런 제도와 형식상의 개혁은 모두 실질적인 문화적 성찰의 제도적 외피일 뿐이다. 따라서 사상문화를 깊이 토론하는 토대 위에서만 이런 제도적 조정의 의미가 있다.

넷째, 구체적인 제도 개혁과 관련해서 참가자들은 개혁의 방향과 희망을 본 동시에 커다란 어려움이 있다는 것도 알게 되었다. 현재와 같은 사람들의 인식이나 제도적 상황 하에서는 고전 읽기와 조별 토론 중심의 핵심과목 개설은 아직 갈 길이 멀다. 앞에서 우리는 이런 개혁이 결코 단순한 제도적 조정이 아니라 전체 보조 설비와 관련된 근본적 변혁이라는 것을 알았다. 이런 변혁의 한두 가지 고리에서 문제가 생기면 일반교육의 의미가 완전히 뒤집혀서 교육 개혁이 정반대로 나아가 호랑이를 그리려다 개를 그리는 난처한 국면으로 변할 수 있다. 지금 중국 내에서 일반교육의 개혁을 실시하는 학교에서 이런 걱정스러운 국면이 이미 출현했다.

일반교육:
미국과 중국

通識教育: 美國與中國

어쨌든 일반교육은 실현돼야 한다

수많은 고상하고 심오한 이념을 들먹이고 아주 복잡한 계획을 수립하더라도 모든 일반교육은 결국에는 교수 개인이 교육을 해야 수행된다. 교수 개인의 실천이 없다면 이념이나 방안을 아무리 떠들어대고 수립해도 사실 모두 소용없다. 그래서 만약 대학의 일반교육이 비교적 잘된다면 반드시 많은 교수와 관리자가 공동으로 노력하고 실천한 결과다.

나도 최근 2년 동안 몇 가지 일반교육 실험을 했다. 주로 칭화대학과 협력해서 전교 일반교육 핵심과목을 개설했다. 현재는 베이징의 몇몇 뜻이 맞는 교수, 학자와 일반교육에 대한 경험을 공동으로 모색하고 있다. 내가 모색하는 일을 비교적 강조하는 이유는 우리가 비록 미국 등 서양국가에서 몇 가지를 배워오기는 했지만 일반교육은 실천 과정이 중요하고 일을 진행할 때만 많은 문제에 부딪힐 수 있기 때문이다. 나는 푸단대학에 아주 흥미를 느낀다. 푸단대학이 주로 최

이 글은『푸단교육논단復旦教育論壇』2007년 제5권 제5호에 실렸다. 푸단대학 일반교육 대토론 시리즈 강좌에서 한 발표 내용을 정리한 것이고, 필자의 검토를 거쳤다(정리: 자오유량趙友良, 투루이전涂瑞珍).

근 2년 동안 가장 전면적으로 일반교육을 실천했기 때문이다. 이로써 푸단대학은 수많은 교수와 학생이 비교적 쉽게 소통한다. 다른 대학에서도 이렇게 할 수 있는 것은 아니다. 그들의 실천 과정 다수가 이 정도까지 확장되지 않았고 많은 문제를 아직 겪지 못했기 때문이다. 그래서 추상적으로 이론, 이념, 방안, 각종 계획을 말하는 것은 그리 큰 의미가 없다.

가령, 나는 칭화대학에서 일반교육을 하면서 몇 가지 고충을 겪었는데, 이 문제들은 푸단대학 교수들이 최근 2년 동안 겪은 고충과 어느 정도 통한다. 예를 들면, 모두에게 각자의 전공이 있는데 우리가 어떻게 전공과 일반교육의 관계를 조절할 것인가, 전공 학생과 일반교육 공통선택 과목을 듣는 다른 전공 학생을 대할 때 어떻게 해야 하는가 등이다. 그 밖에 나는 칭화대학의 일반교육에서 주로 두 가지를 실험하려고 한다. 하나는 과목을 고전 저작 중심으로 구성하는 것이고 다른 하나는 학생이 조별 토론을 하게 하는 것이다. 이 두 가지를 하려면 많은 문제가 생길 것이다. 조별 교육을 어떻게 할 것인가, 조교에게는 무엇을 하라고 해야 하는가, 조교는 무엇을 해야 하는가 등이다. 이러한 문제는 주로 실천상의 문제다. 그리고 교수들은 저마다 각자의 스타일이 있고 가르치는 방식도 다를 것이다. 그러나 많은 문제에는 공통점이 있고 이를 교류할 수 있다. 예를 들면, 공통선택 과목과 일반교육 과목을 다룰 때 우리는 학생들에게 어떤 요구를 해야 하는가, 특히 타 학부 전공 학생의 독서량과 과제량을 어느 정도로 정해야 하는가가 여기에 해당한다.

푸단대학의 일반교육에는 남다른 분위기가 있다

밖에서 볼 때 푸단대학의 일반교육에는 남다른 분위기가 있다. 그것
은 주로 다음과 같다. 첫째, 최근 두 달 동안의 대토론은 중국에서
전례 없는 일이었지만 내가 이해하기로는 일반교육의 역사 전체에서
도 단 두 차례만 이루어졌다. 한 차례는 1930~1940년대 미국에서
있었는데, 그 결과 시카고대학에서 일반교육의 형태가 갖추어졌고
1945년 하버드대학 레드북의 형태가 갖추어졌다. 또 다른 한 차례는
비교적 큰 토론으로 1987년 전후에 이루어졌다. 스탠퍼드대학의 개
혁 폭풍이 대표적이다. 푸단대학 같은 대규모의 토론은 국내의 다른
곳에서는 벌어지지 않았고 대만과 홍콩에서도 없었다. 따라서 외적
관점에서 푸단대학은 유리한 환경과 분위기를 창조한 것으로 보인
다. 둘째, 푸단 칼리지가 내놓은 1학년 50개 과목 표를 보면 푸단대
학의 거물급 교수, 유명 교수, 원로 교수가 모두 일반교육 과목을 가
르치기 시작했다는 것을 알 수 있다. 이것은 아주 어려운 일이다. 셋
째, 역시 중요한 점으로, 바로 푸단대학이 2년 전에 푸단 칼리지를 설
립한 것이다. 목표는 학부 1학년생에게 전면적인 일반교육을 실시하
는 것이다. 푸단 칼리지의 커다란 중요성은 그것이 학생의 마음자세
에 매우 큰 영향을 줄 수 있다는 데 있다. 이 세 가지를 실천하는 것
은 비교적 어렵다. 일반교육은 학자가 자신의 학문을 하는 것과는
다르다. 분위기와 조직이 필요하며 여러 분야의 협력과 대학과 학과
의 지원이 있어야 한다. 대학과 학과가 지원하지 않으면 학교는 관심

을 갖지 않고 학생은 의욕을 갖지 못한다. 강의는 힘이 없을 것이고 계속 가르치지 못할 수도 있다. 이것이 바로 현재 절대다수 학교에서 나타나는 문제다. 요컨대 나는 푸단대학에 남다른 점이 있다고 생각한다. 주로 세 가지 면에서 그렇다. 첫째, 학교 측의 강력한 추진과 지원이다. 둘째, 원로 교수의 일반교육 과목 개설이다. 이것이 좀더 핵심적이다. 셋째, 푸단 칼리지의 설립이다. 이로써 학생들은 마음자세 면에서 일반교육 과목을 더 중요하게 생각하게 되었다.

절대다수 지방의 일반교육이 흐지부지되었다

일반교육은 아주 어려운 일이다. 절대다수 지방의 일반교육이 모두 흐지부지되었다. 대만에서는 20년 동안 일반교육을 했지만 거의 아무런 성과도 없었다. 왜 아무런 성과도 없었는가? 대만 칭화대학 선 쥔산沈君山 총장이 말했듯이, 대만 대학의 일반교육 과목은 보통 "교수는 가르치고 싶어하지 않고 학생들은 듣고 싶어하지 않으며 학교 지도자는 관여하려 하지 않는다". 그는 대만 대학에서 일반교육을 수 해 동안 시행한 후에 이렇게 아주 서글픈 상황에 처했고 이를 고치기도 어렵다고 보았다. 나는 이것이 현재 홍콩, 대만, 중국의 많은 대학의 일반교육에서 보편적으로 일어나는 현상이기도 하다고 생각한다. 게다가 현재의 상황은 실질은 보지 않고 외양만 보면서 대학마다 그럴듯한 일반교육 계획표를 내놓고 말만 번지르르한 것이 보통이다. 일반교육에 대해 이해하지 못했다면 좋다고 느낄 수도 있다. 사실은 수업시간표만 보아도 뜻대로 되지 않으리라는 점을 발견할 수 있다. 대부분 일반교육이라고 할 만한 것이 없다.

중국의 국가 일반교육은 최근에는 주로 이공계 대학에서 가장 먼저 추진됐다. 교육부가 1995년부터 '문화소양교육'을 시작했고 1999년에 문화소양교육 기지 32개소가 설치되었다. 이 교육을 수행한 학교에는 화중과기대학, 상하이교통대학, 시안교통대학, 난징공학원, 중난대학 등이 있다. 이 이공계 대학들에는 하나의 특징이 있다. 바로 이들 학교의 총장 중 많은 사람이 모두 원사院士(과학기술계 최고 권위자에게 부여하는 명예 칭호—옮긴이)라는 점이다. 이들은 문화소양교육을 아주 중요하게 생각한다. 그러나 이공계 대학에는 치명적인 한계가 있다. 바로 인문사회과학 분야의 교수진이 부족하다는 것이다. 그래서 그들의 일반교육 방식에서는 대부분 외부 전문가, 학자를 초빙해서 강좌를 맡기는 경우가 비교적 많다. 이런 상황에서 비교적 현실적으로 실행 가능한 방법은 전면적으로 과정을 개설할 것이 아니라 좋은 과목 하나에만 힘을 집중하는 것이다. 홍콩시티대학은 중국의 이공계 대학과 아주 유사하다. 인문사회과학 분야의 교수진이 없고 총장은 공대 교수다. 총장은 문화소양교육을 중요하게 생각하고 "중국 문화" 한 과목에만 집중했다. 이 과목을 강의할 만한 교수가 없어서 중국의 인문사회과학 교수에게 교재를 써달라고 요청했다. 이 과목이 전교 일반교육 과목이 되었고 교수도 주로 중국 학자를 초빙한다.

그러나 나는 국내 몇몇 대중매체가 아주 무책임하다는 점을 밝히고 싶다. 얼마 전에 한 언론 보도에서는 "일반교육, 대륙이 홍콩에 뒤처져 있다"라는 제목의 기사를 썼다. 이 기사에서는 두 사람의 말을 인용했는데, 한 사람은 홍콩시티대학 총장이고 다른 한 사람은 나다. 마치 내가 "대륙의 일반교육이 이미 홍콩에 뒤처졌다"라고 말한 것처럼 보도되었다. 이는 말이 되지 않는다. 내가 그렇게 말했을 리가 없기 때문이다. 홍콩시티대학과 같은 대학을 어떻게 칭화대학, 베이징대학, 푸단대학과 비교한단 말인가? 홍콩시티대학은 본래 전문대에 불과했다. 이 대학의 목표는 홍콩 기업의 중등 관리 인력을 양성하는 것이었다. 홍콩이 반환되기 전에 영국인은 홍콩의 모든 전문대를 4년제 대학으로 승격시켰다. 그러나 이런 신규 대학이 일반교육을 실시하려면 자연히 기반이 뒤처진다. 당연히 이들 학교의 총장들은 비교적 패기가 있고 대학에 기대치가 있으며 이를 발전시키려고 계속 노력한다. 이런 대학은 여건이 부족하기 때문에 "중국 문화" 한 과목만 집중해서 개설하는 것이 맞다. 한 과목만 잘하는 것도 쉽지 않다. 그러나 엄격한 의미에서 한 과목만 개설하는 것은 진정한 일반교육이라고 할 수 없다. 그래서는 일반교육을 발전시키기도 어렵다. 물론 성공하지 못한 데는 많은 원인이 있을 것이다. 이공계 대학에는 교수가 부족한 한계가 있다.

일반교육 전담 교수를 두어서는 안 된다

중국, 홍콩, 대만 전체에서 그래도 일반교육의 전통이 있다고 할 수 있는 유일한 대학은 홍콩중문대학이다. 홍콩중문대학에 일반교육 전통이 있는 데는 두 가지 이유가 있다. 하나는 이 대학의 전신이 3개의 서원이라는 점이다. 첫째는 신야서원新亞書院으로 전통 유교 서원이다. 둘째는 충지서원崇基書院으로 기독교 교회가 운영했는데 서양의 문리대학과 비교적 가깝다. 셋째, 연합서원聯合書院으로 광둥성 5개 학교가 연합해서 만들었다. 또 다른 측면에서 이 대학이 중문대학과 합병한 후 홍콩중문대학이라고 이름을 붙인 이유는 그 취지와 창학 목표가 아주 명확하기 때문이다. 그것은 바로 식민지에서 중국인의 대학을 운영하겠다는 것이다. 그래서 일반교육의 핵심 내용은 바로 중국 문화다. 이는 아주 두드러진 면이고 효과도 좋았다. 1999년에 내가 그 대학에서 수업할 때 이 점을 느꼈다. 내가 가르친 것은 헤로도토스의 『역사』 등 서양 역사였다. 그러나 많은 1학년 학생이 논문을 쓸 때 첸무錢穆, 탕쥔이唐君毅 등의 중국 역사와 중국 문화 관련 서술을 인용했다. 이는 일반교육이 학생에게 주는 영향과 역할을 아주 분명히 보여준다. 그러나 홍콩중문대학은 아주 불행했다. 1980년대 말 1990년대 초에 홍콩은 일률적으로 4년제 중문대학을 3년제 대학으로 개편했다. 이렇게 되면 당연히 일반교육에도 불리하다.

현재 홍콩의 모든 대학에는 기회가 있다. 바로 대학이 3년제에서 4년제로 바뀌었기 때문이다. 이는 홍콩 정부가 많은 예산을 이 대학들에 투입한다는 것과 새롭고 많은 교과과정을 개설해야 한다는 것을 의미한다. 홍콩중문대학은 일반교육에 비교적 적극적이다. 그들은 3년제에서 4년제로 전환된 기회를 이용해서 자신들의 일반교육 전통을 다시 진흥하기를 바란다. 현재의 기본 방안은 4년제로 전환된 이후에 1년 동안 동양 문명 과목과 서양 문명 과목을 가르치는 것이다. 모두 두 학기 동안 가르친다. 구체적인 방법으로 그들은 일반교육 전담 교수를 채용하려고 한다. 3년제에서 4년제로 전환하면 매년 학부 신입생이 3000명 정도로 칭화대학, 푸단대학과 엇비슷한데다 일반교육 전담 교수를 둘 때 바로 일반교육 과목 교수진을 보장할 수 있는 장점이 있기 때문이다. 그러나 이런 방법은 장점과 단점이 있다. 커다란 걱정거리와 문제는 바로 이 일반교육 전담 교수들이 인스트럭터라 불리는 '별종' 교수에 속한다는 점이다. 중국어로는 지도교수導師라고 해서 듣기에는 좋지만 실제로는 아주 골치 아프다. 이 직책은 교수와 전공이 달라서 다른 과목으로 전환하기가 힘들기 때문이다. 홍콩의 임금은 높은 편이다. 그리고 다른 한편으로 서양 박사는 생산 과잉이다. 그래서 홍콩에서는 서양 대학 출신의 박사학위 소지자를 이 일반교육 인스트럭터로 초빙할 수 있다고 생각한다. 그러나 문제는 박사학위를 취득한 사람이면 누구나 교수가 되고 싶어한다는 것이다. 인스트럭터를 한다면 지위가 조교수보다 낮고 나중에 부교수로 승진할 수도 없으며 정교수는 더더욱 될 수 없다. 게다가 임금도 조교수보다 낮다. 이러면 누구도 안심할 수 없다. 그들이 다른 곳으로 갈 기회가 생긴다면 마지막까지 남는 사람은 분명 아주 적을 것이다. 아주 골치 아픈 문제다. 일반교육 전담 교수의 대우가 뒤처지고 교수라는 신분과 지위도 뒤처진다면 모든 과목의 지위도 분명 하락할 것이다. 학생은 이것이 급이 낮은 교수의 수준 낮은 수업 때문이라고 생각할지 모른다. 이렇게 된다면 아주 좋지 않은 결과를 초래할 수 있다. 일반교육의 효과는 분명 아주 좋지 않을 것이다. 일반교육의 관건은 그 지위가 더 높아지는 데 있기 때문이다. 미국의 경우 성공한 사례에서는 절대로 일반교육 전담 교수를 두지 않았다. 일본 대학의 교양학부에도 예전에 이런 문제가 있었다. 일반교육 전담 교수는 한편으로는 전공을 발전시키기 어렵고 다른 한편으로는 다른 사람으로부터 학문적 역량이 부족하다고 평가받는다. 이러면 교수의 지위와 그에 따른 과목의 지위가 모두 낮아지고 학생은 수강하고 싶어하지 않는다. 게다가 교수도 존중받지 못한다. 일반교육의 많은 기본 조건에 모두 도달할 수 없다.

일반교육 과목은 가장 우수한 교수가 가르쳐야 한다

일반교육에서 아주 중요한 문제는 일반교육 과목을 가장 우수한 교수가 가르쳐야 한다는 점이다. 민국 시대 중국 대학의 '국문' 과목이 일반교육 과목과 약간 비슷하다. 당시 칭화대학 1학년 전체가 수강한 '국문' 공통수업을 가르친 사람이 누구였는지를 보자. 1929년과 1930년 '국문' 과목의 교수는 양수다楊樹達, 류원뎬劉文典, 주쯔칭朱自淸, 1932년은 원이둬聞一多, 1934년부터 1935년은 위핑보兪平伯, 푸장칭浦江淸, 1936년부터 1937년은 위관잉余冠英, 1940년은 선충원沈從文, 우샤오링吳曉鈴, 1944년은 왕야오王瑤였다. (…) 중문과 출신이 아니더라도 이들의 명성은 익히 들어보았을 것이다. 그들은 모두 대사大師급 인물이다. 가장 이상적인 일반교육은 대사나 잠재적 대사가 강의하는 것이라 할 수 있다. 이 방면에서 미국은 성공한 편이다. 시카고대학의 전성기에 일반교육 과목은 모두 가장 유명한 교수가 강의했다. 이것은 학교의 요구였고 이 교수들도 대학 1학년 학생에게 강의하기를 좋아했다. 양전닝楊振寧 교수 같은 사람이 칭화대학에 와서 1학년 학생에게 '대학 1학년 물리'를 가르치면 당연히 이 과목에 대한 교육은 아주 흡인력이 있을 것이다. 우선 명성이 높기 때문에 학생들은 자연히 흥미를 갖는다. 다음으로 그는 대사이기 때문에 기초학문의 가장 기본적인 문제를 명료하게 강의할 수 있다. 이렇게만 된다면 이 과목에 대한 교육은 아주 효과적일 것이다.

일반교육과 전공교육의 통합: 시카고대학의 경험

일반교육과 전공교육은 도대체 어떤 관계일까? 특히 지금의 젊은 조교수와 부교수는 그들의 전공을 발전시켜야 하고 일반교육도 해야 한다. 이 모순을 어떻게 처리할까? 현재 일반교육과 전공교육의 관계에 대한 이해에는 문제가 있다. 즉, 일반교육이라고 하면 대만이든 홍콩이든 중국이든 둘을 따로따로 취급하기 일쑤다. 별개의 두 영역은 교수나 학생에게 부담이 된다. 이렇게 되면 큰 공을 들여야 하고 사실상 이를 유지하기가 어렵다. 가장 우수한 학자는 반드시 전공 역량이 뛰어나다. 가장 우수한 교수가 자신의 전공과 아무 관계가 없다고 일반교육 과목을 가르치기를 원하지 않고 학생은 많은 시간을 투자해서 일반교육을 수강하고 다시 전공과목을 수강하는 것이 낭비라고 생각한다면 설령 몇몇 과목이 좋다고 해도 심리적으로는 일종의 부담이고 시간 낭비라고 생각할 수 있다.

나는 미국 대학의 성공 요인이 일반교육이 4년제 대학 학부 교육의 아주 핵심적인 부분이라는 데 있다고 생각한다. 사실상 일반교육 과목은 학부 1, 2학년의 '공통선택 과목'이기도 하다. 이것이 관건이다. 시카고대학은 1년에 3학기이고 일반교육 과목은 세 학기에 모두 연속으로 수강한다. 이는 단순한 것에서 복잡한 것으로, 쉬운 것에서 어려운 것으로 옮겨가는 과정이다. 예를 들면, 시카고대학 일반교육의 '자연과학' 계열은 우선 문과와 이과를 필수적으로 나누고 문과생과 이과생에게 자연과학 방면에서 각각 다른 것을 요구한다. 일반교육의 물리 과목은 연속 3학기 개설되는데, 첫 두 학기는 의학과 학생을 포함한 모든 이과 학생이 필수적으로 수강해야 하고 세 번째 학기는 물리학과 학생이 필수적으로 수강한다. 즉, 물리 과목은 물리학과 학생에게는 틀림없이 전공 필수과목이고 모든 이과 학생에게는 첫 두 학기의 공통기초 필수과목인 것이다. 세 번째 학기의 물리 과목은 아주 난해하고 물리학과 학생만이 이어서 수강한다. 만약 물리학과 학생이 아닌데 수강하려 한다면 반드시 그 과목 담당 교수의 동의를 받아야 하는데 보통은 더 수강하려 하지 않는다. 생물학 일반교육도 마찬가지다. 역시 세 학기 연속으로 개설되고 첫 두 학기 과목은 생물학과와 생명과학과 학생의 필수과목이고 물리학과와 화학과 학생에게도 마찬가지다. 그러나 세 번째 학기는 생물학과와 생명과학과 학생을 위한 더 어려운 전공 필수과목이다. 다른 이과 학생은 일반적으로 반드시 선택할 필요가 없고 선택할 수도 없다. 이와 동시에 주목할 만한 점이 있다. 물리, 생물 과목은 문과생에게는 필수가 아니다. 문과생에게는 또 다른 자연과학 일반교육 과목이 있다. 그래서 자연과학 계열의 일반교육 과목은 언뜻 보면 요구 조건이 같다. 대학생 누구나 수학 두 과목, 물리 두 과목, 생물 두 과목 등 총 6개 과목을 수강하도록 되어 있다. 그러나 사실상 구분이 있다. 문과생을 대상으로 개설된 자연과학 과목은 푸단대학에서 개설한 "물리학과 세계 진보"에 가까운데, 문과생에게만 개설된다. 문과생은 이런 과목을 4과목만 수강한다. 다른 수학 두 과목도 당연히 이과생과 분리되어 있다. 게다가 대학마다 분류법이 다르다. 예를 들면, 시카고대학의 수리류에는 컴퓨터 과목이 포함되어 있지만 하버드대학의 수리류에는 논리학이 포함되어 있다. 그래서 우리는 잘못된 인상을 갖지 말아야 한다. 일반교육을 실행하면 물리학과 학생이 2년 동안 일반교육을 받은 후 3학년이나 돼서야 전공 물리를 공부하기 시작하는 것이 아니다. 그렇게 교육해서 어떻게 우수한 수학자, 물리학자, 화학자를 배출할 수 있을까? 진정한 일반교육은 학부생의 전공과 통합되어 있다. 여기서 강조하는 것은 서로 다른 대학/학과의 '공통기초 과목'이다.

미국 대학 일반교육의 좀더 뛰어난 부분은 이과생에게 인문사회과학을 비교적 많이 공부하도록 한다는 점이다. 시카고대학의 경우 일반교육은 자연과학, 사회과학, 인문학/문명연구/예술학의 세 분야로 나뉘어 있다. 앞에서 이미 말했듯 자연과학 계열에서는 문과생과 이과생이 공부하는 내용이 다르다. 그러나 사회과학과 인문학 분야의 일반교육 과목은 전교생이 동일하다. '문명연구'는 대부분 역사학과에서 개설하고 '인문학'은 대부분 철학과와 문학과에서 개설한다. '예술'은 당연히 예술학과에서 개설한다. 학생은 이 계열 안에서 자유롭게 강의를 신청할 수 있다. 예를 들면, 역사학과에서 개설한 과목은 10여 개로 이루어진다. 서양 문명, 유럽 문명, 러시아 문명, 중동 문명, 중국 문명, 튀르키예 문명, 유대민족 등에서 학생 자신이 선택한다. 그러나 내가 강조하려는 것은 이 과목들 자체가 바로 역사학과 1, 2학년 학생의 전공기초 과목이지만 모든 이과 학생과 문과 학생이 이 과목들을 수강해야 한다는 사실이다. 문학과와 철학과도 마찬가지다. 이들 학과에서 제공하는 과목은 바로 1, 2학년 학생의 전공기초 과목이다. 모두가 물어볼 것이다. 수업을 듣는 학생이 다르고 각각의 전공이 모두 다른데 어떻게 구분하는가? 이런 구분에는 두 가지 관건이 있다. 하나는 학생들의 노력 정도가 저마다 다르다는 점이다. 예를 들면, 한 학생이 향후 역사학을 전공으로 선택하지 않는다면 이 문명연구 과목에서 반드시 A학점을 받아야 할 필요는 없을 것이다. 일반적으로 B학점만 확보하고 C로 떨어지지만 않으면 된다. C학점을 받으면 향후 취업에 문제가 되기 때문이다. 다른 하나는 대학, 학과의 선택이다. 만약 2년간의 일반교육이 끝난 후 역사학과에서 공부하려고 한다면 일반교육에서 역사학과가 개설한 문명연구 과목들에서는 반드시 전부 A학점을 받아야 한다. 2년 동안 일반교육 수업을 수강한 후 역사학과를 선택하거나 혹은 경제학과를 선택한다면 대학과 학과에서는 이를 어떻게 결정할까? 물론 이전 2년간의 일반교육 과목 성적을 본다. 역사학과 교수는 개설된 역사학과 문명연구 과목 3과목의 성적을 본다. 만약 모두 A학점이라면 당연히 먼저 선택될 것이다. 10명 정원에 15명 학생이 신청하고 모든 학생의 문명연구 과목이 모두 A학점이라면 역사학과와 가장 밀접한 관련이 있는 과목의 성적을 본다. 미국의 역사학과에서는 사회과학 일반교육 분야의 훈련을 보는 편이다. 마찬가지로 경제학과를 선택한다면 첫째는 수학 성적이 반드시 좋아야 하고 둘째로 전체 수학 성적이 모두 A학점이라면 경제학과에서는 경제학 전공과 가장 관련 있는 과목의 성적을 본다. 일반적으로 사회과학 과목이다. 철학과 교수는 해당 학생의 일반교육 과목 중 철학과가 개설한 과목이 A학점인가를 본 뒤 대개 문학 과목의 성적이 어떤지를 본다.

요컨대, 아주 중요한 점은 그들의 일반교육 과목이 바로 학부 4년의 공통기초 과목이므로 이런 과목과 전공 사이에 충돌이 없다는 것이다. 각자 다른 학과에서 처리할 때 어떤 교수도 자신의 과목 수강생이 20명이든 30명이든 50명이든 간에 반드시 여러 등급이 있다는 것을 안다. 만약 철학을 전공하려고 한다면 그 분야 과목에서 모두 A학점을 받아야 한다. 철학과 관련된 과목이 모두 B학점, 심지어 C학점이라면 철학과에 적합하지 않다는 증거다. 전공을 선택하고 싶어도 철학과 교수는 원하지 않을 것이고 좀더 성적이 좋은 과목과 관련 있는 전공을 선택하라고 제안할 것이다. 이렇게 되어야 일반교육 과목의 역량이 더욱 좋아지고 그것이 전공과 완전히 연관될 수 있다고 생각한다. 중국의 경우는 물론 홍콩, 대만에서도 일반교육 과목에 문제가 있다. 바로 학생의 주요 전공과목 밖에서 떠도는 것이다. 이는 두 가지 결과를 초래한다. 첫째, 학생들이 일반교육을 중요하게 생각하지 않는다. 둘째, 교수도 학생에게 학습 기준을 제시하지 못한다.

여기에는 두 가지 문제가 연관된다. 첫째, 일반교육의 효과다. 이 부분에서 우리의 이해는 문제적이다. 미국에서 4년간의 학부 교육을 마친 이공계 학과 학생은 중국의 경우에 비추어보면 학부 기간 동안 자신의 이과 전공과목과 이과 공통기초 과목을 이수한 동시에 중문과 1, 2학년의 일부 전공기초 과목, 철학과 1, 2학년의 일부 전공기초 과목, 정치학과 1, 2학년의 일부 전공기초 과목, 사회학과 1, 2학년의 일부 전공기초 과목을 이수한 것과 같다. 즉, 이런 조합으로 이루어진 수업이 학생이 학부를 졸업할 때 갖는 지식의 토대다. 이런 토대는 당연히 더 넓고 탄탄하다. 물론 내가 여기서 말하는 것은 역시 미국에서 가장 좋은 소수 대학의 사례다. 그보다 뒤처지는 주립대학 같은 곳을 보아서는 안 된다. 반드시 50개 정상급 미국 대학을 보아야 한다. 나는 일반교육 과목이 결코 아주 평이하고 편한 대로 들으면 되는 것이어서는 안 되고 엄격한 기준을 제시하고 훈련을 제공해야 한다는 점을 특별히 강조하고 싶다. 사회과학의 경우 시카고대학에서는 사회과학이 전통적으로 3과목밖에 없었고 2002년 이후에 5과목으로 바뀌었다. 이 3과목은 보기에는 아주 단순하다. 첫 번째 과목은 "사회정치 이론 고전", 두 번째 과목은 "자아, 문화, 사회", 세 번째 과목은 "부, 권력, 미덕"이다. 이 과목들은 고전 저작으로 구성된다. 시카고대학의 이 과목들은 특히 두드러지며 세 학기 연속으로 개설된다. 예를 들면, 사회정치 이론 고전은 첫 학기에는 플라톤, 아리스토텔레스 등을 위주로 하고, 두 번째 학기에는 토머스 홉스, 애덤 스미스를 위주로 하며, 세 번째 학기에는 카를 마르크스 등을 위주로 한다. 이것이 기본적인 그들의 전통이다. 지금은 두 과목이 늘었는데 하나는 "마인드"다. 이는 언어학과 심리학에 좀더 가깝다. 다른 하나는 민주주의와 사회과학인데 주로 사회과학과 민주주의의 긴장을 검토한다. 사회과학에서는 소수 전문가의 지식을 강조하지만 민주주의에서는 다수의 의지를 강조한다. 전문가와 민주주의는 무슨 관계인가, 지식과 민주주의는 무슨 관계인가를 이 과목에서 검토한다.

시카고대학은 과목의 종류가 적지만 통상 과목당 한 학기에 10여 명의 교수가 강의를 개설한다. 가령 서양 문명사를 10여 명의 교수가 개설하는 것이다. 이들 교수는 수업을 어떻게 할지, 읽기 자료는 어떻게 정할지 등을 상의할 수 있다. 협의 결과 읽기 자료 절반은 모든 교수가 동일하게 선택하고 나머지 절반은 각자가 정한다. 이로써 이데올로기적 경향, 학술적 경향에 따라 선택할 수 있다. 이런 과목은 서로 비교할 수 있으며 학생 측에서나 교수 측에서도 서로 비교할 수 있다. 학교에 문외한이더라도 좋고 나쁨을 볼 수 있다. 하지만 중국 대학의 공통선택 과목은 이렇지 않다. 편향되게 과목의 수만을 강조하며 툭하면 수백 개 과목을 개설하려 한다. 이 과목들은 서로 조금도 관계가 없어서 비교할 수도 없고 시너지 효과를 낼 수도 없다.

일반교육에서는 엘리트 교육을 중요하게 생각해야 한다

그 밖에 우리는 미국 대학의 또 다른 특징을 볼 수 있다. 즉, 법학과, 경영학과 등 수요가 많은 전공학과는 학부를 졸업한 이후에나 공부할 수 있다. 하버드대학, 시카고대학 같은 정상급 대학에서 로스쿨, MBA를 다니려면 학부의 전 과목에서 A학점을 취득해야 한다. 경쟁이 아주 치열하고 혹독하다. B학점이 2개 있다면 대체로 정상급 로스쿨, MBA에 입학할 수 없다. 전 과목이 A학점이더라도 학부생 기간 동안의 리더십, 활동 능력 등 다른 조건을 본다. 나는 이것이 더 공평하다고 본다. 여기서 내가 강조하고 싶은 것이 있다. 이는 최근 내가 여러 학교에서 내세운 것이기도 하다. 중국의 법과대학, 경영대학도 미국처럼 학부생 이후 과정으로 설치해서 학부를 졸업한 이후에야 입학할 수 있도록 하는 방안이다. 미국의 경영대학과 법과대학이 모두 학부 과정에 설치되어 있다면 학부의 일반교육은 분명 붕괴될 것이다. 왜 그럴까? 아주 간단하다. 미국의 모든 가정에서는 다음과 같은 것을 따져볼 수 있다. 나의 자녀가 4년 동안 문리대학에 먼저 다닐 필요가 없고 일반교육을 먼저 거치지 않아도 경영대학, 법과대학에 입학학 수 있다면 왜 자녀에게 문리대학에 다니면서 일반교육 수업을 듣게 할까? 왜 바로 경영대학이나 법과대학에 다니면 안 될까? 여기에는 금전적 비용과 시간적 비용이 필요하다. 하지만 대학 4년, 특히 1, 2학년 동안의 일반교육을 반드시 먼저 이수해야 로스쿨, MBA 입학 경쟁을 할 수 있다면 일석이조다. 학부의 일반교육을 강화하는 동시에 정상급 로스쿨, MBA 학생들은 통상 일반교육 단계에서 가장 우수한 학생임을 보증하게 된다.

　나는 MBA와 로스쿨의 문제를 다시 한번 강조하고 싶다. 사회, 상업사회, 법률사회에 공헌하고 싶은 학생이라면 대학에서 가장 좋은 교육을 받아야 한다. 꼭 가장 좋지 않더라도 최소한 엄격한 교육을 통해서 배출돼야 하고 적어도 교육 차원에서는 흠잡을 데가 없어야 한다. 모든 자연계 학과, 인문사회계 학과 과목에서 A학점을 받는 것은 쉽지 않은 일이다. A학점에 일정한 비율이 배정되어 있기 때문이다. 홍콩중문대학의 경우 한 과목의 수강생이 50명이면 많아야 4명만 A학점을 받을 수 있다. 미국에도 규정이 있다. 그래서 전 과목에서 A학점을 받으려면 반드시 자료를 더 읽는 데 많은 시간을 투자

해야 하고 다른 학생보다 논문을 더 잘 써야 한다. 잘하지 않는데 무슨 근거로 A를 받겠는가. 그래서 시카고대학과 같은 정상급 대학에서는 전 과목에서 A학점을 취득하는 것이 어렵다. 이것은 사실 아주 엄격한 엘리트 교육이다. 나는 시카고대학도 다녀봤고 베이징대학도 다녀봤다. 시카고대학 1학년 학생은 입학 무렵에는 베이징대학 1학년 학생보다 못하다. 지식 측면에서는 베이징대학 1학년과 비교할 수 없다. 그러나 시카고대학의 1학년은 일종의 계단이다. 4학년생으로 졸업할 때는 고강도의 훈련을 거친 엘리트가 된다. 그러나 베이징대학 4학년생은 시카고대학의 졸업생에게 크게 뒤처진다. 중국 대학 4년 동안 중국 대학생은 읽기와 사고 방면에서 저들만큼 강도 높게 훈련받지 못하기 때문이다.

중국 대학에서는 현재 엘리트 교육이 아닌 혼합 학점 교육을 시행하고 있다. 나는 강력하게 주장한다. 대학에는 하나의 목표만 있다. 그것은 바로 엘리트 교육이다. 특히 푸단대학, 베이징대학, 칭화대학 같은 정상급 대학은 그래야 한다. 그렇지 않으면 대학을 운영할 필요가 없다. 모든 엘리트 교육은 학생에게 더 수준 높은 학습을 요구해야 한다. 그들에게 근거 없는 풍문에 익숙해지지 말고 인류의 기본적인 지식을 습득하는 데 더 많은 노력을 기울이라고 요구해야 한다. 그렇게 하려면 상당히 많은 독서량이 필요하다. 그리고 조별 토론 제도 등도 필요하다.

비교적 핵심적인 문제를 푸단대학에 적용해서 말하면 즉 푸단 칼리지의 과목을 앞으로 3년 동안 좀더 긴밀하게 종합하는 방향으로 발전해야 한다. 그렇지 않으면 일반교육 과목이 분리되고 학부의 주요 과목에서 이탈할 수 있다. 그때가 되면 푸단대학의 학풍이 다시 좋아지고 지도자가 주목한다고 해도 결국 교수와 맞추어갈 수 없고 성과를 내기 어려울 것이다. 다시 말해서, 일반교육을 반드시 전공과 결합해야 교수가 적극적으로 교육할 수 있고 시간 낭비를 하지 않을 수 있다. 현재 칭화대학, 베이징대학 모두 이러한 문제를 갖고 있다. 교수가 일반교육 과목에서 가르치는 내용과 전공학과에서 가르치는 내용이 별개다. 최근 나는 베이징대학의 몇몇 지인과 토론한 끝에 하나의 작은 결론을 내렸다. 베이징대학의 현재 공통선택 과목 체제에서는 학습 요구를 강도 높게 하지 않는 편이 더 낫다는 것이다. 왜 그럴까? 베이징대학 학생은 본래 관심 분야가 비교적 넓다. 선천적으로 일반교육의 경향을 갖고 있다. 다시 말해서 그들은 비교적 넓은 시야에서 과목을 선택한다. 그러나 정식으로 전교 공통선택 과목에 편입되면 모두가 별 부담이 없고 편하게 듣는 학점 따는 과목, 기분 전환을 하는 과목이라고 여길 것이다. 이와 반대로 수학과 학생이 철학과 과목을 선택한다면 도리어 그는 철학과 학생과 똑같이 진지하게 수업을 들을 것이다. 그리고 강의하는 교수도 그 학생에게 철학과 학생과 똑같이 공부하라고 할 것이다. 이 교수가 가르치는 것이 전교 생이 수강하는 공통선택 과목이라면 도리어 모든 학생에게 엄격한 학습을 요구할 수 없다. 전교 공통선택 과목은 학생들이 이미 편하게 듣는 과목이라고 생각하기 때문이다. 베이징대학의 한 젊은 교수는 미국 하버드대학에서 박사학위를 받고 베이징대학으로 돌아왔다.

베이징대학도 그에게 주목하고 중점 일반교육 선택과목을 개설하라고 했다. 그가 강의하는 내용은 전공학과의 과목과 거의 같다. 그러나 그는 이렇게 말한다. "전교 일반교육 과목은 강의를 하면 할수록 의욕이 없어지고 수업에 들어가고 싶지 않아지며 믿음이 없어진다." 같은 과목인데 전공학과에서 수업할 때는 20퍼센트의 학생이 다른 학과 학생이지만 이들은 모두 자신이 제시하는 독서 과제를 완수한다. 전공학과 학생에게 비교적 엄격한 요구를 할 수 있기 때문에 다른 과에서 수강 신청을 한 학생에게도 같은 요구를 할 수 있다. 가령 이번 주에 교재 50쪽을 반드시 읽으라고 했는데 학생이 다 읽지 않았다면 그는 곧바로 강의실에서 엄하게 혼낼 수 있다. 그러나 전교생을 대상으로 개설한 일반교육 과목은 120명 정원에 80여 명이 온다. 그는 이렇게 말한다. "나는 어떻게 하라고 할 수 없다. 모두가 공통선택 과목은 편하게 듣기만 하면 된다고 생각하기 때문이다. 여섯 주를 강의하면 거의 모든 학생이 읽기 자료를 읽지 않고 보라고 한 것이나 하라고 한 것도 하지 않는다는 것을 발견한다. 이러면 수업을 더 진행할 수 없게 된다. 정말 강의가 잘되려면 학생이 반드시 읽어야 하기 때문이다. 학생이 근본적으로 교수가 하라고 한 것을 하지 않는다면 강의를 하면 할수록 믿음이 없어질 것이다." 그는 이것이 자신에게 심각한 타격이라고 말했다. 그는 하버드대학에서 조교를 했다. 독립적으로 이 과목을 개설하고 강의도 아주 잘한다. 자신의 소속 학과에서 개설한 유사한 과목도 성공했다. 그래서 그들은 베이징대학에서 공통선택 과목을 다 없애고 이 과목들을 모두 개방하는 편이 더 효과적이라고 판단한다.

현재 교육부에서는 공통선택 과목이나 문화소양 과목을 최소 10학점 이상 최고 16학점 이하로 규정한다. 베이징대학은 16학점, 칭화대학은 13학점이다. 이 과목들 중 몇몇은 나쁘지 않다. 그러나 교수들은 모두 진지하게 학습을 요구하지 못한다. 모든 학생이 공통선택 과목에서는 학습을 요구할 수 없다고 생각한다. 게다가 학교도 사실상 공통선택 과목에서는 학점을 받지 못하는 사람이 없다고 생각한다. 이러니 사실상 학점 받는 과목이 되어버리는 것은 필연이다. 나는 푸단대학이 이런 상황을 바꿀 수 있기를 바란다. 푸단대학에서 푸단 칼리지를 설립했고 이 학교의 목적은 일반교육이기 때문에 모든 과목을 더 넓게 종합적으로 고려해야 한다. 제대로 통합해야 학생이 이 과목이 앞으로 수강하게 될 전공기초 과목이고 있어도 되고 없어도 되는 과목이 아니라고 생각할 것이다. 이는 일반교육 과목 전체의 핵심이다. 내가 작년에 칭화대학에 있을 때 칭화대학과 베이징대학 교수들이 모두 나에게 지금 일반교육이라는 과목이 부정적인 단어가 될까 우려하고 있다고 했다. 지금의 공통선택 과목 방식에 따르면, 첫째, 일반교육이 많은 학교에서 적지 않은 학점과 시간을 차지하지만 동시에 일반교육에서는 학생을 별로 가르치지 않는다. 둘째, 전공과목 교수도 원망한다. "내 전공과목을 당신에게 주었는데 당신은 제대로 가르치지도 않는다. 이것은 헛수고 아닌가?" 이는 많은 학교에서 큰 문제다. 그 결과 얻는 것보다 잃는 것이 많다. 그리고 우리가 주목할 것이 또 있다. 비록 최근 5년 또는 10년 동안 베이징대학, 칭화대학, 푸단대학 모두 학부 교육에서 전공을 완화하고 기초를 확대한다고 했지만 지금 전공이 완화되지 않았다는 점을 발견할 수 있다. 그와는 반대로 강화되는 추세다. 전공자가 자기 전공을 보호하는 것은 너무 자연스럽기 때문이다. 전공교육을 완화할 수 없는 원인은 현재 일반교육 과목이나 공통선택 과목 교육에서 학생들에게 진정으로 엄격한 훈련을 하지 않고 학생의 지식을 제대로 확대하지 않기 때문이다. 앞에서 제시한 시카고대학과 비교한다면 더 잘 이해할 수 있을 것이다. 그곳에서는 1, 2학년생이 일반교육 과목과 10여 개 전공과목을 병행한다. 일반교육 과목이 사실상 1, 2학년생의 전공과목이 되었는데, 이렇게 될 때 당연히 전공을 '완화'할 수 있다.

중국 일반교육의 최대 문제는 과목이 너무 많다는 것이다

지금 가장 큰 문제는 중국 학생이 수강해야 할 과목이 너무 많다는 것이다. 내가 작년(2006)에 칭화대학에서 강의할 때 청강한 학생은 주로 베이징대학과 인민대학에서 왔다. 그래서 나는 이런 상황을 더 잘 이해한다. 칭화대학, 베이징대학, 인민대학 이 세 학교 1, 2학년 학부생은 학기마다 평균 10~12과목을 수강한다. 나는 무척 놀랐다. 한번 비교해보자. 하버드대학, 푸단대학, 베이징대학, 칭화대학은 모두 동일하게 4년제이고 1년에 2학기다. 하버드대학에서는 4년 동안 32개 과목을 수강해야 한다. 즉, 학기당 평균 4과목이다. 시카고대학은 좀 더 많아서 42과목이다. 그러나 그곳은 1년에 3학기다. 따라서 학기 평균 3.5과목을 수강한다. 예일대학은 예전부터 학부 4년 동안 36개 과목을 수강한다. 최근 2년 동안 어떤 변화가 있는지는 모르겠다. 그러나 거의 변하지 않았을 것이다. MIT도 32과목이다. 문제는 여기에 있다. 중국 대학의 과목은 왜 이렇게 많은가? 한 학기에 12과목을 수강하니 저들의 세 배다. 그렇다면 저들보다 더 잘 배울 수 있을까? 중국 대학의 학생이 저들보다 똑똑하고 근면한가? 전혀 그렇지 않다. 중국 학생들이 저들보다 공부를 더 잘할 수는 없다. 많은 과목이 완전히 불필요한 데다 단지 학생들에게 점수를 주는 과목일 뿐이기 때문이다. 홍콩은 그 중간이다. 홍콩중문대학 학부는 보통 학기당 6~7개 과목을 수강한다. 중국 대학의 12개 과목보다는 그래도 적다. 중국 대학의 과목 분류도 너무 복잡하다. 이것이 일반교육에서 가장 큰 문제다. 이렇게 과목이 많으면 필연적으로 다수 과목이 혼재될 수밖에 없고 먼저 희생되는 것은 일반교육 과목이기 때문이다. 공통선택 과목은 있어도 되고 없어도 되는 것이라 인식되기 때문에 교수는 학습에 대한 요구를 하지 못한다. 베이징대학과 칭화대학의 일반교육처럼 교수는 학생에게 과제를 제출하거나 강의시간 이외에 자료를 읽으라고 할 수 없고 부담이 많으면 학생은 교수가 인간적이지 않다고 생각한다. 작년에 내가 칭화대학에서 전교 공통선택 과목을 강의할 때 학생들에게 일정한 양의 자료를 반드시 읽으라고 했더니 강의 효과가 확실히 아주 좋았다. 이공계 대학 1학년 학생이 제출한 셰익스피어 과목 논문의 경우 아마 대학원생 중 상당수도 반드시 그렇게 잘 쓰지 못할 것이다. 학생의 독서량이 늘어나면 효과는 완전히 달라진다. 그러나 지금 이런 방식을 전면적으로 확대하는 것은 불가능하다.

나는 중국 대학의 교육 과목 수를 축소해야 한다고 생각한다. 과목 수는 반드시 대폭 줄여야 한다. 우리는 시카고대학과 하버드대학의 물리학과와 수학과가 세계 1등이라는 것을 알고 있다. 양전닝 같은 노벨상 수상자도 이들 대학에서 배출되었다. 이들 대학에서는 한 학기에 4과목이나 3과목만 수강한다. 그래도 엘리트 교육의 효과를 볼 수 있다. 중국의 대학생이 한 학기에 10~12과목을 수강하는 것이 꼭 필요할까? 최근 시카고대학, 하버드대학 등에서는 일반교육 과목과 전공과목 비중을 줄이고 선택과목을 늘리는 방향으로 개혁하고 있다. 그리고 그들은 학생들에게 동일한 학습 요구를 한다. 그래서 일반교육 과목에도 엄격한 규정이 있다. 과목 수가 많을 수 없는 것이다. 지금 우리는 종종 일반교육 과목을 선택과목과 혼동한다. 이 둘은 사실 다르다. 일반교육 과목은 전교 공통의 핵심과목이다. 수량이 많으면 많을수록 좋은 것이 아니다. 수량은 반드시 한정되어야 한다.

베이징대학은 맹목적으로 하버드대학을 모방한다. 1990년대 중반 소양교육을 시작할 때 하버드대학의 1978년 일반교육 모델을 완전히 모방했다. 공통선택 과목을 총 12학점 배정하고 다섯 범주로 분류했다. 그리고 300개 공통선택 과목을 개설했다. 그러나 이는 사실 가장 기본적인 점도 이해하지 못한 것이다. 그들은 1978년 하버드대학이 일반교육을 개혁할 때 규정이 있었다는 점을 유념하지 못했다. 이는 즉 일반교육 과목 총수는 100개를 넘어서는 안 된다는 것이다. 시카고대학은 이보다 더 적다. 그들은 공통핵심 과목을 강조한다. 핵심과목에 공통된 것이 없다면 모두가 이것저것을 조금씩 수강해서 핵심이 없어진다. 그들은 어떤 과목은 문과 공통이고 어떤 과목은 이과 공통이라고 강조한다. 가령 사회과학은 정치학, 사회학, 역사학, 문학 등 문과 학생들이 반드시 알아야 한다고 생각한다. 제한 없이 아무 과목이나 들어야 하는 것이 아니다.

현재 중국의 많은 대학이 공통선택 과목을 개설할 때 흔히 먼저 수량 개념을 가져온다. 몇 년 내에 300과목을 달성해야 한다고 말한다. 어느 곳은 몇 년 후에 500과목, 800과목, 2000과목을 개설할 것이라고 주장한다. 이게 무슨 소용이 있을까? 목적이 무엇인가? 과목이 너무 많으면 아주 번거롭다. 이렇게 많은 과목을 통합할 방법이 없다. 아주 자질구레한 과목들만 있고 점점 세분화돼서 무엇을 공부하는지도 모르게 된다. 하버드대학은 당시 1년의 일반교육 과목 수를 80~100과목으로 규정했고 절대 100과목을 넘지 못하게 했다. 과목 수가 방대해지면 학부 1학년 학생이 선택하기가 아주 어려워진다. 학교도 학습의 질을 관리하라고 요구할 수 없다. 아주 좋지 않은 현상도 있다. 맹목적으로 학생의 자유를 부르짖는 것이다. 학생의 자유가 무슨 소용이 있을까? 그들은 무엇을 선택해야 할지도 모른다. 학생은 이끌어질 필요가 있다. 그래서 처음부터 일반교육 과목 수를 줄여야 한다.

중국과 미국의 교육 격차와 개혁의 방향

이렇게 질문할 수도 있다. 당신은 왜 계속 미국 대학을 참조하는가? 나는 조금도 망설임 없이 답한다. 미국 대학이 중국 대학보다 좋기 때문이다. 우리는 이를 받아들이지 않으면 안 된다. 가장 기본적인 문제를 말하자면, 중국 학생의 독서량을 미국 학생과 비교하면 차이가 너무 많이 난다! (이런데) 어떻게 지도자를 기를 수 있을까? 어떻게 우수한 인재를 기를 수 있을까? 어떤 사람들은 세계를 설계하는데 독서량은 중요하지 않다고 말할지도 모른다. 하지만 이는 절대적으로 잘못된 생각이다. 독서량이 곧 사유 능력을 배양한다. 독서를 하지 않으면 생각할 수 없다. 이 모두는 대학 시절에 강하게 훈련해야 한다. 이 시기가 지난 뒤에는 훈련할 기회가 없다. 예를 들면, 미국에서 고급 변호사는 일주일에 수천 쪽의 자료를 읽을 수 있다. 그러려면 아주 빠른 속도로 읽어야 한다. 그리고 그 안에서 가장 유리한 것을 찾아야 한다. 이런 강한 훈련을 받지 않으면 근본적으로 일 처리를 할 수 없다. 온종일 만화를 봐도 되나? 안 된다. 다른 예를 들어보겠다. CEO라면 누구나 사무실에 문서가 산더미처럼 쌓여 있다. 이런 훈련을 받지 않으면 감당하기 어렵다.

또 다른 차이는 바로 조별 토론이다. 중국 학생이 발언할 때 요점을 잘 파악하지 못한다는 점에 주목해보자. 중국 학생이나 중국 교수에게도 하나의 특징이 있다. 말을 했다 하면 주저리주저리 끝이 없다. 그러나 20분을 말해도 요점을 파악하기 어렵다. 이것은 우리에게 조별 토론 제도가 없기 때문이다. 작년에 내가 칭화대학에서 전교 공통선택 과목을 강의할 때 조별 토론 실험을 했다. 2명의 조교가 발견한 바에 따르면, 토론수업 첫 시간에는 학생 한 사람이 20분씩 시간을 소요했다. 이 토론 과목은 본래 총 한 시간 반짜리다. 이렇게 하면 토론의 효과가 없다. 그러나 수차례 토론한 뒤에 학생들은 자신이 너무 많은 시간을 차지하면 다른 학생들에게 실례가 되고 그들의 발언 시간을 빼앗는다는 점을 점점 알아차리기 시작했다. 그리고 이렇게 길게 말하더라도 요점을 전달하지 못하면 자신이 바보라는 것만 보여줄 뿐이라는 것도 알게 됐다. 그래서 보편적으로 이런 조별 토론 훈련을 하면 학생은 어떻게 표현해야 하고 어떻게 하면 가장 짧은 시간에 요점을 전달할 수 있는지를 알게 된다. 그리고 의견이 다르더라도 이성적이고 우호적으로 다른 사람과 교류할 수 있게 된다. 우리는 이런 면을 인정해야만 한다. 미국 학생은 훈련이 더 잘되어 있다.

내가 만난 중국의 가장 좋은 대학인 칭화대학, 베이징대학, 푸단대학, 홍콩대학 학생들의 독서량은 미국의 대학생에게 크게 못 미친다. 시카고대학 학부생은 과목마다 통상 일주일에 두 차례 80분짜리 수업이 있고 여기에 토론수업이 더해진다. 이것이 한 주당 한 과목의 진도다. 한 학기 동안 이 과목에서 많은 양을 읽으면서 토론해야 한다. 필수 읽기 자료만도 그렇다. 보충 자료는 합산하지 않은 수치다. 학기마다 3~4과목을 모두 이렇게 해야 한다. 8~10과목을 수강할 수 있을까? 절대로 불가능하다! 동시에 2주마다 1편의 논문을 제출해야 한다. 견디지 못하면 학점을 취득할 수 없다. 토론을 하고 2주에 논문 한 편을 제출하려면 반드시 세밀하게 독서해야 한다. 내가 칭화 대학에서 강의할 때 학생들에게 이렇게 강조했다. 내가 강의하기 전에 반드시 먼저 지정한 텍스트를 읽고 와야 한다. 그렇지 않으면 내가 무엇을 말하는지 따라올 수 없다고 말했다. 학생은 강의가 끝난 뒤 텍스트를 한 번 더 읽어야 더 잘 이해할 수 있고 그런 뒤에야 조별 토론에서 발언할 수 있다. 잘하고 싶으면 최소한 세 번은 읽어야 한다. 이것이 더 효과적인 방법이다.

과목 수를 줄이는 것이 다음 단계 개혁의 가장 핵심이다. 일반 교육 개혁에서 진정한 문제는 중국 대학의 학부 과목 체제를 개혁하는 것이다. 결코 과목 몇 개를 추가하는 문제가 아니다. 이것은 사실 교육 개혁의 의도이기도 하다. 만약 과목 몇 개만을 추가하는 것이라면 중국 대학은 1980년대 초에 이미 (개혁을) 달성했을 것이다. 지금 많은 문제는 바로 일반교육 과목을 선택과목과 쉽게 혼동한다는 것이다. 이 둘은 사실상 다르다. 선택과목은 많으면 많을수록 좋다. 그러나 일반교육 과목에는 엄격한 요구가 필요하다. 그리고 강의는 어느 정도 어려워야 하고 요구도 비교적 엄격해야 한다. 그래야 학생들이 교수의 학술, 전공, 지위에 경외심을 가질 수 있다. 교수 자신도 반드시 일정한 수준을 갖추어야 한다. 그렇지 않으면 학생들에게 무시당한다. 학교에서 강요하더라도 학생들이 아예 수업에 가지 않으려 한다. 요컨대, 학기당 과목 수를 줄여야 한다. 그러나 모든 과목의 학습 요구는 엄격해야 한다. 독서하도록 하고 조별 토론으로 표현 능력을 훈련하며 글쓰기 훈련을 해야 한다. 이렇게 해야 전면적인 훈련이다. 나는 이것이 아주 어렵다는 것을 알지만 또한 이를 반드시 해야 한다고 생각한다. 이것은 중국 대학이 일류대학이 되기 위해 반드시 걸어야 할 길이다.

중국 대학에서
일반교육은 가능한가

通識教育在中國大學是否可能

중국 대학에서는 현재 두 가지 방식으로 일반교육을 실험하고 있다. 하나는 1999년 교육부가 32개 대학에 도입한 '문화소양교육 과목' 또는 속칭 '전교 공통선택 과목'이라는 새로운 영역에 해당하는 새로운 과목을 개설해서 일반교육의 가능성을 확인하는 것이다. 베이징대학, 칭화대학이 이 방법을 채택한다. 또 다른 하나는 푸단대학이 실험하는 방식이다. 작년(2005)부터 푸단대학 학부 1학년생은 전공, 대학, 학과를 나누지 않고 직접 푸단 칼리지에 들어간다. 하버드대학, 예일대학의 문리대학을 본뜬 것으로 학부 교육 관리 모델을 전체적으로 바꾸었다. 어느 방식으로 개혁 실험을 하더라도 결국에는 하나의 근본적인 문제에 도달한다. 일반교육은 (과목 개설 측면에서) 도대체 무엇을 가르치는가? 목적은 무엇인가? 기준은 무엇인가? 최후에는 어떤 결과에 도달해야 하는가? 이 질문들에 확신이 서지 않으면 일반교육을 시작하더라도 실현할 수 없으며 더 나아가서 하면 할수록 일그러질 것이다.

이 글은 『문휘보文彙報』 2006년 9월 17일 자에 실렸다. 이 강연은 상하이세기출판사(주)가 주관하고 푸단대학 사상사연구센터가 공동 주관한 "세계 인문포럼" 시리즈 강연 중 하나다.

교육 대중화 시대의 일반교육

이른바 고등교육 대중화는 국제적으로 통용되는 정의다. 중등교육이
비교적 보편적으로 보급되었다는 것을 전제로 한 국가 대학의 총 입
학률이 15퍼센트가 되지 않으면 엘리트 교육이고 15~50퍼센트이면
대중교육 시대에 진입한 것이다. 중국은 2004년에 총 입학률 19퍼
센트에 도달하면서 이 시대에 진입했다. 2005~2006년에는 대학 학
부생이 2300만 명에 달했다. 2300만 대학생을 어떻게 가르치느냐는
아주 중대한 문제다.

다수의 학생이 입학하면서 교육의 질을 어떻게 보장하느냐 하
는 문제가 직접적으로 부상했다. 현재 전국에서 대규모로 모집을 확
대하지 않는 대학은 베이징대학, 칭화대학, 푸단대학 세 대학뿐이다.
상대적으로 이 대학들에 일반교육을 실시할 요건이 가장 잘 갖추어
져 있다. 다른 대학들은 매년 7000~8000명을 모집하기 때문에 자
리를 잡는 것조차 문제다. 일반교육을 실험하기에는 어려움이 크다.

이 세 대학의 학생 수가 가장 적고 조건이 가장 좋은데, 이들의
일반교육은 다른 대학보다 뛰어난가? 이는 어떻게 가르치는가, 과목
이 어떻게 개설되었는가에 좌우된다.

나는 지난 학기 칭화대학에서 일반교육 과목을 강의했고 대학
생의 읽기 능력이 놀라울 정도로 취약하다는 것을 발견했다. 본래
평소 그들의 독서량은 아주 적다. 독서량에 한정하면 중국 대학생과
미국 대학생은 기본적으로 비교할 수 없다. 미국 대학생 1명에게 매

주 요구되는 독서량은 대체로 500~800쪽이다. 그러나 중국 대학생은 일주일에 100쪽도 읽지 않는다. 왜 이렇게 적게 읽을까? 모두 대형 강의를 수강하기만 하면 되어서 강의 후 많은 책을 읽을 것을 요구받지 않기 때문이다.

현재 중국의 대학은 일반교육뿐 아니라 전공교육에도 조별 토론이 거의 없다. 그래서 중국 대학생의 토론 능력은 떨어지게 되었다. 조별 토론은 단시간 내에 자신의 관점을 표현하는 능력을 기를 뿐 아니라 다른 사람을 존중하는 것도 가르친다. 모든 사람은 평등하기 때문에 다른 사람에게 자신의 입장을 강요하지 않고 의견을 나누어야 한다고 가르칠 수 있다. 그래서 조별 토론이 일반교육에서 특히 중요하다.

소수 정예인가, 넘치도록 많을 것인가

중국 사회는 어디를 가나 수량을 강조한다. 이것이 큰 특징이다. 칭화대학과 베이징대학의 1, 2학년생은 매 학기 1인당 10과목 이상을 수강한다. 간단히 비교하면 이렇다. 하버드대학의 학제는 베이징대학과 같이 4년제, 1년에 2학기, 총 8학기다. 하버드대학에서는 4년간 32과목을 수강하도록 한다. 이는 무슨 의미인가? 바로 학기당 평균 4과목을 선택하는 것이다. 보통 학교에서는 절대로 많은 과목을 선택하라고 권하지 않고 학생도 많이 선택하지 않는다. 그들은 많아야 5과목을 이수할 수 있기 때문이다. 시카고대학은 쿼터제다. 4년제, 1년에 3학기, 학기당 10주, 12학기다. 학교에서는 학부 4년 동안 42개 과목을 수강하도록 규정한다. 학기당 평균 3.5과목이다. 학교에서는 많은 과목을 선택하라고 권하지 않고 학생도 더 많이 소화할 수 없다. 그렇다면 중국 학생이 10과목을 수강하는 것은 미국 학생보다 더 똑똑하고 성실하며 능력 있다는 뜻인가? 아마도 그렇지 않을 것이다. 앞에서 말했듯 미국 대학생의 읽기 능력은 상대적으로 뛰어나다. 매주 500~800쪽을 읽고 한 학기에 5과목만 이수할 수 있다. 이것은 그들이 교육에서 학생들에게 학습의 질을 명확히 요구하기 때문이다. 반드시 어떤 기준에 도달해야 통과할 수 있다. 그래서 한 과목 한 과목이 중요하고 느슨하게 지나가는 과목이 없다.

미국의 일반교육 과목은 필수과목이다. 중국의 공통선택 과목은 기존의 전공과목에 변동이 없는 기반 위에 몇 과목을 더한 것이다. 그리고 이 과목은 교수, 학생, 학교 모두 있으나 마나 한 과목이라고 여기는 것 같다. 전공 이외의 지식을 약간만 들으면 된다고 생각한다. 그 결과 학생과 교수 모두에게 부담이 된다.

도대체 일반교육의 목표는 무엇일까? 지식이 대폭발하는 시대에는 바로 가장 기본적이고 어느 시대에도 변하지 않는 것이 두드러진다. 이는 폭발하는 지식의 뒤를 따르는 이른바 새로운 것이 아니다. 그래서 일반교육의 근본은 어떤 시대, 어떤 변화에서도 가장 기본적이고 변할 수 없는 것이 무엇인지를 묻는 것이다. 이 가장 기본적인 것으로 가장 기본적인 사유 능력을 훈련할 수 있다. 윤리 문제, 인생 문제에 대한 생각 등이 여기에 포함된다. 이런 것에 관한 책들을 읽는 것은 헛된 일이 아니다. 이후에 다시 읽을 기회란 없다. 막 대학에 들어왔을 때 읽는 것이 가장 좋다. 지식의 대폭발은 우리가 마치 어떤 새로운 것을 배워야 하는 것처럼 생각하게 만든다. 이는 현대 지식 체계에 대한 큰 오해다.

대중교육이 이루어지는 상황에서는 조별 토론을 시행하기 어렵다. 하버드대학은 수강 규모와 관계없이 15명을 넘지 않도록 조를 구성해서 토론하도록 규정한다. 시카고대학은 약간 완화되었지만 그래도 20명으로 제한된다. 조별 토론의 인원 제한에는 일리가 있다. 이번 칭화대학 수업에서 시험 삼아 50명을 2개 토론조로 나누었다. 그 결과 25명이 토론하는 것은 어렵다는 것을 발견했다. 인원이 많으니 토론 시간이 길어졌다. 학생의 토론 열의는 높지만 시간을 너무 오래 끌게 된다. 본래 2교시로 계획했는데 지금은 3교시, 심지어 4교시까지 늘어났다.

수량만 일방적으로 추구하는 분위기에서 중국의 현행 주당 10과목으로 계산할 때 과목마다 조별 토론을 하는 것은 사실상 불가능하다. 정말 토론에 참여하고 싶으면 학생은 많은 공부를 해야 한다. 예를 들면, 내가 칭화대학에서 셰익스피어 희곡 과목을 개설했을 때 나는 추가 읽기 자료를 거의 제시하지 않았다. 학생들에게 희곡 4편을 두 번 읽고 한 학기에 필수적으로 토론에 네 번 참여하라고 했다. 학생들은 토론에 참가하려면 희곡을 두 번 읽어서는 부족하고 꼭 서너 번은 읽어야 한다는 것을 즉각 발견했다. 토론한 뒤에는 또

과제를 제출해야 한다. 예를 들면, 내가 홍콩중문대학 역사학과 학생들에게 셰익스피어의 또 다른 희곡 4편을 강의할 때 이것은 역사학 전공과목이었고 학교에서는 학생들에게 6편의 과제를 필수로 제출할 것을 요구했다. 네 번의 튜터 강의에서 1편씩, 학기 중간과 학기 말에 1편씩이다. 10과목을 모두 이렇게 하라면 할 수 있을까?

개설된 과목 수가 4과목 또는 6과목으로 적어지면 학습을 많이 요구하고 치밀하게 조직할 수 있다. 가령 2주에 한 번 토론하고 2주에 과제 1편을 제출하는 것이다. 이러면 해야 할 일이 많아진다. 이런 학습 요구를 하면 학생의 주당 독서량은 아주 많아진다. 최근 많은 대학에서 나에게 일반교육 과목을 개설하는 데 도움을 달라고 요청했다. 나는 요구가 불분명하면 주문을 작성할 수 없다는 것을 발견했다. 잘못돼도 강좌는 진행되었는데, 이런 강좌는 일반교육이라고 할 수 없다. 과목 수가 적으면 좋은 점이 또 하나 있다. 학생이 4년 안에 연구력을 향상시킬 수 있다. 어떤 주제에 특별히 관심이 생기면 그 과목에 특별히 많은 노력을 쏟을 수 있다. 이 학생이 쓴 과제는 대학원생 수준에 도달할 수 있다. 과목 수가 적어야 힘을 어떤 한 지점에 집중하고 자신이 어디에 흥미가 있는지를 알아낼 수 있다. 이로써 다음 단계의 전공 진로를 준비할 수 있다.

그래서 어느 대학에서 학생에게 학기당 6과목까지만 수강하도록 강제로 규정할 수 있다면 그 공덕은 끝이 없을 것이다. 그 후 이런 토대 위에서 일반교육의 개혁을 말할 수 있다. 지금은 모두가 일반교육 개설 과목이 많으면 좋다고 생각하는 것 같다. 이번 학기에는

200과목, 내년에는 400과목 (…) 문제는 교수는 주입하고 학생은 수동적으로 듣기만 하는 수업이다. 과목 수가 더 많은들 무슨 소용이 있을까?

법학, 경영학은 '대학 졸업 이후'에 교육해야 한다

미국 대학에서 가장 인상적인 점은 그곳의 조건이 얼마나 좋은가가 아니다. 미국 대학은 아주 대학 같은 모습을 하고 있다. 서향書香 사회다. 그 안에서 공부를 하면 다른 일에 신경을 쓰지 않게 된다. 내가 미국에 있을 때는 그들이 어떻게 그렇게 할 수 있는지 줄곧 놀랐다. 지금 중국의 대학은 아주 떠들썩하다. 이유는 아주 많다. 그중 가장 주된 이유는 상업화, 시장화다. 그러나 모두 알 것이다. 상업화, 시장화에서는 미국이 중국보다 뒤처지지 않고 미국의 유혹도 중국보다 적지 않다. 그런데 왜 그들의 학교와 학생은 우리와 다른가? 몇 가지 다른 점은 금방 알 수 있다. 미국의 많은 대학은 아주 외진 곳에 있다. 특히 아주 유명한 문리대학이 그렇다. 미국에 있을 때 나의 많은 친구는 모두 자녀를 그곳으로 보냈다. 주위 100리에는 인기척이 없다. 학교는 인터넷 차단 시간을 정해놓는다. 텔레비전도 없고 놀 곳도 없다. 그러나 이곳은 아주 좋은 학교다.

왜 미국 대학의 학생은 그렇게 조용한가? 나는 매우 핵심적인 점은 경영학과 법학이 대학 교육 이후 과정으로 개설된 것이라고 생각한다. 중국의 모든 경영학과 법학은 학부 과정이다. 그러나 미국에서는 학부에서 아주 우수한 인재만 두 대학원에 들어갈 수 있다. 이곳의 커트라인이 아주 높기 때문이다. 이렇게 되어야 일석이조이고 두 가지를 보장할 수 있다. 일반교육의 성적이 좋아야 로스쿨과 MBA에 입학할 수 있다. 동시에 로스쿨과 MBA에 입학한 학생은 일반교육 수업에서 많이 노력하고 자질도 더 좋은 학생이라는 것을 보증할 수 있다. 미국에서 법학과 경영학이 모두 학부에 개설된다면 미국의 100년 일반교육 제도는 풍비박산이 날 정도로 충격받을 것이다. 원리는 간단하다. 이 두 곳이 시장경제와 좀더 긴밀하게 연관되어 있는데 이는 그들의 수입이 더 높다는 것을 의미한다. 만약 4년간의 일반교육을 받지 않아도 직접 법과대학과 경영대학에 입학할 수 있다면 모든 가정에서 자녀를 그곳에 보낼 것이다. 그러면 대학의 다른 과목들은 타격을 입게 된다. 법학과 경영학을 대학 졸업 이후 과정으로 두면 대학 4학년 동안 더 안정적인 제도에서 마음 놓고 공부할 수 있다. 그다음에 대학을 졸업하고 로스쿨과 MBA에 입학해서 더 깊이 공부할지를 생각하게 된다. 이러면 대학이 시장경제와 지나치게 긴밀한 관련이 있는 분과학문으로부터 충격받지 않을 수 있다.

지금 베이징대학에서는 경영대학과 법과대학 학생과 각종 비학위과정 학생이 많은 비중을 차지한다. 경영대학과 법과대학은 최근 몇 년 동안 무섭게 확장했다. 당연히 중국이 시장경제 전환기에 처한 것과 관련이 있다. 그러나 경영대학과 법과대학의 현재 위치는 대학에서 일반교육을 실시하는 것을 직접적으로 저해했다.

그렇다면 지금이 경영대학과 법과대학의 위치를 바꿀 시기인가? 나는 지금은 아니라고 생각한다. 그러나 이것은 추구해야 할 목표다. 나중에는 이 방향으로 개혁해야 한다. 그렇지 않으면 모든 대학의 인문교육에 말조차 꺼내기 어려워진다. 5년에서 10년 내에 경영학과 법학을 모두 대학 이후 과정으로 개정하면 인기 있는 전공이면서 여전히 학생 선발의 우위를 갖게 된다. 그러면 대학에서 일반교육을 받은 가장 우수한 학생이 변함없이 응시할 수 있다. 이 학생들은 기초 실력이 좋다. 그러면 대학 전체의 인문교육도 보장할 수 있다. 이것은 나의 바람이다. 이는 이론적인 문제가 아니라 대학 내외의 많은 협조가 있어야 하고 더 큰 공감이 필요하다.

일반교육의 핵심은 어디에 있는가?

이른바 일반교육은 곧 공통교육이다. 무엇에 공통인가? 대학의 모든 전공 학생에게 공통이다. 즉, 한 국가의 대학생이 공통의 지식 체계와 문화적 배경을 습득할 수 있도록 해야 한다. 그러나 중국에는 아직 여전히 이런 기본적 합의가 형성되어 있지 않다. 앞에서 말했듯, 베이징대학은 학기당 16학점, 칭화대학은 13학점으로 규정하고 있고 교육부는 최소 10학점으로 규정한다. 이 학점들에는 어떤 용도가 있는가? 아마 대학의 모든 분과학문과 관련될 것이다. 지금 중국의 일반교육에는 두 가지 경향이 출현해 있다. 각 전공에서 중요하다고 생각하는 사람만 참여하고, 중요하지 않다고 생각하는 사람은 관여하지 않는다. 중요하다고 생각하는 전공에서는 모두가 참여한다. 그 결과 수박 겉핥기식이 된다. 그래서 일반교육 과목은 각 전공의 개론 과목으로 변했다. 과목 수가 많고 학생의 자유로운 선택의 폭이 크다. 그러나 사실 이런 개론 과목식 일반교육은 큰 의미가 없다.

최근 나는 100년 동안의 미국 일반교육에 대해 기본적인 조사를 했다. 일반적으로는 컬럼비아대학이 1917~1919년에 시작한 것이 미국 대학의 현대 일반교육의 시초라고 알려져 있다. 두 번째 단계는 1940년대 시카고대학이 허친스 총장의 지도 아래 컬럼비아대학의 일반교육을 대규모로 확대해서 4년 동안의 일반교육을 실시한 것이다. 세 번째 단계는 하버드대학이 1945년에 시행한 '자유사회의 일반교육'이다. 이 교육은 20세기 전반기의 일반교육에 관한 대토론 경험을 거의 아울렀고 시카고대학의 대토론을 토대로 삼았다. 그러나 1960년대 학생운동이 미국의 일반교육에 깊은 충격을 주었다. 1970년대 이후에는 가정과 사회가 모두 미국의 대학 교육의 질 저하, 특히 일반교육의 완전한 부재를 원망했다. 그래서 특히 1970년대 말과 1980년대 초에 다시 일반교육에 대한 토론이 열렸다. 마지막 단계는 1987년이다. 스탠퍼드대학의 일반교육 개혁이 이 토론을 크게 활성화했고 일반교육 문제가 미국 정치의 최대 현안이 되었다.

미국의 일반교육은 비록 과목 수는 많더라도 내내 하나의 핵심이 있었다고 볼 수 있다. 그것은 바로 서양의 인문 고전이다. 미국의 일반교육이 1917~1919년에 시작된 것은 19세기 말부터 20세기 초에 미국의 전통적 고전교육 체제가 붕괴했기 때문이다. 이는 중국의 청말 시기와 유사하다. 그 후 모든 미국 대학의 일반교육 개혁 방향은 사실상 현대적 수단으로 예전의 고전교육 전통을 대학에 도입하는 것이었다. 미국 교육의 전통은 영국과 마찬가지로 인문교육 중심이고, 인문교육은 두 고전어가 중심이다. 그래서 처음에는 가장 먼저 그리스어와 라틴어를 공부해야 한다. 당시 교육 전통의 붕괴는 바로 그리스어, 라틴어 등 고전어 교육의 폐지로 상징되었다. 이는 교육 전통의 붕괴를 의미했다. 이는 당시 미국 대학이 모두 독일 모델에 따라 설립되었기 때문이다. 즉, 이른바 연구형 대학을 설립하고 자연과학 연구 방법을 강조했다. 미국의 대학이 일반교육을 탐색한 것은 사실 전통이 단절된 후 20년이 지나서다. 일반교육은 다시 현대적 방법으로 대학에 도입되었다. 여기서 가장 핵심적인 것은 인문교육이다.

현재 중국에서 일반교육에 대한 탐색을 시작한 것은 아마 중국이 지금 처한 문제가 미국이 당시에 처했던 문제와 유사하기 때문일 것이다. 예전에 사회를 하나로 연결했던 유대가 끊어지자 새로운 현대적 체제에서도 사람들을 응집해서 공동체 구성원이 자신이 동일한 공동체에 속한다고 생각하게 할 필요가 생겼다. 교육이 가장 관건이었고, 교육이 공통의 토대를 제공했다.

컬럼비아대학의 일반교육은 그 후 거의 모든 미국 대학 일반교육의 표본이 되었다. 처음에는 "현대 문명" "인문 고전" 두 과목밖에 없었다. "현대 문명"은 현대의 문명만을 의미하는 것이 아니라 고대부터 현재까지의 서양 문명을 가리킨다. "현대 문명" 과목은 2년 4학기 동안 수강한다. 첫해에는 인문학을 공부한다. 그리스, 로마, 르네상스, 그리고 사회과학이 출현하기 전의 철학, 문학, 역사, 종교 등을 공부한다. 그다음 해에는 현대사회로 들어선다. 기본적으로 사회학, 경제학, 인류학 등을 공부한다.

일반교육이 컬럼비아대학에서 시카고대학, 하버드대학, 그리고 스탠퍼드대학까지 이어지는 동안 그 핵심은 변하지 않았다. 그것은 미국이 서양 문명에서 자신의 지위를 다시금 깨닫고 그것과 미국의 역사문명의 관계를 깨닫는 것이다. 시카고대학의 허친스 시대에 제시된 구호는 아주 선명하다. '일반교육의 읽기 과목은 부단히 갱신되는 과목이 아니라 항구 불변의 문제다.' 이 문제들은 인류의 항구 불변의 문제와 민족 집단 특수성의 문제와 관련된다. 서양 문명, 인류의 항구 불변의 문제와 민족 집단 특수성의 문제에 대한 사고는 역대 고전에 집약되어 있다. 그래서 일반교육은 서양의 대작Great Books에 집중되었다. 1945년 하버드대학에서 일반교육을 토론하던 시기는 전쟁이 가장 격렬했던 때다. 당시 하버드대학의 제임스 코넌트 총장은 하버드 보고서 서문에서 이렇게 말했다. "왜 전쟁이 이렇게 격렬할 때 미국은 교육, 일반교육을 가장 열렬히 토론했는가?" 제2차 세계대전 기간 동안 미국의 거의 모든 대학에서 일반교육 위원회를 구성하고 일반교육 문제를 논했다. 그 깊은 이유 가운데 하나는 바로 제2차 세계대전 때 독일의 파시즘이 득세하면서 사람들이 서양 문명에 대한 깊은 위기감을 가졌기 때문이다. 이 책의 서문에는 이런 말도 있다. "대학 내 모든 분과학문 지식을 동원해도 답할 수 없는 문제가 하나 있다. 그것은 바로 '우리는 누구인가?'라는 물음이다." 이것은 일반교육으로 해결해야 할 문제이기도 하다.

1987년에 스탠퍼드대학에서 토론이 벌어질 때 전에 없던 현상이 일어났다. 일반교육이 미국 정치 토론의 핵심 문제가 된 것이다. 이 토론은 '일반교육에서 어떤 고전을 읽어야 하는가'라는 문제와도 직접 관련이 있다. 앨런 블룸의 유명한 저서 『미국 정신의 종말Closing of the American Mind』에서 이 문제를 전적으로 다룬다. 예전에 미국의 일반교육은 모두 서양 문명이 핵심이었다. 그것은 CIV라고 불렸다. 그들이 이해하는 CIV는 서양 문명이다. 스탠퍼드대학은 일반교육을 개혁하면서 과목명을 바꾸었지만 약자는 바꾸지 않고 여전히 CIV라고 불렀다. CIV는 문화Culture, 관념Ideas, 가치Values를 의미한다. 이것은 기존의 서양 문명 중심의 관례를 뒤집었다고 평가받았고 미국에서 최대의 정치적 파장을 일으켰다. 스탠퍼드대학의 개혁은 기존의 과목에 비서양 고전을 추가하는 것이었다. 『논어』『코란』『겐지 모노가타리』 등을 추가했다. 이런 소량의 비서양 고전 독서가 이처럼 큰 긴장을 가져왔다는 것에서 그들이 자신의 고전을 얼마나 중시하는지를 알 수 있다.

내가 여기서 예를 든 것은 일반교육에 하나의 핵심이 있어야 한다는 점을 설명하기 위해서다. 그러나 나는 신유가의 관점에도 반대한다. 그들은 중국의 일반교육이 완전히 유교 경전 교육이어야 한다고 여긴다. 나는 중국 고전과 서양 고전을 함께 가르쳐야 한다고 주장한다. 우리는 지금 서양이 완전히 주도하는 세계에 살고 있고 이것이 중화문명의 역사적 처지라는 것을 부인하기 어렵기 때문이다. 그리고 지난 100년 내내 중국은 이미 자신의 고전을 버렸다. 중국이 지금 중국의 전통 고전을 읽는 것은 중국의 맥락이 아니라 서양 문명의 시각에 의한 것이다. 그래서 서양을 이해하지 않고는 사실상 중국도 제대로 이해할 수 없다. 서양을 제대로 파고들어야 이해가 깊어지고 서양 문명에서 벗어나서 중국 문명을 이해할 수 있다. 이것은 기나긴 과정이다.

일반교육의 깊이는 반드시 과목을 개설하는 것과 연동된다. 핵심과 영혼을 부각시키는 것이 관건이다. 근본 문제는 중국의 교육이 중화문명의 역사적 토대 위에 발 딛고 서도록 해야 한다는 것이다. 이것이 중국 대학의 일반교육의 목적이다. 그리고 이 목적을 달성하려면 중국과 서양을 동시에 다루어야 한다. 과목을 구체적으로 설계할 때는 가능하면 조별 토론과 과제 제출을 병행해야 한다. 지금 나는 하나의 방안을 제시한다. 힘을 집중해서 운영 가능한 방식으로 가장 기본적인 몇 가지 과목을 개설하는 것이다. 즉, 비교적 적은 학점을 할애해서 몇몇 과목을 개설하는 것이다. 그리고 4년 8학기 중 3학기를 일반교육에 할당하고 중국 문명과 서양 문명을 양대 핵심과목으로 교육하고, 그러나 모든 과목에서는 고전을 읽도록 해야 한다. 이것이 중국의 일반교육에 대한 내 생각의 초안이다.

중국 일반교육 실행의 길

中國通識敎育的務實之道

2003년 베이징대학의 개혁에 대한 토론이 시작된 후 본지는 계속 고등교육 관련 개혁의 경과를 예의 주시하고 있었고, 최근에도 대학의 일반교육과 관련된 담론과 기사를 보도했다. 최근 중산대학은 리버럴아츠 칼리지를 설립하는 등 대학 교육의 새로운 행보를 보였다. 2009년 중산대학의 신학기에 신입생 30명이 '2차 선발'을 통과해 리버럴아츠 칼리지의 1회 입학생이 되었다. 그들은 어떤 대학이나 학과에도 속하지 않고 전공을 분류하지 않은 채 4년 동안 일반교육 과목을 수강한다. 한문, 고대 그리스어, 라틴어, 영어, 중국 문명, 서양 문명 등의 과목을 수강하고 독립 연구과제를 수행한다. 졸업한 후에는 '철학박아哲學博雅' 전공 학위를 받는다. 이것은 중국의 일반교육을 구축하는 데 최신의 진전이다. 본지는 이번에 중산대학의 '일선逸仙학자' 강좌 교수('일선학자' 강좌 교수는 2008년 10월부터 시행된 교수 지원 제도다. 인문계와 자연계의 기초학문 분야에서 우수한 학자를 선발해서 지원한다. 중산대학의 교명은 쑨원의 또 다른 이름인 중산에서 유래했고 일선은 쑨원의 호다—옮긴이)인 간양이 2009년 4월 상하이대학의 일반교육 학술회의에서 주제 발표한 내용을 보도한다. 간양은 지금까지 계속 일반교육을 구축하는 데 힘써왔다. 이 강연에서 그는 현 단계의 일반교육에서 주목해야 할 몇 가지 문제를 제시했다.

—『21세기경제보도』 편집자

이 글은 『21세기경제보도21世紀經濟報道』 2009년 7월 6일 자에 실렸다.

일반교육의 미래는 그리 낙관적이지 않다

'일반교육의 현황과 미래'를 말하자면, 나는 현황에 대해서는 비교적 만족스러운 편이지만 미래는 그렇게 낙관적이지 않다고 본다.

최근 몇 년간의 상황을 보면 이념으로는 일반교육을 이미 비교적 보편적으로 받아들였다고 느껴진다. 교육부의 대학 행정 계통에서도 이를 고민하고 추진하고 있으며 교수들 중에서도 많은 사람이 공감하는 편이다. 그러나 사실 이것은 몇 년 되지 않은 일이다. 2005년 베이징 샹산에서 열린 회의에서 '일반교육'이라는 말을 썼을 때만 해도 그렇게 편하지는 않았다. 당시 우리가 이 회의를 준비할 때 '중국 대학의 일반교육'이라는 말을 썼는데 그 후 일반교육이라는 말이 논란을 일으킬까 봐 걱정스러웠고, 실제로 회의를 개최했을 때는 '중국 대학의 인문교육'으로 정해졌다. 그 회의에서 나는 집행주석을 맡았고 두 사람의 명예주석이 있었다. 양전닝과 전 교육부 부부장 웨이위韋鈺였다. 처음 이런 회의를 개최하면서 우리는 가능한 한 합의에 이를 수 있고 논란이 일어나지 않기를 바랐다. 그래서 '일반교육'이라는 말을 쓰지 않았다.

2007년 나는 칭화대학에서 차오리 교수와 공동으로 제1회 일반교육 워크숍을 개최했다. 워크숍의 제목은 아주 길었다. "문화소양 일반교육 핵심과목 워크숍" 그 이유는 아주 간단하다. 교육부에서는 그때까지 '소양교육'을 시행했기 때문이다. 그래서 '소양교육'과 '일반교육'에 약간의 긴장이 있는 것 같았다. 나는 계속 타협하자고 주장했다. 무의미한 논란이 일어나는 것이 별로 좋지 않았다. 그래서 차라리 타협하자고 말했다. 중국의 상황에서 일반교육 전반에 관한 논의는 1995년 교육부(당시는 국가교육위원회)가 화중과기대학에서 제1회 소양교육 회의를 개최하면서 시작되었다. 중국에서는 일반교육을 '소양교육'이라고 불렀다. 처음에는 주로 이공계 대학에서 추진했다. 화중과기대학에서는 양수쯔楊叔子 등이 추진했다. 1999년에는 교육부가 32개 대학에 대학생 소양교육 기지를 설립했다. 2008년에 산터우대학에서 제2회 하계 워크숍을 개최할 때도 "문화소양 일반교육 핵심과목 워크숍"이라는 제목을 사용했다. 나의 목적은 주로 무의미한 논란을 피하고 이런 차원의 논의를 계속하는 것이었다.

작년에 푸단대학에서 일반교육 고위층 토론회를 개최할 때 베이징대학, 홍콩중문대학 등 몇몇 대학의 총장은 아주 명확히 일반교육이라는 용어를 썼다. 나는 그 회의에 초청받아 주제 발표를 했다. 당시에 이렇게 말했다. 이번 일반교육 고위층 토론회는 중국 일반교육의 첫 번째 단계가 끝났음을 의미한다. 즉, 일반교육의 이념과 필요성―고전 읽기의 필요성을 포함한―에 대한 인식이 중국 대학에서 이미 거의 확립된 것이다. 현재의 문제는 '어떻게 할 것인가'이고 더 중요한 것은 '어떻게 운영할 것인가'다. 이념에 대한 논의도 '어떻게 운영할 것인가'와 관련된다.

그러나 현재 일반교육의 전망은 그렇게 낙관적이지 않다. 이는 일반교육의 특수성과 관련된다. 일반교육의 큰 특징은 종종 흐지부지된다는 것이다. 시작할 때는 몇 년 동안 떠들썩하다가 마지막에는 흔적도 없이 사라진다. 또 다른 특징은 회의 때마다 처음부터 다시 시작한다는 것이다. 항상 아주 간단하고 기본적인 것을 반복한다. 전인교육, 문과와 이과의 소통 같은 것을 대부분 단순히 재생산한다. 일반교육의 이런 논의 상황은 일반교육이 운영 차원에 진입하지 못했다는 점을 분명히 보여준다. 그래서 아직도 이념에만 머무르려 한다. 몇 가지 이념적 문제는 장기적으로 토론할 수 있다. 그렇지만 가장 중요한 것은 어떻게 운영에 돌입하느냐다.

2008년에 이미 100개가 넘는 대학에서 대학생 소양교육 거점 기구를 설립했다. 적어도 겉으로 보기에는 많은 대학이 이미 일반교육이나 소양교육 학점을 배정했다. 교육부의 규정에 따라 많은 학교가 10학점에서 16학점을 배정했다. 베이징대학과 중산대학은 16학점이고, 칭화대학은 14학점이었다가 아마 올해부터 16학점이 되었을 것이다. 일반교육이 운영 차원에 진입하면 많은 문제는 추상적인 이념 차원에 머물지 않고 실제적인 기본 문제에서 발생한다. 가령, 일반교육 과목은 학교의 기존 과목과 어떤 관계인가, 일반교육 과목과 전공과목은 어떤 관계인가. 흔히 나타나는 좋지 않은 사례는 일반교육이 잘되지 않고 전공교육도 지장을 받는 것이다. 이러면 일반교육이 다음 단계로 나아가는 데 곧바로 영향을 준다.

현재의 최대 문제는 과목 수가 너무 많다는 것이다

일반교육의 1단계가 이미 지났다고 말하는 이유는 첫 번째 단계가 주로 일반교육의 필요성을 확정하는 것이기 때문이다. 여기에는 고전 읽기 교육이 일반교육에서 차지하는 비중도 포함된다. 우리가 비교적 전반적인 대학의 일반교육을 생각하면 다른 문제가 나타날 수 있다.

현재 중국 대학의 일반교육에서 최대 문제는 과목 수가 적은 것이 아니라 너무 많다는 것이다. 중국의 특징은 빠른 발전 속도다. 이전 5년에는 맞는 일이 나중 5년에는 틀리게 된다. 1977, 1978년도에 대학에 들어갈 때 중국 대학의 특징은 과목이 별로 없다는 것이었다. 그래서 필사적으로 선택과목을 발전시켰다. 이것은 당시에는 옳았다. 지금 상황에서 중국 아무 대학이나 골라서 하버드대학, 시카고대학과 비교하면 중국의 과목 수가 그들의 4~5배라는 것을 알 수 있다. 중국의 많은 대학에 2000~3000개의 과목이 있다. 저들은 대체로 400~500개다. 이렇게 많은 과목을 정리하지 않고 일반교육 과목 수백 개를 추가한다면 사실 아주 혼란스러운 상황을 야기할 것이다. 일반교육 과목의 진정한 문제는 단순히 덧셈을 하는 것, 일반교육 과목 시스템을 더 늘리는 것이 아니라 어떻게 현재의 대학 학부 과정을 합리적으로 조절하느냐다. 그리고 여기서 아주 현실적인 고려는 바로 일반교육을 할 때 교수에게 부담을 주어서는 안 되고 학생에게 부담을 가중해서도 안 된다는 것이다.

최근 3~4년 동안 나는 대학에 갈 때마다 아주 간단한 문제를 말했다. 바로 학생이 몇 과목을 수강해야 하는지를 계산해야 한다는 것이다. 칭화대학, 베이징대학, 인민대학, 푸단대학 1, 2학년 학생은 거의 매 학기 10~12과목을 수강한다. 베이징대학 학생은 가장 많을 때는 17과목을 수강한다. 나는 어떻게 이것을 다 수강하는지 알 수 없다. 이 문제를 해결하지 않고 일반교육까지 더한다면 과목이 몇 개가 될까? 이렇게 많은 과목을 수강하는 것은 좋지 않다. 나는 하버드대학에서 한 학기에 4과목을 수강하고 4년간 32과목을 들으면 졸업한다고 수차례 말했다. 미국 대학에는 대체로 두 가지 체제가 있다. 예일대학은 36과목, 하버드대학은 32과목이다. 이들은 2학기제다. 시카고대학은 3학기제이고 한 학기는 10주다. 모두 42과목만 수강하면 되고 학기당 평균 3.5과목을 수강한다. 홍콩의 대학은 그 중간이다. 6~7과목 정도를 수강한다. 중국 대학은 현재 10~12과목이다. 특히 1, 2학년에 과목이 몰려 있다.

이 문제를 해결하지 않으면 일반교육은 소리 없이 사라지고 효과도 없을 것이다. 원리는 간단하다. 어떤 학생도 결국 전공이 있다면 많은 노력을 전공에 쏟을 것이 분명하다. 모두 학생 시절이 있었으니 상식에 따라 판단해보자. 학기마다 7~8과목을 이수하려면 '시간 낭비'를 해야 한다. 적지 않은 과목은 꼭 수강할 필요가 없는 것이고 과목 수가 많으면 학점만 따는 강의가 생길 수 있다. 모든 과목이 빡빡한 구조라면 다 배울 수 없다. 하버드대학, 시카고대학이 한 학기에 5과목이라면 큰일이다. 6과목까지 수강하는 것은 불가능하다. 과제가 너무 많기 때문이다.

지금 많은 학교가 전교 일반교육 과목을 개설하고 운영한다. 그러나 최대 문제는 지속 가능하느냐다. 학교가 중요하게 생각하는 상황이라면 보통 처음 1, 2년은 할 수 있다. 일반적으로 학교에 예산이 있기 때문이다. 처음 2년은 할 수 있고 교육과정을 열심히 발전시킬 수 있다. 그러나 통상적으로는 처음 2년의 떠들썩한 시기를 지나 200~300과목을 개설하면 반드시 가장 처지는 교수의 가장 처지는 과목으로 변하기 십상이다. 일반교육이라는 명칭이 심하게 훼손될 수 있다. 2년 전에 내가 베이징대학에서 일반교육을 말할 때 베이징대학의 오랜 지인은 나에게 이렇게 말했다. 일반교육이라는 말이 폄하의 단어로 변할까 봐 걱정이다. 뒤죽박죽인 것이 일반교육의 내부를 꽉 채워서 많은 곳에서 일반교육이 거의 사라질까 봐 걱정이다. 최후에는 이것이 최대 문제다.

따로 일반교육 전용과목을 개설할 필요는 없다

일반교육과 전공의 관계를 잘 모르고 학교의 주요 과목과 유기적 연관을 이루지 못한다면 일반교육 과목은 통상 분리되고 점점 공허해질 수 있다. 다음 두 가지 문제를 해결해야 한다.

하나는 일반교육의 교수진 문제다. 현재 통상적인 방법을 비교해보면, 많은 학교에서 일반교육을 하려면 가장 우수한 교수를 찾아야 하고 일반교육 과목도 현재의 과목보다 좋아야 한다고 생각한다.

이런 바람은 좋다. 그러나 사실상 이런 바람을 가지면 일반교육이 지속될 수 없다. 각 학교에서는 처음에는 자연히 유명 교수들을 데리고 오고 싶어한다. 이러한 면도 필요하다. 그러나 유명 교수들을 참여하도록 하는 목적은 분위기를 조성하려는 것이지 그들에게 의존해서 일반교육을 꾸준히 하려는 것은 아니다. 이것은 현실적이지 않다. 우리는 반드시 객관적 원칙을 존중해야 한다. 그것은 바로 어떤 학과에서든 가장 좋은 과목과 가장 우수한 교수는 전공학과에 남겨둬야 한다는 것이다. 이것은 객관적 원칙일 뿐 아니라 도덕적 의무이기도 하다. 학과에서 이렇게 생각하지 않는다면 무책임하다. 그래서 각 학과에서 가장 우수한 교수를 차출해서 일반교육에 주력하게 하는 것은 현실적이지 않다.

가능한 문제를 생각해야 한다. 예를 들면, 먼저 학생이 몇 명인지를 헤아려야 한다. 최근 절대다수 대학이 모집 인원을 다수 늘렸다. 상대적으로 조건이 좋은 대학인 베이징대학, 칭화대학, 푸단대학, 인민대학 등은 증원 폭이 가장 적다. 대체로 신입생이 매년 3000명 정도인데, 학교마다 다르다. 이후 매년 3600명을 선발하는데 일반교육 과목을 2학점만 수강하게 한다면 과목이 얼마나 필요할까? 교육의 질이 좋기를 바란다면 과목당 수강생이 120명을 넘지 않아야 하니 30과목이 필요하다. 4학점이면 60과목, 8학점이면 120과목, 16학점이면 240과목이다. 많은 대학이 200~300과목을 개설했다. 처음에는 이 200~300과목이 다른 과목보다 더 좋기를 바란다. 하지만 이것은 현실적이지 않고 지속될 수도 없다. 이렇게 개설된

200~300과목은 결국 가장 나쁜 과목으로 변할 수 있다. 일반교육의 수준이 어떠한가는 궁극적으로 그 학교의 현재 수준에 따라 결정된다. 전체의 교육 수준이 8점에 불과한데 일반교육만 9점이 될 수는 없다. 이것은 불가능하다.

많은 학교의 일반교육 과목이 빠른 시일 내에 16학점이 될 것이다. 베이징대학은 조금 이른 편이다. 우한대학은 대체로 12학점, 칭화대학은 14학점이다. 아마 다른 대학들은 16학점이 될 것 같다. 매년 신입생이 3600명이라는 기준으로 계산해보자―중국의 적지 않은 대학이 매년 신입생 7000~8000명을 선발한다. 1만 명이 넘는 곳도 있다. 게다가 일반적으로 이런 규모의 학교는 대부분 캠퍼스가 여럿이다. 이런 상황에서 전교에서 일제히 이를 실시하는 것은 아주 비현실적이다. 캠퍼스가 많은 학교는 우선 하나의 캠퍼스에만 집중할 수 있다. 이것이 더 현실적이고 이상적이다.

전체 일반교육 과목에 대해서 제안한다. 첫째, 10~15퍼센트 정도만 새로 개발하고 85~90퍼센트의 주요 과목은 학교의 기존 과목 체제 내에서 약간 조절하고 개선하자. 기존의 과목 체제 밖에서 일반교육 과목을 발전시키는 것은 결코 현실적이지 못하다. 게다가 중국 대학의 과목 수가 원래 많은 상황에서 다시 일반교육 전용과목을 개설하는 것은 의미가 없다.

일반교육이 정규화된다면 각 학과에 소속된 교수들이 일반교육을 가르쳐야 이것이 지속될 수 있다. 문사철 세 학과에서는 고문古文을 필수과목으로 지정해야 한다. 그러나 많은 철학과와 역사학과에서는 중문과에서 고문을 가르치는 것을 좋아하지 않는다. 중문과에서 가르치는 고문이 자신들 학과의 학생을 잘못 가르칠 수 있다고 생각하기 때문이다. 고문 최고의 교수는 왕리王力인데 그가 아니면 안 된다고 말한다. 이런 논리에 따르면 왕리가 이미 죽었으니 방법이 없다. 그렇다면 왕리의 제자는 되는가? 왕리의 제자의 제자는 되는가? 왕리의 제자의 제자의 제자는 되는가? 그렇다면 중문과의 고문을 가르치는 교수는 왕리의 제자의 제자의 제자가 아닌 것인가? 왜 다른 사람은 믿을 수 없는가? 그는 점점 나아질 수 있다. 중문과에서 가르치는 것에 따르지 않고 별도로 과목을 개설해야 한다는 의견도 있다. 나는 이 요구가 부당하다고 생각한다. 중문과에서 고문을 가장 잘 가르치기 때문이다. 중문과에서 잘 가르치지 못하는데 일반교육에서 더 잘 가르치기를 바라는 것은 비현실적이다. 사람들을 난처하게 한다.

일반교육은 먼저 일부부터 '통通'해야 한다

둘째는 일반교육과 전공교육의 관계다. 누구나 일반교육이 전공의 경계를 타파한다고 말한다. 하지만 문제는 도대체 무엇을 통하게 하고 어느 정도까지 통해야 하는가다. 현재 최대의 역설은 우리가 성격이 비슷하고 관련된 학과를 먼저 통하게 하는 것이 아니라 곧바로 전체를 통하게 하기 위해 무제한적 통을 떠올린다는 것이다. 일반교육은 처음에는 일부부터 시작해야 한다. 먼저 문사철을 통하게 해야 한다. 문사철이 통하지 않는데 무엇을 할까? 중문과, 철학과, 역사학과가 아직도 서로 왕래가 없고 공통의 언어를 갖지 못하는 것은 고사하고 철학과 안에서도 중국철학사와 서양철학사가 통하지 않고 중문과 안에서도 고전문학과 현대문학이 통하지 않는다. 본래 먼저 문사철의 공통기초 과목을 만들고 사회과학의 공통기초 과목을 만들어야 한다. 예를 들면, 정치학, 법학, 경제학, 인류학에는 사회과학의 공통기초 과목이 필요하다. 또는 문과의 공통기초 과목도 필요하다. 문사철은 1, 2학년 때 과목을 세부적으로 나눌 필요가 없다. 이런 것도 통하지 않는다면 일반교육을 어떻게 말할 수 있을까? 이과에도 비슷한 점이 있다.

우선, 일반교육을 비교적 넓은 의미의 전공기초 과목이라고 간주하는 것이 좋다. 이런 과목은 좀더 쉽게 제도화할 수 있다. 일반교육 과목이 전공과 관련 있는 과목으로 바뀌기 때문이다. 이것은 미국에서 비교적 성공한 부분이다. 가까운 영역에서 먼저 작은 범위의 일반교육 과목을 만드는 것이다. 예를 들면, 문사철의 공통과목이 있고 사회과학의 공통과목이 있은 뒤에 이 공통과목들이 전교 공통의 일반교육 과목으로 바뀔 수 있다. 그런 다음에야 공통핵심 과목 체제가 좀더 쉽게 수립된다. 이런 작업을 하지 않는다면 현재는 학문 분과 자체가 상당히 많고 새로운 과목도 무수히 많아 여기저기 흩어져 있기 때문에 일반교육이 아주 난잡하게 바뀌어 혼잡해질 수 있다. 그래서 나는 문사철과 사회과학이 공유하는 과목을 반드시 먼저 만들어야 한다고 생각한다. 그러나 이것은 아주 어려운 작업이다. 학과마다 본위주의가 아주 강하기 때문이다. 중문과는 역사학과를 무시하고 역사학과는 중문과를 무시한다. 이것은 아주 보편적인 현상이다. 그래서 매우 힘들다.

최근 주목할 만한 추세가 있다. 모두가 먼저 중국의 전공 전체를 모두 없애버린 뒤에 일반교육을 할 수 있는 것처럼 생각한다. 어떤 대학은 이미 이렇게 했다. 작년 신입생들은 모두 전공을 선택하지 않았다. 상세한 상황은 나도 잘 모른다. 나는 이런 방법에 대해 유보적인 편이다. 이런 방법은 혁신에만 주목한 것이다. 중국인은 모든 것을 다 내버린 뒤에 새롭게 가져오는 것을 좋아한다. 나는 교육 개혁은 온건해야 한다고 생각한다. 현재의 기초에서 조금씩 조정하는 것이다. 기존의 제도가 그리 좋지 않다고 그것을 다 없애고 새로운 제도를 만든다고 해서 이것이 반드시 잘된다는 보장은 없고 더 잘못될 수도 있기 때문이다. 지금의 상황에서 한 대학, 특히 1, 2학년의 과목 체제를 완전히 구상하지 않은 채 모든 전통을 곧바로 없애버리면 아주 난처해지고 큰 혼란이 생길 것이다. 일반교육의 공통핵심 과목은 상대적으로 잘 만들어야 한다. 그리고 학교와 학과 전체가 전공 구분이 없는 학생들을 잘 이끌어야 한다. 그래야 비교적 질서가 생긴다.

우리는 가상에 현혹되어서는 안 된다. 미국 대학에서 처음에는 전공을 나누지 않는다고 늘 말하지만 사실상 대다수는 비교적 일찍 전공을 정한다. 우리는 많은 전공은 3학년 때가 되어서 선택하기 어렵다는 점을 반드시 생각해야 한다. 예를 들면, 사람들은 늘 3학년이

지나기 전에 누군가가 수학 천재임을 알아차리지 못한다면 이미 끝난 것이고 무슨 가능성이 있느냐고 말한다. 수학 전공은 3학년 때 선택할 수 없다. 물리학의 많은 분야도 마찬가지다. 사실 현재 미국 학생들은 비교적 일찍 전공을 정하기로 마음먹는다. 결코 정하지 못했다고 말하지 않는다. 중국에서는 오랫동안 대입 시험을 치를 때 전공의 방향을 정했다. 이것이 꼭 나쁜 것만은 아니다. 그것대로 폐단은 있을 수 있지만 어떤 제도에도 폐단은 있다. 우리는 반드시 다음과 같은 것을 이해해야 한다. 어떤 제도도 완벽하고 문제없는 것은 없다. 어떤 제도에도 반드시 문제가 있다. 주된 문제는 이 폐단을 좀더 작게 줄일 수 있느냐다. 전공을 완전히 나누지 않는 방법은 학교를 끝이 보이지 않는 학생 행정업무에 빠뜨려 일을 제대로 진행하지 못하게 한다. 말하자면, 이것은 많은 조정이 필요한 일이다. 학교의 많은 사람이 어쩔 줄 몰라 한다. 교수, 교무처, 학교, 단 위원회에서 모두 어떻게 해야 하는지를 모른다. 학교의 역량 대부분이 이 분야에 소모된다. 정말로 해야 할 일은 관여할 겨를이 없어서 하지 못한다. 사실 이 문제는 결코 심각하지 않다. 한 학생이 1, 2학년에 전과할 수 있는 시스템을 만들면 처음부터 하나의 전공에 얽매이는 문제를 피할 수 있다. 많은 학교에서 이미 이와 같은 제도를 시행하고 있다. 단지 그것을 좀더 유연하게 만들면 된다.

　가장 기본적인 조건은 1, 2학년의 일반교육 과목을 제대로 개설하고 모두가 좀더 잘하도록 하는 것이다. 일반교육 과목은 처음부터 순수 전공 훈련이 아니기 때문에 이것이 좀 낫다. 사실 진정한 문제는 각 학과가 전공교육과 일반교육의 관계 문제를 해결할 생각이 없다는 것이다. 학교에서 전공 간 이동을 할 수 있게 하면 각 학과에서는 학생이 자신의 학과로 전과하기를 바란다. 그 후 다시 전공과목을 개설한다. 이러면 1, 2학년 기간을 낭비하기 쉽다. 이것은 아주 비현실적인 방법이고 많은 시간을 낭비할 수 있다. 반드시 몇몇 학교에서처럼 준비 작업을 비교적 잘하고 과목 구조를 잘 갖추어야만 전공의 문을 열 수 있다.

요컨대, 대학 신입생이 완전히 무전공으로 입학하는 전반적이고 혁명적인 방법이 반드시 효과적이지는 않다. 교육 개혁은 개량하는 작업이다. 아주 큰 인내를 요구한다. 가장 좋은 개혁은 바꿀 수 없는 것은 되도록 그대로 둔 채 가장 바꿀 필요가 있고 해결해야 할 문제를 해결하는 것이다. 그렇게 해야 우리는 진정으로 중요한 과제에 역량을 집중할 수 있다.

공통핵심 과목의 핵심은 세계화와 중국의 부상이다

하나의 관념적 문제가 있다. 학교 차원에서 먼저 생각하는 것은 전교생의 공통된 소양이다. 일반교육은 기존의 엘리트 교육이 아니다. 이는 고등교육이 대중화된 상황에서 전교생을 대상으로 하는 공통교육이다. 따라서 일반교육 과목은 반드시 일반적인 필수선택 과목과 명확히 구분되어야 한다.

중국에서 비교적 큰 문제는 공통선택 과목(일반교육 과목)과 필수선택 과목의 구분이 없다는 것이다. 그래서 필수선택 과목을 일반교육 과목처럼 여긴다. 이러한 학술 민주화, 문화 민주화는 많은 문제를 초래할 수 있다. 사실 일반교육 자체가 반민주적이다. 필연적으로 어떤 과목이 다른 과목보다 더 기본적이고 긴요하며 일반교육에 편입될 필요가 있다. 결코 모든 과목이 일반교육에 편입되어야 하는 것은 아니다. 일반교육 과목은 반드시 상대적으로 적고 핵심적이어야 한다. 학교가 생각해야 할 가장 기본적인 문제는 '공통핵심 과목 체제'를 확립하는 것이다. 공통핵심 과목에는 우선 하나의 벼리가 있어야 한다. 그물의 벼리를 잡아야 작은 구멍이 열린다. 벼리가 없다면 수천 개의 과목에 대해 무엇을 근거로 어떤 것은 일반교육이고 어떤 것은 일반교육이 아니라고 할 수 있겠는가. 이렇게 생각해야 학생 모두에 대해서 기본적으로 고려할 수 있다.

중국 대학의 일반교육의 핵심, 즉 가장 중심적인 문제에는 두 가지 측면이 있다. 하나는 세계화이고 다른 하나는 중국의 부상이다. 중국의 부상은 결코 중국만의 문제가 아니다. 현재 전 세계의 문제, 전 인류의 문제가 되었다. 중국인이라면 이 문제를 더 자각적으로 인식해야 한다. 세계화와 중국의 부상이라는 시각에서 문제를 사유하는 것이 중국 대학의 일반교육 과목을 개설할 때 하나의 강령이 되어야 한다.

일반교육 과목의 세계화는 아주 쉽다. 그리고 사실 현재 비교적 유행하고 있다. 그러나 결코 수많은 세계화 이론을 말해야 한다는 뜻은 아니다. 현재의 많은 과목을 잘 배치할 수 있다는 말이다. 세계화 문제에 대해서, 가령 자연과학의 세계화 문제, 지구 온난화 등 환경 문제, 생태 문제에 대해서 현재 이미 자연과학의 몇 가지 과목이 이에 부합한다. 사회과학과 관련된 과목 중 세계 무역, 세계 기술이전, 세계 종교 충돌 등은 많은 사회과학 학과에 비슷한 과목이 있다. 세계화가 가져온 문화 충돌 등의 과목은 전교 범위로 배치할 수 있다. 이것이 하나의 측면이다.

또 다른 측면인 중국의 부상에 대한 논의는 세계화와 분리될 수 없다. 현재 객관적으로 볼 때 중국인만이 아니라 전 세계인이 중국의 부상 문제를 떼어놓고 세계화 문제를 논할 수 없다. 현실이 그렇다. 나는 항상 유럽의 신문기자들로부터 이런저런 문제에 대한 질문을 받는다. 예전에는 이런 일이 적었다. 이런 문제를 우리는 비교적 명확히 인식해야 한다. 중국 역사의 근원 문제를 강조할 필요가 있다. 우리는 중국 문명에 도대체 어떤 특징이 있고 미래의 세계화에 어떤 긍정적인 측면이 있는지를 새롭게 생각해야 한다.

나는 중국 문명에 관해서 무의미한 논쟁에 빠져드는 것을 바라지 않는다. 중국 문명을 강조하면 민족주의로 변질될 것이라는 생각은 아주 황당하다. 모든 일반교육 과목이 미지의 영역임을 강조해야 한다. 중국인은 결코 중국 문명을 이해하지 못한다. 중국의 고전 문명은 중국인에게 이미 타자가 되었고 다른 자아가 되었다. 이것을 힘써 새롭게 이해할 필요가 있다. 도그마를 한 다발 주입해서는 안 된다. 그리고 사실 우리는 교수들마다 관점이 다르다는 것을 발견할 수 있다. 이는 다원적일 수 있다. 결코 단순화된 교의가 아니다. 그리고 우리는 다른 관점을 가진 사람이 말할 수 있도록 보장해야 한다. 중국 문명을 새롭게 이해할 수 있는지 여부는 아주 핵심적 문제다. 그리고 이것은 결코 중국만의 문제가 아니다. 최근 몇 년 동안 미국과 영국에 중국과 중국 관련 학과, 예를 들면 중문과, 동아시아학과가 얼마나 많이 개설되었는지 헤아리기 어려울 정도다. 그들은 세계화의 발전에 순응한 것이다.

나는 이것이 '벼리'라고 생각한다. 자연과학과 사회과학의 과목은 이 두가지 측면에 근거해서 새롭게 조정되어야 한다. 사실 중국 대학에서 일반교육 과목의 학점은 아주 많다. 결코 소양교육 과목에 불과한 것이 아니다. 교육부는 이미 대학 영어에 12학점, 대학 고등수학에 최소 8학점을 규정했다. 이미 20학점이다. 그 외에 컴퓨터 과목 등도 있다. 이 과목들은 조정할 필요가 있다. 대학 영어의 경우 대만의 많은 학생이 중국 학생보다 잘한다. 대만에서는 국어 반, 영어 반이다. 나는 이것을 꼭 비판해야 한다고는 생각하지 않는다. 예전에 중국은 개혁개방에 부응하기 위해 영어를 특별히 강조했다. 이것은 맞다. 그러나 현재는 상황이 달라졌다. 변해야 한다. 영어 과목의 12학점 중 6학점은 국어로 바꿀 수 있다. 또 수학 과목의 8학점의 경우 예전에 중국은 일반교육을 강조할 때 수학, 물리, 화학을 말했다. 그러나 지금은 자연과학 전체의 면모가 변했다. 완전히 다른 눈으로 보아야 한다. 나는 개인적으로 자연과학이 대폭 신흥 영역으로 옮겨가야 한다고 생각한다. 하나는 환경과학이고 다른 하나는 생명과학이다. 중국 대학의 대다수 종합대학에는 환경과학과 생명과학 관련 학과가 있다. 예전의 수학, 물리, 화학 개념에 얽매여서는 안 된다. 반드시 21세기 인류에게 가장 영향이 큰 자연과학을 가르쳐야 한다.

적지 않은 국내 동료가 시민과학을 수립해야 한다고 여러 차례 말했다. 현재 세계 시민의 관점에서는 많은 분야에서 현재 이미 누적된 것을 이용해야 하며, 신문에 보도되는 피상적인 논의를 가르쳐서는 안 된다. 그것들을 가르치면 아주 엉망이 된다. 예를 들면, 환경과 생태는 시민과학에 필수적으로 포함되어야 할 내용이다. 생명과학대학의 많은 과목, 즉 농업생태학, 생물 다양성, 지구 변화와 생태학, 생물지리학, 경관생태학, 응용생태학, 생태 안보와 관리, 녹지생태학, 오염생태학, 습지식물, 고생물학, 생물 라틴어, 식품안전 기준과 법규, 환경오염의 생물재생, 식물자원학, 원림 설계, 조류학, 어류학 등은 학생들에게 고차원적인 물리와 화학을 공부하라고 강요하는 것보다 더 쉽고 현재의 수요에 더 부합한다. 이 과목들은 결코 고매하고 심오한 것을 요구하지 않고 재미도 있다. 현재 아주 필요한 것은 자연환경에 도대체 어떤 문제가 생겼고 얼마나 많은 생물이 사라졌는지를 아는 것이다. 이것은 진정한 세계화 문제이기도 하다. 중국의 대학 교육에서는 여전히 중국인이 중국 시민, 세계 시민이어야 한다고 말하는 경우가 드물다. 이를 보충할 필요가 있다. 사실 이 과목들만 별도로 설계할 필요는 없다.

일반교육에서 고전 읽기만이 아니라 자연과학 문제, 사회과학 문제도 고려해야 한다는 점을 짚고 넘어가야 한다. 최근 몇 년 동안 일반교육을 말할 때 나는 계속 고전 읽기를 비교적 강조했고 앞으로도 그럴 것이다. 그러나 동시에 고전 읽기만 해서는 일반교육이 충분히 이루어질 수 없다고 강조하고 싶다. 일반교육은 고전교육에만 국한될 수 없다. 고전교육은 비교적 어렵다. 특히 현재 중국은 전통을 결핍했기 때문에 아주 힘이 들 것이다.

일반교육 과목에는 전공과목의 깊이가 필요하다

중국의 최대 문제는 각 학과의 전문가들에게 통속적인 과목을 개설해달라고 요청하는 것이다. 항상 무엇을 말해야 할지를 몰라서 결국 수준이 낮아지고 필요가 없어진다. 예를 들면, 경제학과에 경제생활 상식을 강의해달라고 한다. 나는 이 과목이 완전히 의미가 없다고 생각한다. 우리에게 경제생활을 말해줄 사람이 필요한가? 만약 그렇다면 학생들에게 중국중앙텔레비전을 보라고 하면 된다. 중국중앙텔레비전에 좋은 보급형 강좌가 많다. 사실 경제학 전공의 많은 과목을 직접 수강할 수 있다. 중국 경제 문제, 노동경제학, 산업경제학, 발전경제학, 인구자원과 환경경제학, 사회보장, 정부예산 같은 과목들이 모두 2학점짜리 선택과목이다. 어떤 경제학과에도 이런 과목이 있다. 교수들에게 비전공자를 따로 가르치라고 할 필요가 없다. 그는 사실 어떻게 가르칠지 모른다. 가르치려 하면 그의 수준이 낮아진다. 왜 교수에게 수준을 낮춰 가르치라고 하는가? 그러면 교수의 부담은 더욱 가중된다. 철학과 교수가 철학과 학생에게 『논어』를 강의하는 것과 비철학과 학생에게 『논어』를 가르치는 것이 무슨 차이가 있을까?

이 문제를 강조하는 이유는 그렇게 하면 많은 자원과 인력을 낭비하기 때문이다. 그리고 그 배후에는 일반교육의 최대 문제가 숨어 있다. 우리는 항상 일반교육 과목을 아주 평이하고 부차적인 주제를 강의하는 것으로 이해하고 있다. 그래서 가장 먼저 교수의 수준을 낮춘다. 하지만 반드시 교수에게 매번 기준을 높게 유지하고 강의하라고 해야 한다. 수준을 낮추어 가르칠 수는 없다. 수준이 낮은 강의를 많이 하면 교수는 점점 망가진다. 이것은 보편적 문제다. 그 밖에 우리는 학생이 지식이 얕고 쉬운 강의만 바랄 것이라고 저평가한다. 하지만 학생을 낮게 평가해서는 안 된다. 학생은 강의가 어렵기를 바라고 강의는 어려워야 한다. 칭화대학에서 이런 점이 가장 극명하게 나타난다. 이공계 학생이 어려운 과목을 요구하는데 문과에서 그렇게 쉽게 가르치면 그 과목을 뭐 하러 꼭 수강하겠는가? 신문에서 볼 수 있는 것을 늘 가르치니까 문과를 무시하는 것이다. 문과 학생은 자신의 진정한 학문을 들어야 한다. 『시경』을 강의할 때도 중문과 학생에게 강의하는 대로 다른 학과 학생에게 강의하면 된다. 수준을 낮출 필요가 없다.

그래서 나는 베이징대학이 일반교육에서 가장 잘한 점은 베이징대학의 현행 일반교육 과목을 전부 없애버린 것이라고 말했다. 절대다수의 과목에는 사실 새롭게 요구 사항을 제시할 필요가 없다. 문사철처럼 전공 학생을 가르치는 대로 비전공 학생을 가르치면 된다. 당연히 어려울 수도 있다. 하지만 물어보자. 중문과 교수가 중문과 1, 2학년 과목을 가르칠 때는 심오한 내용을 쉽게 표현하려고 하지 않는가? 당연히 그러하다. 그리고 일반교육 과목은 반드시 전부 1, 2학년 때 시행되어야 한다. 중국 대학의 수업은 일반적으로 3학년 2학기부터 줄어든다. 수강하더라도 다수가 그럭저럭 때운다. 취업 문제를 생각해야 하고 영어 시험을 봐서 외국에 나가려고 한다. 이것이 현실이다. 우리는 반드시 이 점을 고려해야 한다. 1, 2학년을 붙잡아야 한다. 특히 1학년 1학기에 그래야 한다.

그러나 아주 불행하게도 나는 많은 대학에서 1학년이 각종 공통과목에 점령되었다는 점을 발견했다. 아주 엉망이다. 1학년 1학기가 가장 중요하다. 신입생은 대학이 어떤지 잘 모르기 때문이다. 현재 많은 학생이 대학에 들어와서 아주 실망한다. 학과의 중요한 과목을 대부분 3학년 때 배우기 때문이다. 이런 방식은 약간 스스로를 멸시하고 천대하는 것이다. 우선 학생에게 대학이 아주 엉망이라고 알려주는 것이다. 아주 이상한 현상이다. 철학과의 경우 비교적 좋은 원서는 대부분 3학년 때 강의한다. 그렇지 않다면 거의 강의하지 않는다.

석사과정 때 원서를 읽기 시작해야 한다는 관념이 있다. 사실 대학 1, 2학년 때도 직접 원서를 읽을 수 있다. 기다릴 필요가 전혀 없다. 내가 관찰해보니 중국의 대학생은 1학년 1학기 때 아주 우수하다. 하버드대학이나 시카고대학보다 좋다. 그러나 미국 학생의 가장 좋은 특징은 읽으라는 대로 읽는 것이다. 1학년 1학기 때 경제학과 학생이 처음으로 보는 것은 홉스의 『리바이어던』이다. 중국의 철학과 대학원생도 쉽게 읽을 수 없는 책이다. 이런 책들도 못 읽으면 영원히 어려워진다. 역사학과 1학년생은 『사기』와 『한서』를 읽어야 한다. 모두들 이것이 어렵다고 말한다. 어렵기는 하지만 가장 어렵지는 않고, 읽지 않으면 영원히 어렵다. 1학년과 3학년에 대한 교육에 어떤 차이가 있는지 모르겠다. 가르치지 않으면 수준이 낮아진다. 처음부터 학생들을 데리고 읽으면 그들은 읽어 내려갈 수 있다.

나는 문사철 같은 과목을 교육과정에서 점점 조정해야 한다고 생각한다. 좀더 이상적으로는 원서를 중심으로 하는 것이다. 그리고 모든 문사철 교재를 보조 교재나 참고 교재로 삼는 것이다. 그러나 지금 바꾸지 않더라도 그렇게 급하지는 않다. 먼저 현재의 과목을 강의하면 된다. 현재의 과목 체계를 최대한 이용해야 한다는 것이 나의 기본 관점이다. 그렇지 않으면 비현실적이다. 공연히 교수, 학생, 교무처의 부담만 가중한다면 나중에는 과목 수가 너무 많아져서 교육 수준이 점점 낮아질 것이다.

이 모든 일반교육 과목은 모두 전공기초 과목 교육 수준의 토대 위에서 향상된다. 전공과목의 수준이 올라가야 일반교육의 수준도 올라간다. 전공학과에서 못 가르치면서 다른 학과에서 잘 가르치기를 기대할 수는 없다. 사실 전공이 없는 일반교육 과목은 채택할 수 없다. 평가할 사람이 없기 때문이다. 일반교육 과목을 계속 전공과 연결해야 교수가 시시각각 모든 교육과 연구에 동료가 있고 보이지 않는 눈이 자신을 보고 있다고 느낀다. 완전한 비전공을 가르치게 되면 학술적 제약과 동료의 제약을 쉽게 망각해서 그 수준이 낮아진다. 지금 일반교육을 제대로 하지 않으면 '반거들충이' 일반교육으로 전락하기 쉽다. 그러면 아주 위험할 수 있다.

요컨대, 학생, 학교, 교수의 부담을 생각해야 한다. 이 문제를 고려하지 않으면 순전히 이상주의로 변할 수 있다. 가장 우수한 교수가 가장 좋은 일반교육 강의를 개설하는 것은 좋은 바람이지만 사실상 불가능하다. 실행될 수도 없다. 나는 현재 일반교육이 발전할 계기를 잘 잡아야 한다고 생각한다. 현재의 어려움을 해결하고 좋은 제도를 형성할 수 없다면 일반교육은 유실되고 말 것이다. 그래서 일반교육이 현재 운영 문제 차원에 진입하고 있다는 점을 다시 한번 강조하고 운영 문제를 더 많이 생각하기를 강조한다. 운영 문제는 바로 비용의 문제다. 어떤 개혁에도 비용이 따른다. 이 모든 문제는 좀더 현실에 충실한 방식으로 대해야 한다.

대학 개혁 4론

大學改革四論

대학 개혁의 합법성과 합리성
大學改革的合法性與合理性

중국의 대학 개혁은 현재까지 주로 불분명한 '개혁 이데올로기'로 스스로를 정당화했다. 그러나 국가 법률과 법령의 충분한 근거는 항상 찾아볼 수 없었다. 중국의 개혁이 날로 법제화되는 지금, 대학의 개혁도 마찬가지로 법제화가 필요하다.

이 글에서는 현재 중국이 영국 등의 대학 개혁 선행입법의 사례를 참조해서 가능한 한 빨리 인민대표대회 상무위원회를 통해 '대학 개혁법'을 반포해야 한다고 말한다. 이로써 대학 개혁에 필요한 법적 근거를 제공하는 동시에 중국 모든 대학의 일체 개혁으로 하여금 반드시 헌법과 국가 및 기타 관련 법령에 부합하도록 제약하고 이를 통해 대학 개혁이 어떤 대학 당국의 한때의 바람이 되지 않도록 해야 한다고 주장한다.

중국의 대학 지도자든 대학 교수든 법제 관념과 법률 지식을 가져야 할 중국 시민이다. 대학을 개혁할 때조차 법제 관념이 전혀 없고 기본적인 법률 상식이 없다면 중국에 법제 국가가 될 수 있다는 희망이 있을까?

이 글은 『21세기경제보도21世紀經濟報道』 2003년 6월 5일 자에 실렸다.

영국 교육개혁법안의 교훈

나는 영국 의회에서 1988년에 통과된 '교육개혁법안Education Reform Act'을 사례로 대학 개혁에 국가의 선행입법이 필요하다는 점을 설명하고자 한다. 영국에서 1980년대 말에 통과된 '교육개혁법안'은 영국의 대학 체제에 큰 충격을 주었다. 따라서 많은 사람이 '좋은 법'이라고 보지 않았다. 심지어 영국의 대학 교수와 지식인의 눈에 보수당이 추진한 이 법안은 대학을 크게 파괴하는 '악법'으로 보였다. 이 글의 목적은 바로 이 사례를 통해 이 '악법'도 현재 중국의 대학 개혁에 법적 근거가 조금도 없는 상황에 비하면 좋다는 것을 설명하려는 것이다.

간단히 말해서, 영국의 이 '교육개협법안'의 중심 의도는 사실 영국 대학 당국이 마음 놓고 대학 교수를 해고하는 법적 근거를 제공하는 것이었다. 그래서 영국 역사에서 첫 번째로 입법 형식으로 영국의 모든 대학 당국에 "인원이 남는다는 이유로 어떤 대학 교수도 해임할 수 있는" 권한을 부여한 것이다. 이에 따라 영국 대학 체제에서 오랫동안 실행된 '대학 교수 종신임용제academic tenure'(영국의 이 체제는 미국에서는 교수로 승진해야 종신임용을 받을 수 있는 것과 달리 일반 교수가 종신임용을 받는 것이다. 이 제도에서는 엄격한 직무상 과오나 도덕적 결함이 있어야 해임할 수 있다)를 심하게 동요시켰다. 이 법안이 대학 체제에 준 충격이 너무 커서 1987년 11월 20일 이전에 임용된 대학 교수에게는 이 법안을 적용하지 않기로 규정했다. 또한 어떤 대학도 1988년의 새로운 법안을 근거로 그 이전에 임용된 교수를 해임할 수 없도록 했다. 오직 1987년 11월 20일 이후에 임용된 대학 교수만이 법에 따라 해임할 수 있었다.

이 법안의 입안 결과가 영국의 대학 체제에 좋든 나쁘든 이 법안은 최소한 영국의 대학 개혁에 두 가지 법적 근거를 제공했다. 첫째, 영국 대학이 '앞으로' 대학 교수를 해임하는 데 법적 근거를 제공했고 대학 당국이 앞으로 교수를 해임할 때는 최소한 법을 따라야 했다. 둘째, 그와 동시에 최소한 1987년 11월 20일 이전에 임용된 모든 영국 대학의 교수는 법적 보호를 받아서 해임될 걱정을 덜 수 있었다.

베이징대학의 '개혁방안'의 불법과 불합리

이 사례와 대조해서 중국의 현재 대학 개혁을 되돌아보면 다음과 같은 사실을 금방 알 수 있다. 중국의 대학에는 관련 국가 입법이 없기 때문에 현재 중국의 대학 개혁이 영국과 아주 유사한 문제를 다룰 때 근거로 삼을 법이 없고 법령을 언급할 수 없다. 몇몇 대학이 자체적으로 규정하고 발효를 준비한 조례는 이에 따라 필연적으로 '임의성'으로 가득하다.

예를 들면, 최근에 베이징대학이 베이징대학 교수들에게 공포한 '베이징대학의 교원 임용과 겸직 승진제도 개혁방안(시안)'은 비록 의견을 수렴하기 위한 '시안'이기는 해도 이미 베이징대학의 많은 교수를 크게 당황하고 강한 불만을 품게 했다. 많은 사람이 자신이 이제껏 '장기임용 및 퇴직' 교원인 줄 알았다가 더 이상 '장기임용'에 속하지 않는 교원이라는 것을 발견했기 때문이다. 베이징대학의 이 '개혁방안'에 따르면 현재 베이징대학 교원의 직급은 조교, 강사, 부교수, 교수로 나뉜다. 그러나 "교수만 학교가 규정한 퇴임 연령까지 장기적으로 직무를 갖고 기타 직급 교수는 장기 직무를 누릴 수 없다"(베이징대학의 '개혁방안' 제11조). 또한 부교수를 포함한 모든 교수는 교수로 승진하지 못하면 해임된다.

베이징대학 '개혁방안'의 이 조항의 근거는 완전히 불명확하다는 점을 짚어볼 필요가 있다. 이 조항은 국가의 법에 의한 것인가, 아니면 국제적 관례에 의한 것인가? 이 개혁방안에서는 서양의 모든 대학 체제에서 모두 이런 '임용 기간과 직무 승진을 연계'하는 제도를 실시하고 있고 교수로 승진한 사람만 장기임용하고 부교수 이하는 그렇게 하지 않는다고 당연하게 생각하고 있는 듯하다.

그러나 이런 생각은 당연히 완전히 성립하지 않는다. 앞에서 보았듯이, 영국 대학 체제의 종신임용제는 이렇지 않다. 영국의 체제에서 강사나 고급 강사가 승진하지 않는 것은 종신임용에 영향을 주지 않는다. 종신임용이 별개의 사안이 아니더라도 승진은 별개의 사안이다. 베이징대학의 '개혁방안'처럼 강사가 부교수로 승진하지 않으면 해임되고 부교수가 교수로 승진하지 않으면 해임되지 않는다. 그리고 베이징대학의 이 '미승진 시 해임' 규정은 결코 '앞으로' 임용되는 교수들에게만 적용되는 것이 아니고 베이징대학에 이미 임용된 모든 교수에게 동일하게 적용된다(베이징대 '개혁방안' 제23조, 제24조). 이런 규정은 정말 소름끼친다. 한편으로 어떤 법적 근거도 없으니 이에 따라 근본적으로 '불법'이라고 말하지 않을 수 없다. 다른 한편으로 이런 규정은 동일한 상황에 대한 서양의 처리 방식에 비해 상당히 극단적으로 '불합리'하다. 예를 들면, 앞서 말한 영국의 상황과 대조해 볼 때 베이징대학이 '앞으로' 교수의 임용과 해임에 관한 조례를 어떻게 제정하든 이 조례들은 베이징대학의 과거와 현재에 이미 임용된 교수에게 적용해서는 안 된다고 말할 만한 이유가 있다.

'대학개혁법' 제정의 필요성

베이징대학의 '개혁방안'은 중국의 대학 개혁이 사실상 전국인민대표대회 상무위원회가 '대학개혁법'을 제정해야 할 시기에 이르렀다는 것을 보여준다. 대학 개혁에서 현재 다루는 많은 문제는 결코 대학 자체적으로 해결할 수 없고 대학 당국이 임의로 처리하는 것이 아니라 반드시 국가 법률로 규정해야 하기 때문이다.

예를 들면, 베이징대학의 '개혁방안'에서는 '장기임용'과 '직무 승진'이 완전히 다른 범주이고 임의로 연관 지을 수 없다는 사실을 의식하지 않는 듯하다. 국가 기관에서는 부과장이 과장으로 승진하지 못했다고 바로 실직하는 경우는 결코 없다. 대학의 경우 학술 직무의 승진 문제는 순전히 대학 자체적으로 결정할 일이다. 어떤 사람이 어떤 상황에서 부교수나 교수로 승진할 수 있느냐는 대학 내부의 일이다. 그러나 대학에서 일하는 중국 시민이 어떤 상황에서 해고될 수 있는가는 국가의 기본 제도와 기본 법률과 관련된 일이다. 국가의 관련 법이 있어야 대학이 이에 상응하는 규정을 만들 수 있다.

이는 바로 영국이 대학 개혁을 할 때 왜 먼저 영국 의회에서 '교육개혁법안'을 반포했는지에 대한 근본적인 이유다. 그 이전에 영국의 대학 교수는 영국의 복지국가 체제에서 거의 임용과 동시에 종신임용을 보장받았기 때문이다. 영국 의회에서 통과된 이 새로운 법적 권한 이양이 없었다면 영국의 어떤 대학 당국도 "인원이 남는다는 이유로 어떤 대학 교수 1명을 해임"하면 곧바로 범죄행위가 되고 법정으로 가면 학교 측이 패소할 수밖에 없을 것이다. 영국에서 '교육개혁법안'이 발효된 후에야 영국의 대학 당국은 "인원이 남는다는 이유로 대학 교수를 해임"할 수 있었다. 그러나 여전히 법에서 규정한 1987년 11월 20일 이전에 임용된 교수는 해임할 수 없다.

영국은 여전히 이렇다. 중국은 더욱 국가 입법으로 대학 개혁을 규정할 필요가 있다. 중국의 현재 대학은 몇몇을 제외하면 모두 국립대학이고 이 국립대학들이 지난 수십 년간 임용한 대학 교수는 임용할 때 임시직임을 명기한 경우 이외에는 모두 '국가공무원'으로 규정되기 때문이다. 엄격히 말해서 '국가'가 고용주로서 '장기임용'을 한 것이다. 베이징대학이나 중국의 어떤 국립대학도 국가의 새로운 법적 규정이 있기 전에는 어떤 법적 권력 없이 이런 '국가공무원'의 장기임용 신분을 바꿀 수 없다. 대학은 당연히 어느 때고 학교의 '교원 승진법'을 뜻에 따라 제정할 수 있다. 그러나 이 승진법이 '교원 장기임용' 문제와 맞물린다면 대학이 마음대로 하는 것이 아니라 국가의 법을 근거로 해야 한다.

법적 근거가 없다면 이른바 '교수로 승진하지 않으면 해임된다'는 규정은 '불법'일 수밖에 없고 완전히 효력이 없다. 그러나 물론 우리는 영원히 합법적이든 불법적이든 이렇게 흐리멍덩하게 지나가고 대학은 하고 싶은 대로 바꿀 수도 있다. 그렇다면 당연히 계속 어떤 법제가 있다고 말할 수 없다.

국립대학 교원의 권리와 존엄

한 발짝 나아가서, 설령 베이징대학이나 다른 국립대학에서 현재 규정하고 제정한 새로운 대학 교원의 임용과 해임 방법을 '앞으로' 임용하는 교원에게만 적용한다고 해도 국가 법령을 근거로 해야 한다. 따라서 '대학개혁법'이나 유사한 법률이 제정되지 않으면 중국의 대학 개혁은 줄곧 근거가 없는 상황에 처할 것이다.

나는 인민대표대회 상무위원회가 '대학개혁법'을 제정하는 것이 중국 대학 개혁의 법제화에 도움이 되고 앞으로 대학 개혁이 순조롭게 진행되는 데 보탬이 될 것이라고 생각한다. 중국의 '대학개혁법'에는 대략 두 가지 기본 목표가 있어야 한다. 첫째, '대학개혁법'은 먼저 중국 대학 교원의 기본 권리와 존엄을 보호해야 한다. 이로써 대학 당국이 대학 개혁을 하는 과정에서 개혁의 이름으로 대학 교원의 기본 권익을 침해하거나 대학 교수의 인격적 존엄을 손상할 수 없어야 한다.

이런 면에서 중국의 '대학개혁법'은 반드시 다음과 같이 명문으로 규정해야 한다. 모년 모월 모일 이전에 중국의 국립대학에 임용된 모든 대학 교원은 법적으로 정년퇴직 때까지 장기임용된다. 앞으로의 승진 여부와 관계없이 해임할 수 없다(심각한 과오나 도덕적 결함이 없을 시). 이런 규정은 완전히 변호받을 수 있고 어떤 경우라도 과하지 않다.[1] 이러한 면에서 앞서 말한 영국의 1988년 '교육개혁법안'은 극단적 '경제방임주의' 시대인 영국 윈스턴 처칠 시대의 입법임에도 여전히 복지국가 시대에 임용된 대학 교원의 권리를 침해할 수 없다는 점을 인식했다는 것을 지적할 수 있다.

최근 중국의 대학 개혁 추세는 사실 아주 명확하다. 국가의 명문 입법이 없다면 전국의 모든 국립대학에서 기존에 임용된 무수한 대학 교원이 대학 개혁의 피해자이자 희생자가 될 것이다. 그리고 대학 당국의 시간과 역량도 대부분 현재의 교수진을 어떻게 줄일까를 궁리하는 데 소모될 것이다.

그러니 인민대표대회가 입법 절차를 통과시켜 모년 모월 모일 이전에 국립대학에 임용된 모든 대학 교원을 원칙적으로 해임하지

---

1 甘陽, 『將錯就錯』, 北京: 三聯書店, 2002, 147~149쪽.

않는다는 점을 명문으로 규정한다면 무수한 대학 교원이 해임의 격정에서 벗어나고 대학 당국도 인심을 잃을 각종 방안을 설계하는 데 골몰하지 않을 것이다. 이런 상황은 사실 대학 개혁에 더 유리하다. 분열과 원망이 가득 찬 국면을 조성하는 대신 대학 당국과 교원이 한마음 한뜻이 되는 대학 분위기를 좀더 쉽게 형성할 수 있다. 결국 대학이 대학다워지는 것은 그것이 정신 공동체이기 때문이고 이곳은 단순한 시장이나 매매 거래소가 아니기 때문이다.

대학 개혁은 첫째는 합법적이어야 하고 둘째는 합리적이어야 한다

둘째, '대학개혁법'은 입법 형식으로 중국의 각 대학 당국이 법적 권력을 갖고 새로운 대학 교원에 관한 임용과 해임 조례를 제정할 수 있도록 권한을 주는 것이다. 어떤 방식의 장기임용과 직무 승진을 연결하는 (그러나 '앞으로' 새로 임용되는 대학 교원에게만 적용되는) 규정을 제정할 권리도 포함된다. 달리 말해서, '대학개혁법'은 대학 개혁에 법적 근거를 제공하고 다른 관련 법률과 법령과의 관계를 해석할 책임을 진다.

그러나 이와 동시에 '대학개혁법'은 반드시 대학이 새로운 교수의 임용과 직무 승진 조례를 제정할 때 완전히 제멋대로 하지 않고 합리적 논증을 하도록 이끌어야 한다.

이 문제는 여기서 약간 논의할 필요가 있다. 앞으로 중국 대학이 보편적으로 교수의 종신임용 문제를 학술직무 승진과 연결한다면 그 합리적인 방안은 결코 자명하지 않기 때문이다. 결코 으레 그러려니 하고 결정하는 것이 아니라 반드시 충분한 논증을 갖추어야 한다.

최근 베이징대학 '개혁방안'의 결점은 '의견 수렴본'으로서 어떤 논증적 설명도 없어서 규정의 근거가 무엇인지를 하나도 정확히 말해주지 않는다는 점이다. 그래서 우리는 지금 영국의 대학 체제, 미국의 대학 체제와 베이징대학의 이 '개혁 체제'를 간략히 비교해도 무방하다. 나 개인의 관점은 이렇다. 영국의 대학 체제든 미국의 대학 체제든 모두 아주 합리적이고 나름의 법칙이 있다. 그러나 베이징대학의 '개혁 체제'는 상당히 임의적이고 내재적인 논리가 없다.

우리는 먼저 서양의 대학에서 왜 '종신임용'제를 수립했는지 이해해야 한다. 내가 수년 전 「미국 대학 교수의 철밥통」이라는 글에서 거론했듯이, 서양에는 대대로 이 제도를 반대하고 없애려는 사람이 있었다. 이 제도가 명백히 소위 시장 법칙에 맞지 않기 때문이다.[1] 그리고 앞에서 언급한 영국의 1988년 '교육개혁방안'은 사실상 당시 영국의 '시장방임주의' 이데올로기하에서 벌어진 영국 대학의 '종신임용제'에 대한 첫 번째 수술이었다. 그러나 미국 대학의 종신임용제는 비록 반대자도 많지만 아직 기본적으로 동요되지 않았다.

중국이 현재 대학의 '종신임용' 기제를 수립하려면 이 제도를 변호하는 근거가 무엇인지를 먼저 이해해야 한다. 우리가 이 '왜'를 알지 못하면 우리가 왜 현재 이 제도를 수립해야 하는지도 사실상 알 수 없게 된다. 또 어떤 원칙에 따라 또 다른 '종신임용'제를 설계하거나 선택해야 하는지도 사실상 알지 못하게 된다. 어떤 대학에서 "건전한 시장경제 메커니즘을 위해 특별히 본교에 종신임용제를 도입한다"라고 말한다면 그것은 종신임용제가 무슨 뜻인지 모르고 하는 말이다. 시장경제 메커니즘이 원칙이라면 어떤 종신임용제도 수립해서는 안 되고 이를 완전히 개방해야 하기 때문이다. 모두가 영원히 3년 계약제, 3년 1회 평가를 적용받아야 한다. 자격과 이력에 상관없이 논문이 많은 사람이 교수가 되고 3년이 지나서 그것이 안 되면 해임된다. 아주 간단하지 않은가? 무엇 때문에 이렇게 고심해서 종신임용제 같은 것을 설계할까?

종신임용제와 학문의 자유

따라서 우리는 대학의 종신임용제가 미국과 영국에서 생겨난 기원과 각자 다른 역사적 변천을 이해할 필요가 있다. 기술적 말단의 표상만을 이해해서는 안 된다. 사실상 대학이 '종신임용제'를 수립하면서 내세운 주된 이유는 '학문의 자유 보장'이다['베이징대학의 교원 임용과 겸직 승진제도 개혁방안(시안)'에서는 처음부터 끝까지 '학문의 자유 보장'이라는 문제를 언급하지 않았다]. 이것은 확실히 이 제도가 최초에 미국에서 생겨난 이유이기도 하다. 19세기 말부터 20세기 초에 미국 대학의 이사들은 항상 제멋대로 자신들이 사상적 이단이라 여기는 교수들을 해임했다. 당시에 많은 학자, 미국경제학회의 설립자인

리처드 엘리, 제도경제학의 대표자인 존 코먼스 등이 사상을 이유로 대학 당국에 의해 해임되고 심지어 대학 이사회로부터 고소당하기까지 했다. 바로 이런 사상 경향에 의한 이사회의 해임 사건이 많아지자 교수들은 연합해서 사상과 학문의 자유를 위해서 종신임용제라는 제도적 보장을 마련했다. 미국에서 이를 최초로 추진한 단체는 1915년에 설립된 '미국대학교수협회American Association of University Professors'였다. 영국에서는 1919년에 결성된 '대학교수연합회Association of University Teachers'다. 따라서 우리는 이른바 '종신임용제'가 미국과 영국 모두 대학 당국이 내려준 은혜가 아님을 최우선으로 강조해야 한다. 이는 대학 교수들이 20세기 초부터 자기 보호를 위해 노력한 기나긴 과정의 결실이며 최초의 주된 이유는 경제와 생활의 보장이 아니라 '학문의 자유 보장'이었다. 이런 '학문의 자유 보장'에 대한 요구가 가장 절박했다.

영국의 종신임용제의 교훈

나는 현재 중국이 대학에서 종신임용제를 수립하려면 마찬가지로 학문의 자유 보장을 주요 원칙으로 삼아야 한다고 본다. 그리고 이 원칙에 근거해서 대학 교수의 학문의 자유를 보장하는 데 유리한 종신임용제를 설계하고 선택해야 한다고 생각한다.

이런 원칙에 근거해서 대학에서 교수가 종신임용제를 향유하는 비율을 더 높여야지 낮추어서는 안 된다. 따라서 여기서는 반드시 하나의 상당히 보편적인 오해를 해소해야 한다. 즉, 학술적으로 높은 수준을 견지하려면 종신임용제를 어렵게 설계해서 소수만 누릴 수 있도록 해야 한다는 오해다. 이는 완전히 잘못된 것을 옳다고 판단한 것이다. 종신임용제는 결코 최고급 학문에만 해당하는 직함이 아니기 때문이다. 대학은 최고급 학문 칭호의 학문적 기준을 완전히 높게 설정하고 소수만 통과하도록 할 수 있다. 그러나 동시에 오히려 종신임용의 등급은 좀더 낮은 칭호로 뒤집힐 수도 있다. 이것이 바로 영국 대학 체제의 특징이자 장점이다.

우리는 영국의 학문적 기준이 상당이 높다고 알고 있다. 특히 영국의 '교수'는 미국의 교수와 다르다. 영국의 대학 체제에서는 통상 한 학과에 교수가 1명만 있다. 따라서 영국에서 교수를 평가하는 기준은 미국보다 훨씬 높다. 그러나 바로 이 때문에 영국 체제에서 종신임용제의 기준을 교수라는 한 직급으로만 정해놓으면 대다수의 대학 교원은 종신임용될 수 없다. 1994~1995학년도 영국의 공식 통계를 예로 들어보자. 영국 대학의 각 직급 비율을 보면 교수가 7퍼센트, 두 유형의 고급 강사readers and senior lecturers가 18퍼센트, 강사가 42퍼센트, 기타 연구직이 26퍼센트다.

영국의 이 체제에서는 최소한 고급 강사여야 종신임용 직급이다. 사실 영국의 '대학교수연합회'는 1920년대부터 종신임용제가 낮은 직급의 교원 모두에게까지 적용되도록 힘을 썼고 1950년대부터 영국 대학에서는 대부분이 강사로 임용될 때부터 종신임용되었다.

따라서 영국 대학의 종신임용제의 특징은 종신임용이 승진과 무관하다는 점이다. 기본적으로 대학 교원은 모두 종신임용되기 때문이다. 하지만 이런 체제는 1988년의 '교육개혁법안' 이후 변했다. 즉, 영국 대학에서 3년이나 5년짜리 '계약제' 임용을 갈수록 더 많이 실시했다. 이는 곧 '대학 교원의 임시직화casualizaion of academic staff'다. 이런 3년이나 5년짜리 계약은 또 두 가지로 나뉜다. 하나는 종신제로 전환되지 못하는 계약이고 다른 하나는 종신제로 전환되는 계약이다. 1994~1995년의 공식 통계에 따르면, 영국의 전체 11만여 명의 대학 교수 중 종신제가 60퍼센트, 계약제가 39퍼센트이고 그 밖의 1퍼센트는 임시고용직이다.

베이징대학의 '개혁방안'의 종신임용제

베이징대학의 '개혁방안'에서 임용제도는 바로 영국에서 1990년대에 시작된 '대학 교원의 임시직화'를 채택했다는 점에 주목해야 한다. '개혁방안' 제18조에서는 다음과 같이 규정한다. 앞으로 베이징대학에서 교수를 채용할 때는 3년 계약제로 하고 강사 임용은 최대 2회 계약, 즉 6년이며 이 기간에 부교수로 승진하지 못하면 해임된다. 앞으로 이공계 부교수 임용은 최다 3회로 9년 계약이고 인문계 부교수 임용은 최다 4회로 12년 계약이며 교수로 승진하지 못하면 해임된다.

    베이징대학에서는 영국의 대학 개혁 이후 체제의 3년 계약제를 채택한 데다 아주 복잡한 승진제(부교수의 계약 단위는 3년이지만 5년 뒤에 교수 승진을 신청할 수 있는 제도)도 설계했다. 그렇다면 '장기임용', 즉 서양에서 말하는 종신임용제를 부교수 급에 적용하거나 부교수의 두 번째 계약, 적어도 부교수의 세 번째 계약에 적용하는 것이 가장 합리적이다(베이징대학의 '개혁방안'은 이렇게 복잡하게 설계되었다. 부교수의 두 번째 계약이나 세 번째 계약, 네 번째 계약 이후에는 '고급 부교수'라고 부를 수 있다). 그러나 베이징대학의 '개혁방안'은 '장기임용'을 교수에게만 한정했다.

나는 '종신임용'을 가장 나중의 가장 높은 직급에만 적용할 필요가 없다는 점을 이미 앞에서 영국 체제를 근거로 논증했다. 베이징대학에서 승진 심사를 엄격하게 하는 것에는 완전히 동의한다. 엄격하면 할수록 좋다. 그러나 이것이 결코 종신고용을 가장 나중 단계에 적용해야 한다는 것을 의미하지는 않는다. 베이징대학의 이렇게 복잡한 연속계약제에서 종신고용 기준을 부교수의 두 번째 또는 세 번째 계약에 적용하는 것은 합리적이다. 하지만 왜 베이징대학의 '개혁방안'에서는 '종신고용'을 부교수급에 적용하지 않고 교수급에 적용하는가? 베이징대학의 '개혁방안'에서는 이에 대해 어떤 논증도 제시하지 않는다. 베이징대학에서 "미국에서 그렇게 한다"라고 답하리라고 생각할 수도 있다. 그러나 문제는 베이징대학의 '개혁방안'이 미국의 대학 체제와 근본적으로 같은 성격이 아니라는 데 있다.

미국의 대학 체제와 베이징대학 개혁방안의 비교

따라서 이제 미국의 대학 체제와 베이징대학 '개혁방안'의 차이를 살펴볼 필요가 있다. 미국의 이른바 '종신교수'는 '정년트랙'으로 임용되어 승진하는 방식이다. 이 승진 방식의 가장 큰 특징은 아주 간명하다. 박사과정을 졸업하고 찾게 되는 일자리는 이른바 '정년트랙 포지션'이다. 통상적으로는 노력만 하면 대개 7년 정도 후에 '종신교수'가될 수 있다. 그 기간 동안 3~4년에 한 번 중간 평가가 있다. 그 뒤에는 7년 정도 만에 종신교수가 된다. 즉, 조교수(현재 베이징대학의 강사에 해당한다)에서 교수로 승진하는 데 총 두 번의 심사가 있고 기간은 7년 걸린다.

베이징대학과 비교하면, 베이징대학의 '개혁방안'에서는 승진이 가장 빨라도 심사를 세 번 거쳐야 한다. 즉, 강사에서 부교수로 승진할 때 한 번 받는데, 순조롭게 승진한다면 이 부교수의 계약 기간은 3년이다. 그러나 5년 후에야 교수 승진을 신청할 수 있다. 따라서 3년 뒤에 두 번째 계약을 신청해야 하고 5년째 되는 해에 교수 승진을 신청해야 한다. 교수 승진에 실패하면 6년째 되는 해에 바로 세 번째 계약을 신청해야 한다. 세 번째 계약까지 신청하면 바로 다시 두 번째 교수 승진을 신청해야 한다. 이 과정 전체가 너무 복잡하다.

게다가 베이징대학의 '개혁방안'에서는 강사가 부교수 승진 신청을 할 수 있는 기회를 두 번으로 규정한다. 그들은 분명 앞으로 대다수를 두 번째 신청에서 통과시킬 것이다(대다수가 첫 번째에 통과한다고 예측하면 현재의 '방안'에서 두 번 신청할 수 있다고 규정한 것은 불필요하다). 동시에 베이징대학 '개혁방안'에서 부교수의 교수 승진에도 두 번의 기회가 있다. 동일하게 우리는 최소한 절반의 부교수가 2차 심사에 통과해야 한다고 생각할 수 있다. 따라서 강사가 두 번째 부교수 승진 심사에 통과하고 부교수에서 교수로 승진하는 경우에도 두 번째 심사에 통과하며 중간에 5~6번 계약을 한다면 결국 교수가 되는 때까지 몇 번 심사를 받아야 하는지 헤아리기 어렵다. 한마디로 너무 많다.

베이징대학의 개혁은 내재 논리를 결여했다

솔직히 말해서 나는 베이징대학의 '개혁방안'이 왜 이렇게 복잡한지 잘 모른다. 특히 우선 종신임용제를 교수 직급에만 한정한다면 왜 최초 임용 때부터 아주 합리적이고 간결한 미국의 '정년트랙' 방식을 채택하지 않는가? 미국의 방식이 분명 훨씬 우월하다. 베이징대학은 왜 미국의 경우를 참고하지 않고 이렇게 복잡하고 설득력도 없는 연속 다수 3년 계약제를 설계했을까? 베이징대학의 '개혁방안'에서는 여기에 대해서 아무런 설명도 하지 않는다.

동시에 이런 방식의 비용 차이는 명확히 크다. 평가에는 반드시 행정 시간과 비용이 소모된다. 베이징대학의 '개혁방안'에서 지출은 분명 아주 많을 것이다. 그러나 베이징대학의 '개혁방안'에서는 여기에 대해서도 설명하지 않는다. 시간적, 금전적 지출이 많고도 효과가 좋다면 이해할 수 있다. 그러나 효과가 좋지 않다면, 심지어 더 나쁘다면 왜 그렇게 하는가?

역으로 베이징대학의 '개혁방안'에서 반드시 이렇게 복잡한 연속 다수 3년 계약제로 승진을 심사해야 한다면 '종신임용' 직급을 가장 나중의 교수 직급에 적용해서는 안 되고 중간의 부교수 직급에 적용해야 한다. 그런데도 베이징대학에서는 교수 직급에만 이를 적용한다. 특히 베이징대학의 '개혁방안' 제5조에는 다음과 같이 명시되어 있다. "강사의 부교수 승진 신청에서는 3분의 1을 탈락시키고 부교수의 교수 승진 신청에서는 4분의 1을 탈락시킨다." 이러면 강사에서 시작해서 교수가 되는 비율은 절반이다. 만약 이렇다면 더더욱 '종신임용'을 부교수 직급에 적용해야 한다. 베이징대학의 '개혁방안'에서는 이를 전혀 고려하지 않는다. 사실상 이른바 종신임용제에 대한 이해가 전혀 없다는 것이 문제다. 즉, 이 개혁방안을 단순한 시장적 선별 기제로 만들고 대학 교원의 학문적 자유와 생계 안정을 보장하는 기제로 보지 않았다.

베이징대학은 홍콩과기대학을 배워서는 안 된다

전체적으로 볼 때, 베이징대학의 현재 '개혁방안'은 간결하고 합리적인 미국의 대학 체제를 제대로 참고하지 않았고 사리에 맞는 영국의 대학 체제도 참고하지 않았다. 주로 최근 몇 년간 홍콩의 실험만을 참고한 듯하다. 그리고 베이징대학의 '개혁방안'은 홍콩의 대학 체제에서 홍콩대학과 홍콩중문대학과 같은 유서 깊은 대학을 참고하지 않고 주로 신예인 홍콩과기대학을 참고한 것 같다.

그러나 문제는 홍콩과기대학의 모델이 베이징대학에 가장 부적합할 수 있다는 점이다. 홍콩과기대학의 독특한 조건은 베이징대학에는 전혀 없다. 우선 홍콩과기대학은 역사가 짧은 신규 대학이다(1991년 10월부터 신입생을 모집했다). 이런 신규 대학에는 '예전에 임용된 교수들을 어떻게 해야 하나'라는 문제가 없다. 다음으로 홍콩과기대학은 설립 시기에 재력이 아주 많았다(당시 홍콩입법회가 비준한 예산은 35억 홍콩달러다). 마지막으로 홍콩과기대학은 주로 '과기'대학이다. 그곳의 인문사회학부에는 학부생이 없고 전교에도 문과 학부생이 없다.

이는 베이징대학처럼 문과로 유명하고 역사도 유구한 오래된 대학과 완전히 다르다. 홍콩의 대학 체제를 참고하려면 차라리 역사가긴 홍콩대학이나 홍콩중문대학 등을 참고해야 한다.

결론

베이징대학이 중국에서 차지하는 역사적 지위 때문에 베이징대학의이 '개혁방안'은 중국 대학 전체에 영향을 줄 수 있다. 그러나 지금은 아직 의견을 구하는 시안이라고 해도 기본적으로 미성숙한 상태다. 이는 두 가지 문제로 정리할 수 있다. 첫째는 '합법성' 문제다. 인민대표대회가 '대학개혁법'을 제정하기 전에는 어떤 대학도 현재 국립대학 교원의 장기임용을 바꿀 권한이 없다. 둘째는 방안 자체의 '합리성' 문제다. 특히 교원의 종신임용 문제를 학술직무 승급과 연계한다면 도대체 어떻게 합리적으로 할지에 대해서는 아직 깊이 있고 충분한 논증이 필요하다. 임의로 결정해서는 안 된다.

화인대학 이념과 베이징대학의 개혁

華人大學理念與北大改革

홍콩중문대학 총장 진야오지金耀基는 2000년에 출판된 『대학의 이념 大學之理念』 개정판에서 이렇게 말했다. "현재 화인華人 고등교육 종사자가 지혜와 상상력을 발휘해서 해결해야 할 과제는 '어떻게 화인 고등교육을 국제화하고 현대 대학의 보편적인 기능을 짊어지게 하는 동시에 그것으로 하여금 화족華族 문화를 이어받고 발전시키는 데 역할을 하고 화족의 현대 문명 질서를 구축하는 데 공헌하도록 하는 가'다."

나는 2000년에 진야오지의 책을 받고 두 편의 서평을 썼다. 하나는 「화인대학 이념華人大學的理念」이고 다른 하나는 「화인대학과 일반교육華人大學與通識教育」[1]이다. 두 편의 서평을 쓰면서 나는 진야오지의 개정판이 초판이 나온 후 17년 만에 나왔고 그사이 의미심장한 변화가 있었다는 점을 알게 되었다. 『대학의 이념』 초판에서는 주로 서양 대학의 이념을 논했지만 개정판에서는 '화인대학 이념'을 생각하기 시작했다. 하지만 나는 서평의 결론에서 이렇게 말했다. "현재의 화인 사회, 즉 중국 대륙, 홍콩, 대만의 모든 대학에서 근본적인 문제는 바로 화인대학에서 문화 자신감과 문화 자각을 거의 찾아볼 수

이 글은 『21세기경제보도21世紀經濟報道』 2003년 7월 3일 자에 실렸다.

1 甘陽, 『將錯就錯』, 北京: 三聯書店, 2002에 수록.

없다는 것, 즉 화인대학 이념을 말할 수 없다는 것이다."

화인대학: 독립 자주인가? 종속기관인가?

오늘날 베이징대학 등 중국 대학의 개혁 문제를 논할 때 이 '화인대학 이념' 문제를 새롭게 제기해야만 한다. 이 문제는 중국 대학의 개혁 방향 및 목표와 직접 관련되기 때문이다. 이 방면에서 홍콩 등의 교육계는 2000년 즈음에 홍콩 고등교육을 검토하고 성찰했다. 이는 중국 고등교육계 인사들이 깊이 생각할 만한 문제다. 이 검토와 성찰은 비록 주로 홍콩 고등교육의 폐단에 관한 것이지만 화인 사회의 모든 대학에 보편적 의미를 갖는다. 내가 개인적으로 깊은 인상을 받고 아직까지 가지고 있는 글은 홍콩과기대학 인문사회과학대학 학장 딩방신丁邦新 교수의 「홍콩 고등교육은 무엇을 버리고 무엇을 따를 것인가香港高等教育何去何從」(홍콩 『명보明報』 2000년 2월 14일 '세기판世紀版')다. 그리고 딩 교수의 글은 또 전 홍콩중문대학 철학과 주임 류수셴劉述先의 글 「홍콩 고등교육의 기로香港高等教育的歧途」와도 호응한다. 이 두 사람은 모두 홍콩 고등교육의 기로를 제시하고 전 홍콩중문대학 교육학대학 학장 두쭈이杜祖貽의 관점을 인용해서 홍콩 고등교육과 모든 화인대학이 직면한 최대 위기를 개괄했다. 두 교수는 이렇게 말했다. 서양 위주의 세계화 세계에서 화인대학이 만약 "학문적 독립 자주를 버린다면 그들의 종속기관이 될 것이다".

이상 홍콩 고등교육 종사자 4명의 관점에서 '화인대학 이념'의 핵심 문제가 사실상 아주 분명히 드러난다. 그것은 바로 화인대학의 근본 사명은 반드시 한편으로는 서양 대학의 우량한 제도와 성과를 학습하면서도 다른 한편으로는 이런 학습의 목적을 바로 중국인이 사상, 학술, 문화, 교육 분야에서 독립 자주를 이루는 데 두는 것이며 결코 화인대학이 서양 대학의 '종속기관'이 되도록 해서는 안 된다는 것이다. 우리가 현재 걱정하는 문제는 바로 이것이다. 최근 베이징대학 등의 개혁 방향은 중국 대학이 사상, 학술과 교육 연구 분야에서의 독립 자주를 상실하게 하는가? 혹은 도리어 주동적이고 자각적으로 베이징대학 등을 서양 대학의 '종속기관'으로 변질시키는가?

다소 안타깝게도 최근 딩방신 교수가 베이징대학의 개혁방안에 대한 토론에 참여했을 때는(『21세기경제보도』 6월 19일) 「홍콩 고등교육은 무엇을 버리고 무엇을 따를 것인가」에서 보여준 예리한 견해를 드러내지 않았다. 그래서 중국의 대학 개혁이 직면할 수 있는 가장 큰 함정, 즉 중국 대학의 학문적 독립 자주를 잃고 서양의 '종속기관'으로 변질될 수 있다는 사실을 환기하지 않았다. 나는 딩방신 교수가 3년 전 「홍콩 고등교육은 무엇을 버리고 무엇을 따를 것인가」의 기본 관점과 입장을 버리지 않았다고 생각한다. 단지 이를 의식하지 않았을 뿐이라고 본다. 그가 홍콩에 대해 던진 질문은 하나도 빠짐없이 '중국 고등교육은 무엇을 버리고 무엇을 따라야 하는가'의 문제가 된다. 더욱 기가 막힌 사실은 딩 교수가 글에서 거론한 중국의 학문 발전을 막는 근본적 폐단이 바로 지금 중국의 몇몇 대학 당국에서 가장 모방해야 한다고 생각하는 선진 경험이라는 사실이다! 바로 이 때문에 나는 딩 교수가 홍콩 고등교육 문제에 관한 토론에서 했던 말 그대로를 다수 인용해서, 폐단을 경험으로 삼아서는 안 된다는 점을 밝히고 싶다.

중국어 위주인가 영어 위주인가

딩방신 교수의 「홍콩 고등교육은 무엇을 버리고 무엇을 따를 것인가」에서 말하는 '무엇을 버리고 무엇을 따를 것인가'는 '독립 자주'적인 학문의 길을 갈 것인가, 영원히 서양의 '종속기관'이 될 것인가를 의미한다. 그는 홍콩 고등교육의 체제 문제를 개혁하지 않으면 학문적 자주의 길을 걷기 어렵다고 보았다. 그는 화인대학이 학문적 독립 자주를 견지하려면 반드시 가장 핵심적인 체제 문제를 해결해야 한다고 정확히 짚어냈다. 첫째, "중국어 학술지 위주의 평가 기준을 수립해야 한다". 둘째, "인문사회과학 논문은 중국어로 쓰는 것을 원칙으로 할 것"을 명확히 해야 한다. 셋째, '학술적 성과 평가' 측면에서는 "멀리서 온 승려가 경전을 잘 읽을 것"이라고 막연하게 생각해서 걸핏하면 외국 전문가에게 평가를 맡기려고 해서는 안 된다. 왜냐하면 "홍콩의 학문 수준은 스스로 판단해야 하기 때문이다".

　이어서 나는 딩방신 교수의 말을 직접 인용하겠다. 한마디 한마디에 진심으로 공감하고 딩 교수보다 더 잘 말할 수는 없기 때문이다.

첫째, 중국 학자는 어떤 학술지 위주로 논문을 발표해야 하는가의 문제다. 딩 교수는 이렇게 말한다.

학술지의 좋고 나쁨은 어떻게 판단하는가? 같은 분야에서 공인된 일류 학술지를 최고로 평가한다. 이런 학술지의 대부분은 미국에서 출판한다. 여기에는 두 가지 문제가 있다. 첫째, 몇몇 학자는 지역성이 약하다고 한다. 이공계는 대체로 그렇다. 쉽게 공인된 기준을 갖는다. 인문사회과학 연구는 지역성이 강하다. 미국에서 출판한 학술지에 순수한 중국 학자의 연구는 거의 실리지 않는다. 당시唐詩는 중국 학자 연구의 보물이다. 미국의 일류 학술지에서 당시 연구 논문을 몇 편이나 싣는가? 외국의 중국학자는 두보, 이백 같은 당시의 대가를 연구하려 선뜻 나서지 않는다. 고금의 논평과 주석을 이해하기 어렵기 때문이다. 이런 내용은 반드시 중국인이 써야 한다. 그렇다면 어디에 발표할까? 미국의 일류 중국학 학술지에 발표할까? 중국의 경제 문제는 아주 중요하다. 이를 연구하려면 당연히 수많은 개발도상국을 참고해야 한다. 그러나 주류 경제학 학술지의 관심사는 이론이다. 중국 경제와 관련된 논문 시장은 크지 않다. 게다가 외국 학술지에서 많은 지면을 중국 연구 논문에 할애하려 할까? 그것이 그들의 이익에 부합할까? 영미권의 일류 중국학 학술지는 그 수가 적기 때문에 중국 학자는 영어로 쓴 논문으로 이류 학술지에 비집고 들어가려고 노력한다. 우리 스스로의 학술지 원고 공급원이 부족한 것이다. 더 심각한 점은 중요한 연구는 시간을 들여서 하려 하지 않는다는 것이다. 이는 학문이 발전해야 할 길을 완전히 왜곡하는 것이다.

둘째, 이와 바로 연관되는 문제는 중국 학자가 어떤 언어 위주로 학술 논문을 써야 하는가다. 딩 교수는 이렇게 말한다.

현재 대부분의 이공계 학술지는 영어로 쓰여 있다. 영어는 이미 세계어가 되었다. 이 논란의 여지 없는 사실은 미국이라는 국가의 강성과 관련이 있지 않은가? 왜 중요한 학술 논문을 중국어로 발표할 수 없을까? 영어는 결코 중국인의 모국어가 아니다. 모국어가 아닌 언어로 의견을 발표하면 항상 모국어보다 덜 정확하다. 인문사회과학은 중국의 개념과 많이 관련된다. 왜 영어로 표현해야 하는가? 제2언어를 제1언어보다 능숙하게 사용할 수 없다는 것은 부인할 수 없다. 그렇다면 중국어로 인문사회과학 논문을 쓰는 것이 원칙이다. 왜 영미권 학술지를 치켜세우는가? 인문사회과학을 공부하는 사람이 자기 민족의 언어에 믿음이 없으면 그 민족은 대개 크게 발전할 수 없다. 충분한 믿음이 있다면 왜 중국어 학술지 위주로 평가 기준을 수립할 수 없을까?

마지막으로, 딩 교수는 홍콩의 각 대학 재정의 운명을 좌우하는 '대학교육 재정지원위원회'가 홍콩의 각 대학에서 학문이 '독립 자주적으로 발전'하는 것에 대한 믿음이 없고 항상 외국의 전문가를 초청해서 홍콩 학자의 수준을 평가한다고 신랄하게 비판했다. '연구 성과 평가'를 예로 들면, 대학교육 재정지원위원회는 먼저 "외국 전문가 몇 사람에게 어떻게 평가해야 하는지를 설명한다". 왜냐하면 "담당자는 대개 멀리서 온 승려가 경전을 잘 읽을 것이라고 생각하기 때문이다. 이는 홍콩 일반인의 심리이기도 하다. 그런데 미국인이 읽는 경전과 홍콩 판본이 크게 다르다는 것은 이해하지 못한다". 그 밖의 각종 평가 활동은 아주 심각하다. "매번 며칠 동안 소동을 일으키고 아수라장이 된다. 미국과 대만은 이렇게 평가가 빈번하지 않고 번거롭지도 않다. (…) 현재 각 학교에서 이런 평가 업무에 동원되는 인력, 물자, 돈은 셀 수 없을 정도다."

내가 여기서 거리낌 없이 상세하게 딩방신 교수의 말을 인용한 이유는 그가 지적한 홍콩 고등교육의 폐단이 바로 중국 몇몇 대학의 개혁이 추구하는 목표이기 때문이다. 바꾸어 말하면, 홍콩은 역사적 이유 때문에 스스로 고등교육의 종속 상태에 빠져서 헤어나지 못하고 있다. 그런데 국내의 적지 않은 대학이 홍콩 대학을 흠모하는 듯하다. 심지어 베이징대학 등 국내 최대 대학의 큰 불행은 바로 현재까지도 서양의 '종속기관'이 될 자격이 없다고 여기는 것이다. 베이징대학의 교수들이 아직도 중국어로 논문을 쓰는데 이래서 어떻게 국제화를 할 수 있느냐고 한다! 중국 대학의 이공계 학과는 현재 이미 영어로 해외 학술지에 논문을 발표하는 것이 '평가 기준'이 되었다. 중국의 인문사회과학은 대체로 아직은 중국어로 중국 학술지에 논문을 발표한다. 대학 개혁자의 눈에 이는 중국의 인문사회과학이 낙후한 것으로 비친다. 그래서 중국 인문사회과학의 발전 목표는 바로 앞으로 모두가 영어로 미국의 학술지에 논문을 발표하는 것이다. 중국어로 발표한 논문은 학문적 성과로 여길 수 없으며 국제 기준에 맞지 않는다고 한다. 마지막으로 당연히 중국 학자의 학문 수준은 반드시 외국 학자가 평가해야 한다고 한다. 한번 보자. 홍콩도 외국 전문가에게 평가를 의뢰하고 먼저 외국 전문가를 불러서 "어떻게 평가하는지 설명"해달라고 한다! 저들 홍콩인은 적어도 줄곧 영어를 써왔다. 자신이 평가할 수 없으면 최소한 저들이 "어떻게 평가하는지 설명"하는 것을 알아들을 수는 있다. 중국에서는 저들이 "어떻게 평가하는지 설명"하는 것을 못 알아들을까 봐 두려워만 한다. 따라서 중국의 대학 개혁의 첫걸음으로 먼저 홍콩 고등교육을 모방해야 미국과 접속할 자격을 갖출 수 있다.

　　대개 '세계 일류대학 수준'에 도달하려면 주로 대학에서 이공계 교수뿐 아니라 인문사회과학 교수도 영어로 미국의 학술지에 논문을 발표해야 한다고 말한다. 그 외에는 다른 어떤 목표가 없는 것 같다. 베이징대학 당국은 현재 정밀한 과학적 계산을 거쳐 베이징대학이 '17년'이면 '세계 일류대학'의 기준에 도달할 수 있다고 선포했다. 이것은 무슨 의미일까? 나는 이 '17년'을 어떻게 계산한 것인지 모른다. 왜 15년이나 20년이 아닐까? 그러나 몇 년이 되었든 베이징대학의 이 목표는 대체로 '17년' 후에 베이징대학 교수들이 주로 영어로 미국의 학술지에 논문을 발표하는 것이다. 만약 이 목표가 아니라면 무슨 목표일까? 그러나 이것이 목표라면 홍콩의 모든 대학은 일찌감치 '세계 일류대학'에 도달했다. 홍콩은 이공계든 문과든 예전부터 영어로 영미권 학술지에 논문을 발표해야 했기 때문이다. 이렇게 볼 때 베이징대학의 '세계 일류대학 목표'는 사실상 홍콩화에 지나지 않는다. 구체적으로 말해서, 베이징대학의 현재 개혁 목표는 내 생각에 사실 다음 두 가지다. 첫째, 베이징대학 당국은 각종 방법을 동원해서 17년 후 베이징대학 교수를 반드시 홍콩처럼 주로 영미권 대학에서 배출한 박사로 채우겠다고 결심했다. 둘째, 17년 후 베이징대학 교수는 반드시 홍콩의 대학 교수처럼 영어로 논문을 써서 영미권 학술지에 발표해야 한다. 그렇지 않으면 해임된다. 베이징대학의 관리층은 요즈음 짧은 영어를 배웠다고 한다. 이른바 'up or out'(승진하지 못하면 해임)이다. 어떻게 'up'하고 어떻게 'out'되는가? 답은 아마 이럴 것이다. 앞으로는 영어를 쓰면 'up'이고 중국어를 쓰면 'out'이다.

일류대학인가 삼류대학인가

나는 사실 중국의 대학 개혁에 위험한 경향이 출현하고 있다고 생각한다. 이런 위기는 곧 '세계 일류대학을 건설하자'라는 구호 아래서는 사실 오히려 중국 대학을 삼류, 사류, 그 이하 대학으로 변질시킬 수밖에 없다는 것이다. 이런 위기가 출현한 원인은 현재 이른바 '세계 일류대학'에 대한 이해가 사이비이고 완전히 틀렸다는 데 있다. 그래서 몇 가지 개혁방안의 설계는 시작하자마자 빈번히 틀린 방향으로 향한다.

하나의 가정으로 문제를 제기하겠다. 현재 중국의 일류대학, 가령 베이징대학이 17년 후에 모든 교수, 부교수, 강사를 하버드대학, 예일대학, 시카고대학 등 세계 일류대학에서 양성한 박사들로 채우고 베이징대학에서 배출한 박사는 중국 본토의 이류대학, 삼류대학의 교수가 된다고 가정해보자. 질문하겠다. 그때의 베이징대학은 세계 일류가 된 것인가? 중국의 이류대학 또는 삼류대학으로 변한 것인가? 답은 당연히 자연히 후자다. 베이징대학은 일류대학으로 변하지 않았을뿐더러 중국의 이류대학, 더 나아가 삼류대학으로 변할 것이다. 이런 상황은 사실상 베이징대학 스스로가 배출한 박사가 높은 평가를 받지 못하고 도리어 점점 낮은 평가를 받으며 가치가 떨어진다는 것을 의미한다. 간단히 말해서 대학의 기본 사명은 인재 양성이다. 세계 일류대학이란 세계 일류의 인재를 배출하는 곳이다.

어떤 대학에서 고임금으로 다른 대학에서 배출한 인재만을 초빙한다면 그 대학에서는 영원히 다른 대학과 동등하거나 더 좋은 인재를 배출할 수 없게 된다. 그렇다면 그 대학은 영원히 삼류대학이다. 그 대학의 모든 투자는 실패다. 투자만 있고 산출이 없기 때문이다. 또는 고투입 저산출이기 때문이다. 여기서 세 가지 가능성을 통해서 이 문제를 더 심도 있게 설명할 수 있다. 지금은 고등교육 문제를 토론하고 있기 때문에 여기서는 잠시 대학이 배출하고 앞으로 고등교육에 종사할 인재만을 다루려 한다.

가능한 첫 번째 상황은 17년 후 베이징대학에서 배출한 박사의 평판이 점점 좋아져서 하버드대학이나 옥스퍼드대학 등 세계 일류대학에서 이들을 경쟁적으로 초빙하는 것이다. 즉, '베이징대학 박사'라는 학문적 자격으로 하버드대학이나 옥스퍼드대학의 교수 등이 되는 사례가 점점 많아지는 것이다. 그렇다면 베이징대학이 세계 일류대학의 반열에 들어섰다고 할 수 있다.

가능한 두 번째 상황은 17년 후 '베이징대학 박사'라는 학문적 자격으로 직접 하버드대학이나 옥스퍼드대학 등 해외 일류대학에 교수로 초빙되는 사례가 여전히 적거나 거의 없는 것이다. 그러나 '베이징대학 박사'라는 학문적 자격으로 중국의 일류대학에 교수로 임용되는 비율은 여전히 국내에서 1등이다. 이런 상황은 베이징대학이 아직 세계 일류대학의 반열에 진입하지 못했다는 점을 보여줄 뿐이다. 그러나 적어도 베이징대학이 아직은 중국 일류대학임을 약간은 긍정할 수 있다.

가능한 세 번째 상황은 앞에서 이미 제시한 가능성이다. 17년 후 '베이징대학 박사'라는 학문적 자격으로는 하버드대학과 옥스퍼드대학 등 해외 일류대학에 초빙되기에는 부족하고 더 나아가 중국의 일류대학에서도 부름을 받지 못하고 중국의 이류대학, 삼류대학에만 임용되는 상황이다. 이는 베이징대학이 중국의 이류대학, 삼류대학으로 전락했다는 것을 의미할 수밖에 없다. 하버드대학 박사가 앞으로 미국의 주립대학에서만 교수를 할 수 있다면 하버드대학도 주립대 수준으로 떨어지는 것과 같다.

그래서 이렇게 묻지 않을 수 없다. 베이징대학이 지금 내세우는 '17년 후에 세계 일류대학에 도달한다'는 목표는 도대체 무엇인가? 베이징대학의 목표가 앞에서 말한 첫 번째 상황이라면 17년 내에 더 많은 '베이징대학 박사'가 하버드대학 교수나 옥스퍼드대학 교수가 되어 있을 것이다. 그렇다면 적어도 기개는 있다고 볼 수 있다. 유일한 문제는 베이징대학이 도대체 어떤 제도를 통해 이 목표에 도달하느냐. 베이징대학의 이 목표가 불가능하다면 17년을 말해서는 안 되고 70년도 말할 수 없다. 그러면 이상해진다. 이것이 불가능하다면 베이징대학에서 말하는 '세계 일류대학 건설'은 도대체 어떤 목표란 말인가? 반드시 강조해야 할 것은 '세계 일류대학'의 진정한 기준은 그 대학에서 배출한 최고 학위인 박사가 세계 일류인 데 있다는 점이다. 다른 기준은 진정한 기준이 되지 못한다. 미국에는 아주 좋은 리버럴아츠 칼리지가 많고 가장 우수한 대학생을 이곳에서 길러낸다. 그러나 '세계 일류대학'이라고 부를 수는 없다. 저들은 기본적으로 이런 공허한 명칭에는 관심이 없다. 또한 논문 발표의 양과 질만을 기준으로 삼는다면 중국의 과학원과 사회과학원 체제를 잘 확충해서 연구와 논문 집필에 전념하는 편이 낫다. 왜 정력을 낭비해서 대학을 운영하는가. 어쨌든 학생을 길러도 쓸모가 없다. 이류대학, 삼류대학에만 가서 가르칠 수 있기 때문이다.

베이징대학은 앞서 말한 첫 번째 상황이 목표가 아니라면 앞으로는 '세계 일류대학 건설' 같은 구호를 외칠 필요가 없다. 이런 구호는 베이징대학 스스로를 오도할 수밖에 없기 때문이다. 베이징대학에서 근본적으로 이런 상황에 도달하려고 생각해보지 않은 채 두 번째 상황을 배제하면 최후의 결과는 세 번째 상황으로 전락하는 것밖에 없다. 그러면 베이징대학에서 배출한 '베이징대학 박사'가 점점 낮은 평가를 받게 된다.

미국 유학 근친번식

이렇게 반박하는 사람이 꼭 있을 것 같다. 베이징대학에서 앞으로 모든 교수, 부교수, 강사, 조교를 모두 하버드대학, 예일대학, 시카고대학 등 세계 일류대학에서 배출한 박사로 구성한다면 이런 교수진이 길러낸 베이징대학 박사도 자연히 가장 우수해지는데 어떻게 도리어 평가절하되는가? 이것은 주관적인 생각이다. 베이징대학과 전국 일류대학이 '미국 유학 근친번식'의 길(편의를 위해 미국 유학으로 유학을 통칭한다)을 간다면, 즉 베이징대학 등이 베이징대학 교수로 미국 유학 박사를 우선적으로 고려한다면, 베이징대학의 학생들은 자연히 베이징대학에서 박사과정을 이수하면 절대적으로 전망이 없고 다른 사람보다 한 등급, 심지어 세 등급 낮아진다는 것을 명백히 알게 된다. 베이징대학 스스로가 자신이 길러낸 베이징대학 박사를 폄하하기 때문에 베이징대학의 학생들은 베이징대학에서 박사과정을 이수하려 하지 않고 어떻게 해서든 미국에 가서 박사학위를 대충 따와서 다른 사람보다 등급이 낮아지는 것을 면하려 할 것이다. 이 때문에

'미국 유학 근친번식'이 대를 거듭할 수 있다. 베이징대학이 관성적으로 미국 유학 박사만 베이징대학 교수가 될 자격이 있다고 여기면 베이징대학의 학생들은 관성적으로 미국에서 박사학위를 받아야만 전망이 있고 베이징대학에서 박사학위를 받으면 중국의 삼류대학에서만 교수를 할 수 있다고 생각하게 된다. 이런 상황이 형성되면 사실상 영원히 돌이킬 수 없다. 그러면 베이징대학은 당연히 영원히 '세계 일류대학'이 될 수 없다. 천년만년 기껏해야 가장 좋은 '베이징 유학 예비대학'이 될 것이다.

이것이 바로 베이징대학의 개혁 방향이라면 안 될 것도 없다. 그러나 이런 베이징대학이 배울 곳은 하버드대학이나 시카고대학 등이 아니라 수많은 미국의 리버럴아츠 칼리지다. 동시에 베이징대학은 더 이상 대학원을 운영해서는 안 되고 베이징대학 박사나 석사를 배출할 필요가 없다. 명실상부한 '베이징 유학 예비대학'은 가능한 한 일찍부터 대학생을 미국으로 보내서 박사과정을 이수하게 하는 것이 학생, 학부모, 학교, 국가, 납세자 모두에게 더욱 경제적이고 책임 있는 방식이다. 그러나 문제는 베이징대학이 '세계 일류대학'이 되어야 한다고 부르짖는다는 것이다.

우리는 이번 베이징대학 개혁방안의 기본 지도 사상이 사실 아주 단순하다는 것을 알아야 한다. 바로 '세계 일류대학'의 전제는 대학 교수의 다수가 반드시 미국 박사여야 하고 이 조건을 충족해야 다수의 교수가 모두 영어로 논문을 써서 영미권 학술지에 발표하는 것을 보장할 수 있을 것이라는 생각이다. 따라서 이번 베이징대학의 개혁방안에는 사실상 하나의 목표가 있다. 가능한 한 빨리 현재의 베이징대학 교수를 갈아치우고 절대다수를 미국 유학 박사로 바꾸는 것이다. 베이징대학 개혁방안의 모든 설계는 사실상 이 목표를 실현하기 위한 것이다.

왜 '17년'이어야 하는가. 현재 베이징대학의 개혁으로는 기존의 교수를 움직일 수 없고 교수가 지지하지 않으면 개혁방안이 통과될 수 없다. 그러나 '17년' 후면 지금의 교수는 대부분 퇴임한다. 그래서 개혁의 주된 방향을 어떻게 하면 가능한 한 많이 현재의 강사와 부교수를 도태시키느냐로 정했다. 그래서 승급 기제가 이렇게 아무런 논리도 없이 복잡하기 이를 데 없게 설계된 것이다. 승진은 어려우면 어려울수록 좋고 도태는 많으면 많을수록 좋다. 이래야 더 많은 자리를 미국 유학 박사에게 줄 수 있다. 마지막으로, 베이징대학의 박사를 학교에 남기지 않으면서 '베이징대학 근친번식'을 막는다고 말한다.

그런데 이렇게 질문할 수 있다. 베이징대학에 자교 박사를 남기지 않고 자교의 젊은 교수를 가능한 한 많이 도태시키는 것은 국내의 푸단대학, 난징대학, 저장대학의 박사를 흡수하기 위한 것인가? 당연히 그렇지 않다. 베이징대학을 졸업한 사람은 자연스럽게 알고 있다. '왜 국내 다른 대학을 신경 쓰겠는가?'가 베이징대의 오랜 심리다. 베이징대학에서는 자연히 미국의 대학만 자교보다 좋다고 생각한다. 빈자리에는 자연히 주로 미국 유학 박사만을 초빙하려 할 것이다. 따라서 '베이징대학 근친번식'을 근절시키는 목적은 사실 '미국 유학 근친번식'을 확대하려는 것이다. 그러나 문제는 푸단대학과 저장대학 등이 결코 베이징대학에 관심을 갖지 않는다는 것이다. 그래서 그들도 마찬가지로 베이징대학의 박사를 초빙하지 않고 미국 유학 박사만을 원할 것이다. 이로써 전 중국의 일류대학이 모두 '미국 유학 근친번식'의 길을 걷고 전 중국의 일류대학에서 배출한 박사는 모두 중국의 이류대학, 삼류대학에서만 교수가 될 수 있다. 따라서 결국 중국의 모든 대학에서 자교에서 배출한 박사를 평가절하하게 된다. 이렇게 된다면 중국은 사실상 모든 박사 교육기관을 없애고 지방의 중등대학 운영과 향촌의 기초교육을 강화하는 데 재정을 사용할 것을 고려해야 한다.

'화인대학 이념'에 입각한 베이징대학 개혁

'화인대학 이념'에 근거하면 베이징대학의 개혁은 베이징대학에서 키우는 박사의 수준을 높이고 해외 박사의 수요를 줄이는 데 중점을 두어야 한다. 중국의 대학 개혁의 전체적 목표는 중국의 유학 운동을 가능한 한 빨리 끝내서 중국에서 배출한 박사로 중국 고등교육의 주체를 구성하는 것이지 중국의 대학 교수를 모두 미국 유학 박사로 바꾸는 것이어서는 안 된다. 중국의 대학생이 '미국 유학 근친번식'의 길을 간다면 중국의 대학은 '학문적 독립 자주를 버리고 저들의 종속기관이 되는 것이다!'

베이징대학의 현재 개혁방안은 베이징대학과 중국의 고등교육을 어지럽히는 방안이다. 이 방안의 근본적인 문제는 베이징대학의 책임자들이 베이징대학의 교수진을 거의 신임하지 않고 외국 박사를 맹목적으로 믿는 것이다. 그래서 '미국 유학 근친번식' 방식으로 베이징대학의 체질을 바꾸려 한다. 이런 잘못된 지도 사상을 바꾸면 베이징대학에서는 훨씬 더 현실적이고 새로운 개혁방안을 갖게 된다. 이런 방안은 우선 지금 베이징대학에 있는 젊은 교수들을 충분히 인식하는 데서 시작된다. 사실 최근 3~5년간 베이징대학에 임용된 젊은 교수들은 베이징대학 역사상 가장 우수하고 잠재력 있는 인재일 수 있다. 그들 대부분은 베이징대학과 국내 일류대학에서 배출한 박사이고 졸업 후 치열한 경쟁을 거쳐 베이징대학 교수진의 일원이 되었다. 학교에서 그들은 통상 임금 수준이 가장 낮고 업무 조건이 가장 떨어진다. 그러나 강의실에서는 베이징대학의 학생들 사이에서 제일 인기 있는 교수다. 지금 널리 알려져 있듯이 베이징대학의 젊은 강사, 부교수의 수준은 많은 교수를 뛰어넘는다. 이 젊은 교수들은 외국어 실력이 좋고 폭넓게 독서했으며 지식이 해박하고 사고가 개방되어 있다. 게다가 학생들에게 정신적 호소력을 갖는다. 그들의 수준이 외국 박사보다 낮다고 제멋대로 판정할 수 있는 자격이 있는 사람은 아무도 없다. 사실 그들 중 특출한 사람의 수준과 시야는 미국 박사의 수준보다 훨씬 높다.

개혁 이후 중국에서 유학 운동이 벌어진 지 20여 년이 되었다. 현재 이에 대해서 분명히 평가해야 한다. 이공계는 잠시 논외로 하고 단순히 문과(인문사회과학 전체를 가리킨다)만 보면 많은 부분에서 상당히 실망스럽고 그렇게 이상적이지 못하다. 문과의 미국 유학 박사 대부분이 미국 학술계의 변방, 이른바 '중국 연구'에 몰려 있다. 중국인이 서양에 유학을 하면 원래는 서학의 정수를 연구해야 한다. 그리고 서학의 정수는 바로 서양의 사상 전통과 제도 문화에 대한 서양 자신의 연구이지 중국에 대한 서양의 연구가 아니다. 서양 학계의 '중국 연구'는 서양 학계의 깃털에 지나지 않는 학문이라고 할 수 있다. 이 분야 연구의 문제와 방법이 모두 서양의 주류에서 나왔기 때문이다. 현재 많은 중국의 미국 유학 박사 중 몇 명이 유학 시절에 서학을 전공했을까? 대다수가 이른바 '중국 연구' 영역에 몰려 있다.

사실 많은 사람이 중국에는 조금도 관심이 없으면서도 중국 연구에 몰려가는 것은 중국인이라서 중국어를 할 줄 알기 때문에 논문 쓰기나 미국에서 일자리를 얻기가 수월하기 때문이다. 이것은 비밀은 아니다. 미국에서 박사학위를 받으려면 중간 정도의 재능만 있어도 충분하다는 것을 모르는 사람들이 있다. 결코 특별한 재주가 필요하지 않다. 틀에 박힌 학생이 박사학위를 받기가 가장 쉽다. 정말로 어려운 것은 오히려 앞 세대의 천인커陳寅恪와 첸중수처럼 미국에 가서 학문만 탐구하고 학위 취득은 하지 않는 것이다. 하지만 오늘날 이런 사람은 거의 없다.

베이징대학의 책임자가 베이징대학의 젊은 교수와 미국 유학 박사를 모두 또렷이 인식한다면 대체로 미국 유학 박사가 자교에서 배출한 박사보다 좋다고 확정하는 근거 없는 생각을 버릴 것이다. 그리고 이런 심리를 버리면 현재의 '물갈이'가 목표인 개혁방안도 철저히

버려야 할 이유가 생긴다. 베이징대학의 개혁에서 지금 가장 절박한 것은 책임자의 사상과 생각을 바꾸는 것이라 해도 과언이 아니다! 베이징대학의 책임자에게 '화인대학 이념'을 수립하라고 요구할 이유가 있다. 이는 바로 중국 대학이 쉴 새 없이 '미국 유학 근친번식'을 복제하면 안 되고 가능한 한 빨리 중국 유학 운동을 끝내서 중국 스스로가 배출한 박사를 위주로 중국과 서양 연구를 해야 한다는 점을 명확히 인식하는 것이다. 따라서 앞으로 베이징대학의 임용제도는 세 가지 원칙을 가져야 한다. 첫째, 주로 국내 박사를 중시한다. 둘째, 미국 유학 박사를 임용할 때는 주로 서학을 전공한 사람을 임용한다. 중국은 서양을 대규모로 연구할 필요가 있기 때문이다. 셋째, 그 사람이 적어도 서양의 중국 연구 영역을 이끌어가는 학자가 아니라면 일반적인 상황에서는 중국을 연구한 미국 박사를 임용하지 않는다. 이 세 가지 원칙을 따르면 베이징대학의 인문사회과학은 10년 후에 반드시 크게 빛을 볼 것이라고 믿는다. 반대로 베이징대학의 현재 개혁방안대로 한다면 베이징대학의 인문사회과학은 필연적으로 서양 학계의 '중국 연구'의 일부가 되어서 '저들의 종속기관'이 될 것이다.

베이징대학이여! 자랑스럽게 고개를 들어라. 고귀하게 가슴을 활짝 펴라. 자신을 비하하고 비굴하게 남을 따라가지 말고 자존감을 갖고 자신 있게 '화인대학 이념'을 위해 자신의 길을 가라!

베이징대학과 중산대학의 개혁에 대한 간략한 비교
北京大學與中山大學改革的初步比較

이 글에서는 우선 현재의 호도된 여론을 바로잡으려 한다. 그것은 바로 수많은 대중매체에서 한결같이 '베이징대학 개혁방안'을 비판하는 것을 싸잡아 '개혁 반대'로 몰아가는 것이다. 이것은 심각한 호도다. 장웨이잉張維迎 등 베이징대학의 책임자는 대중매체에 "베이징대학은 개혁해야만 한다"라는 제목의 인터뷰 기사를 냈다. 제목 자체가 논의를 오도하고 있다. 마치 현재의 논쟁 전체가 '베이징대학이 개혁을 해야 하느냐 말아야 하느냐'인 것처럼 말하고 있다. 그러나 이는 처음부터 논쟁할 문제가 아니다! 베이징대학의 개혁에 대한 논쟁은 처음부터 '어떻게 개혁하는가'에 관한 것이었지 근본적으로 '개혁을 해야 하느냐 말아야 하느냐'가 아니었다. 따라서 '베이징대학 개혁방안'을 비판하고 반대하는 것은 결코 베이징대학이 개혁하는 데 반대하는 것과 동일하지 않고 더군다나 대학 개혁 자체를 반대하는 것이 아니다. 오히려 대학 개혁을 더 잘하기 위한 것이다. 경솔하고 무책임한 대학 개혁은 진정한 개혁이 아니며 개혁을 유산시킬 수 있기 때문이다. 나 개인은 비록 지금 '베이징대학 개혁방안'에 대한 주된 비판자 중 한 사람으로 비치고 있지만, 나는 베이징대학이 개혁해서는 안 된다고

이 글은 『21세기경제보도21世紀經濟報道』 2003년 7월 31일 자, 『서성書聖』 2003년 제8호에 실렸다.

주장한 적은 없다. 정반대로 최근 베이징대학의 개혁에 대한 비판이 날로 커지는 상황에서 베이징대학의 개혁을 변호하기를 바라고 있다. 예를 들면, 지금 많은 지인은 베이징대학이 우선 '대학의 관 본위와 관공서화' 문제를 개혁해야 한다고 비판한다. 그러나 나는 이 문제를 지적하는 것은 비록 완전히 정확하고 아주 중요할지라도 결코 베이징대학의 교수 체제 개혁을 비판하는 충분한 이유가 될 수는 없다고 생각한다. 행정 체제의 개혁 등은 교수 체제의 개혁에 좋은 조건을 조성할 수 있지만 교수 체제의 개혁 자체를 대신할 수는 없기 때문이다. 달리 말해서, 교수 체제의 개혁 자체는 확실히 대학 개혁에서 가장 핵심적인 사안이지만 상대적으로 독립된 것이다. 여기에 담긴 많은 문제는 다른 개혁, 가령 행정 지원 개혁 등으로 해결할 수 없기 때문이다. 이 점에서 베이징대학에서 새로운 교원임용제도를 모색하는 것 자체는 결코 잘못된 것이 아니다. 유일한 문제는 단지 베이징대학에서 교수 체제를 개혁할 때 심사숙고했는지, 방안 설계의 논리적 근거는 충분한지다. 이 문제는 해외 대학 체제와의 비교, 베이징대학의 개혁방안과 중국 타 대학 개혁방안의 비교를 통해 검토할 수 있다.

나는 최근에야 중산대학에서 얼마 전에 통과된 「중산대학 교원 편제 사정, 직위 설치, 직무 임용 규정中山大學教師編制核定職位設置與職務聘任規程」 전문과 부칙 전부를 입수했다. 중산대학의 교원임용제도 개혁방안을 자세히 검토한 후 나는 중산대학의 개혁방안이 베이징대학에서 최근에 내놓은 「베이징대학 교원 임용과 겸직 승진제도 개혁방안北京大學教師聘任和職務晉升制度改革方案」보다 훨씬 뛰어나다고 확신하게 되었다. 따라서 이 글에서 대체적인 비교를 함으로써 앞으로 더 많은 토론이 일어나기를 기대한다. 그러나 이 제목의 특수성 때문에 나는 베이징대학이나 중산대학과 현재 아무런 인사 관계나 이해관계가 없음을 먼저 밝혀야겠다. 나는 베이징대학을 졸업해서 떠난 지 이미 15년이 넘었다. 베이징대학은 나의 개인적 이해관계와 아무런 관련이 없다. 모교에 맞설 어떤 개인적인 이유도 없다. 베이징대학을 비판하는 것은 깊은 사랑과 절실한 책임감의 발로일 뿐이다. 다른 한편 나는 중산대학과는 더욱 일면식도 없다. 그곳의 개혁 여부는 나와 개인적으로 아무런 관계도 없다. 따라서 베이징대학의 개혁방안을 비판하든 중산대학의 개혁방안을 긍정하든 순수하게 사리를 논하는 입장에 근거했다는 것을 자신한다. 내가 일전에 발표한 「대학 개혁의 합법성과 합리성」 「화인대학 이념과 베이징대학의 개혁」은 모두 이런 사리를 논하는 입장에 근거했다. 내가 진지하게 토론할 만하다고 확실히 생각하는 엄숙한 문제들을 제기했다. 나는 대학 개혁 토론에 참여하는 사람 모두가 무의미한 개인적 감정싸움을 하지 않고 무의미한 입장 표명 글을 쓰지 말며 대학 교수 체제 개혁의 문제를 심도 있게 토론해서 중국의 대학 개혁에 관한 기본적인 공감대를 형성할 수 있기를 바란다.

중산대학의 개혁:
법에 의한 집행을 강조하고 교수의 합법적 권위를 보장한다

중산대학의 '규정' 첫 번째 조에는 "중화인민공화국교육법」「중화인민공화국고등교육법」「중화인민공화국교사법」「중화인민공화국노동법」에 의거해서 본 규정을 제정한다"라고 명시되어 있다. 이 하나의 조항만으로도 나는 중산대학의 이 '규정'을 완전히 새롭게 바라보게 되었다. 널리 알려져 있듯, 나는 2003년 6월 5일 『21세기경제보도』에 발표한 「대학 개혁의 합법성과 합리성」에서 대학 개혁은 법적 근거를 가져야 하고 대학 교원의 권리와 존엄을 보호하는 데 유념해야 한다고 특별히 주장했다. 그러나 이 글을 발표한 뒤 베이징대학에서 개혁을 담당하는 장웨이잉은 6월 20일 베이징대학의 홈페이지에 "간양이 무슨 문제를 논하고 있는지 정말 잘 모르겠다"라고 응답했고 나의 글이 "많은 사람을 오도한다"라고 말했다. 여기서 적어도 베이징대학의 담당자가 '정말 잘 모르는' 일을 중산대학의 주관자는 아주 명확히 알고 있다는 것을 확인할 수 있다. 그것은 바로 중국의 대학 개혁이 중국의 현행 관련법에 '근거'해야 하고 교원 체제를 개혁할 때는 대학 교수의 권익을 보호하는 데 특별히 유념해야 한다는 점이다.

중산대학의 부총장 리핑李萍의 「본교 교원 직무 임용제 추진 업무보고」에 따라 중산대학의 '규정'에서는 모두 30여 군데를 개정했다. 그리고 주로 학교의 '2대 대회'(교수 대회와 직원 대회)를 통해 교내 교수 대표와 직원 대표의 의견을 반복해서 물었다. 그리고 '2대 대회'

의 대표들이 제시한 가장 중요한 개정 의견 중 첫 번째 조항에서는 바로 "법에 의한 업무를 더욱 강조하고 교원의 합법적 권익을 보장해서 교원 직무 임용을 더욱 공평하고 공개적이며 공정하게 하기"를 희망했다. 중산대학 측은 바로 대표들의 이런 의견에 근거해서 최종본에서 '규정 제1조'를 앞에서 언급한 대로 "「중화인민공화국교육법」「중화인민공화국고등교육법」「중화인민공화국교사법」「중화인민공화국노동법」에 의거해서 본 규정을 제정한다"라고 개정했다. 동시에 '규정 제2조'의 '지도 사상'에 관한 서술에서는 "교원의 합법적 권익을 보장한다"라는 조문을 특별히 추가했다. 이 조문들은 베이징대학의 책임자에게는 아무런 의미가 없어 보일지도 모른다. 따라서 베이징대학의 '개혁방안'에는 '교원의 합법적 권익을 보장한다'라는 어떠한 조문이나 내용도 없다.

그러나 이 '교원의 권익을 보장한다'는 시각에서 베이징대학의 '개혁방안'과 중산대학의 '규정'을 비교하면 우리는 곧바로 베이징대학의 「교원 임용과 겸직 승진제도 개혁방안」에서는 교원 임용과 승급 과정의 '제소와 중재' 문제를 완전히 고려하고 있지 않고, 중산대학의 '규정'에서는 총 7장 6개 부속 문건 중 제6장(제57조부터 제64조까지)에 '제소와 중재'가 설정되어 있어서 교원이 직무 임용과 업적 심사 등의 문제에서 민원과 제소를 할 수 있다는 점을 아주 상세하고 구체적으로 규정해놓았음에 주목할 수 있다. 예를 들면, 교원은 우선 서면 형식으로 총장이 위원장인 '교원 편제 심사와 직무임용위원회'에 제소할 수 있다(제57조). 그리고 위원회는 "제소를 받으면 학교 유관 부문에 조사를 의뢰할 수 있고 필요할 시 공청회 형식으로 진행할 수 있다. 일반적인 상황에서 민원이나 제소를 접수하면 2개월 이내에 민원인이나 제소인에게 서면 답변을 하고 처리 결정을 고지해야 한다"(제59조). 만약 당사자가 처리 결정에 불복하면 서면으로 '학교 교원 직무임용 중재위원회 중재'를 신청할 수 있다(제60조). 그리고 중재위원회는 "신청 접수 1개월 이내에 공청회 형식으로 조사와 심리를 해서 중재해야 한다"(제62조). 이에 상응해서 '규정' 부칙2와 부칙3의 학교급과 단과대급 '교원 직무임용위원회' 의사 규칙에 모두 '회피' 조항을 추가했다. 그리고 "구체적인 사실이 위원회 위원의 심의 의제에 편파적인 태도를 갖게 할 우려가 있으면 피심사자가 위원회에 해당 위원에 대한 회피 신청을 할 수 있다".

이 모든 것은 있으나 마나 한 조문이 아니다. 대학이 교원 임용과 승진제도를 개혁할 때 필수적으로 고려해야 하는 내용이다(서양 대학의 교원 임용 승진제도의 고충처리grievance procedures에 해당한다). 중산대학의 '규정'은 이에 대해 상세하게 규정하는데 왜 베이징대학의 '개혁방안'에서는 이 점을 전혀 고려하지 않을까? 베이징대학은 당연히 이렇게 변론할 수 있다. 우리는 앞으로 이 모든 관련 규정을 마련할 수 있다고 말이다. 그러나 이런 변명은 그리 설득력이 없다. 새로운 교원 임용제도를 설계할 때 상세한 것까지 생각했다면 '제소와 중재'에 관한 절차를 '누락'해서는 안 되었기 때문이다. 사실상 여기서 의미심장한 몇 가지 차이를 들 수 있다. 특히 중산대학의 '규정'에는 있고 베이징대학의 '개혁방안'에는 없는 조문은 두 학교가 교원을 존중하는 태도를 가졌느냐 그렇지 않으냐의 차이를 반영한다. 예를 들면, 중산대학의 '규정' 제44조는 이렇다. "교수, 부교수, 강사가 본교에서 연속으로 5년 재직하면 6개월간 학술 휴가를 써서 학술 연구에 전념할 수 있다. 학술 휴가는 유급 휴가이고 학술 휴가를 받은 해에는 기본적으로 의무교육 업무량을 반으로 줄인다." 이것은 아주 중요하고도 흡인력 있는 규정이다. 그리고 서양 대학의 안식년sabbatical leave(대학 교수가 7년마다 1년 또는 6개월의 학술 휴가를 쓰는 것)과 같다. 중산대학은 이 권리를 강사 1급의 젊은 교수에게도 동시에 부여한다. 매우 극찬할 만한 일이다. 베이징대학의 '개혁방안'에는 이 부분도 빠져 있다. 물론 우리는 베이징대학이 앞으로 반드시 관련 규정을 제정할 것이라고 전적으로 믿는다. 그러나 왜 이 교원의 권익에 관한 규정들이 베이징대학의 「교원 임용과 겸직 승진제도 개혁방안」에 먼저 들어 있지 않고 꼭 '나중'에야 고려하려는 것일까?

나는 이런 차이가 결코 우연이 아니라 중산대학과 베이징대학의 교원 임용제도 개혁에 대한 기본 태도의 차이라고 생각한다. 중산대학의 '규정'은 교원의 입장에서 더 많이 문제를 생각했다고 느껴진다. 그러나 베이징대학의 '개혁방안'은 행정당국이 고자세로 교원을 대하는 오만함을 보여준다. 따라서 우리는 하나의 의미심장한 차이를 들 수 있다. 중산대학의 '규정' 제15조는 이렇다. "각 대학 학과에서 교원을 초빙할 때 학교 당정 관리의 주요 지도 직무를 담당하거나 학장(학과장), 서기의 직무를 맡으면 원소속 대학 학과의 교원 편제 인원에서 제외한다." 이것도 베이징대학의 '개혁방안'에는 없다.

역사를 존중하는 중산대학, 역사를 단절시키는 베이징대학

중산대학의 이번 교원 체제 개혁 조치는 두 가지 문건으로 구성된다. 첫 번째 문건은 앞에서 이미 거론한 「중산대학 교원 편제 사정, 직위 설치, 직무 임용 규정」이고, 다른 하나는 「"규정" 실시, 교원직무심사제에서 직무임용제로의 안정적 이행에 관한 약간의 규정關於實施規程實現從教師職稱評審制到職務聘任制平穩過渡的若干規定」이다. 중산대학의 '규정'은 장래에 실시할 것이다. 주로 앞으로 중산대학에 임용되는 신규 교원을 대상으로 설계했다. '안정적 이행에 관한 약간의 규정'은 현재에 대한 것이다. 주로 중산대학에 현재 재직하고 있는 교원이 어떻게 새로운 체제로 이행하는가를 고려했다. 이에 비해 베이징대학의 '개혁방안'에는 하나의 문건만 있다. 이 문건의 특징은 미래 지향을 외치고 세계 일류대학 건설을 외치지만 실질적인 내용은 바로 '역사가 남긴 문제'를 해결하는 것 위주라는 점이다. 사실상 '역사를 단절시키고' 미래로 나아가기를 의도한다. 베이징대학의 '개혁방안'은 성격상 사실 중산대학의 '안정적 이행에 관한 약간의 규정'에 더 가까운 듯하다. 단지 베이징대학은 '안정'적 이행을 고려하지 않고 '강제적 이행'을 하려는 것 같다. 약간의 비교를 해보면 중산대학 개혁의 면밀함, 신중함, 현명함과 베이징대 개혁의 경솔함, 임의성이 선명한 대조를 이룬다는 점을 알 수 있다.

중산대학의 '안정적 이행에 관한 약간의 규정'은 현재 재직 중인 교원의 이행 문제에 대해서 기본적으로 다음과 같이 규정한다. 첫째, "2003년 5월 이전의 직급 심사 결과를 원칙적으로 승인해서 교원직무초빙제도 실시의 토대로 삼는다". 둘째, "2003년 5월 31일 이전에 중산대학에 임용된 교원 중 교수, 부교수 직무를 부여받은 자는 예전의 직무를 계속 부여받으면 학교와 무기임용계약을 체결한다". 즉, 통상 말하는 종신임용이다. 셋째, "강사, 조교수 직급을 부여받은 교원이 원직급을 계속 부여받을 때는 학교와 유기임용계약을 체결한다. 최초 임용 기간은 3년이고 계약 체결일로부터 계산한다". 넷째, "강사, 조교수 직급을 받은 사람이 중산대학에서 25년을 채우거나 중산대학에서 연속 10년을 근무하고 남성은 50세, 여성은 45세이면 원직급을 계속 받아도 학교 측과 무기임용계약을 체결할 수 있다"(마지막 조항의 정신은 베이징대학 개혁방안의 초안에는 전혀 없다. 그러나 베이징대학 개혁방안의 두 번째 버전에는 들어갔다. 아마 중산대학의 '규정'을 참고한 것 같다).

중산대학의 이 방안과 베이징대학 개혁방안의 가장 기본적인 차이는 다음과 같다. 중산대학은 원칙적으로 재직 중인 교수와 부교수 두 직급 모두를 종신임용으로 전환하고 베이징대학은 교수 직급만 종신임용으로 자동 전환하며 부교수는 제외했다. 그러나 그 밖에 절차상의 차이가 있다. 중산대학은 "2003년 5월 이전의 직급 심사 결과를 원칙적으로 승인한다". 그러나 절차상으로 단과대와 학과는 여전히 재직 중인 교수, 부교수, 강사를 포함한 모든 교원에게 계속 임용 여부를 확인하는 과정을 진행해야 한다. 구체적인 절차로 이 학교에 재직 중인 57세 이하 교원이 본교 교원으로 계속 임용되기를 신청하려면 '중산대학 교원 직위 신청서'를 작성해야 한다. 단과대와 학과의 '교원 직무임용위원회'는 해당 단위 재직 교원의 현 직무 임용 방안을 작성하고 "기명투표 방식으로 매 신청자에 대해서 표결을 한다. 임용위원회 총인원의 과반수 찬성표를 받은 자는 임용될 수 있다. 그리고 '규정'에 근거해서 학교와 새로운 '교원 직무임용계약'을 체결한다". 이런 절차가 다분히 주로 형식적이라고 해도 대다수 재직 교원이 거의 현 직급으로 계속 임용되는 것을 확인받는다. 그러나 적어도 절차상으로는 재직 중인 교수도 부교수와 강사와 마찬가지로 평등하게 이런 확인 절차를 거친다. 몇몇 교수가 확인받지 못할 가능성도 결코 배제할 수는 없다. 그러나 베이징대학의 '개혁방안'에는 모든 재직 교수가 어떤 절차도 거치지 않고 자동으로 종신임용으로 전환되지만 부교수와 강사는 똑같이 '3년 계약임용'으로 바뀐다.

중산대학의 '이행' 방안이 더 합리적이고 공정하며 안정적이라는 점에는 추호도 의심이 없다. 현재의 고등교육 체제에 따르면, 중국의 '강사'급 교원은 서양 대학의 '조교수'급 교원에 해당한다. 즉, 아직 이른바 '학술 수습기probationary period'에 있는 교원에 속한다. 따라서 구체제에서 신체제로 전환하는 과정에서 강사급 교원이 원칙적으로 곧바로 '종신임용'으로 전환되지 않는 것은 이론상으로 가능하고 비교적 쉽게 변호할 수 있다. 또한 합격 통지를 받은 '학술 수습기' 교원만 종신임용을 받을 수 있는 자격이 있다. 그러나 부교수는 교수와 마찬가지로 이미 '학술 수습기'를 거친 교원이다. 따라서 전환기에 이 두 직급의 교원은 동등하게 대해야 마땅하다. 즉 교수와 부교수는 동시에 '종신임용'으로 전환되거나, 아니면 똑같이 '종신임용'으로 전환되지 않아야 한다. 그렇지 않다면 아주 불공정한 것이다. 교수와 부교수가 '종신임용'으로 전환되지 않으면 정말로 파장이 아주 클 것이고 개혁의 안정적 이행에도 불리하다. 현재 재직 중인 교수와 부교수를 원칙적으로 '종신임용'으로 전환하면 대학의 개혁은 좀더 쉽게 '안정적 이행'을 보장받을 수 있다. 중산대학의 이번 개혁은 교내에서 큰 논란을 야기하지 않았다. 바로 그들이 재직 교수와 부교수를 원칙적으로 '종신임용'으로 전환하는 방안을 채택했다는 점 때문이라는 데에는 의심의 여지가 없다. 중산대학의 '이행' 방안을 보면 그들은 확실히 학교 측이 개혁 과정에서 수차례 강조한 중산대학의 개혁 원칙, 즉 "학교는 현실에 입각하고 역사를 존중하며 실사구시의 태도로 직위 평가의 기본적 요구를 참고해서 현재 구성원을 대부분 승계한다"를 고수했다.

이에 비해, 베이징대학의 '개혁방안'은 비현실적으로 이상만 높고 역사를 단절시키며 번드르르하지만 부실하고 제멋대로 망동한다. '현재 구성원을 대부분 승계'하지 않고 '안정적 이행' 문제를 충분히 고려하지 않는다. 대신 완전히 임의적인 조악한 결정을 먼저 내린다. 즉, 재직 교원 중 교수만 '종신임용'으로 자동 전환하고 부교수는 제외한다. 사실상 베이징대학의 개혁방안은 교내에서 큰 논란을 불러일으켰다. 근본적으로 이러한 임의적인 결정 때문이라 할 수 있다. 앞에서 말했듯이 강사를 원칙적으로 종신임용으로 전환하지 않는 것은 좀더 쉽게 이론적으로 논증하고 변호할 수 있기 때문이다.

만약 베이징대학의 개혁방안에서 중산대학의 이행 규정처럼 교수와 부교수를 원칙적으로 '종신임용'으로 전환했다면 베이징대학의 개혁방안은 결코 지금처럼 커다란 논쟁을 야기하지 않았을 것이고 베이징대학의 개혁 과정은 아주 안정적이었을 것이다. 나는 베이징대학의 개혁방안이 논란을 일으키는 것은 바로 그것이 베이징대학의 개혁이기 때문이라는 현재의 이상한 주장에 근본적으로 동의하지 않는다. 이런 자화자찬식의 표현은 완전히 문제의 본질을 덮어버린다. 이렇게 베이징대학의 개혁방안이 큰 논란을 야기하는 이유는 바로 아주 불합리하고 불공정하며 도처에 '임의성'을 드러내기 때문이다! 베이징대학 측은 그들이 하려는 것이 '충격요법'이 아니라고 수차례 말하면서 행정당국의 임의성으로 사리에 전혀 맞지 않게 교수만 종신임용으로 자동 전환하고 부교수는 배제하겠다고 결정했다. 당연히 이것이 바로 한 치의 어긋남도 없는 '충격요법'이다! 이것 말고 어떻게 해야 '충격'인가? 베이징대학에서는 모든 교수를 해임하지만 않으면 '충격'이 아니라고 생각하는 것일까?

우리는 반드시 물어야 한다. 베이징대학의 개혁방안은 도대체 무슨 근거로 교수는 종신임용으로 전환하면서 부교수는 배제하는가? 베이징대학 측이 지금 주장하는 모든 근거는 근본적으로 말이 되지 않는다. 예를 들면, 베이징대학 측은 "정교수 수가 상대적으로 적고 전체 정교수를 종신 직위로 확정해도 교수진의 세대교체에 큰 문제가 없다"라고 변호한다. 그러나 이 주장은 근본적으로 베이징대학의 현실과 맞지 않는다. 예를 들면, 베이징대학의 문학, 역사, 철학계열 학과는 교수의 수가 가장 많다. 베이징대학의 현재 확인 가능한 공식적 수치에 따르면, 중문과의 현재 교원 비율은 교수 51명, 부교수 35명, 강사 18명이다. 어떻게 "정교수 수가 상대적으로 적다"라고 말할 수 있는가? 다음으로 역사학과는 교수 28명, 부교수 18명, 강사 16명이다. 어떻게 "정교수 수가 상대적으로 적다"라고 말할 수 있는가? 철학과는 교수 27명, 부교수 27명, 강사 7명인데, 어떻게 "정교수 수가 상대적으로 적다"라고 말할 수 있는가? 또한 베이징대학의 영어과 전공은 교수 14명, 부교수 11명, 강사 6명이다. 어떻게 "정교수 수가 상대적으로 적다"라고 말할 수 있는가? 베이징대학 측은 개혁할 때 자교 교원의 비율도 기본적으로 이해하지 못하면서 막연하게 '정교수 수가 상대적으로 적다'라고 생각하는 것 같다. 그리고 상황을 이해하지 못하는 많은 사람은 막연하게 베이징대학의 주장에 분명 근거가 있다고 여긴다. 누가 베이징대학 당국의 주장이 입에서 나오는 대로 전혀 근거 없이 나왔다고 생각하겠는가!

사실상 베이징대학의 본뜻은 결코 "정교수 수가 상대적으로 적다"가 아니라 "강사 수가 사실상 너무 적다"일 것이다. 강사 전부를 해임해도 베이징대학의 '세대교체'에 도움이 되지는 않는다. 그래서 베이징대학에서 생각해낸 '묘수'는 바로 부교수를 강사로 계산하고 모두를 '학술 수습기'의 강사로 헤아리는 것이다. 이렇게 하면 해고 처분이 가능한 인원 기준 수가 더해진다. 단도직입적으로 말해서, 이른바 베이징대학의 개혁방안은 사실 주로 '감원' 방안이지 베이징대학의 미래를 심사숙고해서 설계한 방안이 아니다. 본래 감원은 감원일 뿐이다. 그러나 베이징대학에서는 이렇게 아주 허울 좋은 구호만 내세우려 한다. 그러고서 세계 일류대학, 국가와 인민의 기대, 18억 위안을 어떻게 인계할 것인가 등을 말한다. 불가사의하게도 감원의 합리성을 변호하기 위해 베이징대학의 주요 임원은 뜻밖에 교내외, 신문, 텔레비전을 통해 "베이징대학은 일류 학생, 이류 교수다"라고 마구 보도한다. 이로써 정말로 세계 대학 역사의 기적을 창조했다. 어떤 나라의 어떤 대학 총장과 부총장도 이렇게 자교 교수를 업신여기고 모욕하지 않았다! 베이징대학 당국은 이번에 베이징대학 교수 집단의 명예를 심각하게 훼손했다. 아마 앞으로 오랫동안 회복하기 어려울 것이다.

학술 수습기와 종신교직 자격에 관해서

베이징대학 개혁방안의 주된 목적은 감원이다. 동시에 부교수도 감원 대상에 넣는 것이다. 따라서 베이징대학의 개혁방안에서는 앞으로 베이징대학에서 교수로 승진한 사람만 종신임용을 받을 수 있다고 규정해야만 한다. 미국의 절대다수 부교수와 교수는 모두 이른바 '종신교수'이고 그 비율도 줄곧 비교적 안정적이다. 예를 들면, 2000년의 통계에서는 96.7퍼센트의 교수와 85.7퍼센트의 부교수가 종신교수다. 2003년의 최신 데이터에서는 96.6퍼센트의 교수와 84.7퍼센트의 부교수가 종신교수다. 베이징대학은 고자세로 종신교수 직급을 취득할 자격을 미국의 보편적인 수준보다 높이려 한다. 정말로 앞으로 미국을 뛰어넘으려는 것인가? 사실은 그렇지 않다. 베이징대학에서 종신교수 직급을 교수로 한정한 것은 재직 중인 부교수를 종신교수로 전환하지 않도록 제약하기 위해서다.

　　우리는 이 점을 아주 쉽게 증명할 수 있다. 베이징대학의 목적이 하버드대학을 배우고 미국의 보편적 수준을 넘어서는 것이라면 베이징대학에서는 결코 황당한 수준의 '학술 수습기' 제도를 동시에 설계해서는 안 된다. 베이징대학의 개혁방안에 따르면 앞으로 베이징대학 교원의 '학술 수습기', 즉 한 사람이 베이징대학의 강사로 임용된 후부터 '종신교직'을 받는 시기가 이과는 최장 15년, 문과는 최장 18년이기 때문이다. 이 제도는 사실상 완전히 현재 베이징대학에 재직 중인 부교수와 강사를 겨냥해서 설계한 것이다. 그것 말고는 달리 설명할 수 없다. 이런 '학술 수습기' 제도는 완전히 상식에 위배되는 것이고 베이징대학에 사실상 '학술 수습기' 개념이 없다는 것을 분명히 보여준다. 베이징대학의 개혁이 미국을 학습했음을 표방할수록 베이징대학의 주요 인사가 미국 체제를 기본적으로도 알지 못하고 있음을 드러낸다. 나는 거의 이렇게 판단할 수 있다. 장웨이잉은 미국의 종신임용제도에 관한 책을 읽은 적이 없다. 아니면 그는 자신이 가장 즐겨 말하는 이른바 'up-or-out'이 사실은 약식 표현이고 정식 표현은 'seven-year, up-or-out rule'이거나 'six year, up or out', 즉 '7년 이내에 승진하지 못하면 떠난다' 혹은 '6년 이내에 승진하지 못하면 떠난다'라는 것을 알지 못하는 것이다. 이것은 미국 절대다수의 '학술 수습기'가 7년 이하이기 때문이다.

　미국은 대학마다 다르지만 사실상 공통적인 교원임용제도 안내서가 있다. 그것은 바로 「1940년 학술 자유와 종신임용 원칙에 관한 진술서1940 Statement of Principles on Academic Freedom and Tenure」다. 이 '진술서'는 미국대학교수협회American Association of University Professors와 미국대학협회Association of American Colleges(미국대학·대학교협회 Association of American Colleges and Universities로 개칭)가 1940년 연합해서 통과된 것이다(나중에 부칙으로 「1970년대의 해석성 주석1970 Interpretive Comments」도 통과되었다). 이 문건에서 '학술 수습기'에 대해 수립한 기본 원칙은 "학술 수습기는 7년을 넘지 않는다"이다. 동시에 만약 학술 수습기 이후에도 재임용되지 않으면 적어도 현 학술 수습기가 끝나기 1년 전에 당사자에게 통보하도록 규정되어 있다. 이른바 "7년 이내에 승진하지 못하면 떠난다"라는 말은 여기서의 "7년을 넘어서는 안 된다"에서 온 것이고 또 "6년 이내에 승진하지 못하면 떠난다"라고 하는 이유는 1년 전에 통지해야 하기 때문이다. 따라서 미국의 절대다수 대학은 교원 임용 후 6년째 되는 해에 '종신임용' 여부를 결정한다. 소수 학교가 7년을 넘기지만 가장 긴 수습기도 보통 9년을 넘지 않는다. 예를 들면, 컬럼비아대학에서는 교수가 최후 임용 후 9년째에 '종신임용'을 신청할 수 있다고 명문으로 규정하고 있다. 그러나 학술 담당 부총장의 특별 비준을 거쳐야 한다. 그리고 결정은 6년째 되는 해에 내린다. 이때 동시에 세 가지 조건을 충족해야 한다. 첫째, 반드시 이 사람이 뛰어난 학자임을 증명해야 한다. 둘째,

중요한 학술적 출판 또는 학술적 성과가 7년째에 나와야 한다. 셋째, 반드시 학과 내에서 이 사람이 학과 내부 심사에서 절대적으로 통과할 수 있다는 점을 서면으로 보증해야 한다.

베이징대학의 개혁방안이 정말 미래를 향한다면 현재 듣도 보도 못한 '15년 또는 18년 내에 승진하지 못하면 떠난다'라는 학술 수습기를 설계할 이유가 없다. 이는 베이징대학의 미래에 아주 불리하고 앞으로의 세대교체에도 불리하기 때문이다. 베이징대학이 이 제도 같은 '역사의 단절'을 생각하면 할수록 더욱더 '역사가 남긴 문제'에 발목을 잡히게 된다. 재직 부교수의 종신임용 전환을 불허하기 위해서 베이징대학은 도리어 '불합리하게 관대한' 제도, 즉 '승진하지 못하면 떠나는' 기간을 과도하게 연장하는 시간 규정을 설계했다. 이에 따라 도리어 더 오랫동안 베이징대학은 가벼운 발걸음으로 미래를 향해 나아가지 못하게 되었다.

이에 비해 중산대학의 개혁은 베이징대학처럼 하버드대학을 입버릇처럼 말하지 않는다. 중산대학의 개혁방안은 오히려 미국 대학의 통상적인 체제에 더 가깝다. 아주 꾸밈없이 앞으로 교수가 종신임용을 취득할 자격을 부교수로 한정했고 부교수가 임용 후 3년이 지나면 종신임용 계약을 신청할 수 있도록 규정했다. 그리고 교수로 승진해야만 종신임용이 될 필요가 없도록 했다. 따라서 중산대학에서는 자연히 베이징대학처럼 아주 난잡한 다수 계약제를 설계하지 않았다. 나는 여러 측면에서 볼 때 중산대학의 개혁방안이 사려 깊고 법령과 제도가 엄격하며 합리성과 실행 가능성 측면에서 베이징대학의 개혁방안을 크게 앞선다고 생각한다. 베이징대학은 현재 세 번째 버전을 수정하고 있다. 나는 여기서 정중히 제안한다. 베이징대학은 허심탄회하게 중산대학을 배우고 중산대학의 '규정'을 참고해서 현재의 방안을 전면 수정해야 한다. 베이징대학 당국은 최근 베이징대학의 개혁방안을 비판하는 사람에게 늘 대안을 내놓으라고 말한다. 이런 주장이 빈말이 아니라면 나는 이렇게 제안할 수 있다. 사실 베이징대학의 '개혁방안'은 한 조항만 고쳐도 전체와의 관계를 합리적으로 조절할 수 있다. 그것은 바로 '종신임용'의 대상을 부교수까지로 정하는 것이다. 그렇게 하면 우선 현재 재직 중인 부교수가 교수와 동일하게 '종신임용'으로 전환되고, 다음으로 상식에 반하는 '15년 또는 18년 승진하지 못하면 떠나는' 제도를 설계할 필요가 없다. 그러면 베이징대학의 개혁방안은 바로 합리적이고 실행할 수 있는 방안이 될 것이다. 사실 중산대학의 개혁방안은 이미 잘 갖추어져 있고 가장 완벽한 방법을 제공하며 현재 베이징대학의 개혁방안을 대체하기에 충분하다.

화인대학 이념 90년

華人大學理念九十年

문　선생님은 「화인대학 이념과 베이징대학의 개혁」이라는 글에서 중국 대학의 사명은 중국인이 사상, 학술, 문화, 교육에서 독립 자주를 견지하고 강화하게 하는 것이지 서양 대학의 부속기관이 되는 것이 아니라고 주장했습니다. 그리고 중국 대학 개혁의 전체적 목표는 하루속히 중국의 유학 운동을 끝내고 중국 대학 스스로가 길러낸 인재로 중국 고등교육의 주체를 구성하는 것이라고 했습니다. 이 논점들은 많은 논란을 일으켰습니다. 어떤 이는 중국인에게는 근본적으로 이런 '화인대학 이념'을 가질 자격이 없다고 비판합니다. 이런 비판을 어떻게 보십니까?

답　물론 이런 비판이 이상하지는 않습니다. "제비나 참새가 기러기나 고니의 뜻을 어떻게 알겠습니까?" 청말 유학 운동 이후 중국에서 해외 유학을 한 사람은 지금껏 두 부류로 나눌 수 있습니다. 한 부류는 문화 열등론자이고 다른 한 부류는 문화 자강론자입니다. 문화 열등론자는 자연히 '화인대학 이념'이 황당하다고 여깁니다. 그러나 문화 자강론자는 필연적으로 이 이념으로 뜻을 세웁니다. 사실 '화인

이 대담은 『독서讀書』 2003년 제9호에 실렸다.

대학 이념'에는 최소한 90년의 역사가 있습니다. 그 시발점은 후스가 유학 시절에 쓴 「비유학편非留學篇」입니다(1914년 『미국 유학생연보留美學生年報』와 『갑인甲寅』 1915년 10월 호에 발표되었다). 게다가 후스의 표현은 저보다 격렬합니다. 「비유학편」 첫머리는 이렇게 시작됩니다.

> 나는 우리 어르신들과 형제자매에게 이렇게 고하고 싶다.
> 유학은 우리나라의 대수치다!
> 유학은 지나가는 배이지 입신양명의 수단이 아니다.
> 유학은 시간과 돈을 버리고 노력은 배로 들며 성과는 절반이다.
> 유학은 구급 수단이지 장기적인 계획이 아니다.

후스는 뒤이어 네 가지 논점을 차례로 제시합니다. 첫째, "수천 년 된 오랜 나라, 동아시아 문명의 영수領袖가 얼마 전부터 북쪽을 바라보고 수학하고 제자의 나라를 칭한다. 천하의 대수치다. 무엇이 이보다 더 크겠는가! 따라서 유학은 우리나라의 대수치다"라고 말합니다.

둘째, "중국인이 유학하는 목적은 본래 '다른 사람의 장점으로 나의 부족한 점을 보충하고 우리나라의 오랜 문명이 새로운 생기를 얻어 날로 발전하도록 해서 신주神州에 신구新舊가 혼합된 신문명을 만드는 것'이지만, 현실적인 결과는 아주 많은 유학생이 '졸업장 한 장으로 부귀공명의 영예를 얻어서 수레를 타고 처첩에게 모셔지기'를 추구할 뿐이며 새로운 '입신양명의 수단'으로 여길 뿐이다". 이에 따라 후스는 이렇게 한탄합니다. "아, 이런 뜻을 갖고 유학을 가면 우리나라의 자제가 구미 대학에 가득 차도 우리나라의 학술과 문명에 더 무슨 보탬이 될까! 더 무슨 보탬이 될까!"

셋째, "유학은 '시간과 돈을 버리고 노력은 배로 들며 성과는 절반'이다. 이른바 '시간 소모'는 중국 학자가 유학을 하기 위해서는 먼저 다년간 서양의 언어와 문자를 공부하면서 준비해야 하고 해외로 가서는 서양 언어에 무수한 시간을 쏟아야 한다는 것이다. 따라서 동등한 지능을 가진 서양 학생과 중국 학생이 같은 것을 공부할 때 중국 학생은 서양 학생의 시간과 노력의 여러 배를 들여야 한다. 이는 동일한 지능이 이미 반은 떨어져 나가는 것과 같다. 즉, 필연적으로 '노력은 배로 들며 성과는 절반'이 된다. 많은 사람이 결국에는 서양어를 할 줄 아는 바보가 될 뿐임은 두말할 나위도 없다". 따라서 후스는 이렇게 말했습니다. "무릇 4년이나 6~7년 동안 공들여서 유학생 한 사람이 준비하고 외국으로 나가면 몇 배의 시간과 여덟 배의 재산을 그 사람에게 제공한다. 그 후 귀국 유학생이 되지만 그 사람이 과연 사회와 국가에 도움이 될지는 아직 알 수 없다. 그래서 나는 '유학은 시간과 돈을 버리고 노력은 배로 들며 성과는 절반'이라고 말한다."

유학에 이런 폐단이 있더라도 현재 중국인은 간단히 유학을 폐기할 수 없습니다. 그것은 목이 막힐까 봐 먹지 않는 것에 비할 수 있습니다. 따라서 후스의 가장 근본적인 논점은 네 번째에 있습니다. 즉 "유학은 잠시 동안의 일이지 오래 지속되어서는 안 된다". 즉 "구급 수단이지 장기적인 계획이 아니다". 그는 큰소리로 묻습니다. 중국인은 정말로 "유학이 백년대계라고 보아야 하는가?" 바로 여기서 후스는 명확히 주장합니다. "유학은 유학하지 않는 것을 목적으로 한다." 즉, 중국인이 유학하는 목적은 바로 하루속히 중국이 유학 운동을 끝내기 위해서라는 것입니다. "유학의 목적은 앞으로 학생들이 유학할 필요가 없게 하고 유학의 결실을 거둘 수 있도록 하는 것이다. 따라서 유학 정책은 유학하지 않는 것을 목적으로 삼는다."

문 그렇다면 선생님의 "중국은 유학 운동을 하루속히 끝내야" 한다는 주장과 후스의 "유학은 유학하지 않는 것을 목적으로 한다"라는 주장은 일맥상통합니까?

답 이 목적 또는 목표를 다시 제기하는 것은 이 목적이 지금 사람들에게서 거의 잊혔기 때문입니다! 중국은 개혁개방 이후 20여 년 동안 유학 운동을 했습니다. 이 유학 운동은 청말 민국 초에 후스가 살던 시기의 유학 운동처럼 의미가 큽니다. 그러나 우리는 당시의 후스처럼 물어야만 합니다. "우리 나라 사람들은 과연 유학을 백년대계라고 보는가?" 특히 오늘날 중국의 각 대학이 줄줄이 '일류대학'의 설립을 구호로 내걸고 개혁하는 시기에 우리는 중국 대학 개혁의 전체적인 목표가 도대체 중국의 유학 운동을 끝내려는 것인지 한층 더 제도화하고 영구화하려는 것인지 물어야 합니다.

저는 베이징대학의 개혁방안을 비판할 때 이렇게 말했습니다.

만약 베이징대학의 개혁 방향이 한 세대 한 세대가 '미국 유학 근친 번식'을 하는 데 지나지 않는다면 베이징대학은 분명 영원히 '세계 일류대학'이 될 수 없을 것입니다. 천년만년 일류 '미국 유학 예비대학'만 될 수 있습니다. 이 또한 90년 전에 후스가 일찍이 경고했습니다. 그는 이렇게 말했습니다. "현재의 큰 잘못은 국내 교육이 유학만 준비하는 데 있다. 국내의 유명한 학교들에서 모두 서양어를 중요시하고 서양어로 과학을 가르친다. 학생은 해외 유학을 최고의 목적으로 삼는다. 학교도 자교 학생을 관비 유학 시험에 합격하게 하거나 외국 대학에 직접 입학하게 할 수 있으면 자신의 책임을 다했다고 생각한다. 이것은 오늘날 가장 큰 잠재적 병폐다. 그 폐단이 드러나면 우리나라는 장차 해마다 유학을 보내고 영원히 제자의 나라가 되며 국내의 문명은 발달할 가망이 없어질 것이다."

오늘날 우리가 "중국의 유학 운동을 하루속히 끝내자"라고 명확히 주장해야 하는 이유는 사실 이런 "우리나라는 장차 해마다 유학을 보내고 영원히 제자의 나라가 되며 국내의 문명은 발달할 가망이 없어질 것"이라는 위험이 거의 90년 전보다 더 심각해지려 하기 때문입니다!

우리는 후스가 「비유학편」을 쓴 해가 1912년임에 주목해야 합니다. 당시의 중국은 그때까지 현대적 대학이라고 할 만한 것이 없었습니다. 그리고 당시 중국의 전반적인 상황은 후스가 말했듯 제대로 된 구석이 하나도 없었습니다. "정치로 말할 것 같으면 나귀도 말도 아닌 공화다. 군사로 말할 것 같으면 세계의 조롱을 받는다. 어문학으로 말할 것 같으면 구학舊學은 이미 없어졌고 신문학은 아직 기약 없이 불안정하다. 과학으로 말할 것 같으면 특히 고통스럽다. 온 나라에 지금껏 전문 학자라고 할 만한 사람이 하나도 없다." 그러나 이런 중국의 모든 것이 극단적으로 낙후하고 쇠퇴하며 서글픈 환경에서 후스 세대의 중국 학자는 높고 원대한 뜻을 품고 높이 서서 멀리 내다보며 '유학은 유학하지 않는 것을 목적으로 삼아야 한다'는 목표를 제시했습니다! 오늘날 돌아보면 중국 대학은 세계 일류대학과 거리가 얼마나 되든 간에 결국 현대 대학의 상당한 규모와 실력을 갖추었고 구비 조건과 수준도 후스 세대의 중국 대학과는 나란히 취급할 수 없습니다. 그러나 오늘날 사람들은 '유학은 유학하지 않는 것을 목적으로 삼아야 한다'라는 문화적 자각이 없을뿐더러 오히려 "중국 대학 개혁의 전체적 목표는 하루속히 유학 운동을 끝내는 것이다"라는 말을 들을 때 아주 놀랍다는 표정을 짓고 이상하게 봅니다.

저는 오늘날의 문제는 중국 대학의 수준이 너무 낮은 것이 아니라 오늘날 중국인의 정신이 아주 낮은 수준이고 기질이 아주 약한 것이라고 생각합니다. 후스 세대에는 높고 먼 곳을 바라본 문화 자강론자가 주도한 데 반해 오늘날에는 비루한 마음으로 자신을 비하하고 천시하는 사람이 너무 많습니다. 이런 자기비하와 천시에 대해 후스는 당시 이렇게 말했습니다. "한번 타국에 가면 그 물질문명의 진보에 눈이 휘둥그레지고 놀라 자빠진다. 우리나라와는 천당과 지옥의 차이가 있다고 생각한다. 그래서 경탄하고 흠모해서 고국을 무시한다. 이로써 주인에서 노예가 되는 세태가 형성된다. 따라서 남들이

하는 하찮은 말은 모두 주옥같은 문장이 되고 남들의 기와와 벽돌 부스러기가 모두 아름다운 옥이 된다. 그리고 그들이 돌아와서는 우리나라의 전체 수천 년의 예교, 문자, 기개, 풍속을 하나도 남김없이 쓸어버리려 한다. 그리고 그렇게 하지 않으면 개혁이 부족하다고 생각한다." 오늘날의 치명적인 문제는 바로 이 '노예가 되는 세태'가 점차 만연해져서 많은 사람이 마음속으로는 노예 정신, 얼굴은 노예의 얼굴, 말은 노예의 소리, 몸은 노예의 기색을 하고 있다는 사실입니다. 이런 사람은 유학을 했든 안 했든 죽을 때까지 '학문의 노예'가 될 뿐입니다. 결코 정정당당하고 자주 독립적인 '중국 학자'가 될 수 없습니다.

문 「비유학편」은 후스가 유학생 시절에 쓴 글입니다. 혹시 젊은 후스의 미성숙한 관점은 아닐까요? 후스가 장성한 후에 이 문제에 대한 생각을 바꾸지는 않았습니까?

답 물론 바꾸지 않았습니다. 「비유학편」의 기본 입장과 성향은 결코 후스 한 사람만의 일시적인 관점이 아닙니다. 그 시대 중국 학자와 몇 세대 중국 선배 학자 주류가 공통적으로 이렇게 생각했습니다. 항일전쟁에서 승리한 후 후스는 베이징대학 총장에 취임했습니다. 바로 베이징대학에 재직했던 1947년에 유명한 「학술 독립 쟁취 10년 계획爭取學術獨立的十年計」을 발표했습니다. 여기서 그는 '국가 학술 독립의 근거지'를 건설할 것을 제안합니다. 그 의도는 제가 말한 "중국 대학의 사명은 중국인이 사상, 학술, 문화, 교육에서 독립 자주를 강화하게 해야 하고 서양 대학의 부속기관이 되어서는 안 된다"라는 것이었습니다. 후스의 '국가 학술 독립론' 주장은 여기서 자세히 인용할 가치가 있습니다.

> 이른바 '학술 독립'은 반드시 네 가지 조건을 갖추어야 한다. 첫째, 세계 현대 학술의 기본 훈련이다. 중국의 대학은 스스로 이를 충분히 책임지고 외국에서 구할 필요가 없어야 한다. 둘째, 기본 훈련을 받은 인재는 국내의 설비가 충분하고 교수진이 좋은 곳에서 계속 전문적인 과학 연구를 할 수 있어야 한다. 셋째, 본국에서 해결해야 하는 과학 문제, 즉 공업 문제, 의약과 공공위생 문제, 국방 산업 문제 등은 국내에서 적합한 전문 인재와 연구기관이 사회와 국가와 협조해서 해결할 수 있어야 한다. 넷째, 현대의 세계 학술에 대해서 본국 학자와 연구기관은 세계 각국의 학자와 연구기관과 분업 및 협력을 통해 공동으로 인류 학술에 대한 진정한 책임을 져야 한다.

후스가 당시 이 '국가 학술 독립론'에 근거해서 제시한 10년 계획은 "10년 내에 국가의 최대 역량을 집중해서 성과가 가장 좋은 5~10개 대학을 기르고 그들이 전력을 다해 연구에 매진할 수 있도록 하며 일류 학술 중심이 되도록 하고 국가 학술 독립의 근거지가 되도록 하는 것"입니다. 이러한 후스의 일류대학 건설 주장은 오늘날 많은 사람이 말하는 일류대학과 완전히 다른 두 방향을 대변합니다. 우리는 이 점을 어렵지 않게 알 수 있습니다. 오늘날 많은 사람이 말하는 일류대학 건설에는 기본적으로 '국가 학술 독립' 개념이 없습니다. 도리어 '유학 근친번식'으로 중국을 '해마다 유학을 가는 영원한 제자의 나라'로 만들려고 합니다. 그 결과 필연적으로 중국의 서양에 대한 '학술 의존'이 더욱 제도화되고 영구화될 것입니다. 그러나 후스는 '국가 학술 독립의 근거지'를 건설해야 한다고 주장하면서 중국의 서양에 대한 '학술 독립'을 강조합니다. 중국 학생의 기본 학술 훈련을 '꼭 외국에서 구할 필요가 없게' 하고 깊이 있는 과학 연구도 국내 대학에서 진행할 수 있도록 해서 '해외에 나가서 간판을 따는 사회심리'를 극복하려고 했습니다. 그러나 여기서는 당연히 다음과 같은 점을 확인해야 합니다. 학술 독립이 결코 학술 고립을 주장하는 것은 아닙니다. 또한 중국이 외국의 학술과 교류해서는 안 된다고 주장하는 것도 아닙니다. 더욱이 중국인이 외국 유학을 가서는 안 된다는 것도 아닙니다. 여기서 논의하는 문제는 중국 대학의 발전 방향과 목표 문제입니다. 특히 중국이 장기적이고 영구적으로 해외 대학에서 중국 일류대학의 교수와 연구 인재를 길러야 하느냐, 아니면 중국은 반드시 자국의 일류대학에 필요한 인재를 스스로 기르는 데 힘써야 하느냐의 문제입니다. 그래서 후스는 이 글에서 '대학'이라는 개념을 반드시 바꾸어야 한다고 각별히 강조합니다. 즉, 학부만 있는 대학은 진정한 대학이라 할 수 없고 '대학원'을 발전시킨 대학이야말로 '국가 학술 독립의 근거지'가 될 수 있다고 생각합니다. 중국 대학에 학부만 있고 발달된 대학원이 없다면 중국 학생이 여전히 유학을 떠나고 이에 따라 '매년 유학을 가는 영원한 제자의 나라'라는 상황을 바꿀 수 없다는 점은 너무도 분명하기 때문입니다.

문 그러나 '국가 학술 독립'을 바라는 이런 강한 주장은 중국인 특유의 것입니까? 미국인은 예전에 오랫동안 독일에 유학했는데, 그들도 미국이 '매년 유학을 가는 영원한 제자의 나라'가 될까 봐 걱정했습니까?

답 미국 문명사의 필독서인 랠프 에머슨의 『미국 학자The American Scholar』를 읽어본 사람은 거의 없을 것입니다. 이 책은 에머슨이 1937년 하버드대학의 '미국 대학 우등생 친목회The Phi Beta Kappa Society' 연례 모임에서 한 유명한 강연을 기록한 것입니다. 그 후 '하버드 고전 총서'의 에머슨 편에 이 글이 첫 번째로 실린 것은 결코 우연이 아닙니다. 왜 이 강연의 제목이 "미국 학자"일까요? 에머슨이 미국의 우수한 청년 학생들에게 앞으로 미국에 있는 독일 학자, 영국 학자, 프랑스 학자가 되어서는 안 되고 미국에 발 딛고 사는 '미국 학자'가 되어야 한다고 일깨우려 했기 때문입니다. 그는 미국의 청년 학생들에게 이렇게 말했습니다. "미국인이 유럽의 말을 들은 지 이미 오래되었다. 미국인은 그들에 대해 '자기 믿음이 없고 모방만 하며 고개를 숙이고 굽실거린다to be timid, imitative, tame'." 그는 '미국 대학 우등생 친목회'의 회원 자격이 있는 청년 학생들에게 장래에 '미국 학자'가 될 수 있다는 강렬한 자신감을 심어주고 싶어했습니다. 이 강연은 서두가 가장 유명합니다. 그 후 미국인은 이를 끊임없이 인용해왔습니다. "우리가 의존하는 나날, 우리가 외국에서 공부하는 기나긴 학생 시절을 끝장내야 합니다. 생활에 매진하는 우리 주변의 수천 수백만 명이 항상 외국 열매의 말라비틀어진 부스러기를 먹고 살 수는 없습니다."

　에머슨의 이 강연은 훗날 미국의 학술과 대학이 결국 세계의 주도권을 잡을 것을 내다본 선지적 예언으로 회자됩니다. 그러나 당시 사실 이 강연 내용은 쉽게 들을 수 없는 의견이었습니다. 사람들은 이를 기껏해야 좋은 희망사항쯤으로 여겼습니다. 당시 미국은 문화면에서 아직 유럽에 비견될 수 없었기 때문입니다. 따라서 당시의 미국인은 줄줄이 독일로 유학을 갔고 이런 독일 유학 과정은 제1차 세계대전이 일어난 후에야 비로소 끝이 났습니다. 에머슨이 강연할 당시에는 "외국에서 공부하는 기나긴 학생 시절"이 끝나려면 멀었고 이제 막 한창이었다고 할 수 있습니다. 그때 미국인은 일본인, 인도인처럼 '해마다 유학'을 갔기 때문에 에머슨이 부르짖는 '의존 시대'를 끝내고 '외국에서 공부하는 기나긴 학생 시절'을 끝내기를 마음속에 품는 것은 고차원적 자기기만이었습니다. 만약 그렇게 계속되었다면 지금 '미국 학자의 시대'가 올 수 없었을 것입니다.

　오늘날 몇몇 중국인은 미국이 어떠하다고 즐겨 말합니다. 그러나 이런 담론은 종종 자기비하 심리에서 나온 것입니다. 따라서 미국 문명의 가장 기본적인 건국 정신, 즉 '독립' 정신을 영원히 배울 수 없습니다. 미국 문명 자체가 '독립전쟁'의 결과입니다. 그렇지만 군사 상의 독립전쟁에만 그쳤다면 비록 정치적으로는 영국으로부터 독립 했지만 미국 문명을 자립시키기에는 충분하지 못했을 것입니다. 미국 건국 초기의 더욱 깊숙하고 장기적인 독립전쟁은 바로 '신대륙'이 정신적, 문화적, 심리적으로 '구유럽'으로부터 독립하는 것이었습니다. 따라서 『연방주의자 논고Federalist Papers』의 필자들은 북미 13주가 연합해서 하나의 통일된 정치 공동체를 결성하자고 외칠 때 이렇게 말했습니다. "유럽은 장기적으로 아시아, 아프리카, 아메리카를 지배했고 이미 전 세계의 주인으로 자처하는 데 익숙하다. 심지어 유럽의 개가 아메리카의 개보다 고급이라고까지 생각한다. 따라서 '미국인은 고개를 들어 전 인류의 존엄을 위해 유럽인에게 겸손함을 가르쳐야 한다!'" 이것은 바로 미국인이 하나의 강대하고 통일된 국가로 연합해서 앞으로 궁극적으로 유럽 열강이 미국의 조건에 따라 미국과 교류할 수 있게 하라는 요구입니다.

문 미국인은 최근 100년 가까이 독일에 유학을 갔습니다. 중국인이 서양에 유학한 기간이 청나라 말기부터 계산해서 100년이라면 중간에 중단된 30년을 빼면 70~80년입니다. 중국인은 몇 년 후에 중국의 유학 운동을 끝내야 합니까?

답 우선 관심과 배움에 근거한 유학은 계속 존재할 것입니다. 앞으로 중국 대학이 세계 일류대학이 되더라도 여전히 계속 개인적 관심과 학술적 필요에 따라 유학을 갈 수 있습니다. 예를 들면, 프랑스 문학을 연구하는 사람은 프랑스로 유학을 가고 이탈리아 예술에 심취한 사람은 이탈리아로 유학을 가고 셰익스피어의 무대 공연을 좋아하는 사람은 영국에 유학을 가고 마르틴 하이데거의 사상을 좋아하는 사람은 독일에 유학을 가고 요가를 수련하는 사람은 인도에 유학을 가고 다도를 하는 사람은 일본에 유학을 갑니다. 이런 유학은 순수한 개인의 선택입니다. 앞으로도 계속 있을 것이고 많으면 많을수록 좋습니다.

장쉐둥이 말했듯 우리가 하루속히 끝내고 싶어하는 '유학 운동'은 '양洋 과거'식의 유학 심리입니다. 이것은 바로 첸중수가 『포위된 성圍城』에서 말한 '유학을 가지 않으면 열등감을 갖는 심리'입니다. "유학을 하면 이런 열등감에서 벗어날 수 있습니다. 고고하고 심오한 학문을 하는 것이 아닙니다." 이런 사회심리에서 "유학은 천연두나 홍역처럼 꼭 치르지 않으면 안 되는 것"입니다. 심리가 비교적 정상인 사람은 그래도 낫습니다. "유학을 하는 것도 영혼이 건전해지려는 소망을 이룬 셈입니다. 박사, 석사 같은 병원균을 만나도 스스로를 보호할 수 있으니까요." 그러나 심리가 정상적이지 않은 사람은 항상 "유학생이었다는 사실을 꿈에도 잊지 못하고 여기저기 옥스퍼드대학, 케임브리지대학의 휘장을 내걸고 마치 마마에 걸렸을 때 피어난 열꽃을 기꺼이 곰보 자국으로 만들듯이 무슨 낙점이라도 받은 좋은 글인 양 의기양양하면서 얼굴을 내밀고 다닙니다!" 이런 '유학 곰보'는 현재 『포위된 성』이 나온 시기보다 아주 많습니다. 이런 기형적 사회심리는 현재 중국 대학이 발전하는 데 심각한 부정적 영향을 줍니다. 많은 대학생은 입학 후 1, 2학년 때에는 그래도 공부에 전념할 수 있습니다. 그러나 3학년부터는 토플, GRE, 원서, 추천서 등 이미 각종 '양팔고洋八股'(팔고문은 명청 시대 과거에서 채택한 정형화된 문체다. 저자는 서양 유학을 가기 위해 갖추어야 할 각종 서류를 팔고문에 비유해서 '양팔고'라고 했다―옮긴이)를 준비하기 위해 바쁘고 괴로운 날을 보냅니다. 어떤 이들은 졸업하기도 전에 이런 것들 때문에 정신질환으로 고통받습니다. 많은 시간을 투자하고도 외국 대학에 합격하지 못하면 아마도 자포자기하고 혼란스러워할 것입니다.

문　이번 베이징대학의 개혁도 이 문제를 해결하려는 것 같지만 학교 측은 이것이 주로 베이징대학의 현재 교수가 이류이기 때문에 일류 베이징대학 학생이 베이징대학의 대학원에 진학하는 대신 외국 유학을 가려 한다고 생각합니다. 개혁방안, 특히 첫 번째 버전의 기본 정신에서는 분명 만약 유학 박사를 베이징대학 교수로 대대적으로 초빙하면 일류 대학생은 베이징대학의 대학원에 진학하고 유학을 가지 않을 것이라고 보고 있습니다. 선생님은 이런 생각이 틀렸다고 생각하시는 것 같습니다.

답　이런 생각은 좋게 말하면 순진한 것이고 나쁘게 말하면 모두를 속이는 것입니다. 오늘날 대학생이 너도나도 유학을 가려고 하는 상황이 반드시 구체적인 교수의 질과 필연적으로 관련된 것은 아닙니다. 교수의 수준이 아주 우수하고 학생이 그 교수로부터 배우는 것이 있더라도 학생들은 여전히 양팔고로 분주하고 유학을 가려 합니다. 여기서 문제는 학생이 국내에서 배우느냐 마느냐와 같이 단순하지 않습니다. "유학은 천연두나 홍역처럼 꼭 치르지 않으면 안 되는 것이다"라는 것입니다. 이런 보편적 사회심리는 대학생의 가치판단에 강하게 영향을 줍니다. 이런 사회심리가 이렇게 보편적인 이유는 현재 사회의 평가 기준과 상벌 기제가 이런 사회심리를 강하게 지지하기 때문입니다. 모든 사회가 상벌 기제 위에서 구성됩니다. 이 기제는 경제적 이익을 분배하는 동시에 '영예'도 분배합니다. 예전에 중국 사회의 상벌 기제는 가장 높은 영예와 경제적 이익을 모두 '과거제도'로 분배했습니다. 따라서 "모든 것이 다 하품下品이고 오직 과거제도가 최고"였습니다. 그런데 현재의 상벌 기제는 이미 점점 강하게 유학에 쏠려 있습니다. 그래서 "모든 것이 다 하품이고 오직 유학이 최고"입니다. 이런 상황에서 베이징대학의 교수가 아무리 일류여도 베이징대학의 학생이 베이징대학의 대학원에 진학하지 않고 먼저 유학을 가려는 경향을 바꿀 수는 없습니다. 이런 상벌 기제 자체가 바뀌어야 가능합니다.

베이징대학의 개혁방안에는 이런 상벌 기제에 대한 개선이 없습니다. 오히려 이런 상벌 기제를 원래보다 더 심하게 강화하고 있습니다. 예를 들면, 현재 사회의 보편적 상벌 기제는 이익, 영예의 60퍼센트를 유학에 주고 40퍼센트를 국내에 줍니다. 베이징대학의 개혁방안, 특히 첫 번째 버전은 분배 비율을 80퍼센트까지 끌어올려 유학 박사에게 주고 20퍼센트를 국내 박사에게 주려고 합니다. 달리 말해서, 베이징대학의 개혁방안의 본질은 다름 아닌 유학 박사에게 초과액을 주는 동시에 자교와 자교에서 배출한 박사를 징벌하도록 바꾸려는 것입니다. 이런 상벌 기제로 어떻게 베이징대학의 일류 학생이 앞으로 유학을 가지 않고 베이징대학의 대학원에서 공부하도록 할 수 있을까요?『포위된 성』의 말을 빌리자면, 베이징대학의 개혁방안은 '유학 곰보'를 다수 초빙해서 홍역에 걸린 적이 없는 교수를 대체하려는 것이고 교수 중 '곰보'가 많으면 학생의 면역력이 강해져서 앞으로 학생들은 '천연두나 홍역에 걸리지 않게 된다'라고 여기는 것입니다. 우습지 않나요? 현실적인 결과는 당연히 악순환일 수밖에 없습니다. 교수 중 '곰보'가 많을수록 학생은 기를 쓰고 '천연두, 홍역에 걸리'려고 하고 '곰보'가 꼭 되려고 합니다. 모두가 학교와 사회의 상벌 기제가 강하게 '곰보'를 편애한다는 것을 잘 알기 때문입니다! 이처럼 귀국한 '유학 곰보'를 초빙하면 기존의 일류 교수도 마찬가지로 이류 교수가 됩니다. 그들도 마찬가지로 일류 학생이 국내에서 대학원에 진학하지 않으려는 추세를 근본적으로 바꿀 수 없기 때문입니다.

문 그래서 선생님은 우리 나라의 일류 대학생이 우리 나라의 일류 대학 대학원에 진학하도록 하려면 단순히 교수의 질을 끌어올리기만 하는 것으로는 불충분하고 더욱 근본적으로 현재의 사회 상벌 기제를 바꿔서 국내 박사와 균형을 맞춤으로써 사회심리를 점차 바꿔야 한다고 보십니까?

답   여기서 관건은 여전히 후스가 말한 '구급 수단'인가 '영구적 대책'인가라는 문제입니다. 중국의 각 대학은 최근 10년 동안 이미 적지 않은 유학 인재를 초빙했습니다. 앞으로 얼마간도 여전히 이럴 필요가 있습니다. 이것은 완전히 정확하고 아주 중요한 조치입니다. 그러나 이 모든 것은 중국 대학의 '구급 수단'일 뿐이지 중국 고등교육의 '영구적 대책'은 아닙니다. 바로 후스가 당시에 지적했듯, 중국의 대학이 자신이 길러낸 국내 인재에 착안하지 않고 유학생을 임용하는 데만 집착한다면 이것은 주객전도이자 본말전도입니다. 결국에는 필연적으로 유학생을 계속 임용하는 일의 효과도 크게 줄어들 것입니다. "국내 대학이 발전하지 않으면 한 나라의 학문이 집결할 곳이 없고 유학생이 공부해도 외국 수입품이 될 뿐"이기 때문입니다. 그래서 후스는 이렇게 말했습니다. "이 폐단을 고치려면 우선 주객전도된 상황과 균형을 상실한 추세를 바로잡고 국내 고등교육을 주요 브레인으로 삼아 모든 정신을 그곳에 쏟고 경영해야 한다. 유학은 고등교육을 증진하는 하나의 방법일 뿐이다." 바로 이 때문에 그는 반복적으로 강조했습니다. "유학은 유학하지 않는 것을 목적으로 해야 한다. 그래서 유학생을 보낸 지 수십 년 뒤에 이 목적을 달성하지 못한다면 이 유학 정책은 실패한 것이다!" 달리 말해서 중국 고등교육의 '장기 계획'은 중국 대학 스스로가 길러낸 인재로 중국 고등교육과 연구의 주체를 구성해서 점점 귀국 유학생의 수요를 줄이고 우리나라의 유학 운동을 하루속히 끝내는 것입니다. 중국의 일류대학이 상벌 기제를 근간으로 일률적으로 유학생을 임용하기를 바라고 본교와 본국에서 길러낸 박사 대학원생을 경시하기만 한다면 그것은 곧 근본을 버리고 말단을 쫓는 것이며 "그 폐단이 퍼져서 우리 나라는 장차 매년 유학을 보내는 제자의 나라가 되고 국내 문명은 결국 발달할 희망을 잃을 것"입니다.

중국 대학과 해외 대학의 수준에 여전히 격차가 있다는 것을 부인할 사람은 없을 것입니다. 그러나 나는 길게 보아서 유학 운동을 하루속히 끝내기 위해서 중국 대학이 앞으로 스스로를 향상시키는 가장 실행 가능하고 효과적인 방법은 결코 유학 박사를 임용하는 것이 아니라 국내의 젊은 학자에게 해외로 나가서 연구할 기회를 주는 것을 제도화하는 일이라고 생각합니다. 예를 들면, 원칙적으로 새로 임용되는 교수는 최초 2년에서 3년 동안 해외 일류대학으로 가서 연구와 연수를 해서 박사후 연구에 해당하는 연구를 하도록 보장하는 것입니다. 그러나 동시에 이런 해외 연구에 대해서는 엄격한 학술적 관리를 해야 합니다. 예를 들면, 매년 반드시 학과에 학술 진전 상황을 보고해야 하고 귀국 후에는 동료들에게 학술 발표를 하도록 규정하는 것입니다. 그리고 이 발표 수준은 그들과 재계약을 할 수 있는지를 결정하는 주된 근거가 되어야 합니다. 현재 많은 대학에 이런 해외 연구 기회가 있습니다. 신규로 임용된 젊은 교수의 해외 박사후 연수에 사용하도록 제도화하고 그들의 재임용, 승진 심사와 결합한다면 더 효과적일 것입니다. 중국 대학이 장기적으로 이런 부분을 견지하고 국내 박사를 주로 임용하면서 그들에게 해외 연구의 기회를 충분히 준다면 일류 대학생이 국내 대학원에 진학하는 것을 우선적으로 고려하도록 유도할 수 있으며 대학이 학술 전통과 내재적인 정신적 응집력을 형성하는 데도 유리할 것이라고 믿습니다.

문 그러나 현재 우리 나라의 젊은 박사 수준을 지나치게 높이 평가하고 중국 대학의 현 상황을 과도하게 낙관적으로 보는 것은 아닌가요?

답 중국 대학에 현재 낙담할 만한 현상이 아주 많다는 것은 의심의 여지가 없습니다. 특히 왕사오광이 지적한 '학술적 부패' 문제, 그 중 학위 매매, 학생 모집과 교수 초빙에서의 비리 등이 가장 용납하지 못할 문제입니다. 이런 문제는 동시에 쑨리핑孫立平이 지적한 '대학의 관 본위 관공서화' 등의 문제와도 관계가 있습니다. 이런 문제가 영원히 해결될 수 없다면 중국 대학에는 영원히 희망이 없습니다. 이 점에는 모두 공감하리라고 생각합니다. 그리고 이런 문제를 해결하지 않으면 유학생을 초빙하는 과정도 새로운 부패의 온상이 될 수 있습니다. 최근 이공계에서 '허위 해외 인사' 스캔들이 부단히 폭로되는 사례가 그것을 증명합니다. 그 밖에 적지 않은 교수와 박사 지도교수라는 사람들의 수준이 아주 낮습니다. 거짓말하면서 대충 밥만 먹고 살 뿐입니다. 이것 역시 널리 알려진 사실입니다.

그러나 다른 한편으로 우리는 중국 대학에 암담한 현상만 있다고 치부해서는 안 됩니다. 그러면 중국 대학에 있는 무수한 인품 좋고 우수한 학자에게 극히 불공평합니다. 중국 대학에 문제가 얼마나 있든 간에 우리는 지난 20년 동안 중국의 학술이 장족의 발전을 이루었다는 점을 부인할 수 없습니다. 특히 중국 대학이 이미 견고하게 구축한 박사와 석사 학위제도가 중국의 학술 발전에 중요한 제도적 토대를 제공한다는 점에는 의심의 여지가 없습니다. 이공계에는 저의 발언권이 없습니다. 그러나 인문사회과학계에서는 중국의 박사와 석사 수준이 매년 좋아지고 진전 속도도 매우 빠르다고 말할 수 있습니다. 제가 관찰해보니, 국내 젊은 학자의 수준과 잠재력은 아주 훌륭합니다. 그들에게 비교적 여유 있는 환경과 해외 연수의 기회가 주어진다면 그들은 대작을 쓸 수 있습니다. 따라서 제가 바라는 것은 국내 대학이 단순히 국내의 박사를 임용하기만 하는 것이 아니라 중국 대학이 국내의 젊은 학자에게 해외에서 체계적인 연구를 할 수 있도록 하는 등 더 좋은 환경을 제공하는 데 각별한 주의를 기울이는 것입니다. 현재 중국 대학 당국은 종종 유명한 교수들에게만 관심을 쏟습니다. 여기에는 장기적 시야가 결여되어 있습니다. 진정한 잠재력과 희망은 국내의 젊은 학자에게서 나옵니다.

문 　대담을 시작할 때 선생님은 '문화 자강론자'와 '문화 열등론자'를 나누었습니다. 이것이 '중국의 유학 운동을 끝낼' 수 있을지를 결정하는 관건인가요?

답   저는 '중국의 유학 운동을 끝낸다'는 것이 결코 국내 학자로 유학한 학자를 배척해야 한다고 왜곡되어서는 안 되고 중국의 학문으로 서학을 배척해야 한다는 의미도 아니라는 점을 분명히 강조합니다. 저는 지금 인위적으로 조성되는 '해외파'와 '국내파'의 대립을 아주 반대합니다. 저도 유학을 했기 때문이 아니라 이런 인위적인 대립이 진정한 문제를 완전히 왜곡하기 때문입니다. 진정한 대립은 문화적 자신감과 자강으로 문화적 자기비하와 천대를 반대하는 것입니다. '중국의 유학 운동을 끝낸다'는 말은 종종 유학자 중 문화 자강론자가 먼저 제기했습니다. 그리고 국내의 문화 자강론자가 여기에 공감했습니다. 따라서 이런 문화 자각은 역대로 해외 학자와 국내 학자 중 문화 자강론자의 공감대입니다. 길게 보아서 중국 대학은 반드시 국내 박사가 해외로 가서 박사후 연수를 하는 것을 제도적으로 보장하는 메커니즘으로 전환해야 합니다. 이러면 한편으로는 '양과거'의 사회심리를 바꿀 수 있고 일류 대학생이 우선 국내 대학원에 진학하도록 유도할 수 있습니다. 다른 한편으로는 해외에서 박사후 연구를 한 국내의 젊은 학자가 미국 대학에서 박사학위를 취득한 사람들보다 더 좋은 사고의 자유와 시야를 확보할 수 있습니다. 그래서 서양의 학문에 대한 비판적 시야를 더 잘 형성할 수 있습니다. 저는 앞으로 젊은 '중국 학자'가 순순히 서양을 따라가기만 하는 사람이 아니라 서양의 사상과 학술, 제도에 대해 자신의 비판적 관점을 갖는 중국의 독립적인 사유자가 되기를 바랍니다.

위대한 대학에는 반드시 그 대학만의 정신이 있습니다. 그러나 이런 정신은 결코 하늘에서 뚝 떨어지는 것이 아니라 반드시 정치문화 공동체가 자주 독립의 정신을 강렬히 요구하는 데서 자라납니다. 서양의 현대 대학은 1809년에 베를린대학이 설립되면서 시작되었다고 공인됩니다. 그러나 베를린대학은 어디에서 생겨났을까요? 그것은 전쟁에서 패배한 독일인의 치욕감에서 시작되었습니다. 1806년 나폴레옹이 예나에서 프로이센을 이기자 1807년 프로이센은 굴욕적인 조약을 강제로 체결했습니다. 이 패전국의 운명에 강렬히 자극받은 요한 피히테는 같은 해에 프로이센 과학원에서 "독일 국민에게 고함"이라는 유명한 연설을 발표합니다. 그는 독일이 문화와 교육의 위대한 부흥에 근거해야만 진정으로 자립할 수 있다고 소리 높여 외쳤습니다. 그 후 빌헬름 훔볼트가 프로이센 내정부가 신설한 문화교육 전담자에 임명되었고 피히테는 신설 베를린대학의 총장에 임명되어서 독일의 문화교육을 부흥하는 데 전력으로 매진했습니다. 예전에 유럽에서 가장 낙후한 민족이었던 독일이 단시일 내에 일약 유럽 학술 문화의 주도권을 쥐었습니다. 독일에서 그 후 어떤 일이 생겼는지와 관계없이 19세기 독일 학자의 정신이 없었다면 베를린대학의 모범도 어떤 현대 대학 제도도 없었을 것입니다.

우리는 물론 서양의 좌파 학자들이 일찍이 대학은 순수한 정신의 전당이 아니라 민족, 국가, 권력, 자본, 그리고 전쟁과 복잡하게 얽혀 있다고 비판했다는 것을 알고 있습니다. 그러나 오늘날 중국의 학자는 결코 닭 털을 군령을 전하는 화살로 삼듯이 침소봉대하거나 저들의 '비판의 무기'를 가져다 '무기의 비판'으로 삼아서는 안 됩니다.

서양의 좌파는 모두 혁명파지만 서양의 대학, 민족, 국가를 무너뜨리려 하지는 않았습니다. 늘 흔들거리는 민족주의의 모자는 서양의 우파에게 돌려줘도 무방합니다. 오늘날 중국인에게 필요한 것은 서양 좌파의 지도가 아니고 서양 우파의 그럴듯한 말도 아닙니다. 모든 좌익 소아병과 우익 소아병을 쓸어버려야 우리의 역사와 운명을 제대로 직면할 수 있습니다. 중국의 현대 대학의 정신적 기원이 90년 전 후스 세대 유학생의 골수에 사무친 느낌에 뿌리내렸다는 것에는 의심의 여지가 없습니다. "수천 년 된 오랜 나라, 동아시아 문명의 영수가 언제부터 북쪽을 향해서 배우고 제자의 나라를 칭하게 되었는가. 천하의 대수치가 이보다 더 큰 것이 있을까! 유학은 우리나라의 대수치다!" 오늘날 빈혈에 약골인 학자는 이런 직설에 부끄러움을 느낄 수도 있습니다. 그러나 중국의 현대 대학의 진정한 정신과 생명은 완전히 이러한 대수치에 대한 자각에 있습니다. 이것은 좁아터진 자아 중심론이나 문화적 배척론이 아니라 위대한 문명이 독립 자주를 이루고 정신이 재생할 수 있으리라는 당당한 자기 기대입니다. 이런 독립 자주성과 정신문화의 자기 기대에 동의하는 사람은 반드시 위대한 중국의 언어와 문자에 발 딛고 서서 미래가 '중국 학자'의 시대가 되는 것을 기다려야 합니다. 이 목표가 오늘날에는 불가사의하게 들리더라도 우수한 젊은 '청년 학자'는 이러한 믿음을 가져야 합니다. "우리가 의존하는 나날, 우리가 외국에서 공부하는 기나긴 학생 시절은 끝나야 한다."

간양 10문 10답

1980년대 '문화: 중국과 세계' 총서처럼 간양의 이름은 오늘날의 젊은 독자들에게는 익숙하면서도 낯설다. 초여름 더위에 기자는 당시 청년들의 마음속 우상을 찾았다.

간양은 현재(2006) 홍콩대학 아시아연구센터 연구원이고 홍콩중문대학과 중산대학 철학과 객좌교수, 홍콩중문대학 일반교육센터 명예연구원을 겸하고 있다. 주로 정치철학과 서양사상사를 연구하고 최근에는 중국 대학의 일반교육을 추진하는 데 힘을 쏟고 있다. 2005년 '중국문화포럼 제1회 연례회의: 중국 대학의 인문교육' 개최를 주관했다. 학술회의 논문집 『중국 대학의 인문교육』이 최근 싼렌서점에서 출판되었다.

문 우리는 현재 중국의 대학 교육에 아주 많은 사람이 만족하지 못하는 점이 있다는 것을 알았습니다. 선생님은 최근 중국의 대학 교육을 말씀하셨습니다. 많은 생각을 하셨고 운영 측면에서도 수많은 고명한 대책을 내놓으셨습니다. 그러나 저는 중국의 고등교육, 그리고 교육 전체의 문제에서 교육을 어떻게 개혁해야 하느냐가 전체

이 인터뷰는 『중화독서보中華讀書報』 2006년 8월 30일 자에 실렸다. 인터뷰어는 주샤오펑祝曉風이다.

또는 주된 문제가 아니라 중국의 정치경제를 어떻게 개혁하느냐가 문제라고 항상 생각합니다. 선생님은 어떻게 생각하십니까?

답 당연히 현실을 보면 쉽게 낙담할 수도 있지만 크게 낙담할 필요는 없습니다. 믿음을 가져야 합니다. 중국의 사정은 아직 조금씩 바꾸어나가야 합니다. 중국은 현재 결국 역사상 가장 어려운 대발전의 시기에 처해 있습니다. 이 점에 대해서는 긍정적으로 생각해야 합니다. 저는 개인적으로—1990년대 내내 계속 미국과 홍콩에 있었기 때문에—밖에서 중국을 볼 때와 안에서 볼 때 큰 차이가 있다고 생각합니다. 내부에서 보면 문제가 많고 뜻대로 되지 않는 부분도 많다고 느낄 수 있습니다. 그러나 외부에서 보면 중국에는 최근 몇 년 동안 큰일을 했습니다. 아주 크게 발전했습니다. 저는 이 두 가지 관점이 모두 편향되었고 둘을 종합해야 한다고 생각합니다. 사실 중국의 발전은 부인하기 어렵습니다. 물론 이런 급속도의 발전은 많은 문제도 가져옵니다. 빈부격차, 빈곤 지역 학생의 교육난, 사회 불공정, 부패 등의 문제입니다. 그러나 현재 모두가 이 문제들을 제기하고 주시하고 있습니다. 이는 이 문제들을 해결할 가능성이 있다는 것을 의미합니다. 저는 아직 믿음을 가져야 한다고 생각합니다.

문 1980년대에 선생님이 뜻을 같이하는 분들과 함께 펴낸 '문화: 중국과 세계' 총서는 매우 영향력이 있었습니다. 1980년대에 대학을 다닌 저희 세대는 이 책들을 읽고 성장했습니다. 20년 후 선생님이 스스로 돌아볼 때 이 책들이나 이 일들을 어떻게 평가하십니까? 시각을 바꿔서 선생님은 '1980년대'를 어떻게 보십니까?

답   '1980년대'를 평가하려면 당연히 그 이전의 역사와 비교해야 합니다. 저는 1980년대가 사람들의 관념, 문제를 생각하는 방법 전체를 바꾸었고 수많은 용어, 개념이 모두 1980년대에 만들어졌다고 생각합니다. 1980년대 초에는 많은 것이 여전히 금기였습니다. 지금과는 아주 달랐습니다. 그때는 책 한 권을 번역하려면 공식화된 '역자 서문'을 써야 했습니다. 교조주의적인 당팔고 이론으로 번역서를 비판해야 했습니다. 이도 저도 아니었습니다. 우리의 표현대로 한다면 아무리 긁어도 가려운 곳은 긁지 못했습니다. 장화를 신고 가려운 곳을 긁은 셈입니다. 아주 견디기 어려웠습니다. 지금 1970년대와 1980년대 초의 책들을 다시 보시면 읽어 내려가기가 어려울 것입니다. 왜 그럴까요? 1980년대 초에야 이런 팔고 언어를 점차 바꾸었기 때문입니다. 1980년대 중반 이후 두 가지 새로운 '언어'가 들어왔습니다. 하나는 중국 전통문화의 언어입니다. 다른 하나는 서양의 언어로, 서양에 대한 연구가 이전의 교조주의에서 점차 벗어났습니다. 그래서 비교적 명실상부한 학술 연구를 할 수 있었습니다. 이것은 큰 변화입니다. 그 영향은 헤아리기 어렵습니다. 그래서 1980년대의 역할은 헤아릴 수 없습니다.

문   그러나 현재 젊은이들은 1980년대의 젊은이들과 아주 다릅니다. 사회에 별 관심이 없습니다. 이 문제를 어떻게 보십니까?

답 현재 비교적 두드러진 문제는 현재의 젊은이들에게 안정감이 없다는 사실입니다. 특히 최근 2년 동안 젊은이들이 졸업하고 취업하기가 어려워졌습니다. 취업해도 주거가 큰 문제입니다. 세를 들어 살려고 하면 임대료가 비싸고 집을 사려고 하면 경제적으로 얽매이게 됩니다. 생활에서 이런 종류의 스트레스가 크니 어떤 의미에서 대학생이라는 가치가 예전보다 떨어졌다고 할 수 있습니다. 이러니 당연히 역으로 대학에 다닐 때의 심리에 영향을 줍니다. 재학 중인 학생이 마음 놓고 공부할 수 없는 문제가 아주 심각해졌습니다.

문 사실 우리 대학 자체도 많은 부분에서 학생들에게 큰 영향을 줍니다. 우리의 교육과 관리에는 문제가 많습니다. 우리가 서양으로부터 몇 가지를 배워와도 될까요?

답 우리는 서양으로부터 좋은 것을 배우지 않을 때가 많습니다. 저는 방문하는 대학마다 미국에서는 왜 경영대학과 법과대학을 대학원 과정으로 두는지를 말하려 합니다. 이것이 대학의 풍조에 갖가지로 아주 큰 영향을 주기 때문입니다. 이 두 대학은 모두 졸업 후 소득이 상대적으로 높은 직업과 연관됩니다. 사람들은 돈을 벌려고 하고 이것은 정당합니다. 문제는 돈을 버는 사람이 일정한 도덕적인 인격을 갖추어야 한다는 사실입니다. 대학 교육의 최초 2년은 주로 인격 교육입니다. 인문교육을 통해 학생의 건전한 인격을 형성합니다. 경영대학과 법과대학을 대학원 과정으로 두면 대학생의 인문교육과 인격 배양에 더 유리합니다. 그러나 우리는 지금 어떻습니까? 이런 교육과정이 거의 없습니다. 이런 점은 고쳐야 하고 고칠 수 있습니다. 최근 2년간 이 문제를 인식한 대학 총장이 점점 많아졌습니다.

문 최근 2년 동안 선생님은 여러 장소에서 대학의 '일반교육'을 반복해서 강조하셨습니다. 역시 학생의 인격 배양과 인간의 성장이라는 관점에서 나온 것인가요?

답 제가 일반교육을 강조하는 것은 사실 지식 교육 문제에만 국한되지 않습니다. 대학교 1, 2학년은 결정적인 시기입니다. 일반교육에서는 그 중점을 대학교 1, 2학년에 두고 주로 인문교육을 해야 합니다. 저는 이 시기에 학생이 사회와 상대적으로 격리된 채 마음 놓고 공부할 수 있어야 한다고 생각합니다. 현재 우리 대학은 큰 정류장 같습니다. 이것이 가장 큰 문제입니다. 많은 사장, 부자 등의 차가 대학 안을 들락날락합니다. 대학이 이래서는 안 됩니다. 대학은 비교적 청정한 곳이어야 합니다. 현재 많은 부모가 자식을 미국으로 유학 보냅니다. 그러나 그들의 자녀는 미국에서 대학을 다니면서 그야말로 몹시 답답하다는 점을 자주 발견합니다. 미국의 많은 좋은 대학이 모두 외딴곳에 있고 기본적으로 놀 곳이 없습니다. 게다가 학생에 대한 관리가 엄격해서 하루에 인터넷을 사용하는 시간도 제한합니다.

왜 저들은 이렇게 관리할까요? 저들은 학생들에게 교육과 관리가 필요하며 그들을 자유롭게 놔두어서는 발전할 수 없다는 것을 알기 때문입니다. 그렇지 않으면 이 사회의 많은 유혹을 받게 됩니다. 자녀들이 정신적으로나 신체적으로 건강하게 성장할 수 없습니다. 이런 것들이 바로 우리에게 정말로 필요합니다.

문 선생님은 현실의 수많은 문제가 주로 최근 몇 년 사이에 조성된 것이라고 보십니까? 아니면 더 깊고 긴 역사적 원인이 있기 때문에 발생했다고 보십니까?

답 저는 1990년대를 검토할 가치가 있다고 생각합니다. 저는 무슨 문제만 말하면 문화대혁명입네, '반우파'입네 하는 관점에 아주 동의하지 않습니다. 사실 현재의 문제는 많은 것이 최근 몇 년간의 일입니다. 전부 다 예전에 조성된 것은 아닙니다. 저는 중국인이 1980년대에 직면한 문제가 1990년대와 사실상 아주 다르다고 생각합니다. 1980년대의 중국인은 주로 자신이 예전에 저지른 잘못을 반성했습니다. 그러나 1990년대의 중국인은 새로운 시장경제와 소비사회는 어떠해야 하는지 하는 문제에 더 절실하게 직면했습니다. 이 문제를 생각할 때 유치한 관점과 주장이 많이 나옵니다. 특히 경제학계의 '부패가 유리하다'라는 식의 주장은 도덕의 파괴를 조장합니다. 게다가 사회 불평등 문제도 날로 악화되고 사회적 충돌도 더 심각해집니다.

문   사회 규범과 도덕 규범도 파괴되었습니다. 이것은 심각한 문제인가요?

답   그렇습니다. 사실상 지식인과 다르게 보통 사람들의 행동 방식은 해방 이후부터 형성된 것이 아니라 오랜 시간 동안 전통적으로 형성되었습니다. 이 기본적 행동 방식은 보통 사람들 사이에서 특히 문화대혁명 기간 중에도 파괴되지 않았습니다. 현재 중국의 노인 대부분에게는 아직 사람됨과 일 처리에 대한 규율이 있습니다. 그러나 젊은 사람일수록 규율이 없습니다. 저는 인간됨의 기본적 도리가 진정으로 파괴된 것은 1990년대 이후의 일이라고 봅니다. '경제'가 그것을 무너뜨렸는데, 예전의 문화대혁명보다 더 심합니다. 위화의 소설『형제』는 아마도 이 점을 말하려는 것 같습니다. 문화대혁명 시대에는 아직 '형제'가 있었지만 1990년대 이후에는 '형제'라는 인간관계가 없어졌습니다. 모든 것이 적나라한 경제적 동물 관계로 변했습니다. 많은 대중매체가 최근 몇 년 동안 허구한 날 무슨 정글의 법칙 등을 선전합니다. 시장경제가 완전히 약육강식의 사회인 것처럼 그려냅니다. 사실 지금은 하나의 행동 규범을 건설하는 것이 가장 필요합니다. 예전의 문화대혁명이 어땠다고 비판만 해서는 해결할 수 없습니다. 긍정적인 건설이 필요합니다.

문   그러나 현실은 교실에서 교사가 말하는 것과 다른 사정을 학생들에게 말해줍니다. 어떻게 해결해야 하는가가 결국 난제입니다.

답　경제적 대전환기에 도덕의 혼란은 피하기 어렵습니다. 미국, 영국이 그 시기에 모두 그랬습니다. 그러나 다른 한편으로 현재의 학생, 교사, 간부, 상인 모두가 이미 엉망이 되었다고 단순하게 생각할 수는 없습니다. 그렇게 볼 수는 없습니다. 마음속에는 선을 지향하는 면이 있습니다. 문제는 어떻게 마음의 이런 면을 드러나게 하는가입니다. 지금의 문제는 인간의 좋은 면이 겉으로 드러나기 어렵다는 것입니다. 최근 대중매체는 오히려 더 많이 변했습니다. 대중주의적 경향이 더 강해졌습니다. 그러나 대중주의를 주장하는 것만으로는 부족합니다. 사회적 책임감이 있고 높은 자아의식을 가진 사회 엘리트가 필요합니다. 이들은 도덕, 인품, 관념, 능력 면에서 모두 책임을 질 수 있습니다.

문　선생님은 현재의 중국에서 선생님 같은 지식인이 이 사회의 엘리트라고 생각하십니까?

답　저처럼 1950년대에 태어난 세대에게는 아직 중국의 사대부 전통이 약간 남아 있다고 생각합니다. 1980년대는 중국의 사대부 전통 최후의 석양이 아닌가 생각합니다. 1950년대부터 1970년대까지 조직이 모든 것을 관리했기 때문입니다. 1980년대 이후 민간에서 문화가 더 크게 발전하기 시작했습니다. 1990년대에는 경제주의가 모든 것을 삼켰습니다. 그러나 현실이 사람들을 어떻게 낙담시키는지와 관계없이 여전히 일하는 사람들이 있습니다. 한쪽에서 불평만 하지 않고 일하는 사람이 있다는 것이 중요합니다. 저는 많은 대학 교수와 총장이 모두 좋은 사람이라고 생각합니다. 모두가 진지하게 일합니다. 저는 이것이 바로 희망이라고 생각합니다. 중국 대학의 인문교육은 모두가 함께 노력해서 할 수 있습니다. 제가 한몫할 수만 있어도 좋습니다. 제가 왜 아직 희망이 있다고 말할까요? 베이징대학의 경우 많은 학생이 자발적으로 독서 모임을 조직하고 모두가 함께 책을 읽습니다. 대학생에서 대학원생까지 모두 책을 읽습니다. 이는 좋은 사람들이 모일 수 있다는 것을 말해줍니다. 전체 학생 수에 비하면 결코 많다고는 할 수 없습니다. 그러나 이런 사람들이 가장 우수한 학생인 경우가 많습니다. 그들이 다른 학생들에게 모범을 보이는 효과가 있을 것입니다. 이렇게 천천히 눈덩이를 굴리듯이 점점 많아질 수 있습니다. 베이징대학과 칭화대학에는 이런 학생이 상당히 많습니다.

문 선생님은 대만의 '민주주의'가 어떤 시사점을 준다고 생각하십니까?

답 아무것도 없습니다. 솔직히 말해서 대만의 '민주주의'가 주는 시사점이라고는 이런 민주주의를 할 수 없다는 점뿐입니다. 그 효과는 아주 좋지 않습니다. 대만의 저열한 민주주의는 사실상 민주주의로 포장된 나쁜 정치입니다. 그리고 최근 동유럽에서 라틴아메리카까지의 상당히 보편적인 현상은 깊이 연구할 가치가 있습니다. 이런 저질 민주주의의 본질은 정치적 인물이 대중매체를 빌려 증오를 만들어내고 사회 분열을 확대해서 표를 얻는 목적을 달성하는 것입니다. 더 나아가 종족 폭동과 내전을 일으키는 것도 서슴지 않습니다. 대만대학의 정치학 교수 주윈한朱雲漢이 최근 『독서讀書』(2006년 제7호)에 이 문제를 분석한 글을 발표했습니다. 모두가 읽어볼 만합니다.

옮긴이의 말

중국현대사상사에서 간양과 '문명' '국가' '대학'이라는 주제

간양甘陽(1952~)은 전환기 중국의 대표적 사상가 중 한 명이다. 간양은 개혁개방 이후 중국이 직면한 문제에 대해 의미 있는 사상적 견해를 지속적으로 제시했다. 마오쩌둥식 사회주의를 벗어나 중국의 새로운 사상적 방향을 모색하던 1980년대의 문화열 논쟁, 시장경제가 발달함에 따라 자본화와 민주주의의 문제를 본격적으로 다룬 1990년대의 자유주의 논쟁에서 간양은 주요 논객으로 활동했다. 1980년대 '문화영수', 1990년대 '신좌파'가 그에게 붙는 수식어다. 중국이 경제성장을 발판 삼아 대국으로 발돋움하려던 2000년대 중반에는 중국 개혁개방 성공의 요인을 독창적으로 해석하면서 다시 한

번 주목을 받았다. 이처럼 간양은 중국이 개혁개방 노선을 채택한 이후 모색, 갈등, 도약의 시기를 거치는 30년 가까운 기간 동안 유의미한 담론을 생산하면서 사상계의 중심에 섰다. 그의 영향력은 이 책에서도 언급된다. 2010년 베이징대학에서 열린 초청 강연에서 사회자 장쉬둥은 굳이 자세히 소개하지 않아도 될 것이라며 간양의 명성을 우회적으로 표현하고 간양의 사상적 행적이 곧 "중국현대사상사의 한 부분"이라고 평가했다.

이 책은 2003년부터 2010년까지 발표된 간양의 강연록, 인터뷰 기사, 기고문으로 구성되어 있다. 책의 표제 "문명 국가 대학"은 간양의 문제의식을 압축적으로 표현한다. '문명'은 21세기 중국이 실현해야 할 핵심적 과제를 표상한다. 간양은 21세기 중국의 실현 과제로 '문명-국가' 건설을 제시한다. 이는 '민족-국가' 건설이라는 20세기 초 과제 다음 단계다. 이러한 견해는 경제성장만으로는 중국이 진정한 대국이 될 수 없다는 생각에서 비롯했다. 본래 문명은 서구 학자들에 의해 중국이 근대적 민족국가를 건설하는 것을 방해하고 근대적 의미의 국가가 될 수 없도록 하는 요인으로 지목되었다. 그런데 간양은 문명이 이제는 중국의 발목을 잡는 과거가 아닌 민족-국가 너머로 도약하는 발판이자 지향이 되어야 한다고 말하며 기존의 관점을 뒤집었다. 문명-국가 건설을 성취하기 위한 선결 조건으로 간양은 중국 재인식이 필요하다고 주장한다. 재인식의 대상은 황하문명 시대부터 중화인민공화국 시대까지 형성된 중국의 역사적 자산과 경험이다. 재인식의 논리 중 가장 눈길을 끄는 것은 중국 개혁개방의 성공에 대한 해석이다. 여기서 간양은 공자, 마오쩌둥, 덩샤오핑의 전통을 연결해서 '새로운 시대의 통삼통'이라는 명제를 제시하면서 중화인민공화국의 역사적 연속성(마오쩌둥과 덩샤오핑), 화교 자본가가 보여준 중국인으로서의 정체성(공자)이 개혁개방 성공의 동력이라고 주장한다. 중국 경제성장의 공이 덩샤오핑의 노선에만 있는 것이 아니라 마오쩌둥 시기의 유산, 유가를 기반으로 장기간 형성된 중국인의 정신 구조와 소속감에도 있다는 주장에 독특성이 있다. 시장경제 도입으로 중국이 경제 대국으로 성장했지만 경제발전이 초래한 사회문제를 해결하는 기제로서의 사회주의, 중국의 역사적 연속성과 고유성을 담은 고전 문명 역시 중국이 적극적으로 발양할 가치라는 것이 간양의 관점이다. 이러한 관점에 근거해서 간양은 중국의 나아갈 바를 '유가사회주의공화국'이라고 명명하고, 이것이 중국의 공식 국호인 '중화인민공화국'의 실질적인 함의라고 주장한다. 이처럼 간양은 '문명-국가'의 지향을 제시하고 중국의 역사와 정치·경제·사회에 대한 성찰을 통해 그 내포를 채웠다.

'국가'는 '문명-국가' 건설이라는 과제를 실현해야 할 주체다. 물론 여기서 국가는 정부나 당으로 한정되지 않는 '중국' 그 자체다. '국가'가 실현할 핵심 과제는 사상해방이다. 간양에 따르면, 개혁개방 시기부터 중국은 서양의 '학생'이었다. 먹고사는 방법부터 생각하는 법, 노는 법까지 모조리 배우려 했다. 빠른 경제성장은 중국이 서양 학습의 모범생이었음을 입증했다. 중국도 서구도 모두 이를 인정했다. 학습 초기에 간양은 중국이 서구의 수많은 사상 자원을 수입해서 서양의 경험을 학습하면서 중국이 마주할 수 있는 문제를 미리 알고 대처하기를 바랐다. 1차 사상해방은 마오쩌둥식 사회주의의 경직성에서 벗어나 서구를 배우는 것이었다. 간양은 이제 중국에 2차 사상해방이 필요하다고 역설한다. 2차 사상해방은 서구를 배우기만 하는 학생 신분에서 벗어나는 것이다. 서구에서 설정한 구조, 서구의 사고방식, 서구에서 제기한 문제에 따라 생각하는 습관을 버리고, 스스로 문제를 제기하고 자신의 방식으로 생각하고 방향을 제시하는 것이 2차 사상해방의 골자다. 사상해방의 궁극적 취지는 서구의 지적 자산, 세계체제에서 서구의 행위 등 현실에서 보이는 서구의 제반 양상과 이를 대하는 중국의 태도를 재검토하는 것이다. 여기서 서구는 일방적인 추종이나 대립 배척의 대상이 아니라 중국이 새로운 길을 가기 검토해야 할 사유 자원으로 자리 잡는다.

'대학'은 경제적 부강을 성취한 후 품격을 갖추어야 하는 '문명'의 과제, 서구 학습의 모범생이 된 것에 머무르지 않고 사상해방을 통해 독자적인 사유를 형성하고 자신의 길을 모색해야 하는 '국가'의 과제 모두와 연관되어 있다. 또한 '대학'은 간양에게 그의 제안이 사상적 공감을 넘어 제도적으로 수용된 실천의 공간이다. 간양의 구상에 따라 전국적인 교육 활동(문화소양 일반교육 핵심과목 워크숍)이 조직되어 수년 동안 운영되었고 간양이 제안한 교육 방식을 채택한 단과대(중산대학 리버럴아츠 칼리지)가 대학 내에 설립되어 간양이 최고 책임자로서 기구를 운영했기 때문이다. '대학'이라는 주제에서는 크게 엘리트 양성 기관으로서 대학 교육의 방안과 세계화·시장화의 조류에서 대학이 취해야 할 정책 방향을 논한다. 교육 방안에서는 중국의 대학생이 갖추어야 할 공통되고 기본적인 소양을 갖추는 일반교육의 중요성과 실현 방안을 역설한다. 간양이 표방하는 일반교육은 단순한 무전공교육이나 '가벼운' 기초교육, 교양교육이 아니다. 인문사회과학 고전을 교재로 선정해서 풍부한 독서와 이를 기반으로 한 조별 토론 수업을 운영해서 동서 문명의 정수와 현대사회를 깊이 이해하고 높은 수준의 지성을 갖춘 엘리트를 양성하는 교육이다. 간양은 일반교육의 고전 읽기와 조별 토론이 미국에서 대학생의 지적 역량을 끌어올리고 미국인으로서의 정신을 형성하는 데 핵심적인 역할을 해왔다고 주장한다. 이러한 인식은 시카고대학 유학의 경험을 통해 형성되었다. 이에 근거해서 간양은 시카고대학, 하버드대학 등 미국 대학의 일반교육 상황을 소개하고 중국 대학에 도입하는 방안을 제시한다.

다른 한편으로 중국 대학(구체적으로는 베이징대학)이 추진하는 개혁방안에 대해서는 비판의 목소리를 낸다. 2000년대 중반 중국의 대학에서는 세계화, 시장화의 조류에 휘말려 영어 학술지 투고, 영어 강의, 외국 박사 등을 추종하며 대학 교원의 신분을 불안정하게 하는 제도 '개혁'을 추진했다. 간양은 이러한 유행이 겉으로는 세계 '일류'를 표방하지만 실질적으로는 중국의 학술 제도를 미국에 종속시켜서 중국 대학을 이류, 삼류 대학으로 만드는 결과를 초래할 것이라며 비판했다. 그 대신 유학, 서구 학술 제도의 도입 등에 의존하지 않고 자체적으로 최고 수준의 교육, 연구 역량과 제도를 갖춘 대학을 마련하고 운영하는 것이 진정으로 중국의 대학을 '일류'로 만드는 길이라고 주장한다.

'문명 국가 대학'으로 개괄되는 2000년대 이후 간양의 사상은 모색의 1980년대와 갈등의 1990년대을 거쳐 '부상'이 현실화하고 그에 따라 새로운 과제에 직면한 중국에 여러 가지 제안을 하고 있다. 여기서 간양은 경제성장에 치중해서 소홀히 취급받은 문화와 가치, 시장화와 세계화를 추구하며 무뎌진 자의식, 현대화를 추구하며 상대적으로 외면받은 고전 문명을 거론하며 자신의 담론을 구축한다. 그의 생각에 대한 공감 여부와는 무관하게 그가 개혁개방 이후 중국의 진로를 사유할 수 있는 화제를 선정하고 논의를 활성화하는 발언을 했다는 점은 분명하다.

방법으로서의 서구와 재구축의 담론 전략

1980년대부터 최근까지 중국의 당면 현실과 과제를 사상 작업의 전제조건으로 삼고 중국의 적절한 진로 선택을 궁극적인 취지로 삼는 동안 간양이 동원한 핵심적인 사상 자원은 대부분 서구에서 온 것이다. 그것은 1980년대 베이징에서도 1990년대 미국에서도 1999년 이후 홍콩에서도 2008년 중국으로 돌아온 후에도 마찬가지다. 스스로 밝히듯 간양은 중국보다 서양을 더 잘 이해한다. 경력을 돌아보면, 베이징대학 외국철학연구소 석사과정에서 서양철학을 전공했고, 졸업 후 주로 현대 서구의 인문학, 사회과학 이론을 소개하는 데 주력했으며, 미국 유학 시절에도 시카고대학의 학풍 속에서 서양 문명을 연구했다. 하지만 그는 애초부터 서양 이론을 이해하고 소개하는 데 그치지 않고 중국의 현실과 접목하려 했다. 그리고 "서양을 더 깊이 보아야 중국을 더 깊게 이해할 수 있다"라고 말하며 서구 연구와 중국 연구의 관계를 설정했다.

중국의 경제성장과 사회적 갈등, 가치관의 문제를 사유할 때는 영국과 미국의 산업화의 역사적 경험과 레이먼드 윌리엄스의 문화연구를, '문명-국가' 건설의 당위를 찾을 때는 헌팅턴의 문명충돌론과 튀르키예 묘사(찢어진 나라, 본문에서는 '자아분열'로 표현)를, 정치, 경제, 문화 차원에서 이질적인 가치 지향의 결합을 제시할 때는 대니얼 벨의 이론을 불러들인다. 중국 대학의 일반교육에 관한 논의에서는 하버드대학, 시카고대학, 스탠퍼드대학, MIT 등 미국 대학의 일반교육 이념, 구상, 제도, 경험 등을 전면적으로 검토한다. 이들을 거론할 때 간양의 출발점은 역사적 경험의 당사자인 서구 개별 국가나 개별 이론가가 아니라 자신이 중국의 현실을 관찰하면서 형성한 문제의식이다.

서구의 중국 연구를 중국 사상해방의 당위를 논하는 데 끌어들이기도 한다. 통삼통의 틀에서 마오쩌둥 시기와 덩샤오핑 시기에 대해 개혁의 성과라는 측면에서 연관성을 부여하려 할 때는 수전 셔크의 중국 개혁 연구를 참조한다. 또한 『중국은 무엇을 생각하는가?』의 저자 마크 레너드가 중국사회과학원, 각급 사회과학원 규모에 경탄하며 중국 모델의 흡인력을 예견하고 있음을 들며 중국이 짧게는 개혁개방 30년 길게는 수천 년 문명을 대상으로 삼아 자신의 길을 새롭게 돌아보고 서구도 더 깊게 학습해야 한다고 역설한다. 서구의 이론과 중국의 현실을 연결할 때는 가다머의 해석학을 통해 전통의 부흥과 청산이라는 구도를 넘어서서 '창조하는 전통'이라는 제3의 관점을 제시하고, 카시러의 문화철학을 통해 이성 중심의 근대를 성찰하는 계기를 마련하려 한 1980년대 간양의 지적 작업의 뒤를 잇는다.

이처럼 간양은 중국 연구와 서구 연구를 대립시키지 않고 광범위한 서구 연구를 통해 중국 연구의 해답을 찾는 전략을 보여준다. 그는 서구 연구자이자 미국 유학생 출신으로서 유학했던 국가의 추종자나 대리인, 또는 자신이 전공한 이론의 수입상 노릇을 하지 않고 중국 문제를 사유하고 중국의 활로를 개척하기 위한 하나의 방법으로 서구를 활용한다. 간양은 자신의 사상 방법을 왕후이와 비교하며 왕후이는 장타이옌식 근대 비판, 자신은 량치차오식 역사해석학의 방법에 가깝다고 자평한다. 그의 역사해석학은 중국의 맥락에서 서구를 논의하면서 구현되고 있다.

기존의 관념을 경직된 틀에서 빼내 사상적 문제의식 속에서 재구성하는 방법은 중국과 서구라는 공간적 구분을 넘어 보편적 이론 틀에도 적용된다. 간양은 1980년대에는 '반전통주의자' '전반서화론자' '철저재건론자'로 규정되었고, 1990년대에는 '신좌파'의 대표주자로 불렸다. 그러나 간양은 1980년대부터 중국/서구, 전통/근대, 더 나아가 중국=전통/서구=근대라는 경직된 구도를 거부했다. 1990년대에도 '신좌파'라는 세간의 규정을 선뜻 받아들이지 않았다. 그는 줄곧 중국이 "근대화이지만 서구화는 아닌 길"을 가야 한다고 주장한다. 사상적 지향이든, 역사나 개인에 대한 규정이든 특정한 정파나 고정된 틀에 얽매이는 것을 거부한다. 그 대신 중국과 서구의 역사와 현실에 대한 깊은 이해를 기반으로 새로운 태도와 가치를 창출할 것을 주장한다.

기존의 지식 체계를 재구성하는 태도는 사회 사조와 중국의 고전 문명에 접근하는 방법에서 드러난다. 사회 사조에 대해서는 대니얼 벨이 『자본주의의 문화적 모순』에서 제시한 경제적 사회주의, 정치적 자유주의, 문화적 보수주의의 견제와 균형을 거론한다. 간양은 이 세 요소를 가지고 와서 사회주의, 보수주의, 자유주의로 순서를 매긴다. 사회주의 제도가 중국 고전 문명의 자주성을 보장하고 자유주의가 악성으로 흐르는 것을 방지할 수 있다는 이유에서다. 모순적이고 이질적인 듯 보이는 세 사조를 영역 분리라는 장치를 통해 공존할 수 있게 만들고 중국의 현실과 과제에 따라 우선순위와 관계를 설정하면서 결합의 방향을 제시한다. 사실 개혁개방 이후 중국사상계에서 가장 먼저 '자유'를 사상적 논제로 다룬 이는 간양이다. 그의 자유에 대한 관심은 그에 대한 해석이나 찬양이 아닌 비판과 경계의 시선으로 나아갔다. 이에 사회주의와 보수주의는 자유주의를 제어하는 제도적 정신적 장치로 설정된다. 이것이 바로 간양의 사상 전략이다.

전통에 대한 태도에서도 '전통을 발양하는 가장 강력한 수단은 반전통'이라는 1980년대의 입장과 비교하면 중국의 고전 문명을 긍정하자는 태도는 일견 전향으로 비칠 수 있다. 하지만 1980년대의 주장도 전통 자체를 파괴하자는 말이 아니고 전통문화에 어떤 고정된 유형이 있다고 상정하는 접근법을 달리하자는 취지였다. 전통에 대한 고정관념에서 벗어나야 전통을 제대로 볼 수 있다는 주장을 반전통이라고 표현한 것이다. 2006년의 인터뷰에서 간양은 이미 1988년 「유학과 현대」라는 글에서 유학과 중국의 문화 전통을 긍정하면서 문화 보수주의의 입장을 취했다고 밝힌다. 또한 최근에는 현재 대학생들이 중국의 고전 문명을 긍정적으로 바라보고 있음을 높이 평가하며 그 잠재력을 높이 사고 있다. 그리고 21세기 중국의 주된 임무로 '문화/문명적 복고'를 제시하고 복고 자체가 혁신이자 혁명일 수 있다고 주장한다. 이처럼 간양은 전통, 고전, 복고, 혁명, 반전통 등 자칫 유일한 선택지로 강요당할 수 있는 태도들에 맥락을 부여해서 재사유하고 결합해 일관된 지향을 도출한다. 이로써 특정한 문화 자산이나 태도에 얽매이지 않고 문제와 접근법을 재설정하는 사유를 진행한다. 물론 그 근원은 중국이 처한 현실을 대처하는 사상적 과제에 응답하고자 하는 데서 나온다.

양자택일이나 이분법적 틀을 적용하면 보수주의, 복고를 거론하는 2000년 이후 간양의 주장에 정치적 잣대를 적용해서 '전향'이라고 규정할 수도 있다. 그러나 이러한 판단은 섣부르다. 간양의 논의는 그러한 잣대 자체를 거부하면서 시작하기 때문이다. 그리고 그 주장을 자세히 들여다보면 '전향'이라는 규정은 적절하지 않음을 발견할 수 있다. 보수주의를 예로 들면, 간양은 1990년대 자유주의 논쟁에서 시장경제 발전을 우선시하고 정치적 권리를 유보하자는 보수주의와 대립했다. 그래서 보수주의를 적극적으로 주장하는 것이 낯설 수 있다. 하지만 둘의 성격은 엄연히 다르기 때문에 구분이 필요하다. 간양도 밝혔듯 중국에서 『문명 국가 대학』은 신좌파와 보수파의 결합으로 인지된다. 하지만 이는 어떤 정치적 야합이나 전향이 아닌 복합적 태도의 형성이라고 보는 편이 적절하다.

일찍이 간양은 1980년대에 서구 이론을 번역, 출판하는 작업을 할 때도 자신들을 당시의 유행에 편승시켜서 '신계몽' '개혁파'라고 규정하는 것을 거부했다. 그의 주장을 살펴보면 특정한 정치적 입장으로 간양을 규정하는 것은 타당성이 떨어져 보인다. 사실 간양이 1980년대부터 일관되게 견지하고 있는 입장은 문화다. 그는 1988년 문화 보수주의를 "근대성 문제의 한 단면인 문화와 가치의 주된 창조자이자 계승자인 지식인 자신의 궁극적 가치의 의지처에 대한 물음, 즉 지식인 스스로의 인격적 이상과 가치관적 근원에 대한 물음에 대한 응답의 하나"라고 정의했다. 그 자신이 근대성이라는 문제를 부여잡고 문화를 담당하는 지식인이었기에 문화 보수주의라는 태도를 취한 것이다.

간양의 뒤늦은 대학 입학과 졸업 후 이론 작업의 시대적 배경에는 실사구시와 사상해방을 골자로 한 개혁개방이 있었다. 개혁개방의 핵심 동력인 경제활동의 목표(1980년대)나 성과(2000년 이후)는 간양이 핵심적으로 풀어야 할 문제가 아니었다. 그 대신 이를 성찰하고 문제에 대처하는 문화의 영역을 자신의 영역이라 생각했다. 2006년 중국에서 1980년대 붐이 일어나서 자신을 비롯한 20년 전의 사상과 문화가 다시 소환될 때, 이 현상에 대해 그동안 경제일변도로 사회가 발전했지만 '재미가 없으므로' 문화에 관심이 생겼기 때문이라고 해석했다. 아울러 경제학이 모든 것을 압도한 시대를 넘어 사회학의 시대, 인문사회과학의 시대로 향하여 오늘날 중국에 필요한 보편적 가치의 과제를 해결해야 한다고 역설했다. 1980년대부터의 기고와 인터뷰, 저술과 출판은 그 '문화'적 개입의 일환이었다. 여기에 대학은 2000년대 중반 이후 일반교육에 대한 공감 확산과 일반교육 시행 기관의 설립이라는 제도화를 계기로 문화적 실천과 개입의 공간으로서 더해졌다.

번역 여정에 대한 소회

역자가 간양에게 본격적으로 관심을 가지게 된 때는 박사학위 과정을 1학기 남기고 정신적 평화를 찾기 위해 중국에 1년간 머무른 2006년이다. 처음 가본 중국 생활에 좌충우돌하던 그때 베이징대학 구내 서점과 당시에는 건재했던 만성서점, 풍입송서점에서 공부자료를 찾는 것은 큰 즐거움이었다. 이 장소에서 나는 20년 만에 재소환된 1980년대 간양을 접했다. 때마침 중국에서 '80년대 붐'이 일어나서 간양의 20년 전 글들이 재출간되고 당시를 회고하는 인터뷰가 책으로 엮여서 출판되었기 때문이다. 책을 통해 접한 전통에 대한 견해, 1980년대 중국 지식계의 지형 등이 나에게 신선하게 다가왔다. 간양에 대해서는 한국 한자어 발음 '감양' '철저재건론'이라는 수식어를 통해 학부생 시절 간단히 접했지만, 한국의 강의실에서 번역된 책과 요약된 발제문으로 공부했던 때와는 느낌이 달랐다. 그 무렵 1980년대 문화열을 다룬 중국사회과학원 대학원 수업을 청강할 기회도 있었다. 하지만 아쉽게도 시간이 맞지 않아 기회를 놓쳤다. 매우 아까운 기회였고 지금 생각해보면 이 주제의 수업이 개설된 것도 '80년대 붐'의 하나였던 것 같다.

한번 생긴 관심은 나의 자료 수집 욕구를 부채질했다. 당시 나는 온라인 중고서점에서 절판된 책을 찾아 사 모으는 데 재미를 붙이고 있었다. 같은 경로로 1980년대에 간양이 발행한 『문화: 중국과 세계』를 발견했을 때는 더 큰 희열을 느꼈다. 1권과 1~5권 전질을 따로 구입한 탓에 1권을 중복 구입했지만 전혀 아깝지 않았다. 남은 한 권은 박사논문 지도교수님께 드렸다. 그렇게 책을 구해서 간양의 글을 정독하면서 1980년대 이후 중국 사상을 다시 정리하고 싶다는 의욕이 생겼고 결국 간양의 사상을 박사학위 논문의 주제로 정했다.

간양과의 첫 만남은 중국에서 한국으로 돌아온 2007년에 이루어졌다. 한 연구 모임에서 내 소개를 할 기회가 있었는데 그 자리에 있던 분이 나의 관심 주제를 듣더니 간양이 한국에 온다는 정보를 알려주었다. 다행히 간양이 방문할 장소는 내가 다니고 있던 학교여서 쉽게 찾을 수 있었다. 정보를 확인한 후 나는 나에 대한 소개, 학문적 관심사, 연락처 등을 편지로 써서 들고 행사장으로 찾아갔다. 행사는 중국 개혁개방 30년을 기념하는 학술회의였는데 간양, 추이 즈위안 등 명망 있는 학자들이 참석해서 중국의 개혁개방 성과를 진단하고 중국의 진로에 대해 토론했다. 이 자리에서 간양은 통삼통과 '유가사회주의공화국'에 대한 구상을 발표했다. 유가와 사회주의를 결합한 생소한 명칭에 주변 참석자들이 당혹해하던 모습이 기억에 남아 있다. 발표를 들은 후 나는 간양을 찾아가서 짧은 만남을 가졌다. 대화는 짧았지만 미리 써둔 편지가 나의 말을 대신할 것이라 기대하며 첫 만남은 그렇게 마무리되었다.

서툴고 빈약한 편지가 제 역할을 했는지 인연은 이어졌다. 얼마 후 간양이 나에게 메일을 보내서 자신이 주관하는 행사의 정보를 알려주었다. 그 행사는 바로 책에서 다룬 제1회 문화소양 일반교육 핵심과목 워크숍이었다. 중국에서 귀국한 지 6개월도 안 되었고 개최 장소도 살던 곳에서 가까운 칭화대여서 멀다는 느낌이 들지 않았다. 그리고 많은 중국인 학자를 만나고 싶다는 마음도 겹쳐 참석을 결정하고 신청했다. 신청서를 제출한 후 국제전화로 워크숍 담당자에게서 참석을 확정하는 확인 전화도 받았다. 그 후 워크숍 교재 파일을 인쇄·제본해서 나만의 교재를 만들고 명함을 제작하면서 출국을 준비했다. 워크숍 교육생 등록일에는 전후 사정을 모르는 담당 직원이 "한국인이 어떻게 여기 있냐"며 의아해한 일화도 있었다. 하지만 명단을 확인한 후 무사히 등록하고 워크숍에 참석할 수 있었다. 워크숍 동안 나는 교육생 중 유일한 한국인으로서 니체, 루쉰, 오이디푸스, 중국 고전 문명 강의를 듣고 토론에 참석했다. 워크숍 참석자들은 냉방 설비도 부실한 대강당에서 뜨거운 차를 들이키며 강의를 집중해서 들었고 별도로 마련된 조별토론에서는 의견을 자유롭게 나누었다. 주변 환경에는 전혀 개의치 않고 본인도 대학의 교육자이면서 교육생 신분으로 강의와 토론에 참여한 워크숍 참가자들의 모습이 인상적이었다. 이것이 중국 대학을 이끌어가는 힘일 것이라고 생각했다. 일정이 끝난 후에는 샹산에 마련된 중국문화포럼 행사장에 가서 "공자와 현대 중국"을 주제로 한 발표와 토론을 들었다. 포럼을 마치고 샹산에서 숙소로 돌아오면서 나의 초단기 연수 일정은 끝났다. 하지만 1년간의 중국 체류 기간보다 더 깊숙이 그리고 많이 중국의 학자들을 만날 수 있던 경험은 깊은 인상을 남겨주었다.

그 후 산터우, 상하이에서 열린 2, 3회 워크숍 소식도 접했으나 운신이 자유롭지 못해서 참석하지는 못했다. 이후 메일로 연락을 주고받던 중 간양은 자신이 중산대학에서 리버럴아츠 칼리지와 인문고등연구원 원장을 맡고 있다고 전하고 그곳에서 유가철학을 주제로 한 연속 강좌 정보를 알려주며 참석을 권유했다. 관심은 있었지만 그 사이 소속 기관이 생긴 터라 움직이기가 쉽지 않았다. 현장에 갈 기회를 좀처럼 잡지 못했지만 지속적으로 발신되는 간양의 사상은 여전히 나의 관심 주제였다. 개념사가 생업이 된 후에도 간양을 주제로 한 논문을 발표하고 중국 온라인 학술 커뮤니티에서 간양의 글을 계속 수집하고 정리했다. 모은 글들에 '중국의 길' '대학교육' '정치철학' 등의 범주를 설정해서 분류하며 자체적으로 간양문집을 엮었다. 이

때는 『문명 국가 대학』이 출간되기 전이었으므로 모은 글들을 한국어로 옮겨서 책으로 내고 싶다는 바람도 가졌다.

번역을 하고 싶다는 바람은 다른 기회로 실현되었다. 2012년 초 싼롄서점에서 간양의 최근 글을 모아서 『문명 국가 대학』이라는 이름의 두툼한 책을 출간했다. 이에 중국 출판계 사정에 밝은 글항아리 노승현 기획위원님이 주선에 나섰고 중국 학술서 출판에 적극적인 강성민 대표님이 호응해서 나에게 번역의 기회가 왔다. 그 후 부족하나마 공을 들여 한국어판을 선보이게 되었다. 한국어판에서는 저자의 의도를 파악하는 데 집중할 수 있도록 성격이 이질적이거나 단편적인 글 몇 편과 교재 강독 내용을 제외했다. 단일한 구상에 따라 일괄적으로 집필한 책이 아니므로 일부 내용이 겹치기도 한다. 인터뷰, 강연, 기고문 등 성격이 다른 원고의 특성은 그대로 살렸다. 일정하지 않은 어조가 생동감을 줄 수도 있지만 어색할 수도 있다. 그럼에도 이 책을 통해 이론을 기반으로 역사를 통찰하여 현실에 좌표를 제시하는 간양의 사유를 드러낼 수 있도록 노력했다. 이 책을 통해 간양의 메시지를 이해하고 이를 계기로 한국의 상황도 새롭게 돌아볼 수도 있다면 역자에게는 더할 나위 없는 보람일 것이다.

2023년 8월
춘천에서
송인재

찾아보기

문명 국가 대학

초판인쇄 2023년 12월 5일
초판발행 2023년 12월 12일

지은이 간양
옮긴이 송인재

펴낸이 강성민
편집장 이은혜
기획 노승현
편집 김지수 박정민
마케팅 정민호 박치우 한민아 이민경 박진희 정경주 정유선 김수인
브랜딩 함유지 함근아 박민재 김희숙 고보미 정승민 배진성
제작 강신은 김동욱 이순호

펴낸곳 (주)글항아리 | 출판등록 2009년 1월 19일 제406-2009-000002호
주소 10881 경기도 파주시 심학산로 10 3층
전자우편 bookpot@hanmail.net
전화번호 031-955-8869(마케팅) 031-941-5158(편집부)
팩스 031-941-5163

ISBN 979-11-6909-186-2 93040

www.geulhangari.com

이 저서는 2018년 대한민국 교육부와 한국연구재단의 지원을 받아 수행된 연구임
(NRF-2018S1A6A3A01022568)